## ***ACCESO GRATIS*** *a la Lectura en la Nube*

Para visualizar el libro electrónico en la nube de lectura envíe junto a su nombre y apellidos una fotografía del código de barras situado en la contraportada del libro y otra del ticket de compra a la dirección:

**ebooktirant@tirant.com**

En un máximo de 72 horas laborables le enviaremos el código de acceso con sus instrucciones.

# LA DESIGNACIÓN DE LOS MINISTROS DE CULTO ANTE LOS *NUEVOS* DESAFÍOS

## ENTRE LA AUTONOMÍA RELIGIOSA Y LA SEGURIDAD PÚBLICA

Procedimiento de selección de originales, ver página web:
www.tirant.net/index.php/editorial/procedimiento-de-seleccion-de-originales

# LA DESIGNACIÓN DE LOS MINISTROS DE CULTO ANTE LOS *NUEVOS* DESAFÍOS

## ENTRE LA AUTONOMÍA RELIGIOSA Y LA SEGURIDAD PÚBLICA

Víctor Moreno Soler

tirant lo blanch
Valencia, 2025

La aceptación de la presente obra ha tenido en consideración la evaluación y calificación *sobresaliente cum laude* otorgada por los expertos componentes del tribunal calificador de la tesis doctoral que ahora se publica, cumpliendo con el criterio correspondiente de los revisores externos y ofreciendo la calidad debida a la presente obra.


EDITA: TIRANT LO BLANCH
C/ Artes Gráficas, 14 - 46010 - Valencia
TELFS.: 96/361 00 48 - 50
FAX: 96/369 41 51
Email: tlb@tirant.com
www.tirant.com
Librería virtual: www.tirant.es
DEPÓSITO LEGAL: V-4428-2024
ISBN: 978-84-1071-573-8

# *Agradecimientos*

La obra que tiene el lector en sus manos es el resultado final de años de trabajo. Pero es, sobre todo, la suma de muchos esfuerzos que trascienden del que suscribe estas líneas. Por ello, lo mínimo que puedo hacer es corresponder – aunque sea en unas breves líneas – a las personas que lo han hecho posible. Porque esta monografía – y el proceso previo de la tesis doctoral – es hoy una realidad gracias a la ayuda que he recibido.

Por un lado, agradezco al Ministerio de Universidades, por haber confiado en mí concediéndome un Contrato Predoctoral de Formación de Profesorado Universitario (FPU), así como por brindarme la oportunidad de realizar dos estancias de investigación en la Universidad de Milán, con el Prof. Marcello Toscano de responsable, al que agradezco su accesibilidad y trato excelente.

A la Universidad de Valencia y sus trabajadores por el – tantas veces invisible – trabajo que realizan para que todo funcione, con especial énfasis al personal de administración y servicios.

Al Área de Derecho Eclesiástico del Estado por haberme acogido tan bien desde el principio y haberme hecho sentir como uno más en cada momento. Estos años hubiesen sido muy diferentes si no hubiese sido por su calidad humana. Quisiera hacer una mención especial al Prof. Javier Escrivá, por haberme guiado con sus sinceros y valiosos consejos. Han sido un pilar fundamental en mi formación universitaria y humana.

A mis directores de Tesis, la Prof<sup>a</sup>. Encarnación Fernández y el Prof. José Landete por su inestimable guía. Encarna, muchas gracias por tu generosidad y disponibilidad en todo momento; José, muchas gracias por buscar siempre lo mejor para mí. En primero de carrera hiciste que creciese un interés en la Universidad y que descubriese una vocación en el mundo académico. Muchísimas gracias por tu bondadosa y desinteresada implicación en esta andadura.

A todas las personas que en algún momento me han prestado su ayuda y consejo, o simplemente me han demostrado con su testimonio que sí que se podían lograr los objetivos. Las justas palabras en los momentos adecuados son a veces mucho más importantes de lo que parecen.

No puedo olvidarme de mis amigos, que tantas veces han tenido que perdonar mis ausencias e incluso me han prestado su ayuda desinteresada.

Sin embargo – y con mis disculpas a todos los anteriores – deben cerrar estas líneas los incondicionales. En especial, mis padres y hermana. Porque habéis estado siempre a mi lado. En momentos buenos, de éxitos y gloria. Pero también en los difíciles, de imprevistos y tormenta. Sois el mejor ejemplo que puedo tener. Gracias por vuestra paciencia infinita y por haberme acompañado en todo el camino. Espero en algún momento poder devolveros al menos una parte de todo lo que me habéis dado.

# *Índice*

# *Abreviaturas y siglas*

**AA. VV.** Autores Varios

**AAJ** Acuerdo entre el Estado español y la Santa Sede sobre Asuntos Jurídicos

**AEAC** Acuerdo entre el Estado español y la Santa Sede sobre Enseñanza y Asuntos Culturales

**AG** Asamblea General

**ATC** Auto del Tribunal Constitucional

**CE** Constitución Española

**CEDH** Convenio Europeo de Derechos Humanos

**CIE** Comisión Islámica de España

**CP** Código Penal

**D.A.** Disposición Adicional

**DGIP** Dirección General de Instituciones Penitenciarias

**EEMM** Estados Miembros

**FCJE** Federación de Comunidades Judías de España

**FEREDE** Federación de Entidades Religiosas Evangélicas de España

**FJ** Fundamento Jurídico

**IC** Iglesia Católica

**INGE** Comisión Especial sobre Injerencias Extranjeras en Todos los Procesos Democráticos de la Unión Europea, en particular la Desinformación

**ING2** Comisión Especial sobre Injerencias Extranjeras en Todos los Procesos Democráticos de la Unión Euro-

| | |
|---|---|
| | pea, en particular la Desinformación, y sobre el Refuerzo de la Integridad, la Transparencia y la Rendición de Cuentas en el Parlamento Europeo |
| **LOE** | Ley Orgánica de Educación |
| **LOLR** | Ley Orgánica de Libertad Religiosa |
| **ONU** | Organización de Naciones Unidas |
| **OSCE** | Organización para la Seguridad y la Cooperación en Europa |
| **OTAN** | Organización del Tratado del Atlántico Norte |
| **PE** | Parlamento Europeo |
| **PIDCP** | Pacto Internacional de Derechos Civiles y Políticos |
| **RAE** | Real Academia Española |
| **RAN** | Radicalisation Awareness Network |
| **RD** | Real Decreto |
| **RER** | Registro de Entidades Religiosas |
| **SAN** | Sentencia de la Audiencia Nacional |
| **STC** | Sentencia del Tribunal Constitucional |
| **TC** | Tribunal Constitucional |
| **TEDH** | Tribunal Europeo de Derechos Humanos |
| **UE** | Unión Europea |

# *Prólogo*

**JAVIER ESCRIVÁ IVARS**
*Catedrático de Derecho Eclesiástico del Estado*
*Universitat de València*

Dijo Ortega y Gasset que la Universidad "no sólo necesita contacto permanente con la ciencia, so pena de anquilosarse. Necesita también contacto con la existencia pública, con la realidad histórica, con el presente, que es siempre un *integrum* [...]. La Universidad tiene que estar también abierta a la plena actualidad; más aún: tiene que estar en medio de ella, sumergida en ella" (Misión de la Universidad). Y es aquí donde quiero centrar mi primera reflexión.

De lo que he podido leer y escuchar en diversos seminarios sobre la cuestión, noto ciertamente que los universitarios podemos pecar de una cierta sordera: ¿nos escuchamos unos a otros? ¿escuchamos lo que está pasando a pie de calle?

El tema que el autor presenta nos obliga, de cierta forma, a abrir los oídos, pues — como muy bien se desprende de las páginas de esta obra — el Derecho Eclesiástico del Estado entra en contacto con muchas otras ramas del árbol. No sólo del Derecho, sino de la Ciencia Política o de las Ciencias de la Seguridad. Nos sitúa en la transversalidad.

Cuando el autor plantea los dos problemas fundamentales: el extremismo violento y las injerencias extranjeras, nos señala perfectamente el doble riesgo en la sociedad española, de forma muy bien descrita a través de la designación de ministros de culto, y la necesidad de garantizar la autonomía e independencia de las Confesiones ante un Estado cada vez más voraz.

Y también qué rumbo debe seguirse para superar ese riesgo. Creo que sus conclusiones — que deben ser leídas sin prisas —, y especialmente la reflexión que realiza tras ellas, son totalmente esclarecedoras. Como podemos leer en la página 472 "Esta obra no niega la posibilidad de que el legislador ordinario pueda adoptar normas que tengan como finalidad prevenir o contrarrestar cualquiera de ambos fenómenos. Tampoco se posiciona respecto a la conveniencia, oportunidad o necesaria adopción de medidas específicas encaminadas a responder ante tales desafíos. Más bien, lo que hemos pretendido desde el inicio hasta el final es dibujar los límites que deben respetarse ante el eventual deseo del legislador de adoptar reformas en un sentido u otro. Vivimos en un entorno disruptivo caracterizado por una considerable volatilidad en la toma de decisiones".

¿Hasta cuándo podemos sacrificar la libertad religiosa — la primera de las libertades en palabras de Jemolo — y seguir llamando "democrático" a ese Estado? Esa es la cuestión de fondo en la que la monografía se sumerge.

El autor parte de la premisa de que existe una tendencia a abordar la religión desde un punto de vista securitario. Y estudia en esta monografía una de las manifestaciones que se ha evidenciado con mayor intensidad en los últimos años: el derecho de las confesiones religiosas a designar sus ministros de culto. Los Estados están mostrando un interés creciente en las personas que desempeñan esta labor, por miedo a que estén actuando como agentes de radicalización o instrumentos de injerencia extranjera por parte de terceros Estados.

A través de sus seis capítulos se estudia el régimen jurídico de los ministros de culto y la intervención en el derecho a designarlos; el régimen jurídico de los ministros en Italia y en el ámbito internacional; y, por último, se desarrollan los desafíos presentes en la actualidad que traerían como consecuencia una limitación en el ejercicio de este derecho.

El capítulo I afronta el régimen jurídico de los ministros de culto en España, concretamente, el derecho de las confesiones a designar sus propios ministros. Para ello se debe dar respuesta a distintos interrogantes: ¿Qué es un ministro de culto? ¿Qué relevancia tiene esta figura en un Estado aconfesional? ¿Cuál es su regulación en la actualidad? ¿Por qué las confesiones tienen autonomía para designar sus propios ministros?

En el capítulo II, en cambio, se analiza la posible limitación de este derecho por parte de los poderes públicos. ¿Sería posible limitar la autonomía de las confesiones? ¿De qué forma se aplicarían los elementos integrantes del orden público a la designación de un ministro de culto? ¿Existe tal intervención en la actualidad? Y, si fuese así, ¿en qué ámbitos y de qué forma? Sin duda, una de las partes que mayor interés despierta es la relativa a los centros penitenciarios, que se manifiesta en la asistencia religiosa de los internos y el riesgo que puede conllevar para la seguridad pública.

En los capítulos III y IV se acude al Derecho comparado. Primero, en el capítulo III se aborda el ordenamiento jurídico italiano, que resulta de interés por ser un Estado con notables similitudes en esta temática. Así, se condensa de forma ordenada la protección de este derecho en Italia y cuáles son las diferencias con nuestro sistema, también en los centros penitenciarios.

Más tarde, en el capítulo IV se recurre al Derecho Internacional para conocer la protección que se ofrece a este derecho desde el ámbito internacional. ¿Qué establecen los principales textos internacionales que proclaman la libertad religiosa? ¿Cómo es suplido el silencio en lo relativo a la dimensión colectiva? Y, sobre todo, ¿qué tiene que aportar la jurisprudencia del Tribunal Europeo de Derechos Humanos en esta materia específica?

Por último, en los capítulos V y VI de la monografía se analizan los desafíos y el impacto que comporta en la protección de este derecho de las confesiones religiosas.

Por un lado, el capítulo V centra la atención en el extremismo violento. Para ello, se afronta el reto – necesario – de definir con precisión este fenómeno y diferenciarlo de otros. ¿Qué distingue a un radical de un extremista? ¿Cuál de ellos supone una amenaza para la convivencia pacífica? ¿Por qué? Para conseguir esta delimitación se acude a otras ramas de conocimiento, como la Ciencia Política, la Sociología e incluso la Psicología. Y ello permite que posteriormente se aborde la particularidad que tiene el factor religioso en esta temática, que se concretiza en dos fenómenos: el fanatismo religioso y el fundamentalismo religioso. ¿Cuál debe ser la actitud del Estado ante estos? ¿Qué riesgos existen en la respuesta que ofrezcan los poderes públicos?

Por último, el capítulo VI permite aproximarnos a la lucha contra las injerencias extranjeras de un modo sencillo, pero sin perder el rigor. Para lograrlo, es inevitable plantearse el interrogante: ¿Qué son las injerencias extranjeras? ¿Qué papel juega la religión? ¿Por qué se debe actuar frente a ellas? En este capítulo se analiza el camino emprendido por la Unión Europea, que puede marcar el futuro de la legislación europea. También se acude a distintas normativas nacionales emprendidas por Singapur, Francia y Letonia en los últimos años con el fin de poner la lupa en la limitación de la autonomía de las confesiones. ¿Cómo se previene la influencia del exterior? ¿Limitaciones a quién puede ser ministro de culto? ¿Restricciones a la financiación procedente de terceros países?

En definitiva, nos encontramos ante una obra de un indudable valor científico sobre un tema de rabiosa actualidad. Y, desde el máximo rigor, responde a la cuestión que desde el inicio he planteado: ¿Cómo proteger la seguridad pública y la convivencia pacífica sin sacrificar la primera de las libertades?

No deseo finalizar este prólogo sin dedicar unas palabras sobre el autor.

Ortega y Gasset, en el mismo discurso que antes he citado, afirma que todo universitario debe tener "talento integrador", es decir, desde la necesaria especialización debe tender siempre a la construcción de una totalidad. Y afirma literalmente: "Hombres dotados de este genuino talento andan más cerca de ser buenos profesores que los sumergidos en la habitual investigación".

Conozco al Dr. Moreno desde su etapa estudiantil, he seguido sus éxitos en el Grado, en el campo de la oratoria y en los reconocimientos obtenidos desde la Beca de colaboración en el Área de Derecho Eclesiástico del Estado de la Universidad de Valencia, el Contrato de Formación de Profesorado Universitario otorgado por el Ministerio, sus numerosas publicaciones y su reciente experiencia como becario del Tribunal Europeo de Derechos Humanos. Curioso e inquieto, he tenido la oportunidad de hablar con él de lo divino y de lo humano y no defrauda. Víctor Moreno puede ser calificado con muchas de sus virtudes: buen compañero, apreciado docente, siempre disponible, gestor eficaz. Pero sobre todo reconozco que es ese hombre dotado con genuino talento.

Y concluyo con las palabras con las que debí comenzar y que no son otras que agradecer al autor el honor de haberme confiado el prólogo de esta obra.

# *Introducción*

En los últimos tiempos, la religión ha comenzado a percibirse en ocasiones con cierto recelo por parte de la sociedad. El hecho de que algunos individuos hayan cometido atrocidades en nombre de la religión que profesan ha llevado a considerar esta como posible fuente de violencia, un elemento perturbador de la convivencia pacífica en Europa.

Es evidente que los atentados del 11 de septiembre de 2001 han marcado el devenir de las últimas décadas en materia de lucha contra el terrorismo. Y, a su vez, la normativa que ha derivado de ella ha tenido un impacto significativo en la configuración de los derechos fundamentales y libertades públicas. Además, los acontecimientos acaecidos en los últimos años parecen haber reforzado esta idea de que resulta necesario reforzar todo lo relacionado con la seguridad pública para que los Estados puedan estar protegidos frente a un elemento religioso que puede traer efectos no deseados en este terreno.

Por un lado, el fanatismo religioso parece haberse recrudecido en la última década. Y es que el autoproclamado Estado Islámico (EI) llegó a ocupar hace no tanto tiempo importantes espacios en los medios de comunicación, foros internacionales y normativas nacionales. Las consecuencias que trajo son de sobra conocidas en los importantes territorios que llegaron a dominar en Siria e Irak: ejecuciones masivas, sometimiento de la población civil a un régimen de terror y perpetración de un saqueo y destrucción de la mayor parte del patrimonio cultural existente en ciudades como Mosul. Pero sus efectos también se hicieron notar en territorio europeo[1]. En nuestro recuerdo

---

1 A modo de ejemplo, recomendamos el análisis de la situación en nuestro país. REINARES, F. y GARCÍA-CALVO, C., Informe "Estado

están las víctimas mortales que el terrorismo yihadista o de inspiración religiosa se cobró en aquellos fatídicos años, especialmente entre 2015 y 2017. En esta franja de años que supusieron el auge e inicio de la caída de Dáesh – hasta que a finales de 2018 se empezase a considerar derrotado – el grupo terrorista animaba con mayor intensidad a los individuos que se encontraban en Europa a que cometiesen atrocidades en sus propios países y ciudades, con el fin de amedrentar a la población civil y transmitir el mensaje de que ningún lugar podía ser considerado como seguro. El balance que nos dejó fue demoledor, arrojando más de 340 víctimas mortales en el período 2015-2017[2].

Más tarde han seguido otros sucesos trágicos como la toma de poder de los talibanes en Afganistán en agosto de 2021, estableciendo las normas más severas contra la población civil, con especial incidencia sobre las mujeres. Es precisamente en estos momentos en los que algunos términos como fundamentalismo, radicalismo, extremismo o fanatismo han vuelto a aparecer en el terreno público. Se ha de advertir que la mera mención de estos términos, a menudo de un modo que puede

---

Islámico en España", Madrid: Real Instituto Elcano, 2016. Disponible online en: https://media.realinstitutoelcano.org/wp-content/uploads/2016/11/informe-estado-islamico-espana.pdf (Última consulta: 08/05/2023).

2 Datos procedentes del informe que realiza EUROPOL anualmente. Se trata de EUROPOL, Informe "Terrorism Situation and Trend Report" (TE-SAT). Puede verse este dato concreto en https://www.europarl.europa.eu/news/es/headlines/security/20180703STO07127/terrorismo-yihadista-en-la-ue-desde-2015 (Última consulta: 08/06/2023). No obstante, el último Informe elaborado por esta agencia, perteneciente al 2023, fue publicado el 14 de junio de 2023. En este trabajo haremos referencia a él, que fue actualizado por última vez a finales del año 2023, en más de una ocasión. Puede consultarse en su versión oficial en inglés: https://www.europol.europa.eu/publication-events/main-reports/european-union-terrorism-situation-and-trend-report-2023-te-sat#downloads (Última consulta: 01/09/2024).

causar la percepción de que se traten de conceptos sinónimos e intercambiables, no trae consigo una correcta delimitación conceptual. Al contrario, lo único que consigue es aumentar los interrogantes respecto a estos fenómenos, ya que resulta verdaderamente complejo aproximarse correctamente a una cuestión si ya se parte de premisas equívocas.

No obstante, existe otro hecho posterior cuyos efectos siguen también sintiéndose día tras día. Hablamos del conflicto bélico en Ucrania, que estalló el 24 de febrero de 2022 y que, lamentablemente, no parece que pueda vislumbrarse por el momento el final de la guerra. Las negativas consecuencias que ello trae en muchos ámbitos – comenzando, sin duda, por las vidas humanas – son estremecedoras. Y, en este contexto, la relación entre religión y violencia parece haber emergido de nuevo, con la no infrecuente intervención del Patriarca de Moscú y de todas las Rusias, Cirilo (Kirill, en ruso) mostrándose a favor de la guerra, justificándola u otorgándole la bendición.

Pues bien, la guerra en Ucrania también parece haber tenido alguna repercusión en el resto de Estados europeos. Ya hemos mencionado cómo podría estar presente el fanatismo religioso también en este escenario. Podemos imaginarnos que desde nuestros propios países y ciudades podría introducirse en el ámbito de la religión un discurso que comprendiese, justificase o defendiese el uso de la violencia para la consecución de fines de índole moral y religiosa.

Pero, además, este panorama también parece haber traído como consecuencia un mayor recelo del fenómeno religioso argumentando que este estaría siendo utilizado como instrumento de injerencia extranjera. Y es que, en la actualidad, es difícil negar el interés que pueden albergar los Estados en hacer uso de todos los mecanismos disponibles a su alcance para la defensa de sus intereses nacionales.

En estos momentos – pese a que el conflicto en territorio ucraniano represente la excepción – la pugna por los intereses geopolíticos y estratégicos suele caracterizarse por la ausencia del recurso a la violencia y la sustitución de esta por otros medios. Ello pretende reducir los costes – entre otros, pérdidas humanas – al mismo tiempo que facilitar la no condena e incluso en ocasiones el respaldo por parte de la comunidad internacional. Si nos detenemos un instante podemos observar ejemplos en acciones tan cotidianas como aprender un idioma y cultura en un instituto extranjero, visualizar contenidos en plataformas audiovisuales de gran difusión o incluso series o telenovelas que se retransmiten en horarios de máxima audiencia en la pequeña pantalla. También la celebración de grandes eventos deportivos, la adquisición de entidades deportivas de las principales competiciones deportivas o incluso la ambición por reclutar al máximo número de deportistas de primer nivel en el seno de equipos pertenecientes a las ligas de estas potencias. Incluso se aprecia cómo en ocasiones estas potencias deciden implantar en Estados europeos medios de comunicación de su propiedad o incrementar sus participaciones en infraestructuras estratégicas como redes eléctricas, energías renovables, sistemas de telecomunicaciones o incluso puertos y aeropuertos europeos.

En realidad, hemos de reconocer que si observamos el pasado nos percataremos de que este está lleno de evidencias que muestran la existencia de espacios que han sido aprovechados por algunas potencias para la difusión de su propio relato. Un ejemplo de ello podría ser el interés por difundir por medio de obras cinematográficas lo acontecido en un conflicto bélico conforme a una determinada visión. Otro, el propósito de albergar grandes eventos deportivos, como unos Juegos Olímpicos, para limpiar la imagen dañada del país a nivel internacional. Lo que sí que es cierto es que con anterioridad las repercusiones que podrían tener estas acciones, sin desmerecerlas, son difícilmente comparables a la trascendencia que pueden llegar a tener en la actualidad, debido a múltiples factores que podrían ser considerados.

Sea como fuere, ante este escenario las confesiones religiosas también podrían representar un mecanismo idóneo para la transmisión de un mensaje que resultase afín a unos intereses nacionales y entrelazar otros fines distintos a los religiosos. Al menos esta es la interpretación que cada vez se está haciendo más fuerte en más Estados y, también, en el seno de la Unión Europea. El interés se centraría en evitar injerencias extranjeras por medio de instituciones y comunidades culturales y religiosas que estarían actuando de forma sistemática y siguiendo un patrón de comportamiento - en su mayoría no ilegal - que amenazaría o tendría el potencial de afectar negativamente a los valores, los procedimientos y los procesos políticos. Esto formaría parte de la lucha de los Estados y la Unión Europea frente a la injerencia en procesos democráticos, aunque su interés prioritario se centraría más en los partidos políticos y su financiación, además de en la difusión de noticias falsas y la manipulación de la sociedad.

En cualquier caso, lo que resulta innegable es la *securitización* del derecho a la libertad religiosa, que consiste en abordar el factor religioso desde el ámbito de la seguridad pública. La aproximación puede consistir en la acción del poder legislativo, ejecutivo o judicial, o incluso una interacción de algunos o todos ellos. La justificación que tiene este prisma desde el cual se aborda el fenómeno en cuestión reside en la percepción de que el factor religioso – o, mejor dicho, su instrumentalización – constituye una potencial amenaza a la seguridad, lo que trae consigo una conveniencia – a menudo argumentada como necesidad – de implementar normas específicas destinadas a hacer frente a estos efectos no deseados. El resultado no es jamás una seguridad plena, ya que esta no existe, sino más bien una minimización del riesgo que puede derivarse de la potencial amenaza que esta representa para los intereses de la seguridad nacional o del sistema democrático y sus valores constitucionales. Estas amenazas pueden ser presentadas como inminentes – un ataque terrorista – o a largo plazo – una injerencia o intromisión por parte de un Estado extranjero –. La conclusión que se alcanza es la misma, la conveniencia o necesidad de que el Estado habilite los mecanismos que tiene a su alcance con el fin de poder garantizar un entorno seguro para que los ciudadanos ejerzan con libertad sus derechos fundamentales. En tal propósito a menudo se reconoce que en la implementación de tales medidas algunos derechos deben ser sacrificados – o, al menos, restringidos – con la intención de que el riesgo de que se produzcan estos efectos no deseados pueda verse reducido a la mínima expresión.

En esta ecuación de la restricción de la libertad religiosa es donde aparece, como uno de los pilares esenciales, la intervención en el derecho de las confesiones religiosas a designar ministros de culto. Como resultado, se ha situado esta figura en el centro de mira, ya que se arguye que podría actuar como agente radicalizador, utilizando su posición de guía o líder espiritual para transmitir ideas que puedan incluso inducir a perpetrar actos terroristas. Por otro lado, la adopción de medidas encaminadas a la restricción de este derecho se justifica con el argumento de que estas personas estarían respondiendo a intereses extranjeros con la aspiración de debilitar o incluso destruir la comunidad nacional o integridad territorial.

También existen otro tipo de medidas que, aunque no pertenecen estrictamente a esta figura, sí que están estrechamente ligadas a ella. Un ejemplo lo encontraríamos en la financiación de las confesiones religiosas, ya que detrás de esta se deduciría una representación o defensa de los intereses de la fuente de financiación. Y, también, los lazos que esta confesión religiosa tenga con otras comunidades del exterior, ya que también aquí se identificaría esta afiliación como síntoma de que está sirviendo a otros intereses que pueden ser considerados peligrosos para el Estado, por la dependencia o sumisión que mantendría con estas confesiones próximas a regímenes extranjeros.

En cualquier caso, conviene ser prudentes a la hora de afirmar o desmentir algunos de estos vínculos, pues de lo contrario partiríamos de unas premisas que nos dificultarían abordar la cuestión con rigor académico. Nuestro interés se centra en el campo jurídico y en él nos introducimos con la pretensión de ofrecer respuestas ante estos *nuevos* desafíos. Y afirmamos que son *nuevos* porque en realidad la alusión a estos fenómenos, aunque quizá no con la actual terminología, no es novedosa. Lo que resulta más novedosa es la mención explícita a ellos y la acción legislativa específica encaminada a hacerles frente[3].

---

3 La referencia a los textos extranjeros se hace siempre, salvo que se indique expresamente, conforme a la traducción realizada por el autor.

# *Capítulo I*
# *El derecho de las confesiones religiosas a designar sus ministros de culto en el ordenamiento jurídico español*

SUMARIO: 1. CONCEPTO JURÍDICO DE MINISTRO DE CULTO. 2. EL DERECHO A DESIGNAR MINISTROS DE CULTO: UNA BREVE MIRADA HISTÓRICA. 3. EL DERECHO A DESIGNAR LOS MINISTROS DE CULTO COMO EXPRESIÓN DE LA AUTONOMÍA DE LAS CONFESIONES RELIGIOSAS EN EL ORDENAMIENTO JURÍDICO ESPAÑOL.

En este capítulo perseguimos analizar la regulación que ofrece el ordenamiento jurídico español de la figura de los ministros de culto en nuestro país. Para ello, lo primero que estudiaremos será el concepto jurídico de ministro de culto. Y es que, hemos de ser conscientes, cada confesión religiosa contiene unos términos distintos para referirse a sus representantes religiosos.

En segundo lugar, exploraremos el derecho que tienen las confesiones religiosas de formar y designar sus propios ministros religiosos. Para ello, realizaremos una breve mirada histórica, con el objeto de poder aproximarnos al origen y fundamentación de este derecho de las confesiones religiosas.

Por último, nos detendremos en el actual régimen jurídico. Será imprescindible poner en contexto este derecho con el sistema español, para poder comprender mejor la relevancia que adquiere la configuración jurídica de este derecho en nuestro ordenamiento. Como veremos, la autonomía que tienen las confesiones religiosas no está carente de significado, pues obedece a un sistema laico, sin que ello sea óbice para que exista una valoración positiva hacia el fenómeno religioso.

## 1. CONCEPTO JURÍDICO DE MINISTRO DE CULTO

### *1.1. Relevancia para el ordenamiento jurídico*

Resulta necesario al iniciar estas líneas de nuestra investigación advertir que la categoría jurídica que abordaremos durante todo nuestro trabajo no está exenta de especial relevancia. Y ello, pese a que hemos de reconocer que alguien podría afirmar que puede que sea innecesario abordar la figura del ministro de culto en la actualidad. Se ha de aclarar que hoy en día la condición de ministro de una confesión concede pocas prerrogativas a quien la ostenta. No fue así en nuestro pasado confesional, cuando existía una protección penal específica de los ministros de culto[4] o un tratamiento procesal que incluía la condición aforada de los eclesiásticos[5].

---

4 En efecto, los Códigos penales son fruto de la realidad constitucional de cada momento. De este modo, el ministro católico ha sido considerado una autoridad y también objeto de importante desarrollo en materia penal, por la protección que recibía la religión católica. Para una profundización acerca de las figuras delictivas presentes en cada Código penal, véase GONZÁLEZ SÁNCHEZ, M., *Los Ministros de Culto en el ordenamiento jurídico español*, Madrid: Centro de Estudios Políticos y Constitucionales, 2003, pp. 37-88.

5 El famoso privilegio del fuero ha estado presente en la mayor parte de nuestra historia reciente. La última ocasión en la que estuvo recogido fue en el artículo XVI del Concordato de 1953. Más tarde, mediante el Acuerdo firmado entre el Estado español y la Santa Sede el 28 de julio de 1976, sobre renuncia a la presentación de obispos y al privilegio del fuero, queda derogado el artículo XVI del Concordato. Con ello, la previa autorización eclesiástica sin la

Atrás quedó la sociedad estamental y los privilegios que comportaba para los ministros de culto católicos. No obstante, contrariamente a lo que pudiera parecer, la figura de ministro de culto está revestida de una indudable relevancia jurídica.

Por un lado, porque las personas que forman parte de esta categoría pueden, en ocasiones, quedar sujetas a un régimen jurídico especial, por razón de las funciones que desarrollan. De este modo, existen numerosos ejemplos que evidencian este régimen especial en distintos ámbitos. Por ejemplo, en materia de extranjería, la condición de ministro de culto es una de las excepciones a la obligatoriedad de obtener el permiso de trabajo[6]; también a la obligatoriedad del servicio militar, ya que se establecen unas peculiaridades en el caso de los ministros de culto[7]. Otro claro ejemplo lo tendríamos en el privilegio del fuero, aunque únicamente aplicable a la Iglesia Católica.

---

cual el Estado no podía intervenir legítimamente contra clérigos y religiosos queda reducida a una simple notificación.

6 Así está dispuesto en el artículo en el artículo 41 de la Ley Orgánica 4/2000, de 11 de enero, sobre derechos y libertades de los extranjeros en España y su integración social. En el mismo se establece que "no será necesaria la obtención de permiso de trabajo para el ejercicio de las actividades siguientes", incluyéndose en la letra h) "Los ministros, religiosos o representantes de las diferentes iglesias y confesiones, debidamente inscritas en el Registro de Entidades Religiosas, en tanto limiten su actividad a funciones estrictamente religiosas".

7 Los ministros de culto pertenecientes a las otras tres confesiones con Acuerdo de Cooperación – Federación de Entidades Religiosas Evangélicas de España (FEREDE), Federación de Comunidades Judías de España (FCJE) y Comisión Islámica de España (CIE) – estarán sujetos a las disposiciones generales del servicio militar (artículo 4.1 de los respectivos Acuerdos). No obstante, acto seguido se establece que "si lo solicitaren, se les asignarán misiones que sean compatibles con su ministerio".

Contrariamente a lo que disponía el Concordato de 1953[8], los eclesiásticos pueden ser juzgados por la autoridad civil, sin necesidad de ninguna licencia de la Santa Sede. No obstante, sí que existe la obligación de que la autoridad judicial informe a la autoridad eclesiástica[9].

Otro ejemplo sería el tratamiento jurídico del secreto ministerial, que podría afectar a la jurisdicción civil[10]. Pero que, en el caso de la jurisdicción penal, se menciona expresamente, tanto en los artículos 417.1º[11] y 707[12] de la Ley de Enjuiciamiento Criminal, respecto a la exención del deber de declarar; como en el artículo 263[13] de la misma norma, para la exención del deber

---

8 El artículo XVI.1 disponía: "Los Prelados de quienes habla el párrafo 2 del canon 120 del Código de Derecho Canónico no podrán ser emplazados ante un juez laico sin que se haya obtenido previamente la necesaria licencia de la Santa Sede".

9 Así se establece en el artículo II.2 del Acuerdo entre la Santa Sede y el Estado Español, hecho en la Ciudad del Vaticano el 28 de julio de 1976: "Si un clérigo o religioso es demandado criminalmente, la competente Autoridad lo notificará a su respectivo Ordinario. Si el demandado fuera Obispo, o persona a él equiparada en el Derecho Canónico, la notificación se hará a la Santa Sede".

10 Así, en el artículo 371 de la Ley 1/2000, de 7 de enero, de Enjuiciamiento Civil, se establece que el testigo podrá quedar liberado de responder cuando "por su estado o profesión, (...) tenga el deber de guardar secreto respecto de hechos por los que se le interrogue".

11 "No podrán ser obligados a declarar como testigos:
1.º Los eclesiásticos y ministros de los cultos disidentes, sobre los hechos que les fueren revelados en el ejercicio de las funciones de su ministerio".

12 "Todos los testigos están obligados a declarar lo que supieren sobre lo que les fuere preguntado, con excepción de las personas expresadas en los artículos 416, *417 (eclesiásticos y ministros de los cultos disidentes)* y 418, en sus respectivos casos". *(Cursiva nuestra).*

13 "La obligación impuesta en el párrafo primero del art. anterior no comprenderá a (...) los eclesiásticos y ministros de cultos disidentes respecto de las noticias que se les hubieren revelado en el ejercicio de las funciones de su ministerio".

de denunciar. Cabe advertir que esta protección parece estar debilitada en los últimos tiempos, a raíz de los abusos sexuales sobre menores de edad, cometidos o encubiertos por sacerdotes o miembros la jerarquía católica[14]. No obstante, está protegido también por los Acuerdos de Cooperación. Primero, en el Acuerdo básico de 28 de julio de 1976 por el Estado español y la Santa Sede[15], en su artículo 2.3[16]. Segundo, en los distintos Acuerdos con la FEREDE[17], la FCJE[18] y la CIE[19], en el artícu-

---

14 Al respecto, véase PALOMINO LOZANO, R., "Sigilo de confesión y abuso de menores", *Ius canonicum*, vol.° 46, núm. 118, 2019, pp. 778-789; MILANI, D., "Gli abusi sui minori: elementi di responsabilità canonica", en MARCHEI, N., MILANI, D. y PASQUALI CERIOLI, J., *Davanti a Dio e davanti agli uomini. La responsabilità fra diritto della Chiesa e diritto dello Stato,* Bologna: Il Mulino, 2014, pp. 123-142.

15 Instrumento de Ratificación de España al Acuerdo entre la Santa Sede y el Estado Español, hecho en la Ciudad del Vaticano el 28 de julio de 1976. «BOE» núm. 230, de 24 de septiembre de 1976, páginas 18664 a 18665 (2 págs.).

16 "En ningún caso los clérigos y los religiosos podrán ser requeridos por los jueces u otras Autoridades para dar información sobre personas o materias de que hayan tenido conocimiento por razón de su ministerio".

17 Ley 24/1992, de 10 de noviembre, por la que se aprueba el Acuerdo de Cooperación del Estado con la Federación de Entidades Religiosas Evangélicas de España. «BOE» núm. 272, de 12 de noviembre de 1992, páginas 38209 a 38211 (3 págs.).

18 Ley 25/1992, de 10 de noviembre, por la que se aprueba el Acuerdo de Cooperación del Estado con la Federación de Comunidades Israelitas de España. «BOE» núm. 272, de 12 de noviembre de 1992, páginas 38211 a 38214 (4 págs.).

19 Ley 26/1992, de 10 de noviembre, por la que se aprueba el Acuerdo de Cooperación del Estado con la Comisión Islámica de España. «BOE» núm. 272, de 12 de noviembre de 1992, páginas 38214 a 38217 (4 págs.).

lo 3.2 de los respectivos Acuerdos con evangélicos[20], judíos[21] y musulmanes[22]. Además, es interesante observar cómo en el Derecho Concordatario la cuestión del secreto ministerial sigue ocupando un lugar relevante en los Acuerdos que la Santa Sede está suscribiendo con otros Estados en los últimos años[23].

Cabe mencionar que en ocasiones la condición de ministro de culto puede traer consigo un régimen peculiar no precisamente favorable al mismo. Un ejemplo lo encontramos en la incompatibilidad que tienen para ser beneficiarios de las disposiciones testamentarias, aunque únicamente se aplica a los sacerdotes católicos[24]. Y en otras puede generar división de opiniones respecto al establecimiento de un régimen jurídico distinto en algunos ámbitos como el Tribunal de Jurado[25].

---

20 "Los ministros de culto de las Iglesias pertenecientes a la FEREDE no estarán obligados a declarar sobre hechos que les hayan sido revelados en el ejercicio de funciones de culto o de asistencia religiosa".

21 "Los ministros de culto de las Comunidades pertenecientes a la FCI no estarán obligados a declarar sobre hechos que les hayan sido revelados en el ejercicio de funciones de culto o de asistencia religiosa".

22 "En ningún caso las personas expresadas en el número anterior estarán obligadas a declarar sobre hechos que les hayan sido revelados en el ejercicio de sus funciones de culto o de asistencia religiosa islámica, en los términos legalmente establecidos para el secreto profesional".

23 MURGOITIO GARCÍA, J. M., "El estatuto jurídico de los ministros de culto en el reciente acervo concordatario consolidación y ampliación material", *Revista General de Derecho Canónico y Derecho Eclesiástico del Estado,* núm. 61, 2023, pp. 1-65.

24 De este modo, el artículo 752 del Código Civil establece que: "No producirán efecto las disposiciones testamentarias que haga el testador durante su última enfermedad en favor del sacerdote que en ella le hubiese confesado, de los parientes del mismo dentro del cuarto grado, o de su iglesia, cabildo, comunidad o instituto".

25 En este sentido, véase LANDETE CASAS, J., "Objeción de conciencia y Tribunal de Jurado. (A propósito de la Sentencia del Tribunal Constitucional 216/1999, de 29 de noviembre)", *Anuario de derecho eclesiás-*

Por otro lado, la categoría de los ministros de culto goza de una especial relevancia, por razón de que algunos de los actos que realizan pueden producir efectos civiles. Sin duda alguna, estos efectos civiles pueden apreciarse con nitidez en la institución del matrimonio. Así se dispone en el Acuerdo entre el Estado español y la Santa Sede sobre Asuntos Jurídicos (AAJ)[26], en su artículo 6.1[27]; pero también en el artículo 7 de los distintos Acuerdos suscritos con la FEREDE[28], FCJE[29] y CIE[30]. De hecho, el mismo precepto establece la necesidad de que el consentimiento se preste ante el ministro de culto oficiante de la ceremonia[31]. También

---

*tico del Estado*, núm. 18, 2002, pp. 169-208; MARTÍNEZ-TORRÓN, J., "La ley española del jurado y la objeción de conciencia de clérigos y religiosos", *Ius Canonicum*, vol. 37, núm. 73, 1997, pp. 295-310.

26 Instrumento de Ratificación del Acuerdo entre el Estado español y la Santa Sede sobre Asuntos Jurídicos, firmado el 3 de enero de 1979 en la Ciudad del Vaticano. «BOE» núm. 300, de 15 de diciembre de 1979, páginas 28781 a 28782 (2 págs.).

27 "El Estado reconoce los efectos civiles al matrimonio celebrado según las normas del Derecho Canónico" que además establece que la inscripción en el Registro Civil "se practicará con la simple presentación de certificación eclesiástica de la existencia del matrimonio".

28 "Se reconocen los efectos civiles del matrimonio celebrado ante los ministros de culto de las Iglesias pertenecientes a la Federación de Entidades Religiosas Evangélicas de España".

29 "Se reconocen los efectos civiles del matrimonio celebrado según la propia normativa formal israelita ante los ministros de culto de las Comunidades pertenecientes a la Federación de Comunidades Israelitas de España".

30 "Se atribuye efectos civiles al matrimonio celebrado según la forma religiosa establecida en la Ley Islámica, desde el momento de su celebración".

31 El artículo 7.4 de los Acuerdos con FEREDE y FCJE: "Para la validez civil del matrimonio, el consentimiento habrá de prestarse ante el ministro de culto oficiante de la ceremonia y, al menos, dos testigos mayores de edad, antes de que hayan transcurrido seis meses desde la expedición de la certificación de capacidad matrimonial". Y el

hemos de traer a colación la posibilidad del otorgamiento de testamento militar ante el Capellán y dos testigos idóneos en tiempos de guerra, tal y como está recogido en el artículo 716 CC[32].

Conviene mencionar, además, que en los últimos tiempos han crecido las voces que sostienen la idea de que podrían tener un mayor protagonismo en la esfera pública. LANDETE ha llegado incluso a plantear la posibilidad de que los ministros de culto puedan ser habilitados para el ejercicio de la mediación[33]. Esto supondría un cambio de paradigma, ya que la religión dejaría de ser vista como un elemento de influencia negativa que obstaculiza – o incluso impide – la imparcialidad y neutralidad del mediador, y se percibiría como un punto de unión entre las partes. Tal y como afirma el autor, ello podría traer consigo un refuerzo del recurso a la mediación, ya que se afianzaría la autoridad moral del mediador. Y es que, es inne-

---

artículo 7.1 del Acuerdo con CIE: "Los contrayentes expresarán el consentimiento ante alguna de las personas expresadas en el número 1 del artículo 3 y, al menos, dos testigos mayores de edad". Las personas expresadas en el mencionado precepto son los "dirigentes religiosos e Imanes de las Comunidades Islámicas" que cumplen con lo dispuesto en el artículo 3.1.

32 El mencionado precepto expresa: "En tiempo de guerra, los militares en campaña, voluntarios, rehenes, prisioneros y demás individuos empleados en el ejército, o que sigan a éste, podrán otorgar su testamento ante un Oficial que tenga por lo menos la categoría de Capitán".

33 El autor ha propuesto que la inscripción en el Registro conlleve el reconocimiento para que "aquellos acuerdos a los que los particulares hayan llegado mediante su intervención como mediador fuesen títulos ejecutivos o, en caso de que la mediación se hubiese intentado sin arribar a un acuerdo, se tuviere por cumplimentado el trámite que condicionaría el acceso a la interposición de las acciones correspondientes en sede judicial", en LANDETE CASAS, J., "Mediación y religión: luces, sombras y oportunidades", en BARONA VILAR, S. (ed.), *Meditaciones sobre mediación (MED+)*, Valencia: Tirant Lo Blanch, 2022, pp. 711-712.

gable la relevancia que tiene el ministro de culto dentro de las confesiones, como dirigente y guía espiritual de los fieles. Además, las notas básicas de la confidencialidad y secreto profesional estarían cubiertas de una protección más reforzada con la tutela del secreto ministerial que hemos visto anteriormente.

En suma, no es difícil advertir la importancia que tiene la figura en nuestro ordenamiento jurídico[34]. Sin embargo, esta relevancia no trae consigo una facilidad para delimitar el concepto en nuestra regulación. Más bien, como veremos ahora, comporta un reto para el Estado, que percibe como necesaria una conceptualización de esta categoría con el propósito de poder dar una respuesta óptima a las distintas situaciones que se plantean en la esfera pública.

## *1.2. El panorama de pluralismo religioso*

Lo primero que cabe advertir desde el inicio es que el progresivo proceso de secularización que ha tenido lugar en nuestra sociedad ha ido acompañado de un creciente pluralismo religioso. La combinación de ambos factores no debe considerarse sin tener en cuenta el impacto de la proclamación de la libertad religiosa y el abandono de la confesionalidad católica del Estado español. Como resultado de ello, es innegable la dificultad que existe para ofrecer una definición única de ministro de culto capaz de satisfacer las particularidades de todas y cada una de las opciones religiosas presentes en nuestro entorno.

---

34 HERRERA CEBALLOS ha argumentado la posible conveniencia de que existiese un concepto de ministro de culto en nuestro ordenamiento jurídico. Véase HERRERA CEBALLOS, E., "¿Es conveniente que exista un concepto de ministro de culto en el Derecho español?", en FERRER ORTIZ, J. (ed.), *El régimen jurídico de los ministros de culto: Actas del X Simposio Internacional de Derecho Concordatario*, Granada: Comares, 2023, pp. 419-430.

De este modo, si tenemos en cuenta el concepto confesional, nos encontraremos ante una notable dispersión conceptual: sacerdote, ministro sagrado, imán, pastor, rabino y un largo etcétera de posibilidades.

Resulta evidente que en el pasado no existía ninguna dificultad a la hora de conceptualizar la figura de ministro de culto en nuestro país. Primero, porque simplemente bastaba con acudir a la propia regulación canónica para poder ofrecer una respuesta a la confesión católica. Segundo, porque carecía de relevancia definir esta categoría para aquellas confesiones acatólicas, por su escasa presencia en la realidad vigente en ese momento.

No obstante, el escenario actual está caracterizado por un creciente pluralismo religioso. A medida que aumenta esta diversidad religiosa, crece el interés por delimitar la figura de ministro de culto. Pues bien, paradójicamente, cuanto mayor es el interés, mayor es la dificultad para poder ofrecer respuestas que nos aproximen a un concepto capaz de atender a las distintas coordenadas que presentan las confesiones religiosas presentes en nuestro panorama nacional.

Sirvan las próximas líneas de pretexto para situar la distinta concepción y modo de organizarse que existe entre las confesiones. De hecho, únicamente esbozamos unas líneas básicas de las tres principales religiones monoteístas[35].

En el seno de la Iglesia Católica existen tres categorías que organizan a los ministros de culto jerárquicamente del siguiente modo: obispos, presbíteros y diáconos. Algo similar sucede

---

[35] Para una mayor profundización en la materia, véase GONZÁLEZ AYESTA, J., "Los ministros de culto en los textos internacionales: análisis en relación con el tratamiento de la dimensión colectiva de la libertad religiosa", en RODRÍGUEZ BLANCO, M. (ed.), *El derecho de las confesiones religiosas a designar sus ministros de culto,* Granada: Comares, 2020, pp. 23-25.

con el conjunto de Iglesias ortodoxas, que también respetan esta jerarquía entre cada una de las agrupaciones.

Sin movernos de la esfera del cristianismo, si acudimos las iglesias y comunidades surgidas de la reforma protestante, observaremos las notables diferencias que existen. En primer lugar, porque estas iglesias carecen de una estructura jerárquica. En segundo lugar, porque en muchas ocasiones el origen de las decisiones radica en la asamblea de miembros y el consejo de la respectiva iglesia. Por ello, pese a que hay pastores que tienen ciertas competencias como la predicación de la palabra y los sacramentos, no encontramos una distinción esencial, de base sacramental, entre quienes desempeñan tales funciones y el resto de los fieles.

Por otro lado, existen todavía más diferencias entre las confesiones si salimos fuera del ámbito del cristianismo, aunque sigamos en el terreno de religiones monoteístas y pluriseculares, como el judaísmo o el islam. De este modo, en el judaísmo son los rabinos quienes ejercen las labores de ministro de culto. No obstante, actúan más bien como maestros de la Ley y de las tradiciones judaicas. Por parte del islam, existen distintas figuras religiosas que merecen ser tenidas en cuenta. Y es que, además del imán, que es el competente para predicar, dirigir la oración y realizar ritos, también encontramos el *qadi* o el *muftí*.

Ahora bien, conviene no obviar que la diversidad religiosa presente en España trasciende incluso de las confesiones monoteístas. En otras palabras, no hemos de tener únicamente en mente que, además de la confesión católica, también conviven en nuestro país la judía, evangélica y musulmana. Hacerlo conllevaría una serie de dificultades a la hora de abordar cualquier temática que guarde relación con los ministros de culto. Es cierto que, al contar estas tres confesiones con acuerdos con el Estado, algunas cuestiones tienen indudablemente un mayor desarrollo normativo. También que existe mayor *arraigo* en el seno de estas tres confesiones. Pero ello no implica que no existan otras confesiones cuya presencia – y, en ocasiones, crecimiento – en nuestra realidad nacional demande un mayor detenimiento en ellas. Sirva de ejemplo el Budismo en España. El crecimiento de esta confesión está siendo notable y ello no sirve más que de evidencia para mostrar la conveniencia – cuando no necesidad – de abordar algunas problemáticas existentes, entre las cuales podríamos mencionar la ausencia de régimen de Seguridad Social previsto para los ministros de culto budistas o los efectos de las particularidades relativas a los ritos con motivo de la muerte[36].

Por último, no olvidemos una nota básica de esta diversidad religiosa: dentro de las confesiones religiosas también existe diversidad. Las religiones no son bloques monolíticos carentes de elementos diferenciadores entre unas ramas y otras, entre unas escuelas y otras. Por ello, incluso dentro de las propias comunidades existen diferencias que conllevan una mayor complejidad a la hora de abordar esta y otras temáticas. Ello exige, al elaborar las normas con incidencia en los asuntos internos de la confesión, contar con una interpretación amplia para que dentro de las mismas puedan tener cabida las distintas opciones existentes en su seno. Por poner un ejemplo, el imán no tiene la misma relevancia en los suníes que en los chiitas. En la *praxis*, se observa cómo en muchas ocasiones la persona que dirige la oración del viernes es un simple fiel que es visto por la comunidad como una persona con más formación o nivel de conocimientos. Pero esta figura guardaría poca relación, por ejemplo, con el *muftí*, que no es una persona que dirige el rezo, sino que tiene la competencia para resolver conflictos que surjan en materia de familia y herencia entre miembros de la comunidad musulmana.

Por ello, la correcta aproximación a esta figura y el colectivo de personas comprendidas por ella resultará de interés para hacer frente a los distintos escenarios que pueden plantearse.

---

36 Para una mayor profundización en la materia, consúltese: RAMIRO NIETO, A., *La posición jurídica del budismo en España*, Granada: Comares, 2022.

Piénsese, por ejemplo, en materia laboral. En el caso de la Iglesia Católica, por ejemplo, no podrá ser lo mismo un sacerdote que un religioso. Y, al mismo tiempo, no recibirá el mismo tratamiento jurídico un religioso que desarrolle labores de culto que otra que esté ejerciendo labores comerciales. Respecto al primer supuesto, no plantearía excesivos interrogantes, ya que si se da en el seno de la comunidad a la que se vinculan por votos estaríamos ante un supuesto de naturaleza canónica ajena a lo laboral. En cambio, en el segundo caso, en que se desarrollan actividades comerciales o industriales que generan beneficios, la doctrina estaría dividida.

### *1.3. Aproximación a una definición jurídico-civil*

A causa de la dispersión terminológica de las confesiones religiosas y de la relevancia que tienen en el ordenamiento jurídico, es necesario ofrecer un concepto jurídico-civil del término. No obstante, debemos partir de la premisa de que en nuestro ordenamiento no existe una definición global del mismo[37]. Ahora bien, la doctrina ha realizado considerables esfuerzos por ofrecer unas notas básicas con la intención de esclarecer su significado.

Una primera aproximación nos conduciría a afirmar que los ministros de culto son aquellas personas que, dentro de

---

[37] Esto se debe, principalmente, a razones históricas. Como pone de manifiesto VÁZQUEZ GARCÍA-PEÑUELA, "la expresión ministros de culto no cuenta con una gran tradición en nuestra terminología jurídica, lo cual se explica si se tiene en cuenta el pasado confesional de España. La existencia de unos términos bien precisos y conocidos para designar específicamente a los ministros de la Iglesia Católica, hacía prácticamente innecesario, por parte del legislador español, el recurso a un término genérico como el de ministros de culto". En VÁZQUEZ GARCÍA-PEÑUELA, "Los ministros de culto", en GARCÍA HERVÁS, D. (ed.), *Manual de Derecho Eclesiástico del Estado*, A Coruña: Colex, 1997, p. 262.

una confesión religiosa, desempeñan los actos relativos al culto (liturgia), y al cuidado religioso (pastoral) de los fieles[38]. Cabe advertir que, normalmente, se trata de personas con una cualificación personal que les habilita para celebrar ese culto y la dirección o atención religiosa de sus fieles.

No obstante, pese a los distintos conceptos confesionales que el Estado reconoce, consideramos de utilidad traer a colación algunas definiciones que han ofrecido algunos autores, fruto de su esfuerzo y estudio. De este modo, la doctrina ha considerado al ministro de culto como "la persona que de modo habitual ejerce una función religiosa en la confesión a que pertenece"[39]. PALOMINO ha afirmado que esta función religiosa no consistiría en una función religiosa en general, sino en una "función religiosa específica que exige una cierta cualificación y que marca una diferencia entre los fieles, en general, y aquellos que ocupan dichas funciones, en particular"[40].

Para RAMÍREZ NAVALÓN, "ministro de culto para el Estado es aquella persona física que se dedique con carácter estable al ejercicio de funciones religiosas, cuando haya sido designado por una confesión que esté inscrita en el Registro de Entidades Religiosas. La prueba de dicha condición, según los Acuerdos, es la certificación expedida por la Iglesia a la que pertenezca"[41].

---

38 Así se enuncia en MANTECÓN SANCHO, J., *Pluralismo, Estado y Derecho. Curso de Derecho Eclesiástico del Estado,* Berlín: Dictus Publishing, 2018, p. 82.

39 DE FUENMAYOR, A., *Derecho eclesiástico del Estado español,* Granada: Comares, 2007, p. 120.

40 PALOMINO LOZANO, R., *Manual Breve de Derecho Eclesiástico del Estado,* 8ª ed., Madrid: Facultad de Derecho de la Universidad Complutense, Autoeditado, 2020, p. 104.

41 RAMÍREZ NAVALÓN, R.M., "Estudio comparativo del artículo 7 de los Acuerdos con la FEREDE, FCI y CIE", *Revista Española de Derecho Canónico,* vol. 54, 1997, p. 169.

ÁLVAREZ CORTINA ha sintetizado el término como una "denominación típica del período liberal acuñada con la pretensión de comprender en su significado a quienes, en el seno de una confesión religiosa, cualquiera que ésta sea, están investidos de ciertas potestades sobre los fieles"[42].

Para VÁZQUEZ GARCÍA-PEÑUELA, "en sentido lato, por ministros de culto se entienden las personas que dentro de una confesión religiosa tienen asignadas establemente determinadas funciones de carácter sacro, de enseñanza de la doctrina religiosa y el de dirección, más o menos extensa y más o menos vinculante, de los miembros de dicha confesión religiosa"[43].

También ha sido puesto de manifiesto por MOTILLA que "el denominador común de la normativa del Estado en torno a las personas investidas de funciones sacras en las confesiones, [...] es la dedicación al culto. El ejercicio del culto, acto central en todas las religiones, es considerado como una manifestación externa del derecho a la libertad religiosa reconocido a toda persona y a toda iglesia, confesión y comunidad"[44].

Por ello, con el término de ministro de culto el Estado ha de tomar distancia respecto a la confesión religiosa oficial, y pretende englobar a las distintas confesiones religiosas presentes en un país. No en vano se ha advertido que el concepto "está ligado a la aparición del Estado liberal y al reconocimiento del pluralismo religioso. (…) En los ordenamientos confesionales no existe este término, en ellos se habla de sacerdotes, minis-

---

42 ÁLVAREZ CORTINA, A. C., "Ministros de culto", en AA. VV., *Tratado de Derecho eclesiástico*, Pamplona: EUNSA, 1994, p. 865.

43 VÁZQUEZ GARCÍA-PEÑUELA, J.M., *op. cit.*, pp. 261-262.

44 MOTILLA, A., "Ministros y lugares de culto", en IVÁN, I., PRIETO SANCHIS, L. y MOTILLA, A. (coord.), *Manual de Derecho Eclesiástico*, Madrid: Trotta, 2004, p.189.

tros sagrados, rabinos, imanes, pastores, etc., para designar realidades distintas, con características diferentes"[45].

Por ello, la doctrina ha establecido unas condiciones que reúnen, en general, los ministros de culto[46]: (i) preparación o formación intelectual y espiritual especiales; (ii) funciones específicas distintas de las del resto de miembros del grupo religioso; y (iii) ocupación especifica no necesariamente exclusiva.

Resulta evidente, como se ha manifestado, que "la delimitación del concepto de ministro de culto, en cuanto supone saber qué personas poseen una cualificación ajena al ordenamiento estatal, pero con efectos en el mismo, no puede hacerse, pues, sino por referencia a las propias confesiones o grupos confesionales"[47]. Es normal que el Estado cuente con numerosas dificultades si pretende dotar un régimen jurídico a cada grupo de personas dentro de cada grupo religioso. De este modo, advierte RODRÍGUEZ BLANCO que bajo el nombre "ministros de culto":

> "se incluyen los sujetos que están investidos de ciertas potestades sobre los fieles, pero a partir de ese elemento común las diferencias entre los titulares de la potestad ministerial son muy acentuadas. El ordenamiento estatal no puede recoger un régimen común a todos ellos, salvo que utilice como base una noción creada artificialmente por el Estado. El planteamiento, aparte de operar con una noción de igualdad próxima a la uniformidad, da lugar a un jurisdiccionalismo contrario a la autonomía de las confesiones"[48].

---

45 RAMÍREZ NAVALÓN, R. M., "Los ministros de culto", en AA.VV., *Acuerdos del estado español con los judíos, musulmanes y protestantes,* Salamanca: Publicaciones Universidad Pontificia, 1994, p.139.

46 NAVARRO FLORIA, J.G., PADILLA, N. y LO PRETE, O., *Derecho y Religión. Derecho Eclesiástico Argentino,* Buenos Aires: Editorial de la Universidad Católica Argentina, 2014, p. 289; citado en PALOMINO LOZANO, R., *Manual Breve ..., op. cit.,* p. 104.

47 ÁLVAREZ CORTINA, A. C., "Ministros de culto", en *op. cit.,* p. 865.

48 RODRIGUEZ BLANCO, M., "La relación entre el ministro de culto y su propia confesión. Paralelismos y diferencias entre la jurispru-

Para minimizar este impacto en la autonomía de las confesiones, el Estado ha acudido a las fuentes pacticias, que surgen de la concurrencia de voluntades del Estado y las confesiones religiosas, para aproximarse a la figura del ministro de culto. Y lo ha hecho mediante la técnica del presupuesto, esto es, el Derecho estatal asume los institutos jurídicos que surgen en un campo externo a la esfera jurídica del Estado[49].

El resultado se plasma en los distintos Acuerdos de cooperación entre el Estado y las confesiones religiosas. En concreto, los Acuerdos con los evangélicos, judíos y musulmanes que fueron suscritos en 1992 recogen en su artículo 3.1 la noción de ministro de culto aplicable a su confesión.

Así, el artículo 3.1 del Acuerdo con la FEREDE dispone:

> "A todos los efectos legales, son ministros de culto de las Iglesias pertenecientes a la FEREDE las personas físicas que estén dedicadas, con carácter estable, a las funciones de culto o asistencia religiosa y acrediten el cumplimiento de estos requisitos, mediante certificación expedida por la Iglesia respectiva, con la conformidad de la Comisión Permanente de la FEREDE".

En el caso de las comunidades judías, el Acuerdo establece:

> "A todos los efectos legales son ministros de culto de las Comunidades pertenecientes a la Federación de Comunidades Israelitas de España las personas físicas que, hallándose en posesión de la titulación de Rabino, desempeñen sus funciones religiosas con carácter estable y permanente y acrediten el cumplimiento de estos requisitos mediante certificación expedida por la Comunidad a que pertenezcan, con el visado de la Secretaría General de la FCI. Esta certificación de la FCI podrá ser incorporada al Registro de Entidades Religiosas".

---

dencia española y la jurisprudencia inglesa", *Anuario de Derecho Eclesiástico del Estado,* núm. 19, 2003, p.349.

49 SEGLERS GÓMEZ-QUINTERO, À., "Autonomía confesional y designación de ministros de culto", *Anuario de Derecho Eclesiástico del Estado,* núm. 21, 2005, p. 106.

Por último, el Acuerdo con los musulmanes contiene la siguiente noción:

> "A los efectos legales, son dirigentes religiosos islámicos e Imanes de las Comunidades Islámicas las personas físicas dedicadas, con carácter estable, a la dirección de las Comunidades a que se refiere el artículo 1 del presente Acuerdo, a la dirección de la oración, formación y asistencia religiosa islámica y acrediten el cumplimiento de estos requisitos mediante certificación expedida por la Comunidad a que pertenezcan, con la conformidad de la «Comisión Islámica de España»".

Respecto a la Santa Sede, se ha dicho que no resulta necesaria su delimitación, puesto que ya se hace mención "en la terminología canónica normativamente aceptada"[50].

Pese a los esfuerzos del legislador de lograr una definición legal de la figura de ministro de culto, no siempre consigue traducirse en la obtención de resultados valiosos. Se han puesto de manifiesto dos deficiencias presentes en nuestro sistema jurídico.

En primer lugar, en muchas ocasiones se ha argumentado que se pretende extender la concepción que tienen las religiones tradicionales acerca del ministro de culto sobre el resto de las confesiones. En el caso de nuestro ordenamiento jurídico, sucedería que "la concepción de ministro de culto que adopta la legislación tiene como sustrato la regulación canónica"[51]. Esta situación no es muy diversa de la presente en otros países de nuestro entorno. De esta forma, respecto a la configuración establecida en nuestra vecina Francia hay quien afirma que se tiende a imaginar "tipos de sacerdotes musulmanes" en el lu-

---

50 GONZÁLEZ SÁNCHEZ, M., *Los Ministros de Culto en el ordenamiento jurídico español*, Madrid: Centro de Estudios Políticos y Constitucionales, 2003, p. 33.

51 RODRÍGUEZ BLANCO, M. "La condición jurídica de ministro de culto", en RODRÍGUEZ BLANCO, M. (ed.), *El derecho de las confesiones religiosas a designar sus ministros de culto*, Granada: Comares, 2020, p. 5.

gar de los imanes, pese a que estos últimos respondan a tradiciones y funciones completamente diferentes[52].

Ello traería un distanciamiento entre el marco jurídico que ofrece la regulación existente y la realidad en la que se mueven las distintas confesiones religiosas. No nos resulta una cuestión baladí, ya que esta desconexión entre lo dispuesto en la normativa y la realidad fáctica traería consigo una mayor dificultad – si no incapacidad – de poder ofrecer respuestas a los conflictos que eventualmente pueden aparecer en torno al ministro de culto.

En segundo lugar, el hecho de que la concepción legal de ministro de culto se utilice con carácter general, sin atender a las particularidades del ámbito concreto en el que se implementa, no ofrecería excesiva utilidad. En la *praxis*, se advierte cómo la delimitación que se realice de la figura necesitará unas características u otras en función de la materia de que se trate. El establecimiento de unas exigencias por parte del Estado para que las personas que desarrollen ciertas tareas puedan ser consideradas ministros de culto a unos efectos concretos - como la protección de la seguridad social - no puede conducirnos a considerar que estamos ante una vulneración de la autonomía confesional ni de la aconfesionalidad del Estado[53]. El motivo que lo

---

52 “La vision française tend à imaginer des sortes de prêtres musulmans, que seraient les imams, alors que ces derniers correspondent à des traditions et à des fonctions tout à fait différentes. En, fait, plutôt que sur le statut des « ministres du culte », il faudrait s’interroger sur les règles juridiques applicables aux «agents des organisations religieuses»”. Puede verse en: WOEHRLING, J.-M., “ Statut des ministres du culte et droit français”, *Revue du Droit des Religions*, núm. 8, 2019, pp. 75-91.

53 La inclusión de los ministros de culto en la protección de la seguridad social tiene fundamento cuando la dedicación de la persona que se encarga de tales funciones es exclusiva y estable, y no en el caso que sea meramente esporádica, por tener otra actividad laboral como principal. *Vid.* RODRÍGUEZ BLANCO, M., “La condición jurídica de ministro de culto”, en *op. cit.*, pp. 6-7.

justifica es básico: la condición de ministro de culto no conlleva el derecho a ser integrado en el sistema de Seguridad Social[54].

Por tanto, ello nos lleva a mantener una posición abierta a la adopción de reformas legales con el fin de que se pueda abordar de un modo más preciso las dificultades técnicas que existen en esta materia. Primero, porque el concepto y extensión de lo aplicable en la Iglesia Católica, como vemos, no es funcional para el resto de las confesiones religiosas. Y ello, en lugar de solucionar conflictos, más bien podría incluso generar otros nuevos. En segundo lugar, porque la técnica empleada por el legislador de establecer un único concepto de ministro con la finalidad de que sea de aplicación el mismo régimen jurídico para la totalidad de personas que se hallan incluidas en él ofrece deficiencias, pues en función de la materia concreta el tratamiento jurídico debería ajustarse a la naturaleza de la persona en cuestión.

## 2. EL DERECHO A DESIGNAR MINISTROS DE CULTO: UNA BREVE MIRADA HISTÓRICA

Pudiera parecer que el derecho a designar los ministros de culto es una cuestión novedosa, pues ciertamente en la actualidad hablamos en unos términos garantistas que no pueden ni de lejos parecerse a aquellos presentes en otros momentos históricos. En efecto, la intervención estatal en asuntos religiosos no es que estuviera presente en nuestro pasado, sino más bien era una nota esencial de las relaciones entre la Iglesia y el Estado. De este modo, procedemos a esbozar unas pinceladas,

54 Para una mayor profundización en la materia, recomendamos CAÑAMARES ARRIBAS, S., "La jurisprudencia de los tribunales españoles sobre la pensión de jubilación de los ministros de culto", *Foro, Nueva* época, vol. 23, núm. 2, 2023, pp. 359-372.

aunque someras, para advertir la evolución de la configuración de tal derecho que ostentaba la Iglesia Católica.

### *1.1. El dualismo cristiano*

Lo primero que cabe advertir es que la propia distinción entre poder temporal y poder espiritual se remonta al dualismo cristiano, que se resume en la frase de Jesús: "Dad al César lo que es del César y a Dios lo que es de Dios" (Mat. XXII, 21)[55].

Ello suponía una revolución en el modo de entender la relación entre lo religioso y lo político, los antecedentes nos llevan a la consideración del carácter étnico de la religión e incluso una seña de identidad del grupo social, de la nación[56].

Ahora bien, conviene tener presente que esta distinción entre *lo que es del César* y *lo que es de Dios* no suponía una distinción entre ambos órdenes entendida esta como una marginación de lo religioso al ámbito privado y, la única consideración de que lo público se limita a aquello que le corresponde al César. Al contrario, las iglesias cristianas se negaron de forma sólida al propósito de privatizar la cuestión religiosa[57].

---

55 "Entonces se fueron los fariseos y consultaron cómo sorprenderle en alguna palabra. Y le enviaron los discípulos de ellos con los herodianos, diciendo: Maestro, sabemos que eres amante de la verdad, y que enseñas con verdad el camino de Dios, y que no te cuidas de nadie, porque no miras la apariencia de los hombres. Dinos, pues, qué te parece: ¿Es lícito dar tributo a César, o no? Pero Jesús, conociendo la malicia de ellos, les dijo: ¿Por qué me tentáis, hipócritas? Mostradme la moneda del tributo. Y ellos le presentaron un denario. Entonces les dijo: ¿De quién es esta imagen, y la inscripción? Le dijeron: De César. Y les dijo: Dad, pues, a César lo que es de César, y a Dios lo que es de Dios. Oyendo esto, se maravillaron, y dejándole, se fueron".

56 MANTECÓN SANCHO, J., *op. cit.*, p. 14.

57 PALOMINO LOZANO, R., *Manual Breve ..., op. cit.*, p. 7.

No obstante, el camino hasta alcanzar de algún modo esta distinción entre poder político y religioso no fue tan sencillo de recorrer.

En primer lugar, debemos destacar el famoso Edicto de Milán (*Edictum Mediolanensis*) firmado por los Emperadores Constantino I y Licinio en el año 313. Esta promulgación supone un hito histórico, al proclamar la libertad religiosa y poner fin a las persecuciones que se habían llevado a cabo contra el cristianismo. Por medio del mismo, se reconoció a los cristianos su libertad civil y religiosa[58], anulándose por tanto todas las disposiciones que se habían promulgado con anterioridad en contra de los cristianos.

No obstante, la promulgación del Edicto no conllevó un reconocimiento de una autonomía e independencia entre el poder temporal y espiritual. De hecho, se intervino desde el poder civil en numerosas ocasiones en asuntos internos de la Iglesia, siendo tolerada esta injerencia por los obispos.

---

58 "Habiendo advertido hace ya mucho tiempo que no debe ser cohibida la libertad de religión, sino que ha de permitirse al arbitrio y libertad de cada cual se ejercite en las cosas divinas conforme al parecer de su alma, hemos sancionado que, tanto todos los demás, cuanto los cristianos, conserven la fe y observancia de su secta y religión... que a los cristianos y a todos los demás se conceda libre facultad de seguir la religión que a bien tengan; a fin de que quienquiera que fuere el numen divino y celestial pueda ser propicio a nosotros y a todos los que viven bajo nuestro imperio. Así, pues, hemos promulgado con saludable y rectísimo criterio esta nuestra voluntad, para que a ninguno se niegue en absoluto la licencia de seguir o elegir la observancia y religión cristiana. Antes bien sea lícito a cada uno dedicar su alma a aquella religión que estimare convenirle". Edicto de Milán, 313. El texto está extraído de MARTÍNEZ SISTACH, L., "Reflexiones sobre relaciones actuales Iglesia-Estado en el 1700 aniversario del Edicto de Milán", en CAMPO IBÁÑEZ, M. (ed.), *Problemáticas y respuestas. Realidad actual y Derecho Canónico*, Madrid: Dykinson, 2014, p. 95.

En segundo lugar, conviene subrayar la relevancia que tuvo el Edicto de Tesalónica (*Cunctos populos*) que aprobó el Emperador Teodosio I en el año 380. El mismo proclama el cristianismo como religión oficial del Imperio[59]. Por tanto, aquí ya no se trata de una libertad del súbdito, sino de una confesionalidad del Imperio. Pese a que en un primer momento advertiríamos que, como consecuencia de esta proclamación, el dualismo se instauraría como doctrina imperial y, por tanto, se produciría esta distinción entre poderes, en la práctica, ello se redujo a una cuestión formal.

Hemos de considerar que el Emperador romano era el *Pontifex Maximus*, constructor del puente que une lo divino y lo humano, sumo sacerdote de la religión cívica. El Emperador tenía títulos de "consiervo de los obispos", *Arjeus Basileus* o cabeza del Estado y de la Iglesia, "sumo rey y pontífice", "magistrado de la fe", llegando a ser reconocido como jefe real de la Iglesia[60]. Ello le permitía tener el poder de legislar en materia eclesiástica, presidir los concilios e imponer decretos dogmáticos, entre otros. Es evidente que, con esa autoridad, el Emperador también entraba en la designación de los ministros de culto. De esta forma, ponía y deponía obispos y patriarcas a su libre criterio.

---

59 "Todos nuestros pueblos (...) deben adherirse a la fe transmitida a los romanos por el apóstol Pedro, la que profesan el Pontífice Dámaso y el obispo Pedro de Alejandría (...), o sea, reconocer, de acuerdo con la enseñanza apostólica y la doctrina evangélica, la Divinidad una y la Santa Trinidad del Padre, el Hijo y el Espíritu Santo. Únicamente los que observan esta ley tienen derecho al título de cristianos católicos. En cuanto a los otros, estos insensatos extravagantes, son heréticos y fulminados por la infamia, sus lugares de reunión no tienen el derecho a llevar el nombre de iglesias, serán sometidos a la venganza de Dios y después a la nuestra (...)". Edicto de Tesalónica (N. de Grecia, 28 de febrero de 380). El texto está extraído de YÉPEZ CASTILLO, A., *Roma*, Caracas: Universidad Católica Andrés Bello, 1995, pp. 195-196.

60 PALOMINO LOZANO, R., *Manual Breve ...*, *op. cit.*, p. 7.

## *1.2. Cesaropapismo y hierocratismo*

El escenario caracterizado por esta notable presencia de los Emperadores en los asuntos internos de la Iglesia, incluyendo por supuesto aquellos relacionados con el nombramiento de obispos y patriarcas, fue desdibujando un panorama distinto en Oriente y Occidente.

Por lo que se refiere a Oriente, la intromisión del poder temporal sobre los asuntos relativos a la religión continuó siendo cada vez más evidente. Tanto es así, que los papas de Roma intervinieron para aclarar la doctrina de las competencias de la Iglesia y del Estado.

El ejemplo más conocido es la carta que envió el Papa Gelasio I al Emperador de Oriente, Anastasio I, en el año 494. En ella recordaba las exigencias del dualismo cristiano, de distinguir entre dos autoridades diferentes y que cada una de ellas respetase las competencias que tenía atribuidas:

> "Hay en verdad, augustísimo emperador, dos poderes por los cuales este mundo es particularmente gobernado: la sagrada autoridad de los papas y el poder real. De ellos, el poder sacerdotal es tanto más importante cuanto que tiene que dar cuenta de los mismos reyes de los hombres ante el tribunal divino. Pues has de saber, clementísimo hijo, que, aunque tengas el primer lugar en dignidad sobre la raza humana, empero tienes que someterte fielmente a los que tienen a su cargo las cosas divinas, y buscar en ellos los medios de tu salvación. Tú sabes que es tu deber, en lo que pertenece a la recepción y reverente administración de los sacramentos, obedecer a la autoridad eclesiástica en vez de dominarla. Por tanto, en esas cuestiones debes depender del juicio eclesiástico en vez de tratar de doblegarlo a tu propia voluntad. Pues si en asuntos que tocan a la administración de la disciplina pública, los obispos de la iglesia, sabiendo que el imperio se te ha otorgado por la disposición divina, obedecen tus leyes para que no parezca que hay opiniones contrarias en cuestiones puramente materiales, ¿con qué diligencia, pregunto yo, debes obedecer a los que han recibido el cargo de administrar los divinos misterios? De la misma manera que hay gran peligro para los papas cuando no dicen lo que es necesario en

> lo que toca al honor divino, así también existe no pequeño peligro para los que se obstinan en resistir (que Dios no lo permita) cuando tienen que obedecer. Y si los corazones de los fieles deben someterse generalmente a todos los sacerdotes, los cuales administran las cosas santas, de una manera recta, ¿cuánto más asentimiento deben prestar al que preside sobre esa sede, que la misma Suprema Divinidad deseó que tuviera la supremacía sobre todos los sacerdotes, y que el juicio piadoso de toda la Iglesia ha honrado desde entonces?"[61].

En Occidente, esta intromisión también era frecuente. No obstante, cabe destacar que el Cristianismo también se hizo notar en las instituciones y en el Derecho secular. El elemento que indudablemente marca un antes y un después en Occidente es la caída de Roma. Ello supuso el colapso de las estructuras del Imperio: las comunicaciones, la cultura, la administración, la autoridad y su completo sistema jurídico[62]. Como consecuencia de ello, la Iglesia se convirtió en el único sujeto capaz de asegurar cierta continuidad. Se puede ver, por tanto, cómo la Iglesia llegó a asumir competencias que eran propias del poder civil, debido al debilitamiento de las estructuras de éste. A este peculiar sistema de relaciones, basado en la supremacía teórica y práctica de la Iglesia se le conoce como *hierocratismo*. Éste consiste en la inclinación de la balanza entre los dos poderes en favor del lado de la Iglesia, propiciando injerencias eclesiásticas en el ámbito de las competencias del poder civil. Y ello pese a que se realizaba claramente la distinción entre las dos esferas (poder temporal y poder divino). Sin embargo, se entendía que los Papas otorgaban legitimidad de origen, consagrando emperadores y autorizando o desautorizando decisiones políticas.

---

61 Carta del Papa Gelasio al Emperador Anastasio (a. 494). Texto extraído de POLO SABAU, J. R., *Derecho y factor religioso. Textos y materiales*, Madrid: Dykinson, 2012, pp. 73-74.

62 *Vid.* MANTECÓN SANCHO, J., *op. cit.*, p. 15.

Más tarde, se puede apreciar cómo, a pesar de que cada territorio presentaba sus peculiaridades, ellos tenían en común su interés por condicionar el nombramiento de papa. De este modo, las presiones del emperador eran constantes para controlar y confirmar su elección, hasta que se modificase el procedimiento en el siglo X[63].

Por poner el ejemplo de España, desde el III Concilio de Toledo (6 mayo 589), en que el Rey Recaredo anuncia solemnemente la conversión del pueblo godo a la fe católica, los reyes acuden a estos concilios nacionales y también a los provinciales[64]. Este intervencionismo del Rey se plasma en la designación de ministros de culto. Como evidencia de ello, encontramos el reconocimiento de este derecho de intervención en la elección de obispos en el II Concilio de Barcelona (599) y en el XII Concilio de Toledo (681).

Sin embargo, España no supuso una excepción. Y la misma intromisión podemos observar en las distintas realidades presentes en Occidente. Por ello, también se precisó la intervención de los papas, como Gregorio VII, que reivindica la *libertas Ecclesiae,* bajo la fórmula del *Dictatus Papae,* el tercer principio: "Sólo él (papa) puede deponer o reestablecer obispos"[65].

### *1.3. Territorialismo y regalismo*

Es evidente que la Reforma Protestante es esencial para comprender la disciplina del Derecho Eclesiástico del Estado. Hasta

---

63 MARTÍ, J. M.ª., "La intervención de las autoridades estatales en el nombramiento de ministros de culto desde una perspectiva histórica", en RODRÍGUEZ BLANCO, M. (ed.), *El derecho de las confesiones religiosas a designar sus ministros de culto,* Granada: Comares, 2020, pp. 135-174.

64 *Ibidem,* p. 142.

65 *Ibidem,* p. 143.

entonces, no podía haber distinción entre Derecho Canónico y Derecho Eclesiástico del Estado. Al desaparecer la jerarquía, el poder de regular los asuntos eclesiásticos fue asumido por los príncipes temporales. Ello conllevó el hecho de que muchos monarcas pasaran a considerarse cabeza de las iglesias en sus respectivos países. Sin duda, esto trajo consigo un reforzamiento de las tesis que abogaban por el poder absoluto de los reyes.

La Paz de Westfalia (1648) vino a confirmar el territorialismo, que se fundamenta en el principio "cuius regio eius religio", consistente en que la religión oficial de cada país era la del príncipe. Este principio, aun de origen protestante, fue aceptado por los soberanos católicos.

Y es que, es precisamente la consolidación del poder absoluto de los monarcas lo que trajo el fenómeno jurídico denominado *regalismo.* Este fenómeno consiste en lo opuesto a lo que veíamos anteriormente con el hierocratismo. En el regalismo vence en la balanza el lado del poder civil, que consigue inmiscuirse en materias que pertenecen a la Iglesia. La doctrina regalista se concreta en una serie de instituciones, no obstante, la que nos preocupa a efectos de nuestro objeto de estudio es el *regio patronato* o *derecho de presentación.* Aunque esta intervención no supone ninguna novedad, ya que se daba con anterioridad, en esta época viene confirmado y reafirmado en muchas ocasiones por los privilegios otorgados por los papas a algunos soberanos católicos, como recompensa a las ayudas que ellos habían prestado, y su misión evangelizadora en el exterior. Por tanto, podríamos decir que el regalismo fue un fenómeno común en prácticamente todos los países católicos de la época. No obstante, recibió diferentes nombres según el país en que se practicaba. De este modo, en Francia se le conocía como *galicanismo;* en Austria *josefinismo;* en los países católicos alemanes como *febronianismo* y en Italia como *jurisdiccionalismo.*

Este regalismo – o potestad que se atribuye el poder civil de dirigir y controlar los asuntos eclesiásticos – viene legitimado por la acción de España en el exterior. Aunque es cierto que se práctica con asiduidad, aun sin siquiera el reconocimiento formal por parte de los Reyes. Por tanto, diríamos que se trata de una norma consuetudinaria.

No obstante, la Bula Adrián VI lo confirma:

> "La estructura de la monarquía múltiple española supuso una sumisión de la Iglesia nacional de cada corona a la persona del monarca, y que este se reservó la dirección de las relaciones con la Santa Sede en orden al logro de un ideal político concreto: obtener de Roma la aquiescencia a la política regalista interior y la benevolencia hacia una política internacional igualmente regalista mantenida en común por un importante número de príncipes europeos"[66].

## 3. EL DERECHO A DESIGNAR LOS MINISTROS DE CULTO COMO EXPRESIÓN DE LA AUTONOMÍA DE LAS CONFESIONES RELIGIOSAS EN EL ORDENAMIENTO JURÍDICO ESPAÑOL

### *3.1. Mirada histórica*

El hecho de que en la actualidad los ordenamientos jurídicos ofrezcan una protección al derecho que tienen las confesiones religiosas a designar sus ministros de culto está, indudablemente, marcado por todo cuanto ha acontecido en nuestra historia y que ha dejado su impronta en los modelos de relación entre Estado y confesiones religiosas que han existido en cada momento.

Aterrizando en el territorio nacional, resulta más que ejemplificador abordar el distinto tratamiento jurídico que se dispensaba en el Régimen franquista y en la II República. De este modo,

---

66 DE LA HERA, A., "La "Monarchia Catholica" española", *Anuario de historia del derecho español,* núm. 67, 1997, pp. 674-675.

pueden dibujarse las líneas que representan los polos opuestos: de un lado el laicismo, que se imponía en el contexto republicano; de otro, el confesionalismo que operaba en el franquismo.

### 3.1.1. Segunda República española

En la España de la II República, como es bien sabido, quedó suspendido el carácter confesional del Estado[67]. No obstante, esta aconfesionalidad no traía consigo un mayor reconocimiento del derecho de las confesiones religiosas a designar libremente sus ministros de culto, sino que la regulación imponía expresamente unas limitaciones a esta facultad de las confesiones. De este modo, si con la lectura de los artículos 26[68]

---

67 El artículo 3 de la Constitución de 1931 establecía: "El Estado español no tiene religión oficial".

68 "Todas las confesiones religiosas serán consideradas como Asociaciones sometidas a una ley especial.
El Estado, las regiones, las provincias y los Municipios, no mantendrán, favorecerán, ni auxiliarán económicamente a las Iglesias, Asociaciones e Instituciones religiosas.
Una ley especial regulará la total extinción, en un plazo máximo de dos años, del presupuesto del Clero.
Quedan disueltas aquellas Órdenes religiosas que estatutariamente impongan, además de los tres votos canónicos, otro especial de obediencia a autoridad distinta de la legítima del Estado. Sus bienes serán nacionalizados y afectados a fines benéficos y docentes.
Las demás Órdenes religiosas se someterán a una ley especial votada por estas Cortes Constituyentes y ajustada a las siguientes bases:
1ª. Disolución de las que, por sus actividades, constituyan un peligro para la seguridad del Estado.
2 ª. Inscripción de las que deban subsistir, en un Registro especial dependientes del Ministerio de Justicia.
3 ª. Incapacidad de adquirir y conservar, por sí o por persona interpuesta, más bienes que los que, previa justificación, se destinen a su vivienda o al cumplimiento directo de sus fines privativos.
4 ª. Prohibición de ejercer la industria, el comercio o la enseñanza.

y 27[69] de la citada Constitución podemos intuir el modelo de relación que existía entre el Estado y las confesiones religiosas, el posterior desarrollo normativo servía para disipar las eventuales dudas que pudieran persistir. En concreto, la Ley de 2 de junio de 1933 relativa a las confesiones y congregaciones religiosas, en su artículo 7, establecía:

> "Las Confesiones religiosas nombrarán libremente a todos los Ministros, Administradores y titulares de cargos y funciones eclesiásticas, que habrán de ser españoles. No obstante lo dispuesto en el párrafo anterior, el Estado se reserva el derecho de no reconocer en su función a los nombrados en virtud de lo dispuesto anteriormente, cuando el nombramiento recaiga en persona que pueda ser peligrosa para el orden o la seguridad del Estado".

Por tanto, dos cláusulas operaban como limitaciones del derecho de las confesiones religiosas a designar sus ministros de culto: (i) la nacionalidad española; (ii) la peligrosidad para el orden o la seguridad del Estado. Indudablemente, las dos

---

5 ª. Sumisión a todas las leyes tributarias del país.
6 ª. Obligación de rendir anualmente cuentas al Estado, de la inversión de sus bienes en relación con los fines de la Asociación. Los bienes de las Órdenes religiosas podrán ser nacionalizados".

69 "La libertad de conciencia y el derecho de profesar y practicar libremente cualquier religión quedan garantizados en el territorio español, salvo el respeto debido a las exigencias de la moral pública.
Los cementerios estarán sometidos exclusivamente a la jurisdicción civil. No podrá haber en ellos separación de recintos por motivos religiosos.
Todas las confesiones podrán ejercer sus cultos privadamente. Las manifestaciones públicas del culto habrán de ser, en cada caso, autorizadas por el Gobierno.
Nadie podrá ser compelido a declarar oficialmente sus creencias religiosas.
La condición religiosa no constituirá circunstancia modificativa de la personalidad civil ni política, salvo lo dispuesto en esta Constitución para el nombramiento de Presidente de la República y para ser Presidente de Consejo de Ministros".

resultan importantes a la hora de limitar la facultad de las confesiones. No obstante, es innegable que la segunda constituiría una base jurídica que ampararía el intervencionismo del Estado republicano, fundamentándolo en un concepto ambiguo como la "peligrosidad". Este paraguas normativo autorizaría la arbitrariedad a la hora de decidir quién constituye un peligro para el Estado y, por tanto, está expuesto a que el Estado le prive de su condición de ministro de culto.

### 3.1.2. Régimen franquista

Por otro lado, encontramos el régimen franquista, que supone la vuelta a la confesionalidad del Estado. De este modo, las llamadas "Leyes Fundamentales del Reino" no ocultan la confesionalidad católica del Estado, que queda recogido tanto en el Fuero de los Españoles[70], la Ley de Sucesión[71], así como en la Ley de Principios del Movimiento Nacional[72]. De todo ello se deriva un trato específico favorable a la Iglesia Católica, al tiempo que autorizaba una tolerancia privada en favor de las demás confesiones. Es evidente que con esta configuración jurídica del

70 El artículo 6 establecía: "La profesión y práctica de la Religión católica, que es la del Estado español, gozará de la protección oficial. Nadie será molestado por sus creencias religiosas ni el ejercicio privado de su culto. No se permitirán otras ceremonias ni manifestaciones externas que las de la Religión católica".
También puede mencionarse el artículo 33: "El ejercicio de los derechos que se reconocen en este Fuero no podrá atentar a la unidad, espiritual, nacional y social de España".

71 En su artículo 1: "España, como unidad política es un Estado católico, social y representativo que, de acuerdo con su tradición, se declara constituido en Reino".

72 El Principio II proclamaba: "La Nación española considera como timbre de honor el acatamiento a la ley de Dios, según la doctrina de la Iglesia católica, Apostólica y Romana, única verdadera y fe inseparable de la conciencia nacional, que inspirará su legislación".

fenómeno religioso cabe poca regulación de la figura de los ministros de culto, más allá del concepto canónico que el Estado asumía como propio para la realidad confesional del momento.

Más tarde, con el Concilio Vaticano II se produce un hecho insólito. Y es que cuando finaliza en 1965, se aprueba, entre otras, la Declaración "Dignitatis Humanae"[73], que supone el reconocimiento por parte la Iglesia Católica de la libertad religiosa como derecho natural del hombre dentro de una sociedad civil[74]. Por tanto, resulta paradójico que sea la propia confesión religiosa reconocida como oficial y ostentadora de una protección oficial la que se convierta en motor de cambio para la configuración jurídica de un Estado respecto al fenómeno religioso. En este caso, en España se produjo un avance de una confesionalidad tolerante hacia un régimen de libertad religiosa, por supuesto con muchos matices[75].

El cambio vino protagonizado por la aprobación de una norma, la Ley 44/1967, de 28 de junio, regulando el ejercicio del derecho civil a la libertad en materia religiosa[76], que en aplica-

---

73 Declaración Dignitatis Humanae sobre la libertad religiosa de 7 de diciembre de 1965.

74 De este modo, en el número dos se dice que el derecho a la libertad religiosa "ha de ser reconocido en el ordenamiento jurídico de la sociedad, de tal manera que llegue a convertirse en un derecho civil".

75 "Sigue existiendo una inadecuada realización de este principio (libertad religiosa) en base a la peculiar comprensión por nuestro ordenamiento de la relación libertad religiosa-confesionalidad, y por la que cede la primera a favor de la segunda". CONTRERAS MAZARÍO, M.ª., *Marco jurídico del factor religioso en España*, Observatorio del Pluralismo Religioso en España, 2011. Está disponible en: https://www.observatorioreligion.es/upload/48/89/Marco_juridico.pdf (Última consulta: 01/09/2024).

76 «BOE» núm. 156, de 1 de julio de 1967, páginas 9191 a 9194 (4 págs.)

ción de la doctrina católica como inspiración de su regulación[77], trataba de ofrecer un marco jurídico distinto al fenómeno de la libertad religiosa. Pues bien, la libre profesión y práctica de cualquier religión, incluso aquellas distintas de la católica[78], conllevaba la necesidad de regular el régimen de las confesiones religiosas, incluida también la configuración jurídica de sus propios ministros de culto. De este modo, la mencionada Ley dedicaba una sección – la 3ª – del capítulo 2º de Derechos comunitarios a la regulación de la figura de ministro de culto.

En la mencionada sección se establecen una serie de cuestiones que nos resultan convenientes de destacar. En el artículo 25 se establecía la necesidad de que los ministros de culto no católicos solicitasen su inscripción en el correspondiente Registro[79]. A tal efecto, estaba prevista en el artículo 36 de la misma Ley la creación de un Registro de las "asociaciones confesionales no católicas" que dependía del Ministerio de Justicia, y donde quedaban registrados a su vez los ministros de culto pertenecientes a estas confesiones[80].

---

77 El Principio II de la Ley de principios del Movimiento Nacional anteriormente mencionada "la doctrina de la Iglesia católica (…) inspirará su legislación" y, no extraña que en la Ley 44/1967, de 28 de junio, regulando el ejercicio del derecho civil a la libertad en materia religiosa se reconociese que dicho principio constituía "fundamento muy sólido de la presente Ley".

78 Ello, no obstante, respetando los límites previstos en el artículo 2 de la misma norma, que establecía, entre otras limitaciones, "las derivadas del (…) respeto a la Religión católica".

79 La sección primera del artículo 25: "Los ministros de los cultos no católicos solicitarán del Ministerio de Justicia, a través de la asociación confesional a que pertenezcan, su inscripción en el Registro a que se refiere el artículo treinta y seis, con expresión de los datos que reglamentariamente se establezcan".

80 El mencionado artículo 36 dictaba: "En el Ministerio de Justicia se instituirá un Registro de asociaciones confesionales no católicas y de ministros de los cultos no católicos en España".

La inscripción en el Registro no era una cuestión potestativa, sino que era un requisito necesario para que se puediese desarrollar "el ejercicio de su función religiosa"[81]. Esta inscripción contaba además con otras limitaciones, como que la persona que pretendiese obtener el reconocimiento de ministro de culto de una confesión hubiese sido antes ministro de culto de otra, en cuyo caso se requería dispensa o declaración de esta última[82].

Para ser considerado "ministro de culto legalmente autorizado", la Ley exigía un documento de identificación expedido por el Ministerio de Justicia[83]. Una vez reconocida su condición, disponían de ciertas prerrogativas, como poder excusarse de asumir funciones o cargos públicos que fuesen "incompatibles con su ministerio"[84], sin perjuicio del cumplimiento de cualquier servicio "exigible como obligatorio a la Nación", como el servicio militar[85].

Además de la cancelación de la inscripción a instancia del ministro interesado o de su confesión, el Ministerio de Justicia se arrogaba la facultad de poder cancelar la inscripción de un

---

81 Ello se extrae de lo dispuesto en el artículo 25.2: "La inscripción en el Registro garantizará al ministro del culto de que se trate el ejercicio de su función religiosa bajo la protección de la Ley".

82 Así lo establecía el artículo 25.3: "No se autorizará la inscripción en el Registro como ministros de un determinado culto a quienes lo hayan sido de otro ni a los ordenados «in sacris» y religiosos profesos en la Iglesia Católica, salvo dispensa o declaración, en su caso, de la respectiva Autoridad confesional".

83 Artículo 26: "La condición de ministro legalmente autorizado de un culto no católico se acreditará mediante un documento especial de identificación expedido por el Ministerio de Justicia".

84 Artículo 27.1: "Los ministros legalmente autorizados de los cultos no católicos podrán excusarse de asumir funciones o cargos públicos que sean incompatibles con su ministerio".

85 Artículo 27.2: "Lo dispuesto en el párrafo anterior no afectará al cumplimiento del servicio militar ni a cualquier otro exigible como obligatorio a la Nación".

ministro por realizar "actos contrarios" a la misma Ley en el ejercicio de sus funciones[86], aunque la resolución debía estar "debidamente fundada" y comunicarse a la respectiva confesión[87].

## *3.2. Planteamiento actual*

### 3.2.1. Modelo constitucional

Tras el fin de la dictadura franquista, se inicia un nuevo período en España. En lo que concierne al fenómeno religioso, con la Constitución Española de 1978 se proclama un nuevo paradigma inédito hasta entonces en el panorama nacional.

Sin duda, los preceptos constitucionales que abordan de modo directo el fenómeno religioso serían el artículo 14 [prohibición de discriminación por motivos (...) religiosos] y el artículo 16, nuclear para proteger la libertad religiosa tanto en su vertiente individual como colectiva.

No obstante, es evidente que la Carta Magna moldea la configuración del factor religioso a través de su articulado. De este modo, la existencia de unos valores superiores del ordenamiento jurídico y el carácter de Estado social – artículo 1.1 CE –, la configuración de la dignidad de la persona como fundamento del orden político y la paz social – artículo 10.1 CE[88] –,

---

86 Artículo 28.1: "Las inscripciones en el Registro sólo podrán cancelarse a instancia del ministro interesado, de su asociación confesional o por resolución del Ministerio de Justicia en el caso de que, en el ejercicio de sus funciones, realice actos contrarios a los preceptos de esta Ley".

87 Artículo 28.2: "La oportuna resolución, debidamente fundada, deberá ser comunicada a la asociación confesional a que pertenezca el interesado".

88 La dignidad humana ha sido interpretada como: "valor jurídico fundamental, núcleo de derechos (...) un valor espiritual y moral inherente a la persona que se manifiesta en la autodeterminación

así como la función promocional de la libertad y la igualdad atribuida a los poderes públicos – artículo 9.2 CE – son algunas de las manifestaciones más evidentes que conducen a advertir que el nuevo tratamiento jurídico del factor religioso se llevaría a cabo desde un punto de vista personalista y no institucionalista (o de relaciones Iglesia-Estado).

De este modo, el Estado abandonaría la confesionalidad que había estado presente en prácticamente todas las constituciones promulgadas en nuestro país. Es cierto que lo haría de un modo peculiar, por medio del artículo 16.3, que en su inicio establece: "ninguna confesión tendrá carácter estatal". Y resulta peculiar porque, huelga mencionar, que esta formulación no responde a la tradición española, pues lo que afirma literalmente no es la aconfesionalidad del Estado sino la no estatalidad de las confesiones[89].

La aconfesionalidad, neutralidad o laicidad que caracteriza nuestro ordenamiento jurídico no debe confundirse con un modelo laicista[90], presente en algunos regímenes democráti-

---

consciente y responsable de la propia vida y que lleva consigo la pretensión de respeto por parte de los demás" (STC 53/1985, de 11 de abril, FJ 8°) (TOL 79.468).

89 Podría tener sentido en el caso de que hubiésemos tenido un sistema de estatalidad de confesiones, pero no es el nuestro caso, ya que lo que hemos tenido en otros momentos de la Historia es una confesionalidad estatal. El primero atiende más a otras realidades como los países protestantes, en los que sí tuvo lugar y aún se mantiene, el fenómeno de iglesias nacionales, organizadas, controladas y protegidas por el Estado. *Vid.* COMBALÍA SOLÍS, Z., "Principios informadores del Derecho Eclesiástico español", en GARCÍA HERVÁS, D. (coord.), *Manual de Derecho Eclesiástico del Estado*, A Coruña: COLEX, 1997, pp. 129-142.

90 Se diferencia del *confesionalismo ateo*, ya que este último se instaló en los regímenes totalitarios. Por ejemplo, en los antiguos países comunistas, pese a que formalmente estuviese reconocida en sus Constituciones la libertad religiosa, "en la práctica su confesionalidad atea

cos. El Estado laicista, se comprometería con una determinada concepción religiosa, "concretamente con aquella que considera la religión de manera negativa, adoptando, si acaso, una especie de 'religión civil' o mejor, del Estado"[91].

El laicismo focaliza su atención en la amenaza que supone la religión para el progreso social, que conllevaría la necesidad de un intervencionismo estatal para controlar dicha amenaza. No obstante, BOBBIO advertía: "el laicismo que necesite armarse y organizarse corre el riesgo de convertirse en una iglesia enfrentada a las demás iglesias"[92].

En nuestra realidad nacional, LÓPEZ-SIDRO encuentra un ejemplo en el régimen de la II República, que estaría muy preocupado por defenderse a sí mismo de elementos y ataques desestabilizadores, entre los que supuestamente se encontrarían las confesiones religiosas[93]. No parece despreciable la idea, ya que el artículo 26 de la Constitución vigente ya mencionada contemplaba la disolución de las congregaciones religiosas que por sus actividades constituyesen "un peligro para la seguridad del Estado".

Como contraposición tendríamos el modelo constitucional actual en que esta separación entre el Estado y las confesiones religio-

---

solía traducirse en un régimen de persecución más o menos encubierta, más o menos sangrienta, contra las Confesiones religiosas y sus fieles. Si bien en ocasiones resucitaban el espíritu regalista para controlar a la jerarquía de la religión mayoritaria en apoyo de su política, impidiéndole una verdadera acción religiosa con sus fieles y utilizándola como verdadero *instrumentum regnis*". *Vid.* MANTECÓN SANCHO, J., *op. cit.*, pp. 11-22.

91 BELEÑA LÓPEZ, Á., *Sociopolítica del hecho religioso: una introducción*, Madrid: Rialp, 2007, p. 86.

92 BOBBIO, N., "Cultura Laica y Laicismo", *Iglesia Viva*, núm. 222, 2005, pp. 147-149.

93 LÓPEZ-SIDRO LÓPEZ, Á., *El control estatal de las entidades religiosas a través de los registros. Estudio histórico-jurídico*, Jaén: Universidad de Jaén, 2003, p. 69.

sas no impone una preocupación, desconfianza u hostilidad hacia ellas, sino más bien una valoración positiva del factor religioso en el contexto general del bien común. El Tribunal Constitucional, en su Auto 180/1986, de 21 de febrero ha puesto de manifiesto:

> "El carácter aconfesional del Estado no implica que las creencias religiosas no puedan ser objeto de protección. El mismo art. 16.3, que afirma que ninguna Confesión tendrá carácter estatal, afirma también que los poderes públicos tendrán en cuenta las creencias religiosas de la sociedad española. Y, por otra parte, la pretensión individual o general de respeto a las convicciones religiosas pertenece a las bases de la convivencia democrática que, tal como declara el preámbulo de la Norma Fundamental, debe ser garantizada".

Esta percepción positiva del fenómeno religioso debe entenderse además desde la autonomía e independencia del Estado y las confesiones religiosas. De este modo, el Tribunal Constitucional, en su Sentencia 24/1982, de 13 de mayo:

> "La laicidad impide que los valores o intereses religiosos se erijan en parámetros para medir la legitimidad o justicia de las normas y actos de los poderes públicos, y al mismo tiempo, veda cualquier tipo de confusión entre funciones religiosas y funciones estatales"[94].

Por tanto, esta laicidad del Estado comprende tanto la autonomía e independencia de las confesiones como la valoración positiva del factor religioso. El Estado es radicalmente incompetente para definirse en materia religiosa[95]. Por este motivo, la li-

---

94 STC 24/1982, de 13 de mayo de 1982, FJ 1º (TOL 78.997).

95 Afirma ESCRIVÁ que, en "el ámbito propio de su racionalidad y de su conciencia personales, el hombre busca y establece su acto personal de relación con la verdad, con el bien, con la belleza y con Dios. Sobre este ámbito, sobre tales actos y sobre la actuación personal en consonancia con ellos al vivirlos en sociedad, el hombre no puede ser sustituido, coaccionado o ignorado por el Estado. El Estado es absolutamente incompetente. El ámbito de la racionalidad y de la conciencia

bertad religiosa posee tanto una acepción negativa, que consiste en la inmunidad de coacción de los individuos y comunidades como en la no confesionalidad, es decir, en la prohibición del Estado de concurrir con el ciudadano, emitiendo actos de fe:

> "El principio de libertad religiosa reconoce el derecho de los ciudadanos a actuar en este campo con plena inmunidad de coacción del Estado y de cualesquiera grupos sociales, de manera que el Estado se prohíbe a sí mismo cualquier concurrencia junto a los ciudadanos, en calidad de sujeto de actos o actitudes de signo religioso"[96].

### 3.2.2. Repercusiones en la configuración del derecho en el ordenamiento jurídico español

El nuevo marco constitucional en que nos movemos trae consigo el reconocimiento de las confesiones religiosas como entidades que cumplen una función social respecto de la cual el Estado es radicalmente incompetente. No llegan a alcanzar un estatus de corporación de Derecho público, como en otros países de nuestro entorno[97], pero tampoco pueden asimilarse, sin más, a simples asociaciones[98].

---

de los ciudadanos —de cada singular e irrepetible ser humano— no pertenece a la esencia o identidad del Estado". *Vid.* ESCRIVÁ IVARS, J., "Pluralismo, multiculturalismo y objeción de conciencia en una sociedad democrática avanzada", en AA.VV., *Multiculturalismo y movimientos migratorios*, Valencia: Tirant Lo Blanch, 2003, pp. 301-302.

96 STC 24/1982, de 13 de mayo de 1982, FJ 1° (TOL 78.997).

97 El Derecho alemán es el más representativo. Véase ROCA, M.J., "El derecho de autonomía de las confesiones religiosas en el derecho alemán", en MORÁN, G.M. (coord.), *Cuestiones actuales de derecho comparado*, 2003, A Coruña: Universidad de La Coruña, pp. 47-58.

98 *Vid.* STC 46/2001, de 15 de febrero, FJ 5° (TOL 104.639).

Por un lado, porque son titulares de un derecho fundamental propio e independiente. En efecto, tal y como afirma el artículo 16 de la Constitución, se garantiza el derecho a la libertad ideológica, religiosa y de culto de los individuos, pero también de las comunidades[99]. Ello conlleva a su vez que la Ley Orgánica 7/1980, de 5 de julio, de Libertad Religiosa[100] – que es la norma que desarrolla el contenido esencial del derecho fundamental – explicite también los derechos que tienen las Iglesias, Confesiones y Comunidades religiosas[101].

Por otro lado, es innegable la labor que desarrollan para posibilitar que los ciudadanos puedan gozar y disfrutar de los derechos dimanantes de la libertad religiosa. Y es que, sin confesiones religiosas los ciudadanos no podrían ver satisfecha la dimensión externa de su libertad religiosa. Son ellas las únicas que pueden satisfacer la demanda de los ciudadanos de asistencia religiosa y espiritual. Y es que, basta con realizar una lectura somera del artículo 2.1 LOLR para advertir la relevancia que tienen el ejercicio de los derechos que tiene toda persona comprendidos en su libertad religiosa:

> "a) Profesar las creencias religiosas que libremente elija o no profesar ninguna; cambiar de confesión o abandonar la que tenía; manifestar libremente sus propias creencias religiosas o la ausencia de las mismas, o abstenerse de declarar sobre ellas.

---

99 El artículo 16.1 CE reza: "Se garantiza la libertad ideológica, religiosa y de culto de los individuos y las comunidades sin más limitación, en sus manifestaciones, que la necesaria para el mantenimiento del orden público protegido por la ley".

100 «BOE» núm. 177, de 24 de julio de 1980, páginas 16804 a 16805.

101 En nuestra investigación solemos utilizar con frecuencia el concepto genérico "confesiones" a efectos de facilitar la lectura del trabajo, sin perjuicio de que en alguna ocasión nos refiramos a otros términos que resulten de aplicación en el caso concreto.

b) Practicar los actos de culto y recibir asistencia religiosa de su propia confesión; conmemorar sus festividades, celebrar sus ritos matrimoniales; recibir sepultura digna, sin discriminación por motivos religiosos, y no ser obligado a practicar actos de culto o a recibir asistencia religiosa contraria a sus convicciones personales.

c) Recibir e impartir enseñanza e información religiosa de toda índole, ya sea oralmente, por escrito o por cualquier otro procedimiento; elegir para sí, y para los menores no emancipados e incapacitados, bajo su dependencia, dentro y fuera del ámbito escolar, la educación religiosa y moral que esté de acuerdo con sus propias convicciones.

d) Reunirse o manifestarse públicamente con fines religiosos y asociarse para desarrollar comunitariamente sus actividades religiosas de conformidad con el ordenamiento jurídico general y lo establecido en la presente Ley Orgánica".

En efecto, la acción de la confesión religiosa cumple un papel relevante – e incluso imprescindible – en muchos de estos derechos. El Estado, aunque Social, se encuentra con la dificultad de no poder proveer directamente los servicios espirituales y religiosos que el ciudadano precisa de su comunidad religiosa. Y es que el Estado en esta materia "sólo pretende ser Estado al servicio – no represor, ni suplente, ni concurrente – de la radical y previa esfera de racionalidad y conciencia personales de cada ciudadano"[102]. De este modo, si actuase de otro modo distinto, tal y como afirma OLMOS:

"puede que entonces la auténtica libertad religiosa del individuo no quede realmente garantizada; pues, los poderes públicos tienen que colaborar con las Entidades religiosas, precisan de éstas y de sus ministros de culto para que el derecho de libertad religiosa de las personas sea real y efectivo. Por ejemplo, ¿tendría sentido reconocer la forma religiosa de celebración del

---

102 FERRER ORTIZ, J. y VILADRICH, P. J., "Los principios informadores del derecho eclesiástico español", en AA. VV, *Derecho Eclesiástico del Estado español*, 4ª ed., Pamplona: EUNSA, 1996, p. 215.

> matrimonio, la asistencia religiosa en los centros hospitalarios y penitenciaros, la enseñanza religiosa en los colegios, etc.?"[103].

En este sentido, un buen ejemplo lo encontramos en el artículo 2.3 LOLR:

> "Para la aplicación real y efectiva de estos derechos, los poderes públicos adoptarán las medidas necesarias para facilitar la asistencia religiosa en los establecimientos públicos, militares, hospitalarios, asistenciales, penitenciarios y otros bajo su dependencia, así como la formación religiosa en centros docentes públicos".

Aquí podemos encontrar la respuesta que ofrece el Estado en la situación en la que un ciudadano tenga disminuidas las posibilidades de recibir asistencia espiritual – uno de los derechos que se desprenden del derecho a la libertad religiosa contenido en el artículo 2.1 LOLR – de su respectiva confesión, por encontrarse internado en un centro caracterizado por un régimen de especial sujeción. En este caso, se hace palmaria la imposibilidad de que el Estado pueda prestar esa asistencia espiritual a los ciudadanos. Por ello, incluso en ese supuesto, en que el ciudadano no puede acceder a la satisfacción de este derecho, el Estado se limitará a adoptar "las medidas necesarias". De este modo, los poderes públicos facilitarán los medios necesarios para su ejercicio; pero serán las confesiones religiosas las encargadas de prestar la asistencia a sus fieles.

### *3.3. El derecho de las confesiones religiosas a designar los ministros de culto*

Habiendo visto la relevancia que adquieren las confesiones religiosas en los servicios religiosos, es posible que surja el interrogante: ¿quién elige a este ministro de culto o religioso?

---

103 OLMOS ORTEGA, M. E., "Personalidad jurídica civil de las entidades religiosas y Registro de Entidades Religiosas", *Revista General de Derecho Canónico y Derecho Eclesiástico del Estado*, núm. 19, 2009, p. 42.

Nuestro ordenamiento jurídico ofrece la respuesta, tanto en sus fuentes básicas o comunes, como en las fuentes peculiares o típicas.

En el primer grupo, encontramos la LOLR que, así como desplegaba un elenco de derechos comprendidos dentro del ejercicio individual del derecho a la libertad religiosa, realiza lo mismo en el ejercicio colectivo del derecho, esto es, en el ámbito de las confesiones religiosas. De este modo, dispone en su artículo 2.2 que la libertad religiosa y de culto:

> "Asimismo comprende el derecho de las Iglesias, Confesiones y Comunidades religiosas a establecer lugares de culto o de reunión con fines religiosos, *a designar y formar a sus ministros*, a divulgar y propagar su propio credo, y a mantener relaciones con sus propias organizaciones o con otras confesiones religiosas, sea en territorio nacional o en el extranjero" (Cursiva nuestra).

En primer lugar, sin movernos de la esfera de la LOLR y, por tanto, de la normativa común, la misma también establece en su artículo 6.1:

> "Las Iglesias, Confesiones y Comunidades religiosas inscritas tendrán plena autonomía y podrán establecer sus propias normas de organización, régimen interno y régimen de su personal. En dichas normas, así como en las que regulen las instituciones creadas por aquéllas para la realización de sus fines, podrán incluir cláusulas de salvaguarda de su identidad religiosa y carácter propio, así como del debido respeto a sus creencias, sin perjuicio del respeto de los derechos y libertades reconocidos por la Constitución, y en especial de los de libertad, igualdad y no discriminación".

Por tanto, de la normativa común extraemos lo siguiente: 1) todas las confesiones religiosas – con independencia de que estén inscritas en el Registro de Entidades Religiosas o hayan suscrito un Acuerdo de cooperación – tienen derecho a designar y formar a los ministros de culto; 2) las confesiones religiosas inscritas en el Registro tienen libertad para establecer su régimen jurídico.

En un segundo plano, nos encontramos ante la normativa peculiar. Curiosamente, esta normativa, lejos de perfeccionar el régimen jurídico aplicable a las confesiones con Acuerdo de Cooperación, poco parecen mejorar su *status quo* respecto a las confesiones sin Acuerdo.

Por un lado, los Acuerdos celebrados en el 1992 no desarrollan nada relativo al derecho de la confesión religiosa de designar los ministros de culto. Se limitan a ofrecer una definición de ministro de culto, en su artículo 3, como vimos anteriormente. También establecen el modo en que acreditarán su condición – mediante certificación de la Iglesia o confesión respectiva –. Ahora bien, tampoco dice nada acerca de algún tipo de intervención por parte de la Administración Pública.

Por otro, tenemos la normativa peculiar de la Iglesia Católica. Para ello, contamos con un Acuerdo, cuyo contenido hace referencia casi en exclusiva a los ministros de culto. Se trata del Acuerdo de 1976 que hemos mencionado anteriormente, al analizar el régimen específico de los ministros de culto católicos en algunas esferas. Pues bien, en dicho Acuerdo el Estado reconoce la libertad de la Iglesia para nombrar a los titulares de las sedes episcopales[104]. No obstante, existe alguna particularidad que, como advertíamos anteriormente, no se trata precisamente de una mejora o medida adicional de autonomía de esta confesión respecto al Estado. Ello lo veremos con algo más de detenimiento cuando veamos en el siguiente capítulo la intervención estatal en la designación de los ministros de culto.

Además, conviene señalar que en nuestro ordenamiento jurídico también existe un régimen jurídico específico aplicable al profesorado de la asignatura de religión. Para poder entender mejor *quién* y *por qué* elige a los profesores de esta materia hemos de partir del artículo 27.3 CE que establece: "Los poderes públicos garantizan el derecho que asiste a los padres para

[104] En su artículo I.1: "El nombramiento de Arzobispos y Obispos es de la exclusiva competencia de la Santa Sede".

que sus hijos reciban la formación religiosa y moral que esté de acuerdo con sus propias convicciones". Por tanto, la conclusión que se extrae de su lectura es fácil: los padres tienen libertad de elección respecto a la formación religiosa y moral de sus hijos. Es importante destacar que, en el caso de la escuela pública, esta asignatura se plantea como la garantía residual que permite a los padres tener un margen de decisión acerca de la formación religiosa y moral de sus hijos, conforme a sus convicciones (cfr. Artículo 27.3 CE).

En este sentido, hay dos cuestiones relativas a la enseñanza de la asignatura de religión que adquieren una cierta relevancia, ambas contempladas en el ordenamiento jurídico español. Tanto una como la otra se entroncan precisamente en el modelo de laicidad, que trae consigo tanto la radical incompetencia de los poderes públicos en materia religiosa, como la autonomía de las confesiones religiosas para poder autogobernarse, regirse y decidir acerca de asuntos atribuidos a su competencia.

Por un lado, nos encontramos con los contenidos de la enseñanza de esta materia, que serán competencia de la jerarquía de las confesiones, que son quienes verdaderamente conocen el credo y dogma de su propia religión. Este derecho está protegido en los distintos Acuerdos de Cooperación. En el caso de la Iglesia Católica, en el artículo 6 del Acuerdo entre el Estado español y la Santa Sede sobre Enseñanza y Asuntos Culturales (AEAC)[105]. En los Acuerdos de 1992, los encontramos en el ar-

---

[105] Dicho precepto establece: "A la jerarquía eclesiástica corresponde señalar los contenidos de la enseñanza y formación religiosa católica, así como proponer los libros de texto y material didáctico relativos a dicha enseñanza y formación".

tículo 10.3 del Acuerdo con la FEREDE[106], la FCJE[107] y la CIE[108]. No nos consta que haya existido conflicto alguno respecto a los contenidos de los currículos de las respectivas asignaturas de religión. De hecho, las últimas normas que establecen la ordenación y las enseñanzas mínimos de la Educación Infantil[109], la Educación Primaria[110], la Educación Secundaria Obligatoria[111] y el Bachillerato[112] indican, en su disposición adicional primera, apartado cuarto, que "la determinación del currículo de las enseñanzas de religión católica y de las diferentes confe-

---

[106] "Los contenidos de la enseñanza religiosa evangélica, así como los libros de texto relativos a la misma, serán señalados por las Iglesias respectivas con la conformidad de la Federación de Entidades Religiosas Evangélicas de España".

[107] "Los contenidos de la enseñanza religiosa judía, así como los libros de texto relativos a la misma, serán señalados por las Comunidades respectivas con la conformidad de la Federación de Comunidades Israelitas".

[108] "Los contenidos de la enseñanza religiosa islámica, así como los libros de texto relativos a la misma, serán proporcionados por las Comunidades respectivas, con la conformidad de la «Comisión Islámica de España»".

[109] El Real Decreto 95/2022, de 1 de febrero, por el que se establece la ordenación y las enseñanzas mínimas de la Educación Infantil, que indica en su disposición adicional primera que las enseñanzas de religión se incluirán en el segundo ciclo de esta etapa educativa.

[110] El Real Decreto 157/2022, de 1 de marzo, por el que se establecen la ordenación y las enseñanzas mínimas de la Educación Primaria, que indica en su disposición adicional primera que las enseñanzas de religión se incluirán en esta etapa educativa.

[111] El Real Decreto 217/2022, de 29 de marzo, por el que se establece la ordenación y las enseñanzas mínimas de la Educación Secundaria Obligatoria, que indica en su disposición adicional primera que las enseñanzas de religión se incluirán en esta etapa educativa.

[112] El Real Decreto 243/2022, de 5 de abril, por el que se establecen la ordenación y las enseñanzas mínimas del Bachillerato, que indica en su disposición adicional primera que las enseñanzas de religión se incluirán en esta etapa educativa.

siones religiosas con las que el Estado ha suscrito acuerdos de cooperación en materia educativa será competencia, respectivamente, de la jerarquía eclesiástica y de las correspondientes autoridades religiosas". Y, de este modo, se han publicado recientemente los currículos de la religión católica[113] y los de la religión islámica[114]. El Preámbulo de estas Resoluciones refleja que estos currículos han sido aprobados, respectivamente, por la Conferencia Episcopal Española[115] y por las Comunidades agrupadas en la Comisión Islámica de España[116].

Por otro lado, tenemos la selección del personal encargado de llevar a cabo la labor docente en esta materia. Si acabamos de ver que son las confesiones las que determinan el *objeto* de la materia confesional, parece comprensible que sean las confesiones las que decidan acerca del *sujeto* que realiza la labor educativa. De otro modo, podría producirse una falta de sintonía entre el mensaje religioso y el transmisor de este mensaje. Por ello, en los países laicos o neutrales, la Administración interviene "únicamente en la medida en que sea necesario para hacer viable un

113 Resolución de 21 de junio de 2022, de la Secretaría de Estado de Educación, por la que se publican los currículos de las enseñanzas de religión católica correspondientes a Educación Infantil, Educación Primaria, Educación Secundaria Obligatoria y Bachillerato.

114 Resolución de 16 de septiembre de 2022, de la Secretaría de Estado de Educación, por la que se publican los currículos de la enseñanza de religión islámica correspondientes a Educación Infantil, Educación Primaria, Educación Secundaria Obligatoria y Bachillerato.

115 En el caso de la religión católica: "De acuerdo con los preceptos indicados, la Conferencia Episcopal Española ha determinado los currículos de la enseñanza de religión católica para la Educación Infantil, la Educación Primaria, la Educación Secundaria Obligatoria y el Bachillerato".

116 En el caso de la religión islámica: "De acuerdo con los preceptos indicados, las Comunidades agrupadas en la Comisión Islámica de España han determinado, con la conformidad de esta, los currículos de la enseñanza de religión islámica para la Educación Infantil, la Educación Primaria, la Educación Secundaria Obligatoria y el Bachillerato".

derecho que, de esta forma, dentro de su carácter fundamental, se convierte en un derecho de prestación".

Por ello, de nuevo las fuentes pacticias reproducen este derecho de las confesiones religiosas. De este modo, el artículo 10.2 de los Acuerdos de 1992 establece que será impartida por profesores designados por las Iglesias o Comunidades pertenecientes a la Federación o Comisión de que se trate. También el artículo 3 del AEAC, que indica que esta enseñanza "será impartida por las personas que (...) sean designadas por la autoridad académica entre aquellas que el Ordinario diocesano proponga para ejercer esta enseñanza"[117], incluyendo en este caso esta facultad de selección también en el ámbito de las Escuelas Universitarias de Formación del Profesorado, en su artículo cuarto.

Estas dos cuestiones, por tanto, están protegidas en el campo educativo, estén o no previstas en la legislación educativa. Un ejemplo de ello lo encontramos en la Disposición Adicional Tercera de la Ley Orgánica 2/2006, de 3 de mayo, de Educación[118], que contempla en el final de su apartado segundo que, "en todo caso, la propuesta para la docencia corresponderá a las entidades religiosas y se renovará automáticamente cada año". No obstante, respecto al contenido del currículo de la materia confesional, ya no está contemplado en la norma desde la última reforma[119].

---

117 No obstante, cabe señalar que el mismo precepto, en su párrafo segundo establece que "en los Centros públicos de Educación Preescolar y de Educación General Básica, la designación, en la forma antes señalada, recaerá con preferencia en los Profesores de EGB que así lo soliciten".

118 «BOE» núm. 106, de 04/05/2006.

119 La Disposición Adicional Tercera de la anterior norma contemplaba: "La determinación del currículo y de los estándares de aprendizaje evaluables que permitan la comprobación del logro de los objetivos y adquisición de las competencias correspondientes a la asignatura Religión será competencia de las respectivas autoridades religiosas. Las decisiones sobre utilización de libros de texto y materiales didácticos y, en su caso, la supervisión y aprobación de los mismos corres-

Cabe señalar que la selección y el estatuto del personal han sido objeto de desarrollo por parte de la Sentencia del Pleno del Tribunal Constitucional 38/2007, de 15 de febrero[120], relativa a la enseñanza reglada de religión en centros públicos:

> "ha de corresponder a las confesiones la competencia para el juicio sobre la idoneidad de las personas que hayan de impartir la enseñanza de su respectivo credo. Un juicio que la Constitución permite que no se limite a la estricta consideración de los conocimientos dogmáticos o de las aptitudes pedagógicas del personal docente, siendo también posible que se extienda a los extremos de la propia conducta en la medida en que el testimonio personal constituya para la comunidad religiosa un componente definitorio de su credo, hasta el punto de ser determinante de la aptitud o cualificación para la docencia, entendida en último término, sobre todo, como vía e instrumento para la trasmisión de determinados valores" (FJ 5º).

Por tanto, la autonomía que tienen las confesiones religiosas en la selección de las personas encargadas de llevar a cabo la misión espiritual trasciende del ámbito de su lugar de culto. Este ejemplo sirve para ilustrar la trascendencia de esta facultad de designar a las personas *idóneas*, ya que incluso confiere a la confesión el poder de decidir el personal que prestará sus servicios en un centro público, como es una escuela integrada en la educación pública. Es evidente que el docente no necesariamente ha de ser ministro de culto – aunque nada lo impide, y en ocasiones, en efecto pueden darse ambas condiciones –, pero precisamente por ello nos permite advertir el grado de autonomía que tendrán las confesiones para decidir acerca de las personas que se limitarán a prestar servicios espirituales en un lugar privado, como es un lugar de culto. En el próximo capítulo podremos comentar alguna nota básica respecto a la intervención estatal en este ámbito.

---

ponden a las autoridades religiosas respectivas, de conformidad con lo establecido en los Acuerdos suscritos con el Estado español".

120 BOE núm. 63, de 14 de marzo de 2007 (TOL 1.038.222).

# *Capítulo II*
# *La intervención estatal en la designación de ministros de culto*

SUMARIO: 1. LOS LÍMITES GENÉRICOS DEL DERECHO FUNDAMENTAL. 2. LAS MANIFESTACIONES DE LA INTERVENCIÓN ESTATAL EN EL ACUERDO BÁSICO DE 1976. 3. EL REGISTRO DE ENTIDADES RELIGIOSAS Y EL ÁMBITO DEL MATRIMONIO. 4. EDUCACIÓN. 5. ASISTENCIA RELIGIOSA EN LOS CENTROS PENITENCIARIOS.

Tras haber estudiado la figura del ministro de culto y el derecho de las confesiones religiosas a designar sus ministros, es momento de aproximarnos a la intervención pública en este derecho de las confesiones religiosas.

En un primer momento, analizaremos los límites genéricos del derecho fundamental. Y ello porque, teniendo en cuenta que este derecho a designar su propio personal está comprendido dentro del derecho fundamental, la intervención o injerencia que en su caso se lleve a cabo por parte de los poderes públicos habrá de ser conforme a estos parámetros jurídicos.

Más tarde, analizaremos algunos de los ámbitos en los que existe intervención por parte de los poderes públicos. De esta forma, será posible advertir cuáles son las particularidades de cada uno de ellos. En este estudio, enunciaremos brevemente el sistema previsto en el Acuerdo Básico de 1976 suscrito con la Iglesia Católica.

Por otro lado, expondremos el funcionamiento del Registro de Entidades Religiosas y el régimen legal aplicable. Así, podremos profundizar más acerca de las repercusiones que tiene en la regulación del matrimonio en España.

Nos detendremos también en el terreno educativo, ya que allí también puede manifestarse la intervención pública, aunque en un modo diverso como veremos. Y, por último, desarrollaremos el régimen jurídico de los ministros de culto en materia de asistencia religiosa, en concreto, en centros penitenciarios. Las respuestas que obtengamos en este sentido nos permitirán conformar una representación del marco legal en un contexto especialmente sensible para el objeto de nuestro estudio.

## 1. LOS LÍMITES GENÉRICOS DEL DERECHO FUNDAMENTAL

Tal y como hemos tenido oportunidad de analizar previamente, al estudiar el derecho a designar ministros de culto estamos en realidad abordando el ejercicio del derecho fundamental de libertad religiosa. Limitar o restringir este derecho supone limitar o restringir la libertad religiosa.

En efecto, la asistencia espiritual es uno de los derechos comprendidos por la dimensión individual del derecho; asimismo, designar y formar a sus ministros de culto forma parte de la dimensión colectiva o institucional que tienen las confesiones.

Como consecuencia de ello, la limitación que se establezca en el ejercicio del derecho ha de estar respaldada por lo dispuesto en el ordenamiento jurídico respecto a los límites del derecho de libertad religiosa.

A tal efecto, conviene hacer una serie de aseveraciones. Entender bien la materia que estamos abordando nos permitirá tener un mayor rigor y precisión en momentos posteriores del objeto de nuestro estudio. Por ello, analizaremos el concepto del orden público, como única cláusula para limitar el ejercicio del derecho fundamental. Posteriormente, veremos qué elementos integran el orden público en la práctica de la religión.

### *1.1. El orden público*

En primer lugar, el único límite constitucional que fija nuestra Carta Magna es el del *orden público protegido por la ley*[121].

En segundo lugar, tal y como se desprende de los mencionados artículos, es un derecho que es limitable únicamente en sus *manifestaciones*. Dicho de otro modo, aquello establecido por nuestro ordenamiento jurídico es aplicable a la libre exteriorización. Por tanto, cuando abordamos los límites no podemos hacer referencia al ámbito interno. Esta dimensión interna que "garantiza la existencia de un claustro íntimo de creencias y, por tanto, un espacio de autodeterminación intelectual ante el fenómeno religioso, vinculado a la propia personalidad y dignidad individual"[122], es ilimitada. No obstante, aquello que es limitable es la dimensión externa, de "agere licere", que faculta a los ciudadanos para "comportarse de acuerdo con sus propias convicciones con plena inmunidad de coacción del Estado o de cualesquiera grupos sociales para actuar con arreglo a sus propias convicciones y mantenerlas frente a terceros"[123]. Cabe resaltar que dentro de la dimensión externa o "libertad externa", tampoco será limitable lo que se ha venido a denominar como "dimensión negativa de la libertad externa", al estar taxativa-

---

121 De este modo, el artículo 16.1 de la Constitución reza:
"Se garantiza la libertad ideológica, religiosa y de culto de los individuos y las comunidades sin más limitación, en sus manifestaciones, que la necesaria para el mantenimiento del orden público protegido por la ley".

122 STC 154/2002, de 18 julio, FJ 6º (TOL 258.486); STC 24/1982, de 13 de mayo, FJ 1º (TOL 78.997); STC 166/1996, de 28 de octubre, FJ 2º (TOL 83.078).

123 Ídem.

mente prohibido en el artículo 16.2 CE obligar a un individuo a que declare sobre su ideología, religión o creencias[124].

En tercer lugar, al analizar el orden público hemos de tener en cuenta que nos encontramos ante un concepto jurídico indeterminado que, a diferencia de lo que sucede en otros derechos fundamentales, el legislador sí ha definido en el ámbito religioso. De este modo, adquiere mayor importancia el legislador ordinario, que desarrolló en el artículo 3.1 de la LOLR el concepto de orden público, mencionando aquellos elementos que lo constituyen:

> "El ejercicio de los derechos dimanantes de la libertad religiosa y de culto tiene como único límite la protección del derecho de los demás al ejercicio de sus libertades públicas y derechos fundamentales, así como la salvaguardia de la seguridad, de la salud y de la moralidad pública, elementos constitutivos del orden público protegido por la Ley en el ámbito de una sociedad democrática".

La lectura de este artículo nos recuerda al articulado del Convenio Europeo de Derechos Humanos, en su precepto 9.2, que dispone lo siguiente:

> "La libertad de manifestar su religión o sus convicciones no puede ser objeto de más restricciones que las que, previstas por la ley, constituyan medidas necesarias, en una sociedad democrática, para la seguridad pública, la protección del orden, de la salud o de la moral públicas, o la protección de los derechos o las libertades de los demás".

Además, el Tribunal Supremo ha manifestado en más de una ocasión que el orden público constituye un concepto de contenido variable que está compuesto por aquellos "principios jurídicos, públicos y privados, políticos, morales y económicos que son absolutamente obligatorios para la conservación del orden social

---

124 ESCOBAR MARÍN, J.A., "El derecho de libertad religiosa y sus límites jurídicos", *Anuario Jurídico y Económico Escurialense*, núm. 39, 2006, p. 45.

en un pueblo y en una época determinada"[125]. Así, el concepto de orden público vigente en el Estado franquista no guarda excesivas similitudes con el concepto actual del régimen constitucional, como ha puesto de manifiesto el Tribunal Constitucional[126]. Por ello se suele decir que el orden público tiene un carácter contingente y relativo, ya que varía en función del lugar y época determinada y, por tanto, su estimación social varía en el tiempo[127].

En cualquier caso, hemos de destacar que, de acuerdo con la doctrina del Tribunal Constitucional, no cabe interpretar el orden público como una cláusula preventiva para evitar los posibles riesgos derivados del ejercicio de la libertad de religión, ya que entonces este límite se convertiría en sí mismo en un peligro cierto para el ejercicio de esta libertad[128]. De este modo, interpretando este límite a la luz del principio general de libertad, que informa el ordenamiento jurídico constitucional, se concluye que cualquier riesgo para la seguridad pública, la salud o la moralidad tiene que demostrarse judicialmente antes de restringir la libertad religiosa[129]. Por ello, no toda restricción resul-

---

125 *Vid.* STS de 5 de abril de 1966. Aranzadi, Repertorio núm. 1684 del año 1966 (TOL 4.305.371).

126 *Vid.* BONET NAVARRO, J. y LANDETE CASAS, J., "Aportaciones desde el Derecho Eclesiástico al concepto constitucional de orden público", *Revista General de Derecho Canónico y Derecho Eclesiástico del Estado,* núm. 9, 2005.

127 PRIETO ÁLVAREZ, T., *La dignidad de la persona, núcleo de la moralidad y del orden público, límites al ejercicio de las libertades públicas,* Navarra: Civitas, 2005, p. 60.

128 CAÑAMARES ARRIBAS, S., "Extremismo, radicalización violenta y libertad religiosa: límites del control estatal", *Revista General de Derecho Canónico y Derecho Eclesiástico del Estado,* núm. 46, 2018, p. 4.

129 STC 46/2001, de 15 de febrero, FJ 11°. En la Sentencia, por tanto, se recuerda la limitación que tienen los poderes públicos, que no pueden entender orden público como una cláusula abierta bajo la que únicamente baste con tener meras sospechas para limitar comportamientos. El Tribunal afirma que "sólo cuando se ha acreditado en sede

ta jurídicamente aceptable, bien por su arbitrariedad o falta de justificación. Si ello fuera de este modo, nos hallaríamos frente a "una cláusula habilitadora, abierta o indiscriminada, a las potestades interventoras de las Administraciones Públicas"[130].

Por ende, es conveniente recordar que, tal y como ha expresado el Tribunal Constitucional, en su Sentencia 159/1986, de 12 de diciembre:

> "La fuerza expansiva de todo derecho fundamental restringe el alcance de las normas limitadoras del mismo. De ahí la exigencia de que los límites de los derechos fundamentales hayan de ser interpretados con criterios restrictivos y en el sentido más favorable a la eficacia y a la esencia de tales derechos"[131].

Dicho de otro modo, para reflexionar acerca de los límites, hemos de preguntarnos más por lo que no se puede hacer que por lo que se puede hacer[132].

### *1.2. Elementos integrantes del orden público*

Llegados a este punto, consideramos oportuno examinar de forma sucinta los elementos que integran el orden público que, como enunciamos anteriormente, son la protección del

---

judicial la existencia de un peligro cierto para la seguridad, la salud y la moralidad pública, tal y como se ha venido entendiendo en la sociedad democrática, es pertinente invocar el orden público como límites al ejercicio del derecho a la libertad religiosa y de culto".

130 PORRAS RAMÍREZ, J. M.ª., "La libertad religiosa como derecho fundamental, en perspectiva estatal, internacional y europea", en PORRAS RAMÍREZ, J. M.ª. (coord.), *Derecho a la libertad religiosa,* Madrid: Tecnos, 7ª Edición, 2020, p. 70.

131 BOE núm. 313, de 31 de diciembre de 1986, FJ 6º.

132 PRIETO SANCHÍS, L., "El Derecho fundamental de la libertad religiosa", en IVÁN, I., PRIETO SANCHIS, L. y MOTILLA, A. (coords.), *op. cit.,* p. 71.

derecho de los demás al ejercicio de sus libertades públicas y derechos fundamentales, la seguridad pública, la salud pública y la moralidad pública.

### 1.2.1. La protección del derecho de los demás al ejercicio de sus libertades públicas y derechos fundamentales

En primer lugar, tenemos la protección del derecho de los demás al ejercicio de sus libertades públicas y derechos fundamentales. En este sentido, es necesario remarcar que únicamente se refiere a los derechos que nuestra Carta Magna contempla como derechos fundamentales o libertades públicas, es decir, los contenidos en los artículos 15 a 29 de la Constitución[133]. Así, el Tribunal Constitucional exige un criterio de proporcionalidad, que supone que la defensa del derecho preponderante (el que prevalece y provoca la limitación del derecho a la libertad religiosa) no suponga la eliminación excesiva o desproporcionada del derecho cedente[134]. Algunos ejemplos fácticos que podemos encontrar en el Derecho Eclesiástico son las prácticas culturales como la ablación del clítoris por motivos religiosos o las actividades que realizan algunas sectas de proselitismo ilícito[135].

En el ámbito de los ministros de culto, es evidente que también caben limitaciones a la libertad religiosa cuando la acción de estos conculca el ejercicio de los demás de sus libertades públicas y derechos fundamentales de terceros. Un ejemplo de ello lo encontraríamos en el supuesto en que un ministro de

---

[133] BONET NAVARRO, J. y LANDETE CASAS, J., "Aportaciones desde el Derecho ...", *op. cit.*, núm. 9, 2005, p.8.

[134] *Vid.* STC 53/1985, de 11 de abril (TOL 79.468); STC 104/1986, de 17 de julio (TOL 79.650); STC 107/1988, de 8 de junio (TOL 109.338).

[135] BONET NAVARRO, J. y LANDETE CASAS, J., "Aportaciones desde el Derecho ...", *op. cit.*, núm. 9, 2005.

culto difundiera un contenido que vulnerara la protección de los derechos de los demás. Así sucedió con el imán de Fuengirola, que publicó un libro titulado "La mujer en el Islam", que abordaba distintas cuestiones referidas a la mujer en la religión islámica; la mujer como madre, hermana, esposa e hija; el papel de la mujer como sujeto activo en la civilización humana, desarrollando asuntos relativos a la obediencia, el divorcio o el repudio, entre otros. En el mismo se desarrollaba la cuestión de si "¿Tiene el hombre derecho a pegar a su mujer?", matizando que en realidad sería más conveniente plantearla del siguiente modo: "¿Cómo debe tratar el marido a su mujer si ésta se equivoca y cómo ha de comportarse la mujer cuando el marido comete alguna falta?". Estas páginas del libro desarrollaban las pautas que debían seguirse a la hora de recurrir al castigo físico[136]. Por ello, fueron objeto de querella por parte de tres asociaciones, por un presunto delito cometido con ocasión del ejercicio de los derechos fundamentales, establecido en el artículo 510.1° del Código Penal. El Juzgado N.° 3 de Barcelona, en su Sentencia de 12 de enero de 2004, condenó al imán como responsable de un delito de provocación a la violencia por razón de sexo, ya que "estas reflexiones atentan frontalmente contra el derecho a la integridad física y moral protegido en el artículo 15 de la Constitución que prohíbe los tratos inhumanos y degradantes".

---

136 En el FJ 3° de la Sentencia: "lo que en teoría es compendio de cuáles (*sic*) son los pasos que han de seguirse para la conciliación por uno y otro cónyuge, se transforma en un manual sobre cómo ha de tratar el marido a su mujer cuando se equivoca, pues cuando es el marido el equivocado la mujer debe acudir al apartado referido al divorcio al que se remite expresamente la obra (...) quedándole veladas la exhortación o el abandono del lecho conyugal, medida disciplinaria de segundo grado si la mujer, tras ser exhortada, permanece en rebeldía".

### 1.2.2. La seguridad pública

El segundo de los elementos es la seguridad pública hace referencia a la protección de personas y bienes y al mantenimiento de la tranquilidad y el orden ciudadano, que son finalidades inseparables y mutuamente condicionadas[137]. Como ha puesto de manifiesto el TC, la seguridad pública depende de la correcta adopción de medidas preventivas y reactivas íntimamente relacionadas[138].

Así, un buen ejemplo de este elemento en la práctica es el uso de simbología religiosa en materia de documentos públicos de identificación (Documento Nacional de Identidad y Pasaporte). En este caso, el Real Decreto 896/2003, de 11 de julio, por el que se regula la expedición del pasaporte ordinario y se regulan sus características, estipula en su artículo cuarto que para su expedición será necesario aportar "una fotografía del rostro del solicitante tamaño carné, en color y con fondo claro, liso y uniforme, tomada de frente, y sin gafas de cristales oscuros o cualquier otra prenda que impida la identificación de la persona". Por tanto, no es que exista una prohibición de vestir prendas religiosas en la foto del documento público de identificación, sino más bien que no se podrá utilizar esta prenda para impedir la identificación de su titular[139].

El hecho de que el concepto de seguridad pública se refiera a la protección de personas y bienes, y al mantenimiento de la seguridad y el orden ciudadano[140], conlleva su vínculo con la acción de las Fuerzas y Cuerpos de Seguridad del Estado. En este campo, la normativa relevante está contenida en la Ley Or-

---

137 *Vid.* STC 235/2001, de 13 de diciembre, FJ 6º, donde se contiene una síntesis de la doctrina de la "seguridad pública" (TOL 104.911).

138 *Vid.* STC 104/1989, de 8 de junio, FJ 4º (TOL 81.556).

139 CAÑAMARES ARRIBAS, S., *Libertad religiosa, simbología y laicidad del Estado*, Cizur Menor: Aranzadi, 2005, p. 34.

140 STC 33/1982, de 8 de junio, FJ 3º (TOL 79.006).

gánica 4/2015, de 30 de marzo, de protección de la Seguridad Ciudadana, en cuya Exposición de Motivos se indica que la idea de seguridad ciudadana se debe interpretar huyendo de definiciones genéricas que justifiquen una interpretación expansiva sobre los ciudadanos en virtud de peligros indefinidos. En relación con esta orientación, su artículo 4.3 refleja que la intervención de las fuerzas de seguridad debe estar justificada por la existencia de una amenaza concreta o de un comportamiento objetivamente peligroso que sea susceptible de provocar un perjuicio real para la seguridad ciudadana y, en concreto, atentar contra los derechos y libertades individuales y colectivos o alterar el normal funcionamiento de las instituciones públicas.

En el ámbito que nos ocupa, no es infrecuente oír voces que denuncian el vínculo que podría existir entre determinados lugares de culto y las actuaciones subversivas que estarían llevando a cabo algunos ministros de culto. Huelga decir que esta preocupación parece estar más presente en otros países de nuestro entorno, donde a menudo las autoridades del país anuncian el cierre de lugares de culto por considerar que se está difundiendo un mensaje "extremista y separatista"[141]. En todo caso, el Tribunal Constitucional ha manifestado que el carácter excepcional del orden público se traduce en la imposibilidad de ser aplicado por los poderes públicos como "una cláusula abierta, que pueda servir de asiento a meras sospechas sobre posibles comportamientos de futuro y (acerca) de sus hipotéticas consecuencias"[142].

---

141 Sin duda, el ejemplo más llamativo es Francia. El país galo, en su lucha contra "los separatismos" y el "islamismo radical", lleva a cabo el cierre de mezquitas o salas de oración en el marco de su lucha contra el "islamismo radical" en Francia.

142 STC 46/2001, de 15 de febrero de 2001, FJ 11° (TOL 104.639).

### 1.2.3. La salud pública

Al hablar de la salud pública, con frecuencia se hace referencia al artículo 43.1 y 43.2 de la Constitución Española, que establecen lo siguiente:

> "1. Se reconoce el derecho a la protección de la salud.
>
> 2. Compete a los poderes públicos organizar y tutelar la salud pública a través de medidas preventivas y de las prestaciones y servicios necesarios. La ley establecerá los derechos y deberes de todos al respecto".

La razón que justifica esta referencia es que la salud, entendida como elemento integrante del orden público, debe comprenderse en su dimensión estrictamente pública[143]. El hecho de que se haga referencia al artículo 43, que como es sabido no forma parte del elenco de derechos fundamentales, ha llevado a una parte de la doctrina a sostener que este principio rector no puede justificar la limitación de un derecho fundamental. Otros han argumentado que existe vinculación con el artículo 15, de protección a la vida y, por tanto, estaríamos ante dos derechos fundamentales.

En cualquier caso, cabe diferenciar entre el deber de protección de la salud privada del titular y la protección de la salud pública. En el primer caso, es una cuestión que afecta únicamente a su titular. Por tanto, se le faculta a éste para que pueda tomar sus propias decisiones, que pueden incluso afectar a su vida. Uno de los ejemplos más conocidos lo encontramos en el rechazo a las transfusiones de sangre por motivos religiosos. En

---

[143] Así está dispuesto también en los artículos 9.2 CEDH y 18.3 PIDCP. El primero se ha reproducido *supra*, mientras que el 18.3 PIDCP: "La libertad de manifestar la propia religión o las propias creencias estará sujeta únicamente a las limitaciones prescritas por la ley que sean necesarias para proteger la seguridad, el orden, la salud o la moral públicos, o los derechos y libertades fundamentales de los demás".

este supuesto, el titular puede libremente decidir, aun cuando ello puede traer consigo el fin de su vida. Ello viene previsto en la Ley 41/2002, de 14 de noviembre, básica reguladora de la autonomía del paciente y de derechos y obligaciones en materia de información y documentación clínica[144].

Hemos de destacar, por un lado, que esta preponderancia de la libertad no siempre fue así; ya que anteriormente se entendía que la protección de la salud y de la vida del individuo justificaban la limitación de su libertad religiosa[145]. Por otro lado, la relación entre ambos intereses jurídicos en juego no se aplica del mismo modo en menores de edad[146] y personas con discapacidad[147], ya que en ambos casos el ordenamiento jurídico se sitúa siempre del lado de aquel que defiende la transfusión en los supuestos en los que si no se transfunde hay peligro de muerte y, por tanto, daño irreversible. Sin embargo,

---

144 «BOE» núm. 274, de 15/11/2002.

145 El Tribunal Supremo rechazó querellas interpuestas contra jueces como autores de un delito contra la libertad religiosa al haber autorizado transfusiones de sangre en testigos de Jehová que se oponían a ello por sus creencias religiosas. El TS entendió que concurría la eximente de estado de necesidad, ya que los jueces lo hicieron para evitar un mal mayor – la muerte de los pacientes –. *Vid.* COMBALÍA SOLÍS, Z., "Los límites al derecho fundamental de libertad religiosa", en GARCÍA GARCÍA, R. y ROSSELL GRANADOS, J. (coords.), *Derecho y religión*, Madrid: Edisofer, 2020, pp. 233-250.

146 *Vid.* MORENO SOLER, V., "La evolución de la libertad religiosa del menor de edad y su incidencia en el ámbito de la salud", *Actualidad jurídica iberoamericana*, núm. 13, 2020, pp. 142-161.

147 Esta categoría hace referencia a lo que antes conocíamos como "persona con capacidad modificada judicialmente" o "persona con la capacidad modificada judicialmente". Esta modificación terminológica tuvo lugar con la aprobación de la Ley 8/2021, de 2 de junio, por la que se reforma la legislación civil y procesal para el apoyo a las personas con discapacidad en el ejercicio de su capacidad jurídica, que en el artículo séptimo modifica estos términos.

esta conclusión tampoco fue sencilla de alcanzar. Es de sobra conocido el caso de Marcos Alegre, un niño de trece años que murió tras caerse de su bicicleta y requerir una transfusión de sangre a la que tanto sus progenitores como él se negaban. Pese a los múltiples intentos de los padres, ninguno de los hospitales a los que acudieron podía ofrecer un tratamiento alternativo a la transfusión. Por ello, un juez de guardia autorizó la transfusión sin el consentimiento de los padres, momento a partir del cual los padres cesaron en su negativa al tratamiento. Sin embargo, se negaron a realizar la labor de persuadir al menor para que accediese a consentirlo. Fruto del estado de agitación del menor los médicos no pudieron llevar a cabo la transfusión, ya que estimaron que debido a su estado hubiese sido más peligroso. Al cabo de unos días, el menor de edad falleció. La última palabra en los tribunales la tuvo el Tribunal Supremo, que condenó a los progenitores a la pena de dos años y seis meses de prisión por un delito de homicidio con la atenuante de obcecación o estado pasional[148]. Posteriormente, el Tribunal Constitucional les otorgó el Amparo por vulneración del derecho fundamental a la libertad religiosa[149].

Por todo ello, la Ley 41/2002 anteriormente mencionada era tan necesaria en nuestro ordenamiento jurídico. No obstante, su articulado todavía podía generar algunos interrogantes. Por este motivo, la Fiscalía General del Estado decidió aprobar la Circular 1/2012 sobre el tratamiento sustantivo y procesal de los conflictos ante transfusiones de sangre y otras intervenciones médicas sobre menores de edad en caso de riesgo grave. De este modo, se podían disipar algunas dudas tanto a los operadores jurídicos como al personal médico, con el objeto de ofrecer un nivel de certidumbre mayor para todos los agentes implicados en una decisión de esta repercusión para la vida del menor.

---

148 STS de 27 de junio de 1997 (TOL 408.514).

149 STC 154/2002, de 18 julio de 2002 (TOL 258.486).

Pese a las garantías que ofrece nuestro sistema jurídico, todavía aparecen conflictos relacionados con la autonomía de la voluntad en lo concerniente a las transfusiones de sangre. Un claro y recientísimo ejemplo lo podemos apreciar en el Asunto Pindo Mulla contra España, cuya audiencia se celebró en la Gran Sala del Tribunal Europeo de Derechos Humanos el 10 de enero de 2024 y, por tanto, la sentencia no es todavía pública. En este supuesto se trata de una mujer Testigo de Jehová que fue trasladada desde Soria a un hospital de Madrid donde se le realizó una transfusión de sangre en contra de su voluntad. Antes el personal médico del Hospital de La Paz había solicitado al juez de guardia permiso para salvaguardar la vida e integridad física de la demandante. Las autoridades españolas han manifestado en el proceso que se lleva cabo ante Estrasburgo que el juez de guardia desconocía que la mujer había registrado las instrucciones previas en las que se negaba a recibir dicho tratamiento incluso en el supuesto en que estuviese en riesgo su propia vida. Tras agotar todos los recursos internos – incluido el Tribunal Constitucional que inadmitió el recurso – la demandante acudió al Tribunal de Estrasburgo, quien será el encargado en los próximos meses de determinar si las autoridades españolas violaron su derecho a la vida privada establecido en el artículo 8 del Convenio y a su derecho a la libertad religiosa previsto en el artículo 9 del mismo.

Además, resulta esencial remarcar que la pandemia mundial causada por la COVID-19 supuso un punto de inflexión en la relevancia de este elemento integrante del concepto de orden público. Sin duda, las medidas que se llevaron a cabo por parte de los poderes públicos hicieron que se prestara una mayor atención y se desarrollase con mayor profundidad el concepto y su aplicación en la práctica. Un buen ejemplo de ello lo tenemos en el desarrollo que ofreció el Tribunal Constitucional, en sus Sentencias 148/2021, de 14 de julio de 2021[150] y 183/2021, de 27 de octubre de 2021[151], que resolvieron dos recursos de inconstitucionalidad respecto de diversos preceptos de los Reales Decretos que se aprobaron para gestionar la crisis sanitaria[152].

El contexto derivado de la pandemia ha seguido requiriendo una mayor delimitación de los límites relativos a la salud pública por parte de la jurisprudencia también en un momento posterior. Uno de los ámbitos en los que se ha podido apreciar con mayor nitidez es el relativo a la decisión de inocular o no inocular la dosis de la vacuna al menor de edad, cuando uno de los progenitores lo deseaba y el otro, en cambio, lo recha-

---

150 «BOE» núm. 182, de 31 de julio de 2021, páginas 93561 a 93655 (95 págs.) (TOL 8.518.747).

151 «BOE» núm. 282, de 25 de noviembre de 2021, páginas 145259 a 145376 (118 págs.) (TOL 8.641.489).

152 El primer recurso de inconstitucionalidad se interpuso contra diversos preceptos del Real Decreto 463/2020, de 14 de marzo, por el que se declaró el estado de alarma para la gestión de la situación de crisis sanitaria ocasionada por el COVID-19; el Real Decreto 465/2020, de 17 de marzo, por el que se modificó el anterior; los Reales Decretos 476/2020, de 27 de marzo, 487/2020, de 10 de abril, y 492/2020, de 24 de abril, por los que se prorrogó el estado de alarma declarado por el Real Decreto 463/2020, y la Orden SND/298/2020, de 29 de marzo, por la que se establecieron medidas excepcionales en relación con los velatorios y ceremonias fúnebres para limitar la propagación y el contagio por el COVID-19. Y el segundo, contra diversos preceptos del Real Decreto 926/2020, de 25 de octubre, por el que se declaró el estado de alarma para contener la propagación de infecciones causadas por el SARS-CoV-2; la Resolución de 29 de octubre de 2020, del Congreso de los Diputados, por la que se ordena la publicación del acuerdo de autorización de la prórroga del estado de alarma declarado por el citado real decreto, y el art. 2, la disposición transitoria única y la disposición final primera (apartados uno, dos y tres) distintos preceptos del Real Decreto 956/2020, de 3 de noviembre, por el que se prorrogó el estado de alarma declarado por el Real Decreto 926/2020.

zaba. La respuesta por parte de nuestros Juzgados y Audiencias Provinciales no ha sido precisamente unánime, ya que las características de esta vacuna, el impacto distinto que tenía la enfermedad en los menores de edad – salvo que tuviesen patologías previas – y la falta de evidencias acerca de los efectos contraproducentes de su administración a medio y largo plazo han hecho que en ocasiones la respuesta se situase en favor del progenitor que se mostraba reacio a la inoculación. En cambio, en otros pronunciamientos se han situado a favor del progenitor que se mostraba favorable a la misma, al entender que era un medicamento autorizado por las agencias correspondientes, además de que los efectos resultaban menos lesivos en caso de contraer la enfermedad en caso de haber recibido la vacuna y también la eficacia que tenía para reducir la propagación del virus para el resto de la sociedad. En el fondo, aquello que estaba encima de la mesa no era otra prioridad que el interés superior del menor, que es un concepto jurídico indeterminado que en ocasiones no es tan sencillo de delimitar en la práctica[153].

Cabe destacar que el Tribunal Constitucional se ha tenido que pronunciar recientemente al respecto. De esta forma, la primera resolución en lo concerniente al colectivo de menores de edad ha sido la STC 148/2023, de 6 de noviembre de 2023[154]. Esta Sentencia – que no fue publicada hasta el 18 de diciembre de 2023 – ha servido de base para decidir muchos otros recursos de amparo formulados ante el mismo órgano, ya que se observa cómo el TC se ha limitado a aplicar la doctrina constitucional expuesta en esta Sentencia. En todas ellas, el demandante de

---

153 Al respecto, puede verse: MORENO SOLER, V., "El régimen jurídico de la vacuna contra la Covid-19 en la actualidad: de la imposición general a la resolución de conflictos entre progenitores", *Actualidad Jurídica Iberoamericana*, núm. 17 bis, 2022, pp. 980-1015.

154 «BOE» núm. 301, de 18 de diciembre de 2023, páginas 167042 a 167060 (19 págs.) (TOL 9.788.727).

Amparo ha sido el progenitor que no deseaba la inoculación de la vacuna para su hijo alegando tanto una lesión del derecho a la tutela judicial efectiva (artículo 24.1 CE) como del derecho a la integridad física (artículo 15 CE). Y en todas ellas el Tribunal se ha mostrado contrario a las pretensiones de los recurrentes.

Tampoco ha concedido el Amparo en supuestos relativos a personas con discapacidad que estaban ingresadas en residencias de personas mayores. Así se deduce tanto de la STC 38/2023, de 20 de abril de 2023[155], como de la STC 74/2023, de 19 de junio de 2023[156]. Por tanto, el único interrogante que se podría plantear es si el mismo Tribunal adoptaría una posición en el mismo sentido ante un eventual recurso de amparo interpuesto por el progenitor que deseaba que el menor fuese vacunado y no le fue otorgada la patria potestad para ejecutar tal pretensión.

En el ámbito de los ministros de culto, sería más complicado establecer una limitación del derecho de las confesiones a designar y formar sus ministros de culto por razones de salud pública. No obstante, no parece complicado observar cómo se podrían establecer medidas que limitasen el ejercicio de culto de los individuos, con ocasión, precisamente, de la evitación de la propagación de un virus. Como en el resto de los casos, se tendría que llevar a cabo una ponderación de los bienes jurídicos en juego, por lo que las limitaciones habrían de ser proporcionales en todo caso. Como sabemos, esta limitación del ejercicio de culto tuvo lugar en la situación pandémica y recurrieron para ello a medidas de limitación de aforo.

Ahora bien, todas estas medidas fueron destinadas a evitar la transmisión de una enfermedad con carácter general y, por

---

155 «BOE» núm. 121, de 22 de mayo de 2023, páginas 70750 a 70771 (22 págs.) (TOL 9.543.590).

156 «BOE» núm. 176, de 25 de julio de 2023, páginas 108439 a 108444 (6 págs.) (TOL 9.637.796).

tanto, no afectaron a la designación y formación de los ministros de culto. Por el contrario, se trató de una restricción que afectó a otros derechos protegidos por la libertad religiosa, como practicar los actos de culto y recibir asistencia religiosa de su propia confesión, conmemorar sus festividades o reunirse o manifestarse públicamente con fines religiosos.

### 1.2.4. La moral pública

El último de los elementos analizados trae consigo una mayor complejidad a la hora de conceptualizarlo. El motivo que explica esta dificultad no es el hecho de que se trate de un concepto jurídico indeterminado – el resto de los elementos también lo son – sino su carácter dinámico, a causa de su constante evolución. Por ello, la concreción de este elemento dependerá del tiempo y lugar en que se aplique. Así lo manifiesta el Tribunal Constitucional, en su Sentencia 62/1982, de 17 de noviembre[157]:

> "La moral pública – como elemento ético común de la vida social – es susceptible de concreciones diferentes según las distintas épocas y países por lo que no es algo inmutable desde una perspectiva social. Lo que nos lleva a la conclusión de que la admisión de la moral pública como límite ha de rodearse de las garantías necesarias para evitar que, bajo un concepto ético, juridificado en cuanto es necesario un mínimum ético para la vida social, se produzca una limitación injustificada de derechos fundamentales y libertades públicas, que tienen un valor central en el sistema jurídico (artículo 10 de la Constitución)" (FJ 3º).

Este carácter dinámico no implica necesariamente que un Estado goce de un buen estado de salud, sino que en función de cómo se articule podría llegar a suponer un síntoma de debilidad para el Estado de Derecho, si se justificasen restricciones

---

157 «BOE» núm. 279, de 17 de noviembre de 1982, páginas 6 a 13 (8 págs.).

de un derecho fundamental con la única fundamentación de "la evolución de los valores y de las concepciones existentes"[158].

En el ámbito de la actuación de los ministros de culto, es evidente el modo en que podría tener traslación en la práctica: limitando la actuación o incluso la condición de ministro de culto por ser contrario a la moral pública. En este sentido, cabría preguntarse si aquello que manifestase de forma pública un líder religioso podría ser considerado como contrario a la moral pública. En principio, no parece fácil de determinar estos límites en un Estado aconfesional. Es evidente que cuando el Estado tiene una religión como propia es bien diferente, pues en ese caso puede considerar que todo aquello que es contrario a la religión o doctrina de la misma es contraria al orden público. Con ello no afirmamos que la confesionalidad de un Estado conlleve esta interpretación de la moral pública. De hecho, existen ejemplos en Europa, como puede ser Reino Unido o Dinamarca.

El primero no se puede catalogar como restrictivo en el ejercicio de religiones distintas a la Iglesia anglicana. Al contrario, el país realiza un ejercicio de acomodación de la diversidad religiosa en el Derecho nacional. Un ejemplo de ello es que desde 1976 los sijs están dispensados de la obligación de llevar puesto un casco cuando conduce una motocicleta[159]. Y ello porque para esta comunidad el turbante que visten es considerado como un elemento sagrado y no pueden ponerse encima el casco de protección. Y otras excepciones hay previstas, por ejemplo, se les exime de llevar casco de obra en un edificio

---

[158] Al respecto, MORENO SOLER, V., "Bienestar animal versus ritos religiosos. Comentario de la Sentencia del Tribunal de Justicia de la Unión Europea C-336/2019. ¿Un derecho fundamental vencido por un objetivo de interés general?", *Revista General de Derecho Canónico y Derecho Eclesiástico del Estado*, núm. 57, 2021, pp. 1-14.

[159] Motor-Cycles Crash Helmets (Religious Exemption) Act 1976, 15th November 1976.

en construcción. Por lo que respecta a Dinamarca, recientemente ha vuelto a proteger los sentimientos de las personas creyentes, al penalizar el tratamiento indebido de los libros sagrados. Pues bien, ello no conlleva una protección específica a la confesión religiosa considerada en el país, sino que engloba a todas ellas. De hecho, esta reforma se produjo con el contexto de la quema por parte de algunos manifestantes del Corán en las puertas de la Embajada de Turquía.

Ahora bien, volviendo al interrogante formulado: ¿es posible limitar el derecho a la libertad religiosa, en concreto en lo referente a la actuación de los ministros de culto, como consecuencia de ser contrario a la moral pública? En España no parece que haya abundantes ejemplos de limitaciones en este sentido. Sin embargo, en países de nuestro entorno la intervención es mayor y ello puede entenderse atendiendo a la distinta tradición jurídica que existe en los diferentes países de la Unión Europea. En cualquier caso, en ocasiones se afirma que la actuación de los ministros de culto podía estar relacionada en algunos supuestos con la incitación al odio, aunque cabe atender con el máximo rigor a las fronteras que existen[160].

En todo caso, la cuestión a dilucidar es cuál debe ser el límite que debe existir en materia de moral pública. Especialmente, en un escenario marcado por un fuerte pluralismo, que se manifiesta – entre otros – en el ámbito de la libertad ideológica y religiosa. En este sentido, podríamos reproducir algunos de los interrogantes que ESCRIVÁ IVARS expresa:

> "¿Es compatible el pluralismo religioso con la proclamación de una moral pública? ¿Debe ser construida imperativamente por el legislador (por ejemplo, mediante el control del proceso de educación de los menores de edad)? ¿Qué debemos sacrificar para

160 Recomendamos PÉREZ-MADRID, F., "Consideraciones sobre el hate preaching", en PÉREZ-MADRID, F. (coord.), *Discurso de odio y creencias,* Cizur Menor: Aranzadi, 2022, pp. 157-182.

> conseguir una convivencia pacífica entre las distintas religiones? ¿Qué papel juegan los ministros de culto en este proceso?"[161].

En otras palabras, ¿qué es lo que como sociedad debemos considerar intolerable e inaceptable? En nuestra opinión, aquello que forma parte del contenido irrenunciable como sociedad, a esos estándares mínimos frente a los cuales no cabe debate alguno. La dificultad estará en definir estos estándares mínimos, especialmente en un sistema no militante como el nuestro, que se muestra más abierto a todas las creencias, ideas y posiciones. Y hemos de ser conscientes de que, en todo caso, cabe renunciar aunque sea en una parte a algún bien jurídico.

## 2. LAS MANIFESTACIONES DE LA INTERVENCIÓN ESTATAL EN EL ACUERDO BÁSICO DE 1976: ¿RESQUICIOS DEL PASADO?

Debemos destacar desde el inicio que el pasado confesional de nuestro país parece que sigue condicionando en cierto modo la configuración de la designación de ministros de culto en España. Al menos, cuanto se refiere a los ministros de culto católicos en algún ámbito en concreto.

A pesar de ello, cabe remarcar que la configuración actual del fenómeno religioso y la laicidad del Estado no parecen ser favorables a un intervencionismo de los poderes públicos en la designación y formación de los ministros de culto de las confesiones.

En cualquier caso, la laicidad del Estado tampoco es incompatible con una regulación de los ministros de culto, cuando la actuación de éstos trasciende de los intereses de la propia con-

---

[161] ESCRIVÁ IVARS, J., "Religión y convicciones en una sociedad multicultural", en AA.VV., *Derecho Eclesiástico del Estado, en Homenaje al Profesor Dr. Gustavo Suárez Pertierra,* Valencia: Tirant lo Blanch, 2021, p. 143.

fesión. De esta manera, en las próximas líneas analizaremos el modo en que la Administración Pública lleva a cabo un control de los ministros de culto en un ámbito concreto. Por tanto, cabría preguntarse si las peculiaridades aplicables a la Iglesia Católica son resquicios del pasado.

El primer Acuerdo que suscribiría el Estado español en democracia tuvo lugar en 1976, antes incluso de la promulgación de la Constitución Española. Este texto – Acuerdo básico de 1976, como suele referenciarse en la ciencia eclesiasticista y que ya hemos tenido ocasión de mencionar *supra* – nos ofrece las claves relevantes en esta cuestión.

Cabe destacar que este Acuerdo únicamente contiene dos artículos, y tiene por objeto el nombramiento de la jerarquía eclesiástica y el tratamiento específico de los clérigos y religiosos ante los órganos judiciales u otras Autoridades. Las principales novedades que ofrece este texto jurídico son, de un lado, la renuncia del derecho de presentación para el nombramiento de Obispos; de otro lado, la renuncia del privilegio del fuero eclesiástico. Procedemos a aproximarnos a la primera de ellas.

En primer lugar, se reconoce que el nombramiento de Arzobispos y Obispos es de la exclusiva competencia de la Santa Sede (artículo 1.1). No obstante, en el siguiente apartado es notable – al menos a las lentes de un observador contemporáneo – la intervención que se infiere de la lectura del mismo. El precepto establece:

> "Antes de proceder al nombramiento de Arzobispos y Obispos residenciales y de Coadjutores con derecho a sucesión, la Santa Sede notificará el nombre del designado al Gobierno español, por si respecto a él existiesen posibles objeciones concretas de índole política general, cuya valoración corresponderá a la prudente consideración de la Santa Sede.
>
> Se entenderá que no existen objeciones si el Gobierno no las manifiesta en el término de quince días.
>
> Las diligencias correspondientes se mantendrán en secreto por ambas Partes".

Resulta llamativo el imperativo que tiene la Santa Sede de notificar el nombre de la persona que considera óptima para el oficio eclesiástico, así como las "posibles objeciones concretas de índole política general" que podrían darse. Todo este proceso se llevará a cabo de modo confidencial y secreto. ¿Cuáles serían las "posibles objeciones concretas de índole política general"? ¿Irían éstas cambiando con el paso del tiempo?

El tercer apartado del precepto, en cambio, se centra en un ámbito muy específico, como es el Vicariato General Castrense. Aquí, se dispone:

> "La provisión del Vicariato General Castrense se hará mediante la propuesta de una terna de nombres, formada de común acuerdo entre la Nunciatura Apostólica y el Ministerio de Asuntos Exteriores y sometida a la aprobación de la Santa Sede. El Rey presentará, en el término de quince días, uno de ellos para su nombramiento por el Romano Pontífice".

Por tanto, aquí el intervencionismo es todavía más palmario, ya que es el propio Rey el que "designa" propiamente a la persona, eso sí, dentro de la terna de nombres propuesta. No obstante, esa relación de nombres ha sido también objeto de decisión previa entre la Autoridad eclesiástica y la Autoridad civil. Pese a ello, entendemos que la aplicación de esta cláusula era mucho más específica en un ámbito, por lo que podía incluso entenderse en un mayor grado.

En cualquier caso, cabe preguntarse si esta formulación obedece a las coordenadas constitucionales actuales o si, por el contrario, únicamente tiene su acomodación en un momento determinado en que estaba teniendo lugar un proceso de transición entre un régimen político y otro que todavía se estaba gestando. ¿Podría aplicarse esta configuración en el régimen vigente para otras confesiones religiosas?

## 3. EL REGISTRO DE ENTIDADES RELIGIOSAS Y EL ÁMBITO DEL MATRIMONIO

### *3.1. La anotación de los ministros de culto en el Registro de Entidades Religiosas*

Como es sabido, el sistema español cuenta con un registro especial, distinto al de las asociaciones comunes[162], para el fenómeno religioso. Este registro es el Registro de Entidades Religiosas, desarrollado por el Real Decreto 594/2015, de 3 de julio, por el que se regula el Registro de Entidades Religiosas[163]. Esta norma deroga la vigente hasta el momento, que era el Real Decreto 142/1981, de 9 de enero[164], sobre organización y funcionamiento del Registro de Entidades Religiosas, que se completó con la Orden de 11 de mayo de 1984 sobre publicidad del Registro de Entidades Religiosas[165].

Podríamos definir el Registro de Entidades Religiosas, en palabras de OLMOS, como "el instrumento oficial concebido para el reconocimiento de personalidad jurídica civil a las Confesiones Religiosas; o también como el organismo del Estado o institución administrativa a cuyo cargo se halla la publicidad de las Entidades Religiosas"[166].

Aunque la primera referencia normativa a la posible inscripción de una entidad religiosa se encuentra en la Ley de Asocia-

---

162 Regulado por Real Decreto 949/2015, de 23 de octubre, por el que se aprueba el Reglamento del Registro Nacional de Asociaciones. «BOE» núm. 255, de 24 de octubre de 2015.

163 «BOE» núm. 183, de 1 de agosto de 2015, páginas 66721 a 66737 (17 págs.).

164 «BOE» núm. 27, de 31 de enero de 1981, páginas 2247 a 2248 (2 págs.).

165 «BOE» núm. 125, de 25/05/1984.

166 OLMOS ORTEGA, M. E., "El Registro de Entidades Religiosas", *Revista Española de Derecho Canónico*, vol. 45, núm. 124, 1988, p. 101.

ciones de 1887[167], hemos de esperar hasta la Ley de Confesiones y Congregaciones Religiosas de 1933, para advertir cómo en su artículo 24 se establece la obligatoriedad de inscribir las Órdenes y Congregaciones religiosas[168]. A diferencia de lo que sucede con la Ley de 1887, en esta ocasión no tenía carácter declarativo, sino constitutivo, ya que tanto para adquirir la capacidad de obrar como la personalidad jurídica era indispensable la previa inscripción[169].

Con la aprobación de este RD 594/2015 se pretende ofrecer una regulación adaptada a la realidad actual[170], teniendo en cuenta además que, con posterioridad a la aprobación de la normativa anterior, se han ido incorporando normas de relevancia que han afectado al funcionamiento del Registro[171]. Este RD trae consigo importantes novedades en diferentes

---

167 Su artículo 7 establecía: "En cada Gobierno de provincia se llevará un registro especial, en el cual se tomará razón de las asociaciones que tengan domicilio o establecimiento en su territorio, a medida que se presenten las actas de constitución. Se considerarán parte integrante del registro todos los documentos cuya presentación exige esta Ley".

168 "Será requisito para su existencia legal la inscripción en el Registro público".

169 LÓPEZ-SIDRO LÓPEZ, Á., *El control estatal ...*, *op. cit.*, pp. 45-46.

170 Tal y como se indica en el Preámbulo de la norma: "El presente real decreto viene a modificar la regulación jurídica del Registro de Entidades Religiosas después de más de 30 años de vigencia. La regulación actual ha quedado superada y no responde adecuadamente a las necesidades actuales del Registro. El carácter específico de muchas de las actuaciones solicitadas al Registro de Entidades Religiosas no puede encontrar siempre una respuesta eficiente con la aplicación supletoria de la normativa sobre procedimiento administrativo común".

171 Entre otras, sin duda alguna, las Leyes 24, 25 y 26/1992, de 10 de noviembre, que aprueban los distintos Acuerdos de Cooperación. Pero también leyes que afectan al funcionamiento de la Administración, como la Ley 30/1992, de 26 de noviembre, de Régimen Jurídico de las Administraciones Públicas y del Procedimiento Administrativo Común.

ámbitos[172]. Y la inscripción de la entidad religiosa en el Registro trae consigo múltiples ventajas, como la adquisición de la personalidad jurídica (artículo 5 LOLR); posibilidad de firmar acuerdos de cooperación con el Estado, si cuentan con la declaración de notorio arraigo (artículo 7.1 LOLR); posibilidad de ser miembro de la Comisión Asesora de Libertad Religiosa (artículo 8 LOLR)[173], entre otros[174].

Sin embargo, lo que nos resulta de mayor interés a efectos de nuestro objeto de estudio es la regulación que ofrece este RER respecto a los ministros de culto. ¿Impone algún tipo de intervencionismo por parte de la Administración Pública?

En cualquier caso, se ha de destacar que es la propia LOLR la que prevé la creación del Registro de Entidades Religiosas, concretamente en su artículo 5[175]. Además, hemos de remar-

---

172 Para una profundización en este sentido, *Vid.* RAMÍREZ NAVALÓN, R.M., "El RD 594/2015, de 3 de julio por el que se regula el Registro de Entidades Religiosas: una reforma necesaria", *Revista Boliviana de Derecho,* núm. 22, julio 2016, pp. 34-63.

173 Regulado en el Real Decreto 932/2013, de 29 de noviembre, por el que se regula la Comisión Asesora de Libertad Religiosa. «BOE» núm. 300, de 16 de diciembre de 2013, páginas 98994 a 99002 (9 págs.).

174 *Vid.* LEAL-ADORNA, M., "El Registro de Entidades Religiosas", en GARCÍA GARCÍA, R. y ROSSELL GRANADOS, J. (coords.), *op. cit.,* pp. 321-342.

175 El mencionado artículo 5 de la LOLR establece:
"Uno. Las Iglesias, Confesiones y Comunidades religiosas y sus Federaciones gozarán de personalidad jurídica una vez inscritas en el correspondiente Registro público, que se crea, a tal efecto, en el Ministerio de Justicia.
Dos. La inscripción se practicará en virtud de solicitud, acompañada de documento fehaciente en el que consten su fundación o establecimiento en España, expresión de sus fines religiosos, denominación y demás datos de identificación, régimen de funcionamiento y órganos representativos, con expresión de sus facultades y de los requisitos para su válida designación.

car que, aunque es cierto que ni el RD anterior ni la Orden que desarrollaba su contenido preveía esta posibilidad de anotar a los ministros, esta facultad sí que estaba contenida, en cambio, en el Acuerdo de Cooperación con los judíos[176].

Por tanto, no es una novedad que imponga el legislador ordinario sin ningún fundamento legal[177]. No obstante, sí que aporta novedades en el ámbito de los ministros de culto.

La primera novedad que ofrece es la posibilidad de inscribir los seminarios o centros de formación de los ministros de culto creados por una Iglesia, Confesión o Comunidad religiosa o Federaciones de las mismas inscritas en el Registro[178]. Es importante recalcar que ello supone una facultad que tienen las confesiones, pero en ningún caso es un mandato. Por tanto, será una posibilidad que tendrán, y no una obligación que tenga relación con el contenido o la naturaleza de formación que reciban los ministros – o futuros ministros – de culto. Además, entre los "actos con acceso al Registro" recogidos en el artículo 3 del RD, están los ministros de culto.

---

Tres. La cancelación de los asientos relativos a una determinada Entidad religiosa sólo podrá llevarse a cabo a petición de sus órganos representativos o en cumplimiento de sentencia judicial firme".

176 El artículo 3.1 del Acuerdo con la FCJE, tras establecer qué se entendía por ministros de culto de las Comunidades pertenecientes a la FCJE, estipulaba que "esta certificación de la FCI podrá ser incorporada al Registro de Entidades Religiosas".

177 Hasta la aprobación del RD, hubo varios intentos de reforma, que sin embargo no llegaron a ver la luz. Al respecto, *Vid.* HERRERA CEBALLOS, E., "Dos proyectos de reforma del Registro de Entidades Religiosas. Aproximación crítica", *Anuario de Derecho Eclesiástico del Estado,* núm. 29, 2013, pp. 413-442; LÓPEZ-SIDRO LÓPEZ, Á., "La cuestión de la reforma del Registro de Entidades Religiosas: examen de las propuestas reglamentarias de 2003 y 2004", *Revista General de Derecho Canónico y Derecho Eclesiástico del Estado,* núm. 19, 2009.

178 Cfr. Artículo 2.2.e RD RER.

Por otro lado, respecto a la inscripción de Iglesias, Confesiones y Comunidades religiosas, recogido en el artículo 6 del RD, se establece la necesidad de que la solicitud se acompañe de documento elevado a escritura pública en el que conste, entre otros:

> "Expresión de sus fines religiosos y de cuantos datos se consideren necesarios para acreditar su naturaleza religiosa. A estos efectos pueden considerarse como tales, sus bases doctrinales, la ausencia de ánimo de lucro y sus actividades religiosas específicas representadas por el ejercicio y fomento del culto, el mantenimiento de lugares y objetos de culto, la predicación, la intervención social, la difusión de información religiosa, la formación y enseñanza religiosa y moral, la asistencia religiosa, la formación y sustento de ministros de culto, y otros análogos"[179].

Podría plantearse la posibilidad de que la vigente configuración de la inscripción de las confesiones religiosas, al tener que incluir información relativa a cuestiones de la asistencia religiosa o la formación de los ministros de culto, supusiera una vulneración del principio de laicidad. El argumento que se utilizaría sería el de que el Estado se estaría entrometiendo en las confesiones religiosas, con la percepción de que estaría juzgando las creencias o dogmas que tiene la confesión o sus ministros, para poder permitir su inscripción en el Registro. No obstante, hemos de llevar a cabo una comprensión de este artículo con el prisma que nos ofrece STC 46/2001, de 15 de febrero[180]. De este modo, la mencionada Sentencia señala en su FJ 8º:

> "la articulación de un Registro ordenado a dicha finalidad no habilita al Estado para realizar una actividad de control de la legitimidad de las creencias religiosas de las entidades o comunidades religiosas, o sobre las distintas modalidades de expresión de las mismas, sino tan solo la de comprobar, emanando a tal efecto un acto de mera constatación que no de calificación,

---

179 Artículo 6.1.d RD RER.

180 «BOE» núm. 65, de 16 de marzo de 2001, páginas 83 a 94 (12 págs.) (TOL 104.639).

> que la entidad solicitante no es alguna de las excluidas por el art. 3.2 LOLR, y que las actividades o conductas que se desarrollan para su práctica no atentan al derecho de los demás al ejercicio de sus libertades y derechos fundamentales, ni son contrarias a la seguridad, salud o moralidad públicas"

A ello podemos añadir que, tal y como establece la misma Sentencia en su FJ 9º:

> "la Administración no debe arrogarse la función de juzgar el componente religioso de las entidades solicitantes del acceso al Registro, sino que debe limitarse a constatar que, atendidos sus estatutos, objetivos y fines, no son entidades de las excluidas por el art. 3.2 LOLR".

Por tanto, el vigente sistema no conculcaría el derecho fundamental, en su dimensión colectiva o institucional, ya que la existencia del registro público y la inclusión de la formación de los ministros de culto entre la documentación que debe aportarse a la hora de solicitar la inscripción de la confesión religiosa no implica control de legitimidad de creencias ni función juzgadora acerca de los contenidos de la formación de éstos.

Cabe advertir que la tan mencionada STC 46/2001 ha traído consigo que la mayor parte de la doctrina se incline más por una postura no calificadora del Registro de Entidades Religiosas[181]. No obstante, existe otra parte de la doctrina que considera que la actividad de la Administración no debe ser simplemente for-

---

[181] FERNÁNDEZ-CORONADO llega a manifestar que el artículo 16.1 de la CE "es difícilmente compatible con una fiscalización previa, pues ello supone un menoscabo del pleno ejercicio del derecho fundamental de libertad religiosa en su aspecto colectivo". *Vid.* FERNÁNDEZ-CORONADO, A., "Reflexiones en torno a la función del Registro de Entidades Religiosas (A propósito de la SAN de 11 de octubre de 2007 sobre inscripción de la Iglesia de la Scientology)", *Laicidad y Libertades. Escritos Jurídicos*, núm. 7, 2007, p. 395.

mal[182], sino que debe cumplir una función calificadora, y que ello no es incompatible con lo manifestado en la mencionada Sentencia[183]. En cualquier caso, la Administración no llevará a cabo un *control de la legitimidad* de las creencias.

### 3.2. El matrimonio

En el ámbito de la celebración de los matrimonios con eficacia civil es el lugar donde se puede apreciar las novedades del RD 594/2015 anteriormente analizado. Cabe advertir que para que un matrimonio en forma religiosa pueda desplegar efectos civiles es necesario que se cumpla con una serie de requisitos.

Como es bien sabido, el *ius connubii*[184] es un derecho – aunque no fundamental – que no puede entenderse sin ponerlo en relación con otros derechos. Sin duda alguna, la libertad religio-

---

182 "No podemos compartir, sin embargo, las posturas que rechazan la actividad de calificación como propia de la Administración, o estiman que la misma no puede ser, en cualquier caso, sino de tipo meramente formal". *Vid.* ALENDA, M., "La inmerecida degradación de un Registro Jurídico: consecuencias de la doctrina jurisprudencial en la actividad del Registro de Entidades Religiosas", *Revista General de Derecho Canónico y Derecho Eclesiástico del Estado*, núm. 19, 2009, p. 10.

183 Ibid., p. 12. "Si se analiza detenidamente la Sentencia 46/2001 se observa que el alto Tribunal no impone una total y completa inactividad a la Administración en su quehacer respecto al Registro, ni niega a ésta una determinada actividad en este tema, cuando se pretende la práctica de un asiento registral -en el caso de autos la inscripción de una pretendida entidad religiosa- ni dice que el cometido administrativo consista en un simple no hacer, en una toma de razón pura y simple y/o actividad de mera transcripción de la documentación presentada o que se proceda únicamente a su archivo o alegajamiento. Contrariamente, reconoce la función de comprobación que corresponde a la autoridad responsable del Registro".

184 El artículo 32.1 de la Constitución establece: "El hombre y la mujer tienen derecho a contraer matrimonio con plena igualdad jurídica".

sa comprende también el derecho a *celebrar sus ritos matrimoniales* (artículo 2.1.b LOLR). Para que este matrimonio religioso pueda tener eficacia civil, el consentimiento deberá prestarse en una de las siguientes posibilidades: a) en la forma prevista por una confesión religiosa inscrita, en los términos acordados con el Estado; b) en la forma prevista por una confesión religiosa inscrita, en los términos autorizados por la legislación del Estado[185].

La primera de ellas es la vía pacticia, recogida en los Acuerdos de Cooperación[186]. En los mismos se establece una serie de requisitos para que los matrimonios celebrados por estas confesiones tengan efectos civiles. Uno de ellos, es el expediente previo; otro, que sea celebrado ante los ministros de culto de las Iglesias o Comunidades pertenecientes a la Federación o Comisión[187].

La segunda de ellas, que es la opción unilateral, no fue desarrollada hasta la entrada en vigor de la Ley 15/2015, de 2 de julio, de la Jurisdicción Voluntaria (LJV)[188]. Esta norma modificó determinados artículos del Código Civil, entre otros, el artículo 60, que añadió un segundo apartado estableciendo la posibilidad de que tuviera efectos civiles el matrimonio celebrado en la forma religiosa prevista por las confesiones que tengan reconocido el notorio arraigo en España[189]. Para ello se requiere, por un lado, la tramitación de un acta o expediente previo de capacidad matrimonial con arreglo a la normativa del Registro Civil; por otro, la libre manifestación del consen-

---

185 Cfr. Artículo 59 CC.

186 Véase Artículo 6 del AAJ y artículo 7 Acuerdos con FEREDE, FCJE y CIE.

187 Cfr. Artículo 7 de los Acuerdos.

188 «BOE» núm. 158, de 03/07/2015.

189 Para una mayor profundización en la materia, recomendamos TORRES SOSPEDRA, D., *Notorio arraigo de las entidades religiosas en España*, Valencia: Tirant lo Blanch, 2023.

timiento ante un ministro de culto debidamente acreditado y dos testigos mayores de edad[190].

Por tanto, tanto en un caso – las confesiones con Acuerdo – como en el otro – confesiones con notorio arraigo[191] – existe la necesidad de contar con ministros de culto acreditados.

En el caso de las confesiones con Acuerdo, así se desprende del artículo 7 de los correspondientes Acuerdos. En este artículo se hace referencia a los "ministros de culto de las Iglesias pertenecientes a la Federación de Entidades Religiosas Evangélicas de España" (FEREDE); los "ministros de culto de las Comunidades pertenecientes a la Federación de Comunidades Israelitas de España" (FCJE); y a "alguna de las personas expresadas en el número 1 del artículo 3" (CIE). En cualquier caso, el articulado nos remite al artículo 3 de los propios Acuerdos, para saber qué entendemos por ministro de culto. En el caso de la CIE, es explícito, ya que el propio artículo 7 se refiere al tercero de su Acuerdo. En los otros dos casos – FEREDE y FCJE –, debemos acudir al artículo 3 ya que es éste el que establece que "a todos los efectos legales (...) son ministros de culto de (las Comunidades/Iglesias pertenecientes a la correspondiente Federación)" aquellos que cumplan con una serie de requisitos y lo acrediten mediante certificación expedida por la Comunidad o Iglesia a la que pertenezcan.

En cambio, en el caso de las confesiones con notorio arraigo, este requisito se desprende de lo estipulado en el artículo 60 CC:

---

190 Cfr. Artículo 60.2 CC.

191 Las confesiones que han obtenido el reconocimiento de notorio arraigo en España son: la Iglesia de Jesucristo de los Santos de los Últimos Días (2003), la Iglesia de los Testigos de Jehová (2006), el Budismo (2007) y la Iglesia Ortodoxa (2010). Además, hace un año obtuvo también el reconocimiento de notorio arraigo la Comunidad Bahá'í de España (2023).

> "La condición de ministro de culto será acreditada mediante certificación expedida por la iglesia, confesión o comunidad religiosa que haya obtenido el reconocimiento de notorio arraigo en España, con la conformidad de la federación que, en su caso, hubiere solicitado dicho reconocimiento".

En realidad, en este último caso, lo que se pretende garantizar con este certificado de ministro de culto es, como afirma OLMOS, "la dedicación con carácter estable de esa persona a las funciones de culto o de asistencia religiosa"[192]. Por tanto, no se estaría exigiendo más que al resto de confesiones que sí gozan de un Acuerdo de Cooperación.

Por tanto, podemos distinguir distintas etapas: 1) previa a los Acuerdos, 1978-1992, en la que únicamente podía tener eficacia civil el matrimonio canónico; 2) posterior a los Acuerdos, 1992-2015, en la que también podía tener eficacia civil el matrimonio celebrado en forma religiosa protestante, judía o musulmana; 3) posterior a la LJV, desde el 2015, en la que también puede tener eficacia civil el matrimonio religioso de una confesión que tenga reconocido el notorio arraigo en España. Esta evolución ha sido demandada por la doctrina científica, que argumentaba que el principio de libertad religiosa y el creciente pluralismo exigía una apertura al resto de confesiones en este sentido, como afirma ESCRIVÁ[193]. De hecho, parte de la doctrina se inclina a seguir por esta senda y habilitar al resto de confesiones inscritas la posibilidad de celebrar matrimonios en forma religiosa que puedan desplegar efectos civiles.

En cualquier caso, lo relevante en esta cuestión es que nos hallamos ante un escenario en que la Administración Pública lleva

---

192 OLMOS ORTEGA, M. E., "Libertad religiosa y matrimonio", *Estudios Eclesiásticos*, vol. 94, núm. 371, 2019, p. 896.

193 *Vid.* ESCRIVÁ IVARS, J., "El sistema matrimonial español. Eficacia civil de los matrimonios confesionales", en GARCÍA HERVÁS, D. (ed.), *Manual de Derecho Eclesiástico del Estado*, A Coruña: Colex, 1997, pp. 327-360.

a cabo una actuación frente a los ministros de culto. En efecto, el artículo 18.1 del Real Decreto 594/2015, de 3 de julio, reza:

> "Las entidades religiosas inscritas podrán anotar en el Registro de Entidades Religiosas a sus ministros de culto que ostenten residencia legal en España. En todo caso, deberán anotarse aquellos ministros de culto que estén habilitados para realizar actos religiosos con efectos civiles".

Por tanto, se puede claramente ver cómo no estamos propiamente ante una actuación de limitación del derecho que tienen las confesiones a designar – y mucho menos a formar – sus ministros de culto. Más bien, nos encontramos ante una mera actuación de registro de estos ministros de culto de las confesiones mencionadas, a los efectos que hemos visto.

Además, es importante remarcar la relevancia en la esfera civil que tienen los actos que pueden llevar a cabo estos ministros de culto. Dicho de otro modo, la Administración no está llevando a cabo labores de monitorización o control de los ministros que deseen dedicarse a funciones espirituales o asistenciales, sino de aquellos que, además de estas funciones, se ocupen también de un acto que, aunque religioso – como es el matrimonio – también tenga efectos civiles.

Respecto a la labor que realiza la Administración a la hora de estimar la solicitud de anotación de los ministros de culto, no existe jurisprudencia en nuestro país que resuelva supuestos relacionados con la desestimación de alguna solicitud. No obstante, el artículo 18.5 del mencionado RD dispone lo siguiente:

> "La resolución de la anotación y cancelación de ministros de culto de las entidades religiosas se dictará por el titular de la Subdirección General de Relaciones con las Confesiones. Transcurrido el plazo de tres meses a contar desde la fecha en que la solicitud haya tenido entrada en cualquiera de los Registros del Ministerio de Justicia, si no se hubiese dictado y notificado resolución, se entenderá estimada, de acuerdo con lo dispuesto en el artículo 43 de la Ley 30/1992, de 26 de noviembre".

Por tanto, es evidente que también habría posibilidad de que la Administración no permitiese la anotación de un ministro de culto en el Registro. En este ámbito puede tener lugar el mismo debate que planteábamos anteriormente, acerca del carácter que tiene el Registro de *calificador* o simplemente de *comprobar los requisitos formales.*

En cualquier caso, se ha puesto de manifiesto que, en la práctica, este carácter preceptivo en el caso de los ministros de culto que celebren matrimonios con la pretensión de desplegar efectos civiles no se estaría respetando. Por tanto, podríamos decir que tiene un alcance limitado[194]. No obstante, consideramos oportuno reseñar que quizá se deba al carácter novedoso de la norma, y conforme vaya consolidándose, la implementación sea total.

## 4. EDUCACIÓN

Es bien sabido que la educación siempre ha constituido un terreno controvertido, no en vano ha sido utilizada como instrumento político o de adoctrinamiento en regímenes totalitarios. Hoy en día, parece que el afán de los poderes públicos por intervenir en la cuestión educativa no ha cesado. Por ello, es fácil percibir cómo a menudo es una de las primeras leyes que los gobiernos tienen interés en modificar cuando llegan al

---

194 Así lo manifiesta LEAL-ADORNA: "En honor a la verdad, hay que decir que este Registro no está teniendo toda la importancia que se le otorga en la norma puesto que se comprueba que, en la práctica, se siguen celebrando matrimonios por ministros de culto no inscritos y aquéllos tienen reconocida su eficacia en el ordenamiento estatal a través de la inscripción en el Registro Civil sin que sea exigida para ésta la anotación de aquéllos". *Vid.* LEAL-ADORNA, M., "El Registro de Entidades Religiosas", en GARCÍA GARCÍA, R. y ROSSELL GRANADOS, J. (coords.), *op. cit.*, pp. 338-339.

poder[195]. Estas reformas no siempre centran la máxima atención en la mejora de la enseñanza, el fomento de la excelencia o la adaptación a las necesidades actuales – en cuestiones como tecnologías o idiomas –, sino que a menudo parece que los esfuerzos van encaminados a cuestiones que guardan más relación con cuestiones morales, religiosas o filosóficas[196].

En este sentido, la religión se erige como uno de los recurrentes temas de discusión cada vez que tiene lugar una reforma educativa. Así, se realizan enmiendas respecto a la configuración de su asignatura[197], pero también respecto a la oferta de distintos modelos educativos[198] o la incorporación de contenidos de

---

195 Basta observar el número de leyes educativas que se han impulsado en España en democracia. Un total de 8 normas aprobadas desde 1980. Ley Orgánica por la que se regula el Estatuto de Centros Escolares (LOECE), en 1980; Ley Orgánica reguladora del Derecho a la Educación (LODE), en 1985; Ley Orgánica de Ordenación General del Sistema Educativo (LOGSE), en 1990; Ley Orgánica de Participación, Evaluación y Gobierno de los Centros Docentes (LOPEG), en 1995; Ley Orgánica de Calidad de la Educación (LOCE), en 2002; Ley Orgánica de Educación (LOE), en 2006; Ley Orgánica para la Mejora de la Calidad Educativa (LOMCE), en 2013; y Ley Orgánica de Modificación de la LOE (LOMLOE), en 2020.

196 Puede verse VANDALIJA CANDALIJA, R., *La implantación de educación para la ciudadanía en el Sistema Educativo Español*, Madrid: Dykinson, 2013.

197 Esto se puede ver con la mayor o menor relevancia que cada reforma atribuye a esta asignatura, estableciendo su evaluación y/o cómputo a distintos efectos y la determinación de la "alternativa" a la asignatura de religión, entre otros. En la última reforma, se elimina la obligación de cursar una materia alternativa a la asignatura, ya que desaparece del artículo 18 de la anterior norma educativa (LOMCE) en que se establecía la materia alternativa "Valores Sociales y Cívicos".

198 En este sentido, la LOMLOE elimina la "demanda social" como criterio para la planificación escolar, que estaba recogido en el art. 109 de la anterior ley educativa y establece que las administraciones educativas "promoverán un incremento progresivo de puestos escolares en la red de centros de titularidad pública".

índole moral o filosófica que pueden entrar en colisión con las convicciones morales y religiosas de los padres, ya sea por medio de la implantación de nuevas materias[199] o por su inclusión de manera transversal en todas las materias que se imparten[200].

Cabe destacar que el artículo 27 de la Constitución, que articula la libertad de enseñanza en nuestro país, ya presenta en su extensión una cierta ambigüedad, probablemente necesaria para que pudiera recabar el consenso de los constituyentes. A nadie se le escapa que la redacción de este artículo se realizó tras cesiones de los representantes que tenían distintas sensibilidades, y que en el proceso de elaboración algunos diputados llegaron a levantarse de la mesa de discusión[201]. Sin embargo,

---

Además, la versión reformada de la D.A. Vigesimoquinta trae como novedad la imposibilidad de que los centros de educación diferenciada puedan acceder a conciertos educativos.

199 Un ejemplo sería la asignatura de Educación para la Ciudadanía y los Derechos Humanos, introducida por la LOE. O la asignatura Educación en Valores cívicos y éticos, introducida por la LOMLOE, tanto en un curso de Educación Primaria, como en Educación Secundaria Obligatoria.

200 Por mencionar la última manifestación, en la vigente ley educativa se establece que se fomentará de manera transversal la "educación afectivo-sexual", ya que aparece entre los principios de la educación (artículo 1); en la organización de todos los cursos de Educación Secundaria, donde se fomentará "de manera transversal" (artículos 24 y 25); así como entre los objetivos del Bachillerato: "consolidar una madurez personal, afectivo sexual" (artículo 33). También está estipulada la necesidad de que la comunidad educativa tenga el "conocimiento de la historia de la democracia en España", en su D.A. 41ª.

201 Así fue el caso de los diputados del Partido Socialista Obrero Español. Y así ha sido puesto de manifiesto en más de una ocasión. Un ejemplo, el exministro Alfredo Pérez-Rubalcaba, cuando participó en Valencia en un acto en el marco del 40° aniversario de la Constitución Española. Puede verse en: https://www.religiondigital.org/espana/Canizares-Rubalcaba-Echo-ministro-Educacion_0_2055094493.html (Última consulta: 01/09/2024).

es indudable que uno de los pilares sobre los que se sustenta la configuración de la libertad de enseñanza es la libertad de elección de los padres respecto a la formación religiosa y moral de sus hijos, tal y como establece el artículo 27.3 CE[202] y hemos recordado en el capítulo anterior.

Es cierto que el modelo de conciertos educativos, que impulsa la Ley Orgánica 1/1990, de 3 de octubre, de Ordenación General del Sistema Educativo[203], ha servido de base para las próximas legislaciones que se han ido aprobando. Esta clase de centro se suele caracterizar por estar dotado de un ideario propio, que deberá ser público[204], para que permita a los padres cerciorarse de que coincide con sus convicciones en un momento previo a la matriculación de sus hijos en el centro. Por tanto, el derecho de crear centros docentes, previsto en el artículo 27.6 CE "implica el derecho a garantizar el respeto al carácter propio y de asumir en última instancia la responsabilidad de la gestión"[205]. Por ello, el establecimiento de un ideario propio del centro está comprendido dentro de la libertad de crear instituciones educativas. Es más, esta libertad está íntimamente ligada a la libertad de enseñanza de los padres, garantizada en el artículo 27.3 CE.

De este modo, el hecho de que convivan distintos modelos educativos a la disposición de los niños y padres o, mejor dicho, el hecho de que esta diversidad en la oferta educativa reciba fon-

---

202 El artículo 27.3 CE establece: "Los poderes públicos garantizan el derecho que asiste a los padres para que sus hijos reciban la formación religiosa y moral que esté de acuerdo con sus propias convicciones".

203 «BOE» núm. 238, de 4 de octubre de 1990, páginas 28927 a 28942 (16 págs.).

204 El artículo 105.2 LOE: "El carácter propio del centro deberá ser puesto en conocimiento por el titular del centro a los distintos sectores de la comunidad educativa, así como a cuantos pudieran estar interesados en acceder al mismo".

205 STC 77/1985, de 27 de junio, FJ 20º (TOL 79.492).

dos públicos, posibilita que se puedan remover – o, al menos, minimizar – los obstáculos para que los individuos – los niños y los padres – puedan disfrutar plenamente del derecho fundamental, establecido en el artículo 27.3 CE. Ello no contraviene en ningún caso la neutralidad que debe mantener el Estado; más bien, tal y como manifiesta MESEGUER, "la neutralidad estatal, en todo caso, implica que estos modelos educativos diferentes a la escuela pública puedan ser objeto de protección en el ámbito de una sociedad plural"[206]. Hay quienes incluso llegan a plantear que esta diversidad en la oferta educativa debería estar también protegida a las escuelas de educación diferenciada[207].

Pese a ello, la configuración de los centros concertados ha sufrido numerosos ajustes legislativos y la acción de los tribunales ha resultado determinante en la configuración de este derecho. De este modo, el Tribunal Constitucional, como garante máximo de los derechos y libertades, ha resuelto más de un asunto relativo a las reformas legislativas impulsadas por los distintos gobiernos nacionales. Las dos últimas sentencias relevantes del TC han sido la STC 31/2018, de 10 de abril de 2018[208], la STC 34/2023, de 18 de abril de 2023[209] y la STC 49/2023, de 10 de mayo de 2023[210]. En ellas se han resuelto cuestiones que habían sido impugnadas por un grupo mínimo de cincuenta diputados

---

206 MESEGUER VELASCO, S., "Neutralidad religiosa y enseñanza privada en España", *Anuario de Derecho Eclesiástico del Estado*, núm. 29, 2013, p. 146.

207 CALVO CHARRO, M., "Los colegios diferenciados por sexo en Estados Unidos: constitucionalidad y actualidad de una tendencia imparable", *Revista de Derecho Político*, núm. 86, 2013, pp. 159-194.

208 Recurso de inconstitucionalidad 1406-2014. «BOE» núm. 124, de 22 de mayo de 2018, páginas 53548 a 53638 (91 págs.) (TOL 8.485.296).

209 Recurso de inconstitucionalidad 1760-2021. «BOE» núm. 121, de 22 de mayo de 2023, páginas 70644 a 70711 (68 págs.) (TOL 9.542.972).

210 Recurso de inconstitucionalidad 1828-2021. «BOE» núm. 139, de 12 de junio de 2023, páginas 83865 a 83889 (25 págs.) (TOL 9.582.029).

mediante un recurso de inconstitucionalidad[211]. Las tres sentencias se posicionan respecto a las últimas dos reformas legislativas llevadas a cabo en nuestro país, la Ley Orgánica 8/2013, de 9 de diciembre, para la mejora de la calidad educativa (LOMCE)[212] y la Ley Orgánica 3/2020, de 29 de diciembre, por la que se modifica la Ley Orgánica 2/2006, de 3 de mayo, de Educación[213].

Con el fin de que se pueda ver de qué modo se va perfilando la articulación de la libertad educativa en España, hacemos una simple mención a la evolución que ha tenido la educación diferenciada. En la LOMLOE se reformaba el artículo 84.3 de la ley educativa para establecer que la elección de la educación diferenciada no podría implicar un trato menos favorable a la hora de suscribir conciertos con las Administraciones educativas[214]. En cambio, con la aprobación de la nueva reforma de la

---

211 Ello en virtud del artículo 162.1 de la Constitución Española, que establece: "Están legitimados: a) Para interponer el recurso de inconstitucionalidad, el Presidente del Gobierno, el Defensor del Pueblo, 50 Diputados, 50 Senadores, los órganos colegiados ejecutivos de las Comunidades Autónomas y, en su caso, las Asambleas de las mismas".

212 «BOE» núm. 295, de 10 de diciembre de 2013, páginas 97858 a 97921 (64 págs.).

213 «BOE» núm. 340, de 30 de diciembre de 2020, páginas 122868 a 122953 (86 págs.).

214 El mencionado precepto quedaba redactado del siguiente modo:
"En ningún caso habrá discriminación por razón de nacimiento, raza, sexo, religión, opinión o cualquier otra condición o circunstancia personal o social.
No constituye discriminación la admisión de alumnos y alumnas o la organización de la enseñanza diferenciadas por sexos, siempre que la enseñanza que impartan se desarrolle conforme a lo dispuesto en el artículo 2 de la Convención relativa a la lucha contra las discriminaciones en la esfera de la enseñanza, aprobada por la Conferencia General de la UNESCO el 14 de diciembre de 1960.
En ningún caso la elección de la educación diferenciada por sexos podrá implicar para las familias, alumnos y alumnas y centros

LOMLOE, el articulado es bien distinto. La nueva redacción de la disposición adicional vigesimoquinta limita la financiación pública – y, por tanto, el establecimiento de conciertos educativos – a los centros de educación mixta[215]. El Tribunal Constitucional, en la tarea de resolver sendos recursos de inconstitucionalidad anteriormente mencionados, tuvo que adoptar un posicionamiento respecto a, entre otras cuestiones, el tratamiento jurídico que recibían este tipo de centros.

En el primero de los recursos (contra la LOMCE), los recurrentes consideraban que era inconstitucional porque incurría en una discriminación prohibida por el artículo 14 CE, en relación con el artículo 27 CE. En otras palabras, la diferencia de trato no resultaba suficientemente justificada. Además, traía a colación el contenido dispuesto en los tratados y acuerdos internacionales ratificados por España, ya que la interpretación de los derechos previstos en el artículo 27 conforme a estos tratados suscritos y ratificados como sabemos es ineludible, en virtud de lo dispuesto en el artículo 10.2 CE. Por otro lado, también se argumentaba que la existencia de un ideario educativo también debía ponerse en relación con los límites, que comprenderían los principios superiores del ordenamiento jurídico

---

correspondientes un trato menos favorable, ni una desventaja, a la hora de suscribir conciertos con las Administraciones educativas o en cualquier otro aspecto. A estos efectos, los centros deberán exponer en su proyecto educativo las razones educativas de la elección de dicho sistema, así como las medidas académicas que desarrollan para favorecer la igualdad".

215 "Con el fin de favorecer la igualdad de derechos y oportunidades y fomentar la igualdad efectiva entre hombres y mujeres, los centros sostenidos parcial o totalmente con fondos públicos desarrollarán el principio de coeducación en todas las etapas educativas, de conformidad con lo dispuesto por la Ley Orgánica 3/2007, de 22 de marzo, para la igualdad efectiva de mujeres y hombres, y no separarán al alumnado por su género".

– en este caso, la igualdad – y el contenido del artículo 27.2 CE: "La educación tendrá por objeto el pleno desarrollo de la personalidad humana en el respeto a los principios democráticos de convivencia y a los derechos y libertades fundamentales"[216].

El Tribunal Constitucional desestimó el recurso de inconstitucionalidad y, por tanto, avaló la norma en los términos previstos. El Pleno consideró que la educación diferenciada se trataba de "un sistema meramente instrumental y de carácter pedagógico, fundado en la idea de optimizar las potencialidades propias de cada uno de los sexos" (FJ 4º). Ello conllevaría la exclusión de la aplicación del artículo 27.3 CE, esto es, impediría que se encuadrase dentro del derecho que tienen los padres a que sus hijos reciban la formación religiosa y moral acorde con sus propias convicciones. Así lo argumentó el propio Tribunal, que en el mismo fundamento jurídico enuncia que la protección del mencionado precepto lo comprendería "si se tratara de una determinada concepción de la vida o cosmovisión con un contenido filosófico, moral o ideológico". No obstante, "la separación entre alumnos y alumnas en la admisión y organización de las enseñanzas responde a un modelo concreto para el mejor logro de los objetivos perseguidos comunes a cualquier tipo de enseñanza". El Tribunal considera que la diferencia de trato sí que está suficientemente justificada, ya que el legislador ordinario lo ha establecido como una obligación aplicable a estos centros educativos[217] y, por tanto, no estamos ante ningún

---

216 Este precepto, conforme a la doctrina del propio Tribunal, no opera como un mero límite externo, sino que impone que "la enseñanza haya de servir determinados valores que no cumplen una función meramente limitativa, sino de inspiración positiva". Véase STC 5/1981, de 13 de febrero, FJ 7º (TOL 109.400).

217 Para ello se apoya en el artículo 83.4 de la norma, que obliga a este tipo de centros a "exponer en su proyecto educativo las razones educativas de la elección de dicho sistema, así como las medidas académicas que desarrollan para favorecer la igualdad".

supuesto posible derivado del artículo 14 CE. Además, se apoya en lo dispuesto en los tratados internacionales invocados por los recurrentes para afirmar que no se contraviene ninguno de ellos[218]. Por ello, concluye que "el modelo pedagógico de educación diferenciada no es discriminatorio *per se*" (FJ 4º). Y añade "no existe ningún elemento que conduzca a imputar a la educación diferenciada una incapacidad estructural para el logro de los objetivos educativos marcados constitucionalmente" (FJ 4º). Por todo ello, el Tribunal concluye:

> "los centros de educación diferenciada podrán acceder al sistema de financiación pública en condiciones de igualdad con el resto de los centros educativos; dicho acceso vendrá condicionado por el cumplimiento de los criterios o requisitos que se establezcan en la legislación ordinaria, pero sin que el carácter del centro como centro de educación diferenciada pueda alzarse en obstáculo para dicho acceso".

Respecto al segundo de los recursos (en este caso, contra la LOMLOE), los recurrentes fundamentan la inconstitucionalidad de la norma en la prohibición de concertar la educación diferenciada por sexos. El Tribunal desestima tal pretensión y afirma que de la Constitución deriva "un modelo educativo pluralista", pero no que "todos los modelos educativos hayan de recibir ayudas", ni "un derecho subjetivo a la prestación pública". Por otra parte, el Tribunal ha examinado si la prohibición de financiar públicamente la educación diferenciada "es contraria a la igualdad o a algunos de los derechos educativos que

---

218 Por ejemplo, argumenta que la propio Convención relativa a la lucha contra las discriminaciones en la esfera de la enseñanza de 1960 establece en su artículo 2 que "la enseñanza separada de niños y niñas no discrimina por razón de sexo… siempre que esos sistemas y establecimientos ofrezcan facilidades equivalentes de acceso a la enseñanza, dispongan de un personal docente igualmente cualificado, así como locales escolares y un equipo de igual calidad que permitan seguir los mismos programas de estudios o programas equivalentes".

consagra el artículo 27", y concluye que no lo es: "la diferencia de trato que establece el apartado primero de la disposición adicional 25 de Ley Orgánica de Educación entre los centros educativos que separen al alumnado por razón de su género, a efectos de poder ser financiados total o parcialmente por fondos públicos, responde a una concepción ideológica del sistema educativo que, no solo no puede ser tachada de arbitraria, sino que, además, está inspirada en valores constitucionales".

Por tanto, el Tribunal de Garantías estima que la educación diferenciada es una opción posible dentro de las distintas opciones que existen en este ámbito. Y, además, el legislador ordinario puede optar por establecer en la norma educativa que dichos centros puedan tener acceso a los conciertos. Ahora bien, el legislador ordinario – afirma el Tribunal – puede restringir los conciertos educativos a la coeducación o educación mixta. Y, sobre todo, el Tribunal arguye que ello estaría perfectamente dentro del marco constitucional, ya que la coexistencia de distintos modelos no implica que todos deban recibir ayudas públicas y, al mismo tiempo, la medida adoptada por el legislador de prohibir la financiación pública no únicamente no podría ser tachada de arbitraria, sino que además estaría "inspirada en valores constitucionales".

Por todo ello, apreciamos que algunos de estos cambios legislativos, que tienen lugar con relativa frecuencia y que obedecen a postulados ideológicos del Gobierno entrante, suponen también una suerte de intervención en uno u otro sentido, sobre el terreno educativo, entre otros, en el derecho de los padres a elegir el tipo de educación de sus hijos.

Sin embargo, aquello que compondría el núcleo esencial de la intervención pública en el personal en el ámbito educativo se circunscribiría al profesorado de religión. Y ello porque pese a que lo otro que hemos tenido ocasión de analizar también tiene repercusiones, la máxima expresión de intervención pública en la autonomía de las confesiones religiosas y las limitaciones impuestas por el Estado se situaría aquí mismo, en el derecho a designar ministros de culto, personal religioso o decidir acerca de sus cláusulas de salvaguarda. Además, no debemos olvidar el papel que puede desempeñar la enseñanza de las religiones en la prevención de la radicalización en la escuela y la formación que podría recibir el profesorado en conocimientos básicos, adaptados a la realidad de cada país y a la etapa educativa en la que ejerce tal misión[219].

Es importante remarcar que, en este ámbito, no tenemos conocimiento de que se hayan originado conflictos a raíz de la designación de los profesores de religión, esto es, una persona considerada idónea por la confesión religiosa no recibe el visto bueno por parte de las autoridades educativas. Y es que los poderes públicos no llevan a cabo ningún control previo de ninguna naturaleza respecto al candidato en cuestión. Es cierto que se le exige la titulación académica además de la idoneidad confesional, pero esto es un requisito formal que en realidad se limita a hacer una comprobación de que tenga el título universitario requerido.

En cambio, aquello sobre lo que sí que ha habido disputas es en lo que respecta al supuesto contrario, esto es, la pérdida de la condición de profesor de religión. Es evidente que aquí el conflicto existente lo componen otras aristas distintas. El supuesto más común consiste en una persona que venía prestando sus servicios profesionales como profesor de religión y, en un determinado momento, realiza una conducta que, pese a ser legal, contradice la doctrina de una confesión religiosa. La confesión decide retirarle la licencia de idoneidad confesional y, por tanto, deja de poder prestar sus servicios como docente como lo venía haciendo hasta ese momento. La persona acude

---

219 Al respecto, MESEGUER VELASCO, S., "Prevenir la radicalización en la escuela", *Anuario de Derecho Eclesiástico del Estado*, núm. 36, 2020, pp. 397-420; VEGA GUTIÉRREZ, A. M., "La educación como herramienta de prevención del radicalismo violento: aportaciones del currículum de religión islámica desde un enfoque competencial", *Anuario de Derecho Eclesiástico del Estado*, núm. 39, 2023, pp. 371-460.

a los tribunales argumentando que se han vulnerado sus derechos fundamentales, que suelen tener relación con el derecho a la intimidad privada – porque esta actividad se habría llevado a cabo extramuros del centro de trabajo – aunque también se suele poner en relación con otros derechos fundamentales, como puede ser el de libertad de expresión y manifestación, si la conducta había consistido en asistir en una marcha pública a favor del aborto o del matrimonio homosexual, por ejemplo.

Los poderes públicos – en este caso, el poder judicial – no tienen un papel sencillo en estas situaciones. En efecto, de un lado ha de respetar la autonomía confesional, ya que en un Estado laico las autoridades gubernativas no pueden decidir acerca de la idoneidad o no de una determinada persona para labores que responden a la propagación doctrina de la propia confesión. Sin embargo, al mismo tiempo, debe dar respuesta a una presunta vulneración de derechos fundamentales por parte de la confesión, ya que el Estado no puede dejar a un lado su papel de garante y las obligaciones positivas impuestas, que conllevan la protección de los derechos fundamentales. El hecho de que una persona inicie una relación laboral – como en este supuesto – no puede suponer una renuncia a la titularidad o ejercicio de sus derechos fundamentales. Ahora bien, sí que es cierto que el ejercicio de los mismos deberá ser modulado con otros intereses en juego. En la práctica, esta modulación se lleva a cabo de forma similar a la que desde el Derecho laboral se cataloga como "empresas de tendencia". De esta forma, por poner un ejemplo, el Tribunal Constitucional, en su Sentencia de 13 de febrero de 1981, estableció:

> "Aunque ciertamente la relación de servicio entre el profesor y el centro no se extiende en principio a las actividades que al margen de ella lleve a cabo, la posible notoriedad y la naturaleza de estas actividades, e incluso su intencionalidad, pueden hacer de ellas parte importante e incluso decisiva de la labor educativa que le está encomendada"[220].

[220] FJ 1°. «BOE» núm. 47, de 24 de febrero de 1981, páginas 16 a 30 (15 págs.).

No obstante, como se puede intuir, ello no supone la concesión de un cheque en blanco a las confesiones religiosas. Los derechos fundamentales deberán ser respetados – y, en su caso, ponderados – correctamente. De esta forma, se podrán conciliar todos los intereses en juego, que no afectan únicamente a la confesión y al profesor, sino al conjunto de la comunidad educativa. Como ha sido puesto de manifiesto, no estamos ante un supuesto en el que el derecho de libertad religiosa colectivo –de la Iglesia católica– se imponga sobre el derecho de libertad religiosa individual –de los padres o, en su caso, de los alumnos–; más bien, se trata de derechos complementarios, armonizados, ya que, se podría afirmar, en pocas situaciones como esta se podrá encontrar un nexo tan fuerte entre las dos dimensiones del derecho de libertad religiosa[221].

Ahora bien, hemos de reconocer que los pronunciamientos de los tribunales están muy lejos de poder ofrecer consenso en esta materia, ya que hay sentencias contradictorias con hechos muy similares[222]. Eso sí, parece que se inclina más en favor de

---

221 LÓPEZ-SIDRO LÓPEZ, Á., "Dimensión colectiva del derecho de libertad religiosa en los centros docentes públicos: la designación de los profesores de religión", *Revista General de Derecho Canónico y Derecho Eclesiástico del Estado,* núm. 14, 2007, pp. 1-33. El autor afirma: "La persona ejerce su derecho particular respecto de una fe religiosa y la confesión a la que pertenece le garantiza ese derecho; por su parte, la confesión ejercita su dimensión magisterial sobre sus miembros, con la anuencia libre de estos, y con pleno control de la coherencia de la enseñanza con sus dogmas fundamentales. Ambos derechos, el ejercido individualmente y el que surge del colectivo, se complementan de forma recíproca, sin que se pueda decir con certeza qué es primero, si el creyente o su fe, cuestión además que carece de importancia práctica porque no pueden existir el uno sin la otra, y ambos merecen una especial protección".

222 COMBALÍA SOLÍS, Z., *La contratación del profesorado de religión en la escuela pública,* Valencia: Tirant Lo Blanch, 2013.

la autonomía confesional[223]. Hemos de decir que la jurisprudencia del TEDH ha moldeado también la respuesta ofrecida por los tribunales nacionales[224]. Esta visión europea no siempre coincide con los pronunciamientos judiciales de otros tribunales internacionales como la Corte Interamericana[225].

## 5. ASISTENCIA RELIGIOSA EN LOS CENTROS PENITENCIARIOS

La asistencia religiosa es uno de los derechos comprendidos dentro del derecho a la libertad religiosa. De hecho, está recogido en el artículo 2.1.b LOLR[226]. No obstante, en sentido estricto, nos encontramos con, tal y como sostiene ALARCÓN:

> "La acción del Estado para establecer la infraestructura y las condiciones adecuadas para que puedan recibir asistencia espiritual directa de sus respectivas confesiones los ciudadanos que tienen disminuidas las posibilidades de recibirla por encontrarse internados en centros caracterizados por un régimen de especial sujeción"[227].

---

223 Véase CAÑAMARES ARRIBAS, S., *Igualdad religiosa en las relaciones laborales*, Cizur Menor: Aranzadi, 2018, pp. 230-252.

224 Véase LÓPEZ-SIDRO LÓPEZ, A., "Impacto de la doctrina del TEDH en la jurisprudencia española: la idoneidad y el vínculo de especial confianza del profesorado de religión", *Anuario de Derecho Eclesiástico del Estado*, núm. 34, 2018, pp. 469-527.

225 Como ejemplo de ello, podríamos observar el caso Pavez. Al respecto, recomendamos la lectura: LÓPEZ-SIDRO LÓPEZ, A., "Idoneidad del profesorado de religión y autonomía confesional en el caso Pavez: la postura de la Corte Interamericana frente a la doctrina del Tribunal de Estrasburgo", *Revista de Estudios Jurídicos*, núm. 22, 2022.

226 El mencionado artículo establece que la libertad religiosa comprende "recibir asistencia religiosa de su propia confesión".

227 LÓPEZ ALARCÓN, M., "Asistencia religiosa", en AA.VV., *Derecho eclesiástico español*, 6ª ed., Pamplona: EUNSA, 2010, pp. 249-250.

Este derecho, recogido en el artículo 2.3 LOLR, está amparado por la función promotora del Estado (artículo 9.2 CE), además del principio de cooperación (artículo 16 CE).

Con la superación del Estado confesional, en que el Estado tenía una religión oficial, se ha ido dejando atrás el modelo de integración orgánica – en que los ministros de culto eran considerados funcionarios de la Administración – para pasar a un modelo de concertación – en que existe un convenio entre las autoridades estatales y la confesión religiosa –. Además, se ha desarrollado también la asistencia religiosa de las demás confesiones con acuerdo de cooperación, aunque con diferencias en la práctica entre ellas, como veremos en las próximas líneas[228].

Hemos decidido focalizar nuestra atención sobre los centros penitenciarios, ya que es precisamente en este lugar donde se vislumbra una cierta preocupación de que puedan darse determinadas circunstancias que favorecerían el proceso de radicalización de

---

228 Se ha considerado que estas diferencias carecerían de fundamentación en el momento actual. Especialmente, el hecho de que confesiones con notorio arraigo que manifiestan una fuerte demanda espiritual y, por ello, solicitan una mayor interlocución con el Estado, no la obtengan. Podríamos mencionar especialmente a los Testigos de Jehová y ortodoxos. Al respecto, véase: GONZÁLEZ SÁNCHEZ, M., "Los Ministros de Culto encargados de la prestación de asistencia religiosa en las fuerzas armadas, prisiones, hospitales y en otros centros públicos similares", *Revista General de Derecho Canónico y Derecho Eclesiástico del Estado,* núm. 57, 2021, pp. 1-60.

los internos[229], aun siendo presos por delitos comunes, que nada tienen que ver con aquellos relacionados con el terrorismo[230].

Esta asistencia religiosa en establecimientos penitenciarios tiene además que comprenderse dentro del máximo respeto a los derechos fundamentales de los que el interno no deja de ser titular[231]. Por otro lado, esta protección es ofrecida a nivel internacional, como tendremos oportunidad de analizar posteriormente en el capítulo relativo a los ministros de culto

---

229 Ello justificaría que en estos centros se vigilase de cerca a los internos con el objeto de dar respuesta desde estadios tempranos en los que puedan identificarse índices de radicalización violenta. Así, existen diferentes Instrucciones de Secretaría General de Instituciones Penitenciarias, como por ejemplo la Instrucción 8/2014 para la prevención de la radicalización en los establecimientos penitenciarios. O la Instrucción 2/2016 por el que se establece el Programa Marco de intervención en radicalización violenta con internos islamistas. Esta última persigue promover "una interpretación moderada [del islam] alejada de perspectivas extremistas", contando para ello con la ayuda de "imanes moderados". Al respecto, véase COLOMER BEA, D., "Delitos de terrorismo, criminalización del yihadismo y desvinculación de la violencia", en ALONSO RIMO, A. y GIL GIL, A. (coords.), *Prevención de la radicalización violenta en prisión,* Madrid: Dykinson, 2021, pp. 85-101.

230 Hay quien afirma que "el radicalismo yihadista constituye un grave problema para los centros penitenciarios que, lejos de disminuir, aumentará con el regreso de los retornados" e incluso advierte que, de no darse la gestión penitenciaria adecuada con los individuos, "personas radicalizadas serán protagonistas - tras el cumplimiento de sus condenas - de actos de terrorismo yihadista". Puede verse en: SÁNCHEZ-GIL, L. M. y DE SANTIAGO HERRERO, F. J., "Los centros penitenciarios españoles como espacios de radicalización yihadista", *Revista de Derecho Penal y Criminología,* núm. 23, 2020, p. 272.

231 El artículo 3.1 de la Ley Orgánica 1/1979, de 26 de septiembre, General Penitenciaria, establece: "Los internos podrán ejercitar los derechos civiles, políticos, sociales, económicos y culturales, sin exclusión del derecho de sufragio, salvo que fuesen incompatibles con el objeto de su detención o el cumplimiento de la condena".

en el ámbito internacional. Ahora bien, sirva un pronunciamiento judicial reciente del Tribunal Europeo de Derechos Humanos para percatarnos mejor de que el contexto restrictivo de libertad no puede servir de base para impedir asignar una habitación o espacio a un interno musulmán con el fin de que pueda llevar a cabo la oración del viernes. Hablamos del Caso Abdullah Yalçin c. Turquía[232] y, en este caso, se trataba de una prisión de alta seguridad. Por lo que ello nos puede ayudar a comprender la repercusión de este derecho en este ámbito.

Es por ello por lo que, en estos centros, en mayor medida, puede plantearse el interrogante: ¿quién acude al centro público a prestar asistencia religiosa al interno que así lo solicita? ¿Existe algún grado de intervencionismo por parte de los poderes públicos? Para poder aproximarnos a estas cuestiones, es necesario adentrarnos en la regulación vigente que concierne a los centros penitenciarios.

Cabe destacar que el derecho a la asistencia religiosa está establecido en el artículo 4 del AAJ, para el caso de la Iglesia Católica. Para las otras tres confesiones con Acuerdo, está expresado en el artículo 9 de los mismos. Cabe destacar que estos últimos Acuerdos se caracterizan por un mayor desarrollo de lo que tiene el AAJ.

De este modo, el Acuerdo con la IC únicamente expresa el ejercicio del derecho a la asistencia religiosa[233] sin desarrollar

---

232 STEDH (Sección 2ª), Caso Abdullah Yalçin contra Turquía, de 14 junio de 2022 (TOL 9.001.804). En cambio, el mismo Tribunal consideró que no existía vulneración de la libertad religiosa en la negativa de las autoridades penitenciarias a que un recluso asistiera a servicios religiosos fuera de prisión debido a las medidas adoptadas por la pandemia, como la STEDH (Sección 3ª), Caso Constantin-Lucian Spînu contra Rumanía, de 11 de octubre de 2022 (TOL 9.247.770).

233 El artículo 4.1 establece: "El Estado reconoce y garantiza el ejercicio del derecho a la asistencia religiosa de los ciudadanos internados en

el régimen de este que será regulado "de común acuerdo entre las competentes autoridades de la Iglesia y del Estado"[234].

En cambio, el artículo 9 de los Acuerdos de 1992 con FEREDE, FCJE y CIE, además de expresar que se garantiza el ejercicio de este derecho a los "internados en centros penitenciarios, así como en establecimientos hospitalarios, asistenciales y otros análogos del sector público", también desarrolla en mayor extensión el modo en que se prestará. En primer lugar, explicita que será proporcionada por los ministros de culto de las confesiones[235]. En segundo lugar, se establecen dos requisitos en los tres Acuerdos: 1) que los ministros de culto sean designados por las Iglesias o Comunidades respectivas – y, en su caso, con la conformidad de la Federación, en el caso de la FEREDE y la FCJE –; 2) que la designación deberá ser autorizada por los organismos administrativos competentes[236]. Además, también se expresa que el acceso de tales ministros es libre y sin limitación de horario (artículo 9.2) y que los gastos correrán a cargo de la confesión, sin perjuicio de la utilización de los locales disponibles en el centro correspondiente (artículo 9.4).

Esta diferencia en lo que respecta al grado de desarrollo se justifica fácilmente con el momento en que se aprobó cada Acuerdo. En el caso de los Acuerdos de 1992, previamente ya se había aprobado la LOLR y, por tanto, marco normativo de

---

establecimientos penitenciarios, hospitales, sanatorios, orfanatos y centros similares, tanto privados como públicos".

234 Así se establece en su artículo 4.2, que añade que "en todo caso, quedará salvaguardado el derecho a la libertad religiosa de las personas y el debido respeto a sus principios religiosos y éticos".

235 En el caso del Acuerdo con los musulmanes, especifica que será "proporcionada por Imames o personas designadas por las Comunidades".

236 En el caso del Acuerdo con la FEREDE la nomenclatura utilizada es: "debidamente autorizados por los centros o establecimientos públicos correspondientes".

la libertad religiosa. En alguna cuestión terminológica también se puede observar el paso del tiempo[237]. Sin embargo, el desarrollo de la asistencia católica se encontrará en otros textos jurídicos que veremos más adelante.

Por tanto, observamos cómo el Estado garantiza que el ejercicio de este derecho se lleve a cabo por medio de los ministros de culto designados por la confesión religiosa – parece coherente con la laicidad del Estado español –, pero al mismo tiempo establece que la persona designada por la confesión deberá ser autorizada por el organismo administrativo competente. Por ello, estos requisitos son de aplicación para todo tipo de centros públicos en los que se presta la asistencia religiosa.

Por lo que respecta a los centros penitenciarios, encontramos, en primer lugar, la Ley Orgánica 1/1979, de 26 de septiembre, General Penitenciaria[238], que dentro del Capítulo IX titulado "Asistencia religiosa", contiene el artículo 54 que establece: "La Administración garantizará la libertad religiosa de los internos y facilitará los medios para que dicha libertad pueda ejercitarse".

En segundo lugar, es necesario mencionar el Real Decreto 190/1996, de 9 de febrero, por el que se aprueba el Reglamento Penitenciario[239], que en su artículo 230 relativo a la asistencia religiosa establece:

> "1. Todos los internos tendrán derecho a dirigirse a una confesión religiosa registrada para solicitar su asistencia siempre que ésta se preste con respeto a los derechos de las restantes personas. En los Centros podrá habilitarse un espacio para la práctica de los ritos religiosos.

---

237 En el AAJ se emplea el término "sanatorios" y "orfanatos"; en cambio, en los de 1992 se sustituye por "centros asistenciales".

238 «BOE» núm. 239, de 5 de octubre de 1979.

239 «BOE» núm. 40, de 15 de febrero de 1996, páginas 5380 a 5435 (56 págs.).

> 2. Ningún interno podrá ser obligado a asistir o participar en los actos de una confesión religiosa.
>
> 3. La Autoridad penitenciaria facilitará que los fieles puedan respetar la alimentación, los ritos y los días de fiesta de su respectiva confesión, siempre que lo permitan las disponibilidades presupuestarias, la seguridad y vida del Centro y los derechos fundamentales de los restantes internos.
>
> 4. En todo lo relativo a la asistencia religiosa de los internos se estará a lo establecido en los acuerdos firmados por el Estado español con las diferentes confesiones religiosas".

Como se puede apreciar, este último apartado cuarto del precepto nos remite a lo establecido en los Acuerdos de Cooperación. Sin embargo, tal y como hemos visto, los Acuerdos nos ofrecen unas bases, pero no el desarrollo del derecho. Con el interés de poder comprender la articulación del derecho hemos de acudir, por un lado, a la Orden de 24 de noviembre de 1993 por la que se dispone la publicación del Acuerdo sobre asistencia religiosa católica en los establecimientos penitenciarios[240]. Por otro lado, será necesaria la lectura del Real Decreto 710/2006, de 9 de junio, de desarrollo de los Acuerdos de Cooperación firmados por el Estado con la Federación de Entidades Religiosas Evangélicas de España, la Federación de Comunidades Judías de España y la Comisión Islámica de España, en el ámbito de la asistencia religiosa penitenciaria[241].

Estas dos normas persiguen el mismo objetivo: articular el ejercicio de la asistencia religiosa en centros penitenciarios. No obstante, contienen previsiones distintas respecto a nuestro objeto de estudio: los requisitos para poder prestar asistencia religiosa en un establecimiento penitenciario.

---

[240] «BOE» núm. 298, de 14 de diciembre de 1993.

[241] «BOE» núm. 138, de 10 de junio de 2006, páginas 22301 a 22303 (3 págs.).

En primer lugar, el marco normativo aplicable a la asistencia católica prevé, en su artículo 3:

> "La atención religiosa católica de los internos de los establecimientos penitenciarios se prestará por Sacerdotes, nombrados por el Ordinario del lugar y autorizados formalmente por la Dirección General de Instituciones Penitenciarias, que cesarán en sus actividades por voluntad propia, por decisión de la autoridad eclesiástica correspondiente, o por iniciativa o a propuesta de la Dirección General de Instituciones Penitenciarias.
>
> En estos dos últimos casos, antes de proceder al cese, se cursarán las comunicaciones correspondientes entre el Director general de Instituciones Penitenciarias y el Ordinario del lugar".

La lectura de este artículo, a nuestro modo de ver, no facilita excesivamente su comprensión. En primer lugar, da la apariencia de que quien nombra es el Ordinario del lugar, y no la Administración penitenciaria competente. En cambio, en otros textos jurídicos relativos a la asistencia religiosa, sí que se hace la distinción entre el "nombramiento" y la "designación". La designación correspondería a la confesión y el nombramiento al órgano de la Administración Pública competente. Se podría aducir que esto es debido al pasado confesional y el anterior modelo vigente de integración orgánica. No obstante, el texto al que hacemos referencia es anterior a éste y tiene también como destinataria la Iglesia Católica. Nos referimos a la Orden de 20 de diciembre de 1985 por la que se dispone la publicación del Acuerdo sobre Asistencia Religiosa Católica en Centros Hospitalarios Públicos[242], ya que en su artículo 4 realiza la diferenciación entre el poder civil y religioso. Por un lado, establece que los capellanes o personas idóneas para prestar la asistencia religiosa católica serán "designados por el Ordinario del lugar"; por el otro, establece claramente "correspondiendo su nombramiento a la Institución

---

242 «BOE» núm. 305, de 21 de diciembre de 1985 páginas 40209 a 40210 (2 págs.).

titular del centro hospitalario", siempre "previo cumplimiento de los requisitos legales y reglamentarios aplicables".

Como consecuencia de ello, el articulado del Acuerdo sobre asistencia religiosa católica en los establecimientos penitenciarios genera algún interrogante. ¿Cómo va a ser la confesión religiosa – en este caso, el Ordinario del lugar – quien nombre? Entendemos que cuando se utiliza el término "nombrará" quiere significar "designará". Y, más tarde, por "autorizados formalmente" significaría "nombrados", ya que la Dirección General de Instituciones Penitenciarias sería la competente para nombrar a un ministro de culto como habilitado para prestar asistencia espiritual en un centro penitenciario, al igual que sucede en el ámbito de los hospitales públicos. No obstante, es cierto que se ha dicho que "éstos (los sacerdotes) quedan vinculados exclusivamente al Obispo, lo que garantiza mejor la autonomía en el cumplimiento de su función y el acomodo constitucional del modelo elegido"[243].

En segundo lugar, es necesario abordar el marco normativo de aplicación para asistencia evangélica, judía y musulmana en centros penitenciarios. Para ello, nos remitimos al RD 710/2006, anteriormente mencionado.

El artículo 3 del mismo establece por quién será prestada la asistencia religiosa de estas confesiones, utilizando la misma fórmula que en el Acuerdo de 1993 de la asistencia católica, aunque en esta ocasión se utiliza, a nuestro juicio correctamente, el térmi-

---

[243] PARDO PRIETO, P. C., *Laicidad y acuerdos del Estado con confesiones religiosas*, Valencia: Tirant lo Blanch, 2008, p. 162. En la misma página, nota a pie de página 431, se contiene que en el ámbito penitenciario "... la diócesis funcionaría como una empresa de servicios contratada por el centro, (...) empresa por cuenta de la que prestan sus servicios los capellanes", algo que "refleja más limpiamente que esa misión es puramente espiritual". *Vid.* LLAMAZARES FERNÁNDEZ, D., *Derecho de la Libertad de Conciencia, tomo I, Libertad de Conciencia y Laicidad*, Madrid: Civitas, 1997, pp. 554-555.

no "designados" por las confesiones[244]. Eso sí, en el segundo apartado del mismo precepto se ofrece una definición acerca de qué ministros de culto podrán resultar designados, estableciendo que: 1) deben ser personas físicas; 2) pertenecer a iglesias o comunidades integradas en las respectivas confesiones; 3) tener carácter estable al ministerio religioso certificado por la respectiva iglesia o comunidad, con la conformidad de la federación o comisión.

Además, en ambas regulaciones – la aplicable a católicos y la aplicable a las tres con acuerdo (evangélicos, judíos y musulmanes) – se permite la existencia de voluntarios que presten asistencia a los sacerdotes encargados (Acuerdo de 1993) o directamente presten la asistencia religiosa (RD 710/2006). En el caso de esta última norma, sí que se recoge expresamente que estos voluntarios tendrán que cumplir los mismos requisitos de autorización que los ministros de culto. En cualquier caso, la labor que realicen debe ser desempeñada de forma gratuita para poder ser considerados dentro de este grupo.

La diferencia principal que sí que existe con el Acuerdo sobre asistencia religiosa católica es el desarrollo normativo del proceso de autorización de los ministros de culto que presten asistencia religiosa en centros penitenciarios. Así, mientras en el Acuerdo de 1993 no existe desarrollo del proceso ni requisitos de la concesión de la autorización, el RD 710/2006 sí ofrece una mayor claridad respecto a estos extremos.

Por un lado, el artículo 4 de este RD está dedicado a los requisitos para la autorización, estableciendo que para poder obtenerla es necesario presentar documentación:

> "a) Certificado de la iglesia o comunidad de que dependa el ministro de culto, con la conformidad de su respectiva federación,

---

[244] El artículo 3.1 del mencionado RD: "La asistencia religiosa en los centros penitenciarios será prestada por los ministros de culto designados por las respectivas confesiones, y autorizados por la Administración penitenciaria competente".

> que acredite que la persona propuesta desarrolla su ministerio religioso con carácter estable.
>
> b) Certificado negativo de antecedentes penales en España.
>
> c) En el caso de tratarse de ministros de culto extranjeros, deberán acreditar ausencia de antecedentes penales en el país de origen.
>
> d) Indicación del centro o centros ante los que se solicita acreditar al ministro de culto".

Por tanto, es indudable que existe una mayor concreción de este procedimiento. Ello no debe ser visto como algo negativo, sino que precisamente puede ofrecer una mayor seguridad jurídica a la hora de conceder la correspondiente autorización. De hecho, el artículo 5.1 de la misma norma establece que, cuando se aporten suficientemente estos documentos exigidos, "la autorización se concederá siempre". Aunque añade el requisito de que "la persona propuesta ofrezca las garantías de seguridad exigibles".

La autorización tendrá validez anual, pero se renovará anualmente "siempre que no se produzca una resolución motivada en contrario" (artículo 6).

Por otro lado, también se desarrolla en mayor grado la posibilidad de que la Administración penitenciaria pueda cesar a un ministro de culto perteneciente a alguna de las tres confesiones destinatarias del RD 710/2006. El Acuerdo sobre asistencia católica únicamente establecía que los sacerdotes podían cesar en sus actividades también "por iniciativa o a propuesta de la Dirección General de Instituciones Penitenciarias" cursándose "las comunicaciones correspondientes entre el Director general de Instituciones Penitenciarias y el Ordinario del lugar" (artículo 3 Acuerdo).

En cambio, en el RD de aplicación para la asistencia religiosa evangélica, judía y musulmana se especifica algo más. En concreto, en el artículo 7.2 del RD:

> "La autorización podrá ser revocada por la Administración penitenciaria que la concedió cuando el ministro de culto realice actividades no previstas en el régimen de la asistencia religiosa, fueren contrarias al régimen del centro o a la normativa penitenciaria, previa audiencia del interesado y mediante resolución motivada".

Ello sin contar que también se revocará la autorización si existe un cambio que afecte a alguno de los requisitos que se exigieron para concesión de la misma[245]. Además, también cabe la posibilidad de que el director del centro pueda suspender cautelarmente la autorización en el caso en que "el ministro de culto atentara gravemente contra el régimen y seguridad del centro, o conculcara el ordenamiento jurídico", que será de aplicación "hasta tanto no se pronuncie el órgano competente sobre la revocación" y siempre con resolución motivada (artículo 7.4 RD).

En ambos casos – tanto en la normativa aplicable a católicos como en aquella aplicable a las tres confesiones con acuerdo (evangélicos, judíos y musulmanes) – se permite la existencia de voluntarios que presten asistencia a los sacerdotes encargados (Acuerdo de 1993) o directamente presten la asistencia religiosa (RD 710/2006). En el caso de esta última norma, sí que se recoge expresamente que estos voluntarios tendrán que cumplir los mismos requisitos de autorización que los ministros de culto. En cualquier caso, la labor que realicen debe ser desempeñada de forma gratuita para poder ser considerados dentro de este grupo.

Por último, cabe destacar que el Estado, tan sólo un año después de la aprobación de este Real Decreto que hemos estado comentando, desarrolló una mayor cooperación en lo referente a la asistencia religiosa – en este caso, musulmana – en centros penitenciarios. Así, conviene mencionar el Convenio de

---

245 El artículo 7.3 del RD: "También procederá la revocación cuando se produzca un incumplimiento sobrevenido de los requisitos que justificaron su otorgamiento".

colaboración del Estado con la Comisión Islámica de España para la financiación de los gastos que ocasione el desarrollo de la asistencia religiosa en los establecimientos penitenciarios de competencia estatal[246]. La principal novedad que ofrece este Convenio es que será la Administración Pública – en concreto, la Dirección General de Instituciones Penitenciarias – quien sufragará con cargo a sus presupuestos los gastos materiales y de personal que ocasione la asistencia religiosa prestada en el ámbito penitenciario (cláusula primera) siempre y cuando el número de internos que solicite y reciba asistencia sea igual o superior a diez (cláusula segunda).

En 2015 se aprobó otro Convenio, con idénticos términos en su nombre que el de 2007, con el mismo contenido, excepto algunas modificaciones que afectaban únicamente a la cláusula séptima, octava y novena del anterior Convenio. Por tanto, a la cuantía máxima anual de subvención prevista, a la regularidad del pago y a la vigencia del Convenio, respectivamente. La cuantía máxima descendía de 41.080 euros (2007) a 3.930 euros (2015); el pago pasaría a ser semestral (y no trimestral), además de que habría de acreditarse "de forma fehaciente la prestación de la asistencia"; y únicamente se establecía la vigencia durante ese año 2015, y no indicaba la posibilidad de "ser prorrogado expresamente por períodos anuales si no media denuncia expresa de alguna de las partes", que sí establecía el anterior Convenio. No obstante, conocemos que esa vigen-

---

246 Disponible en: https://www.mpr.gob.es/mpr/subse/libertad-religiosa/Documents/Normativa_Estatal/ConvenioIslamica_Prisiones.pdf (Última consulta: 21/05/2023).

cia se fue prorrogando y su cuantía fue aumentando, pasando a ser de 9.000 euros en 2017 y, más tarde, 21.000 euros en 2018[247], que también se mantuvo en 2020[248].

---

247 Real Decreto 449/2019, de 19 de julio, por el que se regula la concesión directa de subvenciones en determinados ámbitos de actuación del Ministerio del Interior. «BOE» núm. 173, de 20 de julio de 2019 páginas 78894 a 78899 (6 págs.). Así se establece en su artículo 5.f. La misma cuantía en 2020. Real Decreto 865/2020, de 29 de septiembre, por el que se regula la concesión directa de subvenciones en determinados ámbitos de actuación del Ministerio del Interior. «BOE» núm. 259, de 30 de septiembre de 2020 páginas 82254 a 82264 (11 págs.). También en su artículo 5.f.

248 Real Decreto 865/2020, de 29 de septiembre, por el que se regula la concesión directa de subvenciones en determinados ámbitos de actuación del Ministerio del Interior. «BOE» núm. 259, de 30 de septiembre de 2020 páginas 82254 a 82264 (11 págs.). También en su artículo 5.f.

# *Capítulo III*
# *El régimen jurídico de los ministros de culto en el sistema jurídico italiano*

SUMARIO: 1.LA CONFIGURACIÓN DE LA LIBERTAD RELIGIOSA EN ITALIA. 2. LOS MINISTROS DE CULTO EN EL SISTEMA ITALIANO. 3. LA ASISTENCIA RELIGIOSA EN LOS CENTRO PENITENCIARIOS ITALIANOS.

Después de haber tenido la oportunidad de profundizar en el ordenamiento jurídico español, en el presente capítulo tratamos de realizar un estudio comparado con el sistema italiano. Se ha puesto de manifiesto en numerosas ocasiones las similitudes existentes entre los sistemas legales de Italia y España. Sin embargo, ¿son tales las semejanzas? ¿Qué diferencias existen entre ambos?

Posteriormente, nos adentraremos en la figura de los ministros de culto, puesto que ello constituye el núcleo de nuestra investigación. Esta labor de estudio se centrará especialmente en la configuración del derecho de las confesiones religiosas a designar sus ministros de culto. Para ello, nos introduciremos en la normativa básica existente en Italia, con las particularidades que veremos; y, también, en *le Intese*, que son los Acuerdos de Cooperación que el Estado italiano ha suscrito con las confesiones religiosas.

Por último, analizaremos uno de los ámbitos más conflictivos cuando se aborda la temática del extremismo violento: los centros penitenciarios. Nuestro interés se dirigirá hacia el régimen de asistencia religiosa previsto en estos establecimientos. Será interesante observar la configuración de esta temática en este ordenamiento, así como la evolución que ha experimentado en los últimos años.

## 1. LA CONFIGURACIÓN DE LA LIBERTAD RELIGIOSA EN ITALIA

### *1.1. Marco constitucional*

El interés por estudiar el ordenamiento jurídico italiano es evidente: aproximarnos a un marco jurídico que a menudo se ha manifestado como un sistema que tiene muchas semejanzas con el nuestro. Se han apuntado dos coincidencias que podrían explicar estas similitudes: su pasado concordatario y unos regímenes totalitarios o autoritarios que estuvieron presentes durante una buena parte del siglo pasado[249]. No obstante, como veremos en las próximas líneas, pese a que podemos situarnos en unas coordenadas próximas, las diferencias empiezan a ser notables en el momento en que se profundiza con más intensidad en el estudio del ordenamiento jurídico italiano.

Sea como fuere, este país se caracteriza por tener un modelo laico que, como en nuestro sistema, no se traduce en una hostilidad ante el fenómeno religioso, sino más bien en una relevancia y promoción del fenómeno religioso. Ambas se derivarían del interés tanto por su contribución al pleno desarrollo de la persona humana[250], como incluso por el deber de

---

249 GARCÍA-PARDO, D., *El sistema de acuerdos con las confesiones minoritarias en España e Italia,* Madrid: Centro de Estudios Políticos y Constitucionales y Boletín Oficial del Estado, 1999, p. 17.

250 El artículo 3.2 de la Constitución Italiana establece: "È compito della Repubblica rimuovere gli ostacoli di ordine economico e sociale, che, limitando di fatto la libertà e l'eguaglianza dei cittadini, impediscono il pieno sviluppo della persona umana e l'effettiva partecipazione di tutti i lavoratori all'organizzazione politica, economica e sociale del Paese".

cada ciudadano de contribuir al progreso espiritual de la sociedad[251]. Además, es uno de los elementos de la identidad personal que la Constitución reconoce y garantiza[252]. Ello justifica la acción del Estado para remover los obstáculos que impidan que esta libertad pueda ser ejercitada por parte de los ciudadanos (artículo 3.2), al cual el artículo 9.2 de la Constitución Española reproduce en buena medida[253].

No es de extrañar, por tanto, que la Corte Constitucional italiana haya afirmado que el principio de la laicidad del Estado no implica una indiferencia, sino una garantía del Estado para la salvaguarda de la libertad religiosa[254]. Cabe destacar que esta libertad está protegida expresamente en el artículo 19 de la Constitución, que establece:

---

251 En el artículo 4.2 se dispone: "Ogni cittadino ha il dovere di svolgere, secondo le proprie possibilità e la propria scelta, una attività o una funzione che concorra al progresso materiale o spirituale della società".

252 En su artículo 2: "La Repubblica riconosce e garantisce i diritti inviolabili dell'uomo, sia come singolo, sia nelle formazioni sociali ove si svolge la sua personalità, e richiede l'adempimento dei doveri inderogabili di solidarietà politica, economica e sociale".

253 El mismo precepto comprende el mandato constitucional: "Corresponde a los poderes públicos promover las condiciones para que la libertad y la igualdad del individuo y de los grupos en que se integra sean reales y efectivas; remover los obstáculos que impidan o dificulten su plenitud y facilitar la participación de todos los ciudadanos en la vida política, económica, cultural y social".

254 Sentencia n. 203 de 1989 de la Corte Constitucional italiana ha expresado que este principio supremo de la laicidad del Estado: "implica non indifferenza dello Stato dinnanzi alle religioni ma garanzia dello Stato per la salvaguardia della libertà di religione, in regime di pluralismo confessionale e culturale". Además, el mismo pronunciamiento añade: "l'attitudine laica dello Stato-comunità [...] che risponde non a postulati ideologizzati ed astratti di estraneità, ostilità o confessione dello Stato-persona o dei suoi gruppi dirigenti, rispetto alla religione o ad un particolare credo, ma si pone a servizio di concrete istanze della coscienza civile e religiosa dei cittadini".

> "Tutti hanno diritto di professare liberamente la propria fede religiosa in qualsiasi forma, individuale o associata, di farne propaganda e di esercitarne in privato o in pubblico il culto, purché non si tratti di riti contrari al buon costume".

Cabe destacar que la interpretación de este principio de laicidad no deja de gozar de cierta actualidad en la jurisprudencia italiana. Y es que hace menos de dos años la Corte de Casación italiana tuvo que volver a pronunciarse en un asunto que concernía la presencia de símbolos religiosos – en concreto, de un crucifijo – en las aulas educativas. La Corte, en su Sentencia n. 24414 de 2021, consideró que, si su presencia en la escuela pública era derivada de una imposición del Estado, ello constituía una violación del principio de laicidad. La interpretación que la Corte realiza de la norma – que va a cumplir un siglo de historia – es la de que el símbolo religioso puede estar expuesto en el aula educativa, en la medida en que la decisión sea fruto de un acuerdo que respete las convicciones de todos los miembros de la comunidad educativa, tratando de lograr una acomodación razonable[255]. Lo cierto es que consideramos todo un desafío lograr que estas fronteras que la Corte dibuja en su Sentencia puedan aplicarse en el ámbito educativo con ausencia de conflictos. Por ello, no es difícil que en los próximos años aumente el número de casos en los que la decisión – en uno u otro sentido – de la comunidad educativa sea objeto de controversia y se deba entrar a valorar si la aproximación ha sido la correcta atendiendo a estos criterios.

---

[255] En este sentido, recomendamos TOSCANO, M., "Il crocifisso 'accomodato'. Considerazioni a prima lettura di Corte cass., Sezioni Unite civili, n. 24414 del 2021", *Stato, Chiese e pluralismo confessionale*, núm. 18, 2021, pp. 45-68; PAVESI, G., "Le frontiere europee della religious accommodation. Spunti di comparazione", *Stato, Chiese e pluralismo confessionale*, núm. 10, 2021, pp. 75-114. PAVESI, G., "Simboli religiosi e accomodamento ragionevole 'all'italiana' nella recente giurisprudenza di legittimità", *Stato, Chiese e pluralismo confessionale*, núm. 6, 2022, pp. 1-28.

En cualquier caso, hemos de subrayar que la laicidad del Estado no excluye el establecimiento de formas de cooperación entre el Estado y las confesiones religiosas sin que ello altere la distinción de sus respectivos ámbitos competenciales, sino más bien se ocupe de materias que son de interés común para ambos[256]. De hecho, del propio texto constitucional italiano se deduce la relevancia que adquiere esta cooperación – que parte de la autonomía de las confesiones – para su ordenamiento, al poner en relación en un mismo precepto esta laicidad y la cooperación entre el Estado italiano y la Iglesia Católica. De este modo, el artículo 7 establece: "Lo Stato e la Chiesa cattolica sono, ciascuno nel proprio ordine, indipendenti e sovrani". Y en su segundo apartado se indica la cooperación existente entre Estado italiano y la Iglesia Católica, estableciendo el instrumento por el cual se llevará a cabo: "I loro rapporti sono regolati dai Patti Lateranensi. Le modificazioni dei Patti, accettate dalle due parti, non richiedono procedimento di revisione costituzionale".

Por lo que concierne al resto de confesiones religiosas, la norma constitucional desarrolla el régimen jurídico de ellas en su artículo 8. Este precepto podemos desgranarlo en distintas partes, con el fin de poder comprender las claves esenciales de su estatus jurídico propio y las relaciones con el Estado.

En primer lugar, explicita que todas las confesiones religiosas son igual de libres ante la ley[257]. Esta cláusula se configura

---

256 Afirma MONETA, P. que esta laicidad "non esclude quindi che si instaurino tra lo Stato e le confessioni religiose forme di coordinamento, di raccordo, di reciproca interferenza che, pur senza alterare la distinzione dei rispettivi ambiti di operatività, possono influire sul modo di trattare, organizzare, disciplinare determinate materie o settori che presentano profili di interesse comune". *Vid.* MONETA, P., "Rilevanza delle confessioni religiose nell'ordinamento giuridico italiano", *Quaderni di diritto e politica ecclesiastica,* núm.1, 2000, p. 158.

257 Artículo 8.1: "Tutte le confessioni religiose sono egualmente libere davanti alla legge".

de un modo diverso al principio fundamental de no discriminación, aplicable a los ciudadanos y previsto en su artículo 3[258]. En este caso, por lo que respecta a la dimensión institucional de la libertad religiosa, la premisa no es la igualdad de todas ellas, sino más bien lo contrario. El ordenamiento italiano parte de un principio de desigualdad, ya que cada una de ellas es distinta a las demás. Por ello, la igualdad reside en la libertad. Este principio ha sido puesto en relación por parte de la doctrina con el pluralismo confesional[259], que a su vez representaría una garantía del derecho de libertad religiosa de cada individuo[260].

Suponemos, eso sí, que el pluralismo confesional sería más bien una posibilidad de que puedan gozar de los mismos derechos todas las confesiones religiosas que estén presentes en la realidad nacional, y no tanto que los poderes públicos deban perseguir como objetivo que estén presenten todas las confesiones religiosas o un mayor número de confesiones religiosas. Esto sería como lo que comentábamos anteriormente con la cuestión de la autoorganización de las confesiones, esto es, una posibilidad que debe existir, pero no un deber y, por tanto, no una meta

---

258 El apartado uno del mencionado precepto establece: “Tutti i cittadini hanno pari dignità sociale [XIV] e sono eguali davanti alla legge, senza distinzione di sesso, di razza, di lingua, di religione, di opinioni politiche, di condizioni personali e sociali”.

259 Afirma PASQUALI CERIOLI: “L’ordinamento reppubblicano si informa invece a un **pluralismo aperto**, nel quale tutte le confessioni religiose godono in eguale misura di **tutte le libertà** garantite dalla Carta fondamentale e dalle fonti internazionali che tutelano i diritti inviolabili, senza che siano accordati **privilegi** verso alcuna religione in particolare”. En “I principi e gli strumenti del pluralismo confessionale (artt. 7 e 8)”, en CASUSCELLI, G. (ed.), *Nozioni di Diritto Ecclesiastico*, 5ª ed., Torino: Giappichelli, 2015, p. 90. (Negrita del autor).

260 También el mismo autor: “Ogni **disparità di trattamento** posta in essere dai pubblici poteri nei confronti di un dato credo rischia infatti di trasformarsi in una corrispettiva **compressione della libertà religiosa** dei suoi aderenti”. *Ibidem*, p. 91. (Negrita del autor).

a lograr por parte de los poderes públicos, que no tienen que situarse tanto en el fomento de una mayor diversidad, sino en la correcta gestión de la diversidad religiosa que exista en el país.

Por otro lado, respecto al principio de igualdad ante la ley, entendemos que lo que existe es una prohibición de discriminación, pero no una imposición de ofrecer lo mismo a todos. De lo contrario estaríamos abordando de modo análogo dos situaciones que son distintas, por lo que se estaría dispensando un trato uniforme, sin atender a la situación en particular. Esto tiene una mayor significación en el ámbito de las confesiones religiosas, pues si por algo se caracterizan es por gozar de un carácter propio y singular, con elementos que les hacen diferentes al resto y que obedecen a su propia idiosincrasia. En todo caso, entendemos que lo que existe es una prohibición de establecer discriminación o conceder un estatuto privilegiado a alguna de ellas, teniendo además en cuenta el carácter laico de la República italiana.

En segundo lugar, reconoce la autonomía de las demás confesiones religiosas. De esta forma, lo que el artículo 8.2 establece es la separación entre dos órdenes distintos: el civil y el religioso[261]. Y, además, reconoce la facultad que tienen las confesiones religiosas para disponer de un ordenamiento jurídico originario que regule su propia organización y estructura. ¿Por qué existe esta distinción entre el artículo 7.1 de la Constitución – para la Iglesia Católica – y este artículo 8.2 destinado al resto de confesiones? La justificación de esta diferencia de trato, que radicaría en motivos históricos, se debería considerar superada por la interpretación sistemática de los artículos 7 y 8 del texto constitucional[262]. La principal diferencia es fundamentalmente que, en el caso de la

---

261 Reza el precepto: "Le confessioni religiose diverse dalla cattolica hanno diritto di organizzarsi secondo i propri statuti, in quanto non contrastino con l'ordinamento giuridico italiano".

262 PASQUALI CERIOLI, J., "I principi e gli strumenti del pluralismo confessionale (artt. 7 e 8)", en CASUSCELLI, G. (ed.), *op. cit.*, p. 93.

Iglesia Católica, esta es considerada como independiente y soberana en su propio ordenamiento; en cambio, en el resto de confesiones religiosas estamos ante un "diritto" y, por tanto, no ante un "obbligo" de disponer de sus propias normas de organización. En realidad, ello supone que puede darse la situación en la que una confesión se organice como una simple comunidad de fieles, sin que hayan desarrollado un régimen interno como tal, y sigan disfrutando del principio de igualdad ante la ley del artículo 8.1[263]. A decir verdad, el ordenamiento jurídico español tampoco ofrece ningún género de dudas a la hora de presentar este derecho como una facultad, no como un deber[264]. Tanto en el caso español como en el italiano, esta facultad tendrá en cualquier caso el límite del respeto al ordenamiento jurídico estatal[265].

Cabe destacar que esta autonomía de las confesiones religiosas constituye uno de los principios fundamentales del ordenamiento, tal y como ha resaltado la Corte Constitucional[266].

---

263 Sentencia n. 195 de 1993 de la Corte Constitucional italiana.

264 De esta forma, la LOLR es la que desarrolla el derecho fundamental – también en su dimensión colectiva – y establece en su artículo 6.1: "Las Iglesias, Confesiones y Comunidades religiosas inscritas tendrán plena autonomía y *podrán* establecer sus propias normas de organización, régimen interno y régimen de su personal. En dichas normas, así como en las que regulen las instituciones creadas por aquéllas para la realización de sus fines, podrán incluir cláusulas de salvaguarda de su identidad religiosa y carácter propio, así como del debido respeto a sus creencias, sin perjuicio del respeto de los derechos y libertades reconocidos por la Constitución, y en especial de los de libertad, igualdad y no discriminación" (La cursiva es nuestra).

265 Establece el artículo 8.2 de la Constitución italiana: "in quanto non contrastino con l'ordinamento giuridico italiano". Y en el caso del artículo 6.1 de la LOLR española: "sin perjuicio del respeto de los derechos y libertades reconocidos por la Constitución, y en especial de los de libertad, igualdad y no discriminación".

266 "La salvaguarda dell'autonomia delle confessioni constituisce uno dei principi fondamentali dell'ordinamento, e il punto di riferimento

## *1.2. La ausencia de una ley de libertad religiosa*

Sin duda, una de las cuestiones que más ha sido puesta de manifiesto por parte de la doctrina italiana es la ausencia de una norma nacional que desarrolle el contenido de la libertad religiosa, que afirma que la falta de ley sería una dudosa aurea mediocritas[267]. Y es que, como es fácil de imaginar, ello tiene una serie de implicaciones nada desdeñables. Dado que no existe un marco jurídico que se haya elaborado tras la promulgación de la Constitución, el ámbito extensivo del ejercicio de la libertad religiosa depende en mayor medida del hecho de que la confesión de que se trate haya suscrito un acuerdo con el Estado italiano. En realidad, hemos de destacar que sí que existe una ley; ahora bien, esta data del 1929. Se trata de la Ley de 24 de junio de 1929, n. 1159, que tiene la denominación "Disposizioni sull'esercizio dei culti ammessi nello Stato e sul matrimonio celebrato davanti ai ministri dei culti medesimi". Esta norma – conocida como la norma de "culti ammessi"[268] – pese a que en su momento pudo ser avanzada para el momento histórico en que se daba, no parece difícil advertir que no responde a las coordenadas constitucionales actuales. De hecho, la propia Corte Constitucional ha sido la encargada de dejar sin efecto más de una provisión de la misma.

Es verdad que, con la mirada de un observador externo a la realidad nacional italiana, resulta difícil de imaginar un Estado en que no exista tal norma estatal que desarrolle las cuestiones relativas a la libertad acerca de la cual estamos realizando este estudio. A mayor abundamiento, desde la perspectiva española puede resultar todavía más llamativo, ya que el Estado italia-

---

dell'obbligo di regolamentazione dei rapporti in via bilaterale". Puede verse en la Sentencia n. 261 de 1995 de la Corte Constitucional italiana.

267 FERRARI, A., *La libertà religiosa in Italia. Un percorso incompiuto,* Roma: Carocci editore, 2012.

268 Publicada en la *Gazzeta Ufficiale* el 24 de junio de 1929, n. 164.

no ha suscrito multitud de *intese* con confesiones religiosas, sin antes haber construido un marco jurídico común para todas ellas. Si bien es cierto que, en nuestro caso, la Ley Orgánica de Libertad Religiosa también fue posterior a que el Estado español suscribiese diversos Acuerdos con la Iglesia Católica, especialmente los cuatro Acuerdos del 3 de enero de 1979[269], la LOLR sentó las bases para desarrollar el contenido esencial de la libertad religiosa, con el fin de determinar tanto la dimensión individual como la dimensión colectiva. De esta forma, se recoge el elenco de derechos protegidos por el ejercicio de esta libertad y también se concreta la posición jurídica de las confesiones religiosas, así como la capacidad jurídica y de obrar que tienen estas.

En el caso italiano, no es difícil imaginar que, conforme ha ido aumentando el número de confesiones religiosas que gozan de un acuerdo de cooperación en el país, el pretendido interés de las confesiones por una norma estatal ha sufrido una evolución inversamente proporcional. Y este progresivo descenso en la demanda de la aprobación de una ley de ámbito general puede en cierto modo comprenderse, ya que las confesiones que han ido suscribiendo estos acuerdos ya no tendrían la necesidad de contar con un instrumento normativo unilateral, por disponer ya de un marco regulatorio de los derechos aplicables a los miembros de estas confesiones y a la confesión

269 Acuerdo de 3 de enero de 1979, sobre Asuntos Jurídicos; Acuerdo de 3 de enero de 1979, sobre Enseñanza y Asuntos Culturales; Acuerdo de 3 de enero de 1979, sobre la asistencia religiosas a las Fuerzas Armadas y Servicio Militar de Clérigos y Religiosos; Acuerdo de 3 de enero de 1979, sobre Asuntos Económicos. Además, también existen otros acuerdos relevantes con la Iglesia Católica: Convenio de 5 de abril de 1962, sobre reconocimiento, a efectos civiles, de estudios no eclesiásticos, realizados en Universidades de la Iglesia; Acuerdo básico de 28 de julio de 1976; Acuerdo de 21 de diciembre de 1994, sobre asuntos de interés común en Tierra Santa.

en sí[270]. Ello no comporta la desaparición de la conveniencia de adoptar un marco jurídico actualizado que parta de las actuales premisas constitucionales y pueda afrontar la realidad actual, difícil de abordar con una ley cuyo contexto social, político y religioso era bien distinto al vigente en estos momentos. Por el contrario, lo que conlleva es la dificultad de que pueda prosperar una iniciativa legislativa relativa a esta temática[271]; para evidencia, basta observar las múltiples iniciativas que se han presentado en el Parlamento sin éxito alguno[272].

Alguien podría considerar que la solución, por tanto, pasa por seguir apostando por ampliar el elenco de confesiones que disponen de acuerdo de cooperación con el Estado. Y, conviene destacar, que en cierto modo este "metodo della bilateralità" ha sido puesto de manifiesto como sistema de extensión de relación pacticia a las confesiones no católicas, a la vista de ámbitos conectados con las características peculiares de las di-

---

270 Así lo expresa TOSCANO, M.: "il moltiplicarsi delle confessioni con intesa, sottrattesi all'applicazione della legge del 1929, rende meno pressante per questi soggetti l'esigenza di una nuova legge generale, indebolendo il fronte di coloro che spingono da tempo in questa direzione". Puede verse en: "Il sistema delle fonti di diritto ecclesiastico nella tensione tra diritto unilaterale e diritto pattizio. Brevi considerazioni a partire dalla sentenza n. 52/2016 della Corte costituzionale", en D'ALESSANDRO, G. y ZORZETTO, S. (coords.), *Percorsi in tema di fonti del diritto,* Torino: Giappichelli, 2018, p. 170.

271 De esta forma, "la posizione dei gruppi già discriminati in quanto privi di intesa sembra continuamente peggiorare, poiché la revisione della legge sui culti ammessi – unica operazione in grado di contenere i danni causati dall'illegittima discriminazione – pare ogni giorno meno probabile". Puede verse en TOSCANO, M., "Il sistema delle ...", *op. cit.*, p. 170.

272 En este sentido, ZACCARIA, R., FERRARI, A., DOMIANELLO, S., FLORIS, P., MAZZOLA, R., *La legge che non c'è. Proposta per una legge sulla libertà religiosa in Italia,* Bologna: Il Mulino, 2020.

ferentes confesiones religiosas[273]. Sin embargo, no parece que el resorte legal de la *intesa* pueda sustituir los efectos negativos de la ausencia de una norma adaptada al contexto actual. Y ello, a nuestro modo de ver, por tres razones.

En primer lugar, porque si atendemos a la distinta naturaleza que tienen las confesiones advertiremos la disparidad que existe en ocasiones entre unas y otras. Y ello trae por consiguiente el posible escenario en el que una confesión – por las razones que sea – no desee entablar un acuerdo con el Estado. En realidad, esta posibilidad guarda relación con el hecho de que el derecho de autoorganizarse conforme sus propios estatutos sea considerado esto mismo: una facultad. No puede existir obligación de autoorganizarse como no puede existir obligación de establecer acuerdos con el Estado porque únicamente de este modo puedan ser objeto merecedor de protección.

En segundo lugar, si el ordenamiento jurídico italiano reposara definitivamente el marco regulatorio de la libertad religiosa sobre la existencia de acuerdos con las confesiones religiosas se estaría renunciando a algunos de los principios constitucionales más elementales. Y no hablamos únicamente de la libertad religiosa – que hemos tenido ocasión de analizar con anterioridad – y de otros derechos recogidos en la Constitución, sino incluso del propio principio personalista que está garantizado en el artículo 2 de la norma constitucional; el mismo sirve de criterio inspirador para toda la Constitución y establece como fin último de la organización social el desarrollo de cada ser humano[274]. Dicho de otro modo, se perdería de vista el ser humano como eje central de toda acción y fundamento principal de la protección de la dimensión institucional de la libertad religiosa. La existencia de confesiones y el establecimiento de *intese* con ellas está íntimamente relacionado con el carácter

---

[273] Sentencia n. 346 de 2002 de la Corte Constitucional italiana.

[274] Sentencia n. 167 de 1999 de la Corte Constitucional italiana.

asociativo del ejercicio de este derecho y el esencial papel que desarrollan las confesiones en el ejercicio del mismo. Pero la protección de este derecho no implica que la dimensión personalista se deje de lado, sino que más bien sirve de refuerzo, al actuar como instrumento que la posibilita.

Por último, pero no por ello menos importante, por una cuestión manifiesta: el Estado italiano no queda obligado a establecer *intese* con las confesiones religiosas. Es cierto que a tenor de lo dispuesto en el artículo 8 de la Carta, se podría formular el interrogante de cómo se debe interpretar el principio de igualdad ante la ley (artículo 8.1) y la posibilidad de que sus relaciones con el Estado estén reguladas sobre la base de *intese* (artículo 8.3). No obstante, como veremos en el siguiente epígrafe, la Corte Constitucional italiana despejó hace unos años cualquier atisbo de dudas que pudiese existir. Por lo que, si el Estado no tiene esta obligación, ¿cómo iba a asegurarse el principio de igualdad si el desarrollo del contenido de la libertad religiosa depende del hecho de que la confesión cuente con una *instesa* y su establecimiento depende de la voluntad del Estado?

Como conclusión, no consideramos – como escenario ideal – que sea positivo descartar la conveniencia de adoptar un marco jurídico actual debido a que en estos momentos no exista ningún problema porque el Estado ya cuente con muchos acuerdos con distintas confesiones religiosas.

En cualquier caso, no hemos de dejar de apreciar que, como hemos visto, la dimensión individual del derecho a la libertad religiosa recogida en la Constitución italiana guarda pocas diferencias respecto a lo dispuesto en nuestra Constitución. Pese a ello tampoco podemos decir que uno sea una reproducción fidedigna del otro, dicho de otro modo, que el artículo del texto español sea una copia del texto italiano. Ahora bien, en lo que concierne a la dimensión colectiva, las diferencias se hacen más patentes en la literalidad del articulado. Con una simple lectura del texto constitucional italiano advertimos que el legislador delimitó claramente el modo en que se había de desarrollarse la vía institucional de la libertad religiosa en Italia. Así, desde el primer momento decidió establecer los Acuerdos como instrumento que desarrolla la relación entre el Estado y las distintas confesiones religiosas.

La jurisprudencia italiana ha expresado claramente que las fuentes pacticias son "espressioni di un sistema di relazioni che tende ad assicurare l'uguale garanzia di libertà e il riconoscimento delle complessive esigenze di ciascuna di tali confessioni, nel rispetto della neutralità dello Stato in materia religiosa nei confronti di tutte"[275]. Por tanto, se puede apreciar como estas *intese* son capaces de satisfacer tanto la libertad como el reconocimiento de las correspondientes exigencias de cada una de las confesiones religiosas.

Esto es diferente en nuestro ordenamiento jurídico, ya que el mandato constitucional impone mantener las consiguientes relaciones de cooperación con las confesiones religiosas, tras tener en cuenta las creencias religiosas de la sociedad española (artículo 16.3 CE). Y, por ello, del mencionado precepto no se extrae explícitamente cuál será el instrumento mediante el cual se llevará a cabo tal cooperación. En realidad, el mandato constitucional no abarca la exigencia de que el Estado haya de establecer acuerdos de cooperación con las distintas confesiones. Este fue el camino emprendido por el legislador ordinario. Y, a decir verdad, acertado en tanto que se materializaba en un texto el común entendimiento entre poderes públicos y comunidades religiosas. Lo que cabe plantearse es cuál es la exigencia que puede ejercer una confesión religiosa en Italia a la hora de contar con una *intesa.*

---

275 Sentencia n. 235 de 1997 de la Corte Constitucional italiana.

### *1.3. El camino hacia la "intesa" y la diferencia de trato en caso de contar con ella*

Consideramos oportuno comenzar dejando de manifiesto que en nuestro propio ordenamiento el camino hacia el acuerdo de cooperación no parece ofrecer nitidez a quienes aspiran a recorrerlo. Conviene subrayar que este instrumento no parece ser un derecho inherente a las confesiones religiosas. De hecho, si acudimos a la norma aplicable – la LOLR – en su artículo 7.1 se establece:

> "El Estado, teniendo en cuenta las creencias religiosas existentes en la sociedad española, establecerá, en su caso, Acuerdos o Convenios de cooperación con las Iglesias, Confesiones y Comunidades religiosas inscritas en el Registro que por su ámbito y número de creyentes hayan alcanzado notorio arraigo en España. En todo caso, estos Acuerdos se aprobarán por Ley de las Cortes Generales".

Ese "en su caso" nos llevaría a concluir que estamos ante una posibilidad que, en toda situación, estaría supeditada a la voluntad del Estado, a quien correspondería decidir si realmente desea establecer esos vínculos de cooperación con la confesión de que se trate o si por el contrario prefiere quedarse sin suscribir ningún acuerdo. De este modo lo habría considerado el Director General de Asuntos Religiosos y Objeción de Conciencia, en su Resolución de 24 de febrero de 1994, que respondía al representante de los Testigos de Jehová a su solicitud de establecer un acuerdo de colaboración con el Estado[276]. No obstante, el Tribunal Constitucional habría afirmado que entre las condiciones básicas del ejercicio de la libertad religiosa se encontraría "la obligación del Estado de establecer acuerdos o convenios de

---

[276] En su FJ 2º afirmó que "la expresión «en su caso» no ofrece dudas y supone que la voluntad del Estado en orden a la celebración de Acuerdos es incoercible y que la valoración de las condiciones necesarias para ello corresponde al mismo Estado".

cooperación, que se aprobarán por Ley de las Cortes Generales, con las iglesias, confesiones y comunidades religiosas inscritas en el correspondiente registro público que hayan alcanzado notorio arraigo en España (art. 7.1)"[277]. Todo ello nos hace permanecer prudentes a la hora de manifestar qué sucedería ante el eventual supuesto de que una confesión religiosa con notorio arraigo en España decidiese emprender un conflicto jurídico contra la Administración por la negativa del cumplimiento del supuesto deber legal a establecer un acuerdo.

En el ordenamiento italiano podría existir el mismo interrogante respecto a la eventual exigencia que llevase a cabo una confesión religiosa, fuese para abordar las negociaciones de una *intesa*, o bien para que, una vez finalizadas las mismas, se trasladase a la aprobación de la correspondiente ley que refleje el contenido de la *intesa* acordada. No obstante, estos interrogantes se han ido disipando en los últimos años. Especialmente tras la Sentencia n. 52/2016 de la Corte Constitucional, que cierra cualquier atisbo de duda que pudiera existir, al establecer claramente que no existe tal derecho por parte de la confesión religiosa, ni a que se lleven a cabo las negociaciones destinadas a la consecución del mismo, ni a que se plasme sobre una norma jurídica el resultado obtenido de las eventuales negociaciones. Es cierto que en este caso el demandante era la Unione degli Atei e degli Agnostici Razionalisti (UAAR), que estarían fuera del ámbito de las confesiones religiosas. Ahora bien, el contenido de este pronunciamiento judicial es de aplicación de la misma manera a las confesiones religiosas, por los argumentos que ofrece.

De esta forma, la Corte debe analizar en esta Sentencia si se trata de un acto de naturaleza política y, por tanto, sin posibilidad de ser revisada en los órganos judiciales. El órgano falla que no es posible obtener una respuesta en los tribunales relativa al

---

[277] STC 207/2013, de 5 de diciembre, FJ 5º. (BOE núm. 7, de 08 de enero de 2014) (TOL 4.052.799).

hecho de que el Consejo de Ministros se haya negado a iniciar la fase de negociaciones, ya que es una facultad cuya competencia le corresponde al propio Consejo de Ministros; tampoco puede exigirse que, tras haber finalizado la eventual *intesa*, esta haya de ser aprobada posteriormente en el Parlamento. Por el contrario, formaría parte de la discrecionalidad reservada al poder político y, como tal, no sería revisable en los órganos judiciales.

La propia Corte afirma que la conclusión no sería la misma si existiese una norma que el legislador hubiese introducido discrecionalmente en el ordenamiento jurídico y que estableciese un procedimiento para la celebración de acuerdos basado en parámetros objetivos, adecuados para orientar al Gobierno respecto a la elección del interlocutor[278]. Por tanto, con otra configuración legal del procedimiento mediante el cual se obtiene una *intesa*, la respuesta de la Corte habría sido distinta. No obstante, con el ordenamiento jurídico vigente, el órgano se inclina hacia el no reconocimiento de ninguno de los dos derechos por parte de las confesiones religiosas que no cuentan todavía con un acuerdo de cooperación. Y, por tanto, tal y como ha afirmado, la ausencia de este no puede ser considerada *per se* incompatible con la garantía de igualdad entre confesiones religiosas[279].

Ahora bien, cabe destacar un matiz relevante. Y es que la propia jurisprudencia italiana se ha encargado también de rechazar de plano la posibilidad de que exista un trato distinto

---

278 Así, expresa la Corte: "Diversa potrebbe essere la conclusione, anche in ordine alla questione posta dal presente conflitto, se il legislatore decidesse, nella sua discrezionalità, di introdurre una compiuta regolazione del procedimento di stipulazione delle intese, recante anche parametri oggettivi, idonei a guidare il Governo nella scelta dell'interlocutore".

279 En la misma Sentencia: "non può affermarsi, infatti, che la mancata stipulazione di un'intesa sia, di per sé, incompatibile con la garanzia di eguaglianza tra le confessioni religiose diverse da quella cattolica, tutelata dall'art. 8, primo comma, Cost.".

en función de si la confesión religiosa ha suscrito o no una *intesa* con el Estado. Por tanto, el legislador ordinario no puede establecer discriminación alguna entre las confesiones religiosas fundamentándolo en la circunstancia de que estas cuenten o no con tal instrumento de cooperación. De hecho, en la misma Sentencia 52/2016 recuerda el mismo argumento: "sicuramente la Costituzione impedisce che il legislatore, in vista dell'applicabilità di una determinata normativa attinente alla libertà di culto, discrimini tra associazioni religiose, a seconda che abbiano o meno stipulato un'intesa".

Por tanto, es fácil percatarse de que la ausencia de una *intesa* en Italia no puede conllevar un trato desfavorable. Así ha sido puesto de manifiesto por la Corte en pronunciamientos anteriores, ya que las *intese* no pueden ser una condición impuesta por los poderes públicos con el propósito de consentir a las confesiones religiosas de disfrutar de la libertad de autoorganización y de acción o de beneficiarse de las normas que estén destinadas a diversos sectores del ordenamiento[280]. Por tanto, a excepción del establecimiento de acuerdo, la igual libertad de organizarse y de acción estaría garantizada a todas las confesiones religiosas por los dos primeros apartados del artículo 8 de la Carta[281] y del artículo 19 de la misma, que tutela el ejercicio de la libertad religiosa también de forma asociada.

Pese a ello, es cierto que podría considerarse que la existencia de un acuerdo puede suponer una mayor protección para los miembros de la confesión con la que el Estado ha establecido un acuerdo de cooperación. El argumento sería el siguiente: existe una normativa básica – aunque en este caso algo desfasada – que establece un tratamiento jurídico común a todas las confesiones; y, por otro lado, existe un Derecho pacticio, que

---

280 Este consenso interpretativo ha sido puesto de manifiesto por, entre otras, la Sentencia n. 52 de 2016 de la Corte Constitucional italiana.

281 Sentencia n. 43 de 1988 de la Corte Constitucional italiana.

sirve para ofrecer una mayor protección jurídica a los miembros cuya confesión haya suscrito un acuerdo con el Estado. De este modo, se entendía que esta normativa pacticia se centraba en conceder a las confesiones religiosas particulares ventajas, aunque también eventualmente podían servir para imponer sus particulares limitaciones[282]. No obstante, más tarde se ha planteado la evolución de que en lugar de recibir la consideración de "diritto speciale", los acuerdos habrían de tener la consideración de "diritto specifico"[283].

En cualquier caso, puede apreciarse el modo en que los poderes públicos deben actuar respecto a materias comunes para todas las confesiones, en las que no existe una distinción entre las que han suscrito acuerdo y las que por el contrario no cuentan con él. En estas situaciones, los Tribunales han sostenido que no cabe una diferencia de trato fundamentándola en el hecho de que cuenten o no con tal instrumento jurídico, pues de darse este supuesto nos hallaríamos ante un supuesto de violación de la igualdad entre todas ellas ante la ley. Un ejemplo de este posicionamiento jurisprudencial podemos observarlo en la Sentencia n. 195 de 1993 de la Corte Constitucional. En ella se dilucidaba si una norma de ámbito urbanístico de los lugares de culto, concretamente en una ley de la *Regione Abruzzo.* Pues bien, esta norma introducía una diferencia de trato basada en la existencia o no

---

282 Sentencia n. 59 de 1958 de la Corte Constitucional italiana. En la misma se reproduce que el objetivo reside en: "concedere (alle confessioni religiose) particolari vantaggi o eventualmente a imporre loro particolari limitazioni".

283 Así, afirma TOSCANO: "L'alternativa a uno "statuto speciale" concordato in chiave derogatoria al diritto comune sarebbe allora quella di un diritto pattizio (non speciale bensì) specifico, tale cioè da assicurare tutela peculiare all'elemento confessionale nell'unico campo in cui la Costituzione ammette – di più, impone – una disciplina differenziata". Véase en TOSCANO, M., "Il sistema delle ...", *op. cit.*, p. 174.

de un acuerdo de cooperación. La Corte declara la inconstitucionalidad de la parte del artículo 1 de dicha norma que establecía ""i cui rapporti con lo Stato siano disciplinati ai sensi dell'art. 8, terzo comma, della Costituzione e che abbiano una presenza organizzata nell'ambito dei comuni interessati dalle previsioni urbanistiche di cui ai successivi articoli". Por tanto, dejaba sin efecto el requisito de la existencia de una *intesa* para poder recibir el tratamiento jurídico estipulado en el contenido de la norma.

En el caso español, hemos de reconocer que es cierto que los acuerdos de cooperación en no pocas ocasiones más que especificar las singularidades propias de la confesión religiosa con la que se suscriben, llegan a desarrollar una tutela reforzada de los derechos de estas confesiones y sus miembros. Pese a ello, merece ser puesto de manifiesto que en los últimos años algunos de los extremos de este tratamiento jurídico se han ido extendiendo también a las confesiones religiosas que cuentan con el notorio arraigo en España. Un ejemplo de ello lo encontraríamos en la eficacia civil de los matrimonios en forma religiosa. Con carácter previo a la aprobación de la Ley 15/2015, de 2 de julio, de la Jurisdicción Voluntaria[284], únicamente los matrimonios celebrados en forma religiosa católica, evangélica, judía y musulmana podían tener efectos civiles. Con esta norma se modifican algunos preceptos del Código Civil relativos al matrimonio celebrado en forma religiosa, teniendo una importante consecuencia la nueva redacción del artículo 60.2[285], cuya reforma se fundamenta en el pluralismo religioso existente en el país evidenciado con el número de confesiones

---

284 «BOE» núm. 158, de 3 de julio de 2015, páginas 54068 a 54201 (134 págs.).

285 Este apartado se inicia estableciendo: "Igualmente, se reconocen efectos civiles al matrimonio celebrado en la forma religiosa prevista por las iglesias, confesiones, comunidades religiosas o federaciones de las mismas que, inscritas en el Registro de Entidades Religiosas, hayan obtenido el reconocimiento de notorio arraigo en España".

que han obtenido la declaración de notorio arraigo[286]. Otro ejemplo de ello lo encontraríamos en la Proposición de Ley de modificación de la Ley 49/2002, de 23 de diciembre, de régimen fiscal de las entidades sin fines lucrativos y de los incentivos fiscales al mecenazgo[287]. En esta Proposición existía una cláusula que afectaba al régimen económico y financiero de las confesiones religiosas minoritarias que habían obtenido la declaración de notorio arraigo en España, se trataba de la Disposición Adicional Novena[288]. El propósito era, de nuevo, extender el trato jurídico que se venía dispensando a las con-

---

286 Reza el Preámbulo: "Igualmente, y en atención al pluralismo religioso existente en la sociedad española, y teniendo en cuenta que al día de hoy han sido reconocidas con la declaración de notorio arraigo, se contempla en el Código Civil a estos colectivos el derecho a celebrar matrimonio religioso con efectos civiles, equiparándose al resto de confesiones que ya disfrutaban de esta realidad".

287 «BOE» núm. 307, de 24/12/2002.

288 La misma establece:
"1. El régimen previsto en los artículos 5 a 15, ambos inclusive, de esta Ley será de aplicación a la Iglesia Católica y a las iglesias, confesiones y comunidades religiosas que tengan suscritos acuerdos de cooperación con el Estado español, sin perjuicio de lo establecido en los acuerdos a que se refiere la disposición adicional anterior.
2. El régimen previsto en esta Ley será también de aplicación a las asociaciones y entidades religiosas comprendidas en el artículo V del Acuerdo sobre Asuntos Económicos suscrito entre el Estado español y la Santa Sede, así como a las entidades contempladas en el apartado 5 del artículo 11 de la Ley 24/1992, de 10 de noviembre, por la que se aprueba el Acuerdo de Cooperación del Estado con la Federación de Entidades Religiosas Evangélicas de España; en el apartado 5 del artículo 11 de la Ley 25/1992, de 10 de noviembre, por la que se aprueba el Acuerdo de Cooperación del Estado con la Federación de Comunidades Israelitas de España, y en el apartado 4 del artículo 11 de la Ley 26/1992, de 10 de noviembre, por la que se aprueba el Acuerdo de Cooperación del Estado con la Comisión Islámica de España, siempre que estas entidades cumplan los requisitos exigidos por esta Ley a las entidades sin fines lucrativos para la aplicación de dicho régimen.

fesiones minoritarias que disponían de acuerdo de cooperación[289] al resto de confesiones que habían obtenido el notorio arraigo, pero no contaban por el momento con un acuerdo

---

3. Las entidades de la Iglesia Católica contempladas en los artículos IV y V del Acuerdo sobre Asuntos Económicos entre el Estado español y la Santa Sede, y las igualmente existentes en los acuerdos de cooperación del Estado español con otras iglesias, confesiones y comunidades religiosas, serán consideradas entidades beneficiarias del mecenazgo a los efectos previstos en los artículos 16 a 25, ambos inclusive, de esta Ley".

289 Estas tres confesiones tienen recogido, en el artículo 11 de los respectivos Acuerdos, una serie de operaciones que no estaban sujetas a tributo alguno; otras que estaban exentas; así como otros beneficios fiscales. Podemos traer a colación como ejemplo – en estos tres Acuerdos el contenido relativo a esta cuestión es idéntico – el mencionado artículo del Acuerdo con la FEREDE: "1. Las Iglesias pertenecientes a la FEREDE pueden recabar libremente de sus fieles prestaciones, organizar colectas públicas y recibir ofrendas y liberalidades de uso.
2. Tendrán la consideración de operaciones no sujetas a tributo alguno:
a) Además de los conceptos mencionados en el número 1 de este artículo, la entrega de publicaciones, instrucciones y boletines pastorales internos, realizada directamente a sus miembros por las Iglesias pertenecientes a la FEREDE, siempre que la misma sea gratuita.
b) La actividad de enseñanza de Teología en seminarios de las Iglesias pertenecientes a la FEREDE, destinados a la formación de ministros de culto y que impartan exclusivamente enseñanzas propias de disciplinas eclesiásticas.
3. Las Iglesias pertenecientes a la FEREDE estarán exentas.
A) Del impuesto sobre Bienes Inmuebles y de las contribuciones especiales que, en su caso, correspondan, por los siguientes bienes inmuebles de su propiedad:
a) Los lugares de culto y sus dependencias o edificios y locales anejos, destinados al culto o a la asistencia religiosa y a la residencia de pastores evangélicos.
b) Los locales destinados a oficinas de las Iglesias pertenecientes a la FEREDE.
c) Los seminarios destinados a la formación de ministros de culto, cuando impartan únicamente enseñanzas propias de las disciplinas eclesiásticas.

cooperación[290]. Utilizamos el tiempo verbal pretérito por una sencilla razón. Y es que, el anuncio del adelanto de las elecciones generales en España llevado a cabo por el Presidente del Gobierno el lunes 29 de mayo y aprobado en el Consejo de

---

B) El Impuesto sobre Sociedades, en los términos previstos en los números dos y tres del artículo 5 de la Ley 61/1978, de 27 de diciembre, reguladora de aquél.
Asimismo, estarán exentos del Impuesto sobre Sociedades los incrementos de patrimonios a título gratuito que obtengan las Iglesias pertenecientes a la FEREDE, siempre que los bienes y derechos adquiridos se destinen al culto o al ejercicio de la caridad.
C) Del Impuesto sobre Transmisiones Patrimoniales y Actos Jurídicos Documentados, siempre que los respectivos bienes o derechos adquiridos se destinen al culto o al ejercicio de la caridad, en los términos establecidos en el Texto Refundido de la Ley del Impuesto, aprobado por Real Decreto Legislativo 3050/1980, de 30 de diciembre, y su Reglamento, aprobado por Real Decreto 3494/1981, de 29 de diciembre, en orden a los requisitos y procedimientos para el disfrute de esta exención.
4. Sin perjuicio de lo previsto en los números anteriores, las Iglesias pertenecientes a la FEREDE tendrán derecho a los demás beneficios fiscales que el ordenamiento jurídico tributario del Estado español prevea en cada momento para las entidades sin fin de lucro y, en todo caso, a los que se concedan a las entidades benéficas privadas.
5. Las asociaciones y entidades creadas y gestionadas por las Iglesias pertenecientes a la FEREDE y que se dediquen a actividades religiosas, benéfico-docentes, médicas y hospitalarias o de asistencia social, tendrán derecho a los beneficios fiscales que el ordenamiento jurídico-tributario del Estado prevea en cada momento para las entidades sin fin de lucro y, en todo caso, a los que se concedan a las entidades benéficas privadas.
6. La normativa del Impuesto sobre la Renta de las Personas Físicas regulará el tratamiento tributario aplicable a los donativos que se realicen a las Iglesias pertenecientes a la FEREDE, con las deducciones que, en su caso, pudieran establecerse".

290 Las confesiones religiosas aludidas eran la Iglesia de Jesucristo de los Santos de los Últimos Días, la Iglesia de los Testigos de Jehová, el Budismo y la Iglesia Ortodoxa.

Ministros extraordinario en el mismo día[291] tuvo su inevitable impacto en la tramitación parlamentaria de numerosas iniciativas legislativas. Como consecuencia de ello, la iniciativa – que se hallaba en su última fase en la Cámara Alta – no vio la luz en la pasada legislatura. Al menos hasta el momento de suscribir estas líneas – un año después de las elecciones – no podemos todavía afirmar que la nueva composición del Parlamento fruto de las elecciones del pasado 23 de julio haya mostrado un interés en retomar la reforma que se inició en los meses anteriores a finalizar la anterior legislatura. Habrá tiempo para determinar si el deseo del legislador permanece, incluso en el supuesto en que no nos hallemos próximos a una cita electoral. En cualquier caso, aun en el caso en que se aprobase esta norma, siguen existiendo otras cuestiones contenidas en estos Acuerdos que constituyen un régimen jurídico más favorable a los miembros y a las propias confesiones con quienes el Estado ha suscrito un acuerdo de cooperación. Un ejemplo de ello podríamos situarlo en el ámbito de la asistencia religiosa[292].

---

291 Real Decreto 400/2023, de 29 de mayo, de disolución del Congreso de los Diputados y del Senado y de convocatoria de elecciones. «BOE» núm. 128, de 30 de mayo de 2023, páginas 74164 a 74167 (4 págs.)

292 Por citar un ejemplo, se puede apreciar en la asistencia religiosa en las Fuerzas Armadas. En la Disposición Adicional 8ª de la Ley 39/2007, de 19 de noviembre, de la carrera militar se regula el Servicio de Asistencia Religiosa. Pues bien, mientras que en el caso de los militares católicos, evangélicos, judíos y musulmanes queda establecido que se prestará conforme a lo determinado en los correspondientes acuerdos de cooperación establecidos entre el Estado español y la confesión (apartados 2 y 3 de esta DA 8ª); en el caso de los demás militares profesionales podrán recibirla "en los términos previstos en el ordenamiento y en su caso, de conformidad con lo que se establezca en los correspondientes acuerdos de cooperación entre el Estado español y dichas entidades" (DA 8ª.5). Por lo que, como vemos, se hace referencia a los futuros acuerdos de cooperación que puedan firmarse en el futuro. Puede decirse lo mismo, por ejemplo, de la asistencia religiosa en centros hospitalarios o establecimientos penitenciarios.

Por todo ello, sin tener exactamente la misma aproximación jurídica que en el modelo italiano, sí que podríamos advertir de que *de facto* se está produciendo esta uniformidad entre el tratamiento jurídico que reciben las confesiones religiosas – con notorio arraigo – y el que está contemplado en los distintos Acuerdos de Cooperación de 1992 con FEREDE, FCJE y CIE. Ahora bien, cabe manifestar que la repercusión que tendría en España la modificación de alguno de estos extremos sería distinta a la que tendría en Italia. La razón que lo explica es que en nuestro país no ha habido pronunciamiento judicial alguno que declare que no se puede abordar de forma desigual alguno de estos elementos por razón de tener o no tener un instrumento de cooperación. Más bien, todo lo contrario, pues nuestro Tribunal Constitucional ha inadmitido a trámite un recurso de amparo de una confesión – la Comunidad Evangélica de Habla Alemana de Baleares – que argumentaba que la exigencia del pago de un impuesto – en concreto, el Impuesto General de Sucesiones – vulneraba los principios fundamentales de igualdad ante la ley y de libertad religiosa. El TC, en su Auto 480/1989, 2 de octubre de 1989, inadmitió a trámite este recurso al considerar que el artículo 16 no estipulaba ningún trato fiscal especial a las confesiones religiosas[293] y su previsión normativa estaba supeditada a la celebración de un acuerdo de cooperación[294].

---

293 En su FJ 1°: "El art. 16 de la Constitución no contiene, en efecto, previsión alguna que garantice un especial trato fiscal a las confesiones religiosas, ni puede mantenerse que la sujeción de éstas a las normas tributarias lesione la libertad que se les reconoce".

294 Se añade en el mismo FJ: "Quiere decirse, pues, que en sí misma considerada, no existiendo Acuerdo o Convenio de cooperación alguno entre el Estado Español y la Comunidad Evangélica de Habla Alemana de Baleares, la liquidación tributaria que a la Comunidad recurrente le ha sido practicada y girada no resulta atentatoria del derecho fundamental a la libertad religiosa".

En definitiva, en el modelo italiano es fácil advertir que el legislador ordinario encontraría más dificultades a la hora de configurar un derecho de distinta forma en función de si la confesión religiosa cuenta o no con una *intesa*. En nuestro caso, en cambio, esto resulta una opción del legislador ordinario, que tiene más margen de apreciación a la hora de determinar el régimen jurídico aplicable en un supuesto u otro. Por tanto, pese a que ambos modelos estén llegando a un punto de llegada similar, el punto de partida dista de poder ser considerado análogo.

## 2. LOS MINISTROS DE CULTO EN EL ORDENAMIENTO JURÍDICO ITALIANO

La relevancia que adquiere el ministro de culto en el ordenamiento jurídico italiano no es muy distinta a la que hemos tenido posibilidad de estudiar previamente en nuestro propio ordenamiento. Efectivamente, en ambos casos la laicidad del Estado impone unas exigencias que la Administración Pública debe cumplir a fin de no invadir competencias que son propias de la esfera interna de las confesiones. Cuestión distinta es que la Administración sí que pueda tener una mayor intervención en algunos ámbitos, por exceder estos el ámbito propiamente confesional y tener una serie de repercusiones públicas que justifican un legítimo interés por parte del Estado.

En cualquier caso, cabe advertir que, tal y como subraya BETTETINI, el concepto "non è di derivazione confessionale, ma statale, per indicare in modo onnicomprensivo i ministri di tutte le confessioni religiose"[295]. Como en el ordenamiento jurídico español, el italiano también muestra interés por delimitar

---

[295] BETTETINI, A., "Alla ricerca del "ministro di culto". Presente e futuro di una qualifica nella società multireligiosa", *Quaderni di diritto e politica ecclesiastica*, núm. 1, 2000, p. 250.

correctamente quienes están comprendidos dentro de esta categoría estatal, para saber qué régimen jurídico es aplicable a cada una de las situaciones en las que esta figura está concernida[296].

## *2.1. El derecho de las confesiones religiosas a designar sus ministros de culto*

### 2.1.1. La regulación en la normativa común

Sin duda, una de las repercusiones que – como comentábamos – tiene la existencia de una norma que próximamente cumplirá el centenario es la difícil aproximación a cuestiones concretas. En este sentido, nos interesa el modo en que la ley aborda la temática de los ministros de culto. De esta forma el artículo 3 de la mencionada norma de "culti ammessi" establece: "Le nomine dei ministri dei culti diversi dalla religione dello Stato debbono essere notificate al Ministero della giustizia e degli affari di culto per l'approvazione".

Conviene destacar que este primer apartado del artículo debe ser puesto en relación con lo dispuesto en el que le sucede. Únicamente de este modo puede considerarse la constitucionalidad del mencionado precepto. Así, este segundo apartado dispone: "Nessun effetto civile può essere riconosciuto agli atti del proprio ministero compiuti da tali ministri di culto, se la loro nomina non abbia ottenuto l'approvazione gobernativa". Por tanto, una interpretación sistemática de ambos apartados nos llevaría a la conclusión de que es necesaria la aprobación del ministro de culto con el objeto de que de sus actos puedan derivarse efectos civiles. Ahora bien, este artículo – y esta norma – no debe leerse sin tener en consideración el reglamento que se aprobó con el propósito de desarrollar el contenido de esta ley de cultos admitidos. La norma de la que hablamos es el Real

---

[296] *Ibidem*, pp. 250-254.

Decreto de 28 de febrero de 1930, n. 289, con la denominación de "Norme per l'attuazione della legge 24 giugno 1929, n. 1159, sui culti ammessi nello Stato e per il coordinamento di essa con le altre leggi dello Stato" (en adelante, RD 289/1930)[297].

El artículo 20 de este Real Decreto desarrolla el régimen jurídico aplicable a la designación de los ministros de culto. De esta forma, el mencionado precepto establece:

> "L'approvazione delle nomine dei ministri di culto, di cui all'art. 3 della legge, è chiesta con domanda diretta al Ministro *dell'interno*, dal ministro di culto interessato.
>
> La domanda è presentata all'ufficio per gli affari di culto presso la *prefettura-ufficio territoriale del Governo* e deve essere corredata dell'atto, in originale od in copia autentica, di nomina, dei documenti atti a provare che la nomina stessa è avvenuta secondo le norme che regolano il culto cui il ministro appartiene.
>
> Qualora il culto non sia, o per erezione dei suoi istituti in ente morale od altrimenti, già noto al governo, debbono essere fornite anche notizie circa la denominazione di esso, i suoi scopi, i suoi riti, i mezzi finanziari dei quali dispone, i nomi degli amministratori, l'autorità ecclesiastica superiore da cui dipende".

Para comenzar, hemos de señalar dos notas básicas que se desprenden del primer apartado. En primer lugar, se señala *quién* deberá realizar la solicitud de aprobación: el ministro de culto interesado. En segundo lugar, se estipula *a quién* se deberá realizar esta petición: al Ministro del Interior. Uno podría considerar que la competencia atribuida a este Ministerio sería una cuestión del pasado, que podría tener una consideración de los otros cultos distintos al católico como una materia que afectaría a la seguridad interior. Y, ante un cambio de paradigma constitucional, como hemos tenido oportunidad de analizar anteriormente, se habría producido una modificación competencial en

---

[297] Publicado en la *Gazzeta Ufficiale* el 12 de abril de 1930, n. 87.

favor de otro ministerio como pudiera ser el de Justicia. Sin embargo, nada de esto ha sucedido. Y, por ende, la solicitud y respuesta será competencia del mencionado ministerio[298].

Por lo que respecta al segundo apartado, se detalla con precisión el procedimiento que deberá seguir el ministro de culto interesado en la aprobación. La solicitud se presentará en la oficina de asuntos religiosos de la *Prefettura* – que no es más que la sede territorial del Gobierno central – e ir acompañada del original o copia certificada de la designación y documentos que acrediten que este se realizó respetando las normas internas de la propia confesión.

El tercer apartado recoge la posibilidad en la que el Gobierno no tenga conocimiento de la confesión religiosa. En ese caso y a tenor de lo dispuesto en este apartado, se deberá proporcionar, además de lo señalado en la disposición anterior, también información sobre su denominación, fines, ritos y medios económicos a su disposición, así como los nombres de los administradores y la autoridad eclesiástica superior de la que depende. No nos parece descabellado este último requisito, teniendo en cuenta que al Estado le interesa saber a qué confesión religiosa en concreto se adscribe el ministro de culto en cuestión. De otro modo, el procedimiento en sí carecería de toda lógica.

El siguiente artículo de la norma nos ofrece las claves para comprender el modo en que se procederá a comprobar la solicitud cumple con los requisitos establecidos y es digna de aprobación. Así, el artículo 21 reza:

> "Gli uffici per gli affari di culto, assunte le altre informazioni necessarie per completare l'istruttoria e sentito il prefetto della

---

298 Puede consultarse el sitio web de la Administración competente, dentro del portal del Ministerio del Interior. Véase: http://www.libertaciviliimmigrazione.dlci.interno.gov.it/it/direzione-centrale-degli-affari-dei-culti-e-lamministrazione-del-fondo-edifici-culto (Última consulta: 21/05/2023).

> provincia in cui il ministro del culto esercita il suo ufficio, trasmettono gli atti al Ministero *dell'interno*.
>
> L'approvazione della nomina è data con decreto del Ministro *dell'interno*.
>
> Nel caso in cui i seguaci del culto, cui appartiene il ministro di culto che chiede l'approvazione della propria nomina, siano nella maggioranza cittadini italiani oppure nel caso in cui al ministro del culto spetti la facoltà di celebrare matrimoni religiosi dei propri fedeli con effetti civili, a termini dell'art. 7 della legge, il ministro del culto deve avere la cittadinanza italiana e saper parlare la lingua italiana".

En este artículo se informa del trámite que se llevará a cabo. Primero, la correspondiente oficina de asuntos religiosos recabará todos los documentos e informaciones necesarias para transmitirlas al Ministerio del Interior. En caso de que exista aprobación de la designación, esta se reconocerá en forma de decreto emitido por el Ministro del Interior.

No obstante, lo realmente interesante se sitúa en el tercer apartado, que establece la obligatoriedad de que el ministro de culto debe "tener la ciudadanía italiana y saber hablar en lengua italiana". Sin embargo, este requisito no es exigible en todos los casos. El precepto habla de dos supuestos: a) que los fieles de la confesión a la que pertenece el ministro sean en su mayoría ciudadanos italianos; b) que el ministro de culto tenga derecho a celebrar matrimonios religiosos con efectos civiles. Evidentemente, el segundo supuesto será mucho más fácil de determinar, pues la cuestión de si de los matrimonios celebrados en forma religiosa despliegan efectos civiles no es tarea compleja. Basta saber a qué confesión religiosa está adscrito. Ahora bien, el primer supuesto relativo a la "mayoría" de los fieles de la confesión a la que pertenece el ministro nos resulta más dificultosa para precisar.

Por último, disponemos del artículo 22 que aborda el procedimiento por el cual el decreto ministerial produce efectos jurídicos. Así, se detalla el conducto establecido desde que el Ministro emite el decreto hasta que se transmite la copia del mismo a la oficina del registro civil del municipio en el que se encuentra el ministro. Sin embargo, es digno de mención que desde la misma fecha del decreto es efectiva la designación. Por lo que desde esa misma fecha – y no cualquier otra posterior – los actos de su ministerio desplegarán efectos civiles.

> "Copia del decreto ministeriale di approvazione della nomina dei ministri di culto è comunicata agli uffici per gli affari di culto presso le *prefetture-uffici territoriali del Governo,* i quali ne trasmettono immediatamente copia all'ufficio dello stato civile del comune in cui il ministro del culto ha la propria residenza per ragione del proprio ufficio.
>
> Gli atti del proprio ministero compiuti dai ministri di culto sono operativi agli effetti civili dalla data del decreto ministeriale di approvazione della nomina dei ministri medesimi".

Además, esta misma norma de 1930 contiene otras muchas cláusulas en las que el rol del ministro de culto no parece ser irrelevante. Un ejemplo lo encontraríamos en la posibilidad que tienen los ministros de culto cuya designación haya sido aprobada en los términos del artículo 3 de la ley, que podrán publicar y colgar documentos de los órganos de gobierno espirituales tanto dentro como fuera de las puertas del lugar de culto[299]. También queda protegido el derecho a la autofinan-

---

299 Así se desprende del artículo 3 del Reglamento, que establece que no tendrán que recabar antes ninguna autorización por parte de la autoridad de seguridad pública. Eso sí, deberán estar escritas en italiano, sin perjuicio de que pueda agregarse una traducción a otros idiomas. El mencionado precepto reza: "I ministri di un culto ammesso nello Stato, la nomina dei quali sia stata approvata a termini dell'art. 3 della legge, possono pubblicare ed affiggere nell'interno ed alle porte esterne degli edifici destinati al proprio culto gli atti riguardanti il governo spirituale dei fedeli, senza particolare licenza dell'autorità di pubblica sicurezza e con esenzione da tasse. Tali atti

ciación por medio de colectas[300]. Y también está recogido el derecho a la asistencia religiosa, tanto en el ámbito de los hospitales[301], como en los centros penitenciarios[302] e incluso fuerzas armadas[303]. E incluso también se estipula un tratamiento jurídico específico a aquellas personas que estén dedicadas al ejercicio de un ministerio espiritual para que, en el caso de movilización de las fuerzas armadas, puedan llegar a estar dispensados del cumplimiento de sus obligaciones militares[304], así como la

---

debbono essere scritti in lingua italiana, salva la facoltà di aggiungere, accanto al testo italiano, la traduzione in altre lingue".

300 El artículo 4 estipula: "I ministri di un culto ammesso nello Stato, la nomina dei quali sia stata approvata a termini dell'art. 3 della legge, possono, senza alcuna ingerenza delle autorità civili, eseguire collette nell'interno ed all'ingresso degli edifici destinati al proprio culto".

301 De este modo, el artículo 5: "I ministri dei culti ammessi nello Stato possono essere autorizzati a frequentare i luoghi di cura e di ritiro per prestare l'assistenza religiosa ai ricoverati che la domandino. L'autorizzazione è data da chi è preposto alla direzione amministrativa del luogo di cura o di ritiro e deve indicare le modalità o le cautele con cui l'assistenza deve essere prestata".

302 En este caso, está amparado por el artículo 6: "I ministri dei culti ammessi nello Stato possono essere autorizzati a prestare l'assistenza religiosa agli internati negli istituti di prevenzione e di pena, ogni qualvolta ne siano richiesti dagli internati stessi o dai familiari o da chi abbia la tutela giuridica dei medesimi, sotto l'osservanza delle norme contenute nei regolamenti speciali per detti istituti".

303 El artículo 8: "In caso di mobilitazione delle forze armate dello Stato, l'assistenza religiosa dei militari acattolici, da esercitarsi da ministri di un culto ammesso nello Stato la nomina dei quali sia stata approvata a termini dell'art. 3 della legge, può essere autorizzata dall'autorità militare cui è stata affidata la suprema direzione delle operazioni belliche. Alla stessa autorità spetta di stabilire le norme e le cautele con le quali tale assistenza può essere esercitata".

304 En el 7: "In caso di mobilitazione delle forze armate dello Stato, i ministri di un culto ammesso nello Stato, la nomina dei quali sia stata approvata a termini dell'art. 3 della legge, possono essere dispensati dalla chiamata alle armi su attestazione del prefetto, il quale

posibilidad de que los estudiantes de facultades de teología o formación religiosa puedan retrasar el inicio del reclutamiento del ejército, recibiendo el mismo trato que el del resto de estudiantes universitarios[305]. Por último, también se desarrolla el contenido relativo a los matrimonios celebrados en forma religiosa, que queda regulado en los artículos 25 a 28 de la norma.

### 2.1.2. La parte de la regulación no aplicable por haber sido declarada inconstitucional

Análisis separado merecen los dos primeros preceptos de este Reglamento. Ambos son ejemplo de contenido normativo que ha sido declarado inconstitucional y, por tanto, sin efecto alguno. El primero de ellos, relativo a la autorización para la apertura de centros de culto. El segundo, concerniente a la autorización para la celebración de actos de culto.

De este modo, el artículo 1 del mencionado Reglamento establece:

> "Per l'esercizio pubblico dei culti ammessi nello Stato, i fedeli di ciascun culto possono avere un proprio tempio od oratorio.
>
> L'apertura di un tempio od oratorio al culto deve essere chiesta dal ministro del rispettivo culto, la cui nomina sia stata debita-

---

dichiari che l'opera loro è assolutamente indispensabile e insostituibile per l'assistenza religiosa dei fedeli affidati alle loro cure".

305 Este derecho está recogido en el artículo 9: "Gli studenti delle scuole teologiche, riconosciute dallo Stato, dei culti diversi dalla religione cattolica, [o delle scuole rabbiniche, ugualmente riconosciute,] possono in tempo di pace essere ammessi al beneficio del ritardo del servizio delle armi ai sensi degli artt. 98 e 100 del T.U. delle leggi sul reclutamento dell'Esercito approvato con R.D. 5 agosto 1927, n. 1437, per coloro che frequentano corsi di studi nelle scuole stesse equiparabili a quelli delle università o dell'ultimo anno delle scuole medie di grado superiore".

> mente approvata a termini dell'art. 3 della legge, con domanda diretta al Ministro dell'interno e corredata dei documenti atti a provare che il tempio od oratorio è necessario per soddisfare effettivi bisogni religiosi di importanti nuclei di fedeli ed è fornito di mezzi sufficienti per sostenere le spese di manutenzione.
>
> L'apertura è autorizzata con decreto del Presidente della Repubblica emanato su proposta del Ministro dell'interno".

Respecto al primer apartado, nada cabe objetar. Simplemente hace referencia a la posibilidad que tienen las confesiones religiosas de tener un lugar propio destinado para el ejercicio de su culto. Ahora bien, es en el segundo y tercer apartado donde se hallan los puntos conflictivos. En el primero de estos dos, supedita la apertura de un nuevo lugar de culto al hecho de que el ministro de culto – que es quien debe solicitar la autorización – haya recibido previamente la autorización de su designación. A su vez, deberá acreditar que el templo es necesario para satisfacer las necesidades reales de sus fieles y que está dotado de medios suficientes para su mantenimiento. De este modo – ordena el siguiente apartado – la apertura se autorizará por decreto del Presidente de la República, a propuesta del Ministro del Interior.

Por lo que concierne al artículo 2 del Reglamento, el mismo establece:

> "I fedeli di un culto ammesso nello Stato possono, senza preventiva autorizzazione dell'autorità governativa, tenere negli edifici, aperti al culto a norma dell'articolo precedente, riunioni pubbliche per il compimento di cerimonie religiose o di altri atti di culto, a condizione che la riunione sia presieduta od autorizzata da un ministro di culto, la cui nomina sia stata debitamente approvata a termini dell'art. 3 della legge.
>
> In tutti gli altri casi si applicano le norme comuni per le riunioni pubbliche".

Conforme vemos en este precepto, los fieles de un culto "admitido" podrán, sin autorización previa de la autoridad gubernativa, celebrar reuniones públicas en sus lugares de culto para celebrar ceremonias religiosas u otros actos de culto. Ahora bien – sigue el articulado – siempre que la reunión sea presidida o autorizada por un ministro de culto cuya designación, de nuevo, haya sido aprobada en los términos estipulados en la ley de "culti ammessi". Por lo que si no se cumple este requisito, tal y como señala el siguiente apartado, serán de aplicación las normas comunes para las reuniones públicas.

Tal y como vemos en ambos supuestos, tanto la apertura de lugares de culto como la propia celebración de los actos de culto en su interior quedan condicionados al requisito de que detrás de un caso y del otro exista la presencia y respaldo de un ministro de culto aprobado por la Administración Pública, con el procedimiento que analizamos anteriormente. Este hecho motivó que ante el Tribunal de Crotona se iniciase un proceso penal por un delito previsto en el Código Penal por haber continuado ejerciendo la actividad del culto pentecostal y por mantener abierto al público el oratorio de dicho culto, a pesar de la prohibición que le había impuesto la autoridad gubernativa competente para ejercer esta actividad y mantener dicho lugar de culto abierto sin haber recabado primero la aprobación y autorización gubernamental requerida. El acusado planteó la cuestión a la Corte Constitucional con el objeto de que se pronunciase respecto a la constitucionalidad de los artículos 2 y 3 de la Ley de 24 de junio de 1929 y 1 y 2 del Real Decreto de 28 de febrero de 1930, n. 289, a tenor de lo dispuesto en los artículos 8, 19 y 20 de la Constitución.

La Corte, en la Sentencia n. 59 de 1958, determinó la inconstitucionalidad tanto del primer como del segundo precepto del Reglamento de 1930[306]. Y, en cambio, declaró la consti-

---

306 En el caso del artículo 1, mantuvo intacto el primero de los apartados, al que hacíamos mención anteriormente, referente al derecho que tienen los fieles de las confesiones religiosas de tener lugares de culto para el ejercicio de su respectivo culto.

tucionalidad del – tan mencionado en estas líneas – artículo 3 de la Ley de 1929. Los motivos vamos a comentarlos en las próximas líneas de forma sucinta.

El máximo órgano de garantías en Italia consideró que no podía tener acomodo constitucional un sistema de control previo por parte de la autoridad de seguridad pública[307]. Obviamente, la Corte también señala que ello no impide que ante un comportamiento efectivamente lesivo recaigan las sanciones que establezca la legislación vigente. Ahora bien, del artículo 19 que protege la libertad religiosa – estudiado anteriormente – se desprende la libertad de culto, de forma asociada. Y este derecho no puede encontrar una restricción de control previo para el ejercicio del mismo, porque no estamos ante un supuesto siquiera de relación entre confesiones religiosas y Estado, sino más bien ante una imposición de este último.

Argumento similar puede encontrarse también en las consecuencias de lo estipulado en el segundo precepto del Reglamento. El pronunciamiento judicial se inclina hacia la inconstitucionalidad al dejar reposar el ejercicio de la facultad de celebrar ceremonias religiosas o cumplir con otros actos de culto en los lugares destinados a ello a la condición de que el ministro haya recibido la aprobación correspondiente por parte del Ministro, condición que en ningún caso guarda relación con efectos civiles y que, por tanto, estima contrario a la libertad religiosa[308]. El recurrente denunciaba además una diferen-

---

307 Afirma: "rileva doversi ritenere insussistente nel nostro ordinamento giuridico la regola che ad ogni libertà costituzionale possa corrispondere un potere di controllo preventivo da parte dell'autorità di pubblica sicurezza, in ordine ai futuri comportamenti del cittadino".

308 De este modo, "esso sottopone l'esercizio della facoltà di tenere cerimonie religiose e compiere altri atti di culto negli edifici aperti al culto alla condizione che la riunione sia presieduta o autorizzata da un ministro di culto la cui nomina sia stata approvata dal Ministro com-

cia de tratamiento jurídico respecto al que recibía cualquier otra persona que se reuniese pacíficamente con otros fines o que tuviesen lugar en espacios públicos[309].

En cambio, respecto al artículo 3 de la Ley de 1929, la Corte declaró su constitucionalidad. Dos razones lo fundamentaban: 1) la aprobación no es preceptiva, salvo en el caso de que el ministro desee poder celebrar actos de los que puedan derivarse efectos civiles; 2) en este supuesto, el Estado tiene un interés legítimo y, por tanto, se justifica esta intervención por parte de la Administración. De esta forma, la Sentencia reconoce como plenamente legítimo y acorde al espíritu de la Constitución esta aprobación aplicable al supuesto descrito, por los efectos jurídicos que se desprenden de los actos que llevan a cabo[310]. En realidad, cuando analizábamos este artículo anteriormente, ya habíamos señalado que la lectura de ambos apartados de este artículo nos conducía a considerarlo como constitucional por los sobrados intereses legítimos que el Estado guarda en determinados supuestos.

Este argumento ha sido esgrimido en otros órganos jurídicos italianos, como el Consejo de Estado italiano, que ha afirmado:

---

petente, condizione che non riguarda gli effetti civili ed è in contrasto con la libertà ampiamente garantita dall'art. 19 della Costituzione".

309 Así, alegaba esta parte: "nulla può indurre a ritenere che, di fronte alla libertà costituzionale di tenere le riunioni, il tempio sia da considerarsi diverso da qualsiasi luogo aperto al pubblico".

310 "È pienamente legittimo pertanto, e rispondente allo spirito della Costituzione, che allorquando agli atti dei ministri di culti acattolici e all›apertura dei templi od oratori debbansi riconoscere effetti giuridici, come, ad esempio, rispettivamente, la efficacia del matrimonio e la facoltà di far collette all›interno e all›ingresso degli edifici destinati al culto, la nomina dei ministri di culto e la istituzione di templi od oratori, a questi effetti e solo a questi effetti, ricadano sotto la ricognizione e il controllo dello Stato, mercé i provvedimenti di approvazione e di autorizzazione".

> "che le funzioni del ministro ricadano in parte qua sotto la ricognizione ed il controllo dello Stato attraverso il provvedimento di "approvazione", il quale, lungi dal sacrificarne l'attività pastorale, amplia piuttosto la sfera dei poteri del ministro ricollegando agli atti posti in essere nell'esercizio del suo ministero effetti diretti nell'ordinamento dello Stato; che, per essere finalizzata a conferire poteri di natura pubblicistica non spettanti alla generalità dei cittadini, la valutazione dell'Amministrazione si sostanzia in un apprezzamento discrezionale, ancorato da un lato all'accertamento dell'affidabilità, serietà e moralità della persona che riveste la carica pastorale e dall'altro lato alla verifica della sussistenza di una comunità di fedeli qualitativamente e quantitativamente consistente, oltre che al riscontro della serietà del fine perseguito e delle esigenze da soddisfare con l'approvazione della nomina"[311].

Como podemos apreciar, los derechos de la confesión religiosa y del ministro de culto no quedan afectados por la aprobación a la que hace mención la legislación italiana, por lo que su actividad pastoral no resultará sacrificada. Más bien, la idea que defiende el Consejo de Estado es fundamentalmente que se trata de un refuerzo en el ámbito de sus competencias, ya que aquellos que hayan recibido tal aprobación tendrán conferidas facultades de carácter público, por tener efectos directos sobre el ordenamiento jurídico. Ello justificaría – defiende el Consejo – una valoración discrecional por parte de la Administración, para examinar tanto la fiabilidad y seriedad del ministro de culto, como la existencia de una comunidad de fieles.

A esta cuestión del procedimiento por el cual los ministros de culto pueden ejercitar sus labores – en especial, aquellas de las que pueden desprenderse efectos civiles – cabe realizar una serie de precisiones con el objeto de ponerlo en relación con el sistema español. Es cierto, de un lado, que en nuestro ordenamiento las confesiones religiosas no vienen obligadas a no-

311 Consejo de Estado italiano 2758/2009.

tificar a ningún organismo público la designación de ningún ministro de culto. Con todo eso, también cabe advertir que las confesiones religiosas que deseen que sus actos puedan tener eficacia civil – matrimonios – sí que deberán tener inscritos a sus ministros de culto en el correspondiente Registro. Por lo que, pese a que el articulado de nuestro ordenamiento jurídico lo exprese de una forma distinta – más adaptado al contexto actual – lo cierto es que a efectos prácticos ambos tienen las mismas repercusiones jurídicas. En todo caso, nuestro sistema no menciona términos de "aprobación" o "aprobación gubernativa", como sí que realiza el italiano. Sin embargo, en el ordenamiento español en realidad existe un filtro previo que es el de que la confesión religiosa que pretenda poder celebrar matrimonios en forma religiosa que desplieguen efectos civiles, debe haber obtenido de forma previa la declaración de notorio arraigo. Por lo que, si se analiza, la Administración ya ha podido intervenir a la hora de reconocer o no tal declaración. Ahora bien, cabe resaltar que esta intervención se produce de forma previa sobre la confesión; no en lo que respecta al ministro de culto en concreto que pretenda inscribir la confesión. Y, a su vez, la declaración o no de tal notorio arraigo obedecerá a criterios técnicos y no políticos, especialmente desde la aprobación de la actual regulación del notorio arraigo en España[312]. Esta norma pretende reducir el margen de discrecionalidad de la Administración con el fin de aumentar el grado de certidumbre de los solicitantes, por medio de unos requisitos precisos y un procedimiento público con garantías. Por lo que en el marco teórico siguen presentando diferencias importantes. Es significativa la existente diferencia entre hablar de "aprobación gubernativa" o, por el contrario, de simple inscripción en

---

312 Real Decreto 593/2015, de 3 de julio, por el que se regula la declaración de notorio arraigo de las confesiones religiosas en España. «BOE» núm. 183, de 1 de agosto de 2015, páginas 66716 a 66720 (5 págs.).

el correspondiente Registro. El intervencionismo, al menos en la literalidad, se hace más patente en un caso que en el otro.

### 2.2. *El derecho a designar los ministros de culto en la normativa pacticia*

En el caso de las confesiones religiosas que cuentan con acuerdo con el Estado, este mismo ofrece unos parámetros que sirven de utilidad a la hora de delimitar la condición de ministro de culto en cada una de las confesiones. Como es fácil de imaginar, el hecho de que el Estado respete que la confesión designe a quien estime oportuno, posibilita que la confesión pueda ejercitar su autonomía para poder aplicar los rasgos y requisitos que su propio ordenamiento establece. De lo contrario, cabría preguntarse si las confesiones tendrían realmente el derecho de poder definir su propio estatuto jurídico, pues en la práctica de poca efectividad serviría si no pueden implementarlo. Es innegable que, mientras para las confesiones religiosas que tienen suscrita una *intesa* el grado de discrecionalidad que aplique el Estado será menor, este aumentará en el caso de aquellas que no cuenten con este instrumento jurídico[313].

Como es fácil de intuir, el régimen jurídico de la Iglesia Católica en Italia es el que goza de más desarrollo en algunos ámbitos. Sin duda, el artículo 7 de la Constitución dedicado íntegramente a ella y la mención expresa a los Pactos Lateranenses y las modificaciones que puedan establecerse del mismo sirven como evidencia de ello.

Precisamente en el Acuerdo de 1984 suscrito con el Estado italiano –junto con el inmediato Protocolo Adicional que pre-

---

[313] Al respecto, FIORITA, N. y MILANI, D., "Il personale religioso (Ministri di culto)", en TOZZI, V., MACRÌ, G. y PARISI, M. (coords.), *Proposta di riflessione per l'emanazione di una legge generale sulle libertà religiose*, Torino: Giappichelli, 2010, p. 242.

cisaba algunas cuestiones del Acuerdo[314] – se pueden obtener algunas respuestas respecto a la figura del ministro de culto.

Por un lado, es digno de mención el artículo 3.2[315], que establece que el nombramiento de los cargos eclesiásticos se hará libremente por la autoridad eclesiástica. Además, esta misma deberá notificar a las autoridades civiles competentes en el caso del nombramiento de Arzobispos y Obispos diocesanos, Coadjutores, Abades y Prelados con jurisdicción territorial.

Por otro lado, por lo ratificado en el Acuerdo la Iglesia Católica queda incapacitada para nombrar a un eclesiástico que no sea ciudadano italiano a alguno de los cargos eclesiásticos expresados en el apartado anterior y que acabamos de mencionar. La única excepción la encontramos en la Diócesis de Roma y las sedes suburbicarias, que son aquellas que están localizadas en los suburbios de Roma[316].

Cabe destacar que en el ordenamiento jurídico italiano quedó resuelta la cuestión de las objeciones de índole política que podría tener el Gobierno de la Nación respecto al nombramiento de Arzobispos y Obispos. Si hacemos una mirada atrás recordaremos que en el primer capítulo tuvimos oportunidad

---

314 L. 25 marzo 1985, n. 121. Lleva por título: "Ratifica ed esecuzione dell'accordo, con protocollo addizionale, firmato a Roma il 18 febbraio 1984, che apporta modificazioni al Concordato lateranense dell'11 febbraio 1929, tra la Repubblica italiana e la Santa Sede".

315 El mencionado apartado establece: "La nomina dei titolari di uffici ecclesiastici è liberamente effettuata dall'autorità ecclesiastica. Quest'ultima dà comunicazione alle competenti autorità civili della nomina degli Arcivescovi e Vescovi diocesani, dei Coadiutori, degli Abati e Prelati con giurisdizione territoriale, cosi come dei Parroci e dei titolari degli altri uffici ecclesiastici rilevanti per l'ordinamento dello Stato".

316 De esta forma, el artículo 3.3: "Salvo che per la diocesi di Roma e per quelle suburbicarie, non saranno nominati agli uffici di cui al presente articolo ecclesiastici che non siano cittadini italiani".

de analizar el modo en que en España existe una cláusula, que únicamente se aplica sobre la Iglesia Católica y que concierne a la libertad que tiene esta de nombrar a estos cargos eclesiásticos. En concreto, el artículo 1.2 del Acuerdo de 1976, que establecía que el Gobierno español sería notificado del nombre del designado, "por si respecto a él existiesen posibles objeciones concretas de índole política general". Pese a que posteriormente correspondería "a la prudente consideración" de la Santa Sede, hemos comentado que se podría afirmar que esta cláusula constituiría una anomalía bajo los parámetros constitucionales actuales. Pues bien, el ordenamiento jurídico italiano incluía tal cláusula en los Pactos lateranenses de 1929, que siguieron vigentes hasta la aprobación del Acuerdo mencionado de 1984[317]. Sin embargo, dejó de tener efecto tras la aprobación del nuevo marco normativo, dado que el Acuerdo de 1984 establecía en su artículo 13 que con la aprobación del mismo quedaban derogadas las disposiciones del Concordato de 1929 que no estuviesen reproducidas en el nuevo Acuerdo.

En el caso de las confesiones religiosas con *intesa*, hemos de dirigirnos también a lo que se ha estipulado en estas mismas para poder aproximarnos al régimen jurídico que tienen los ministros de culto en el ordenamiento italiano.

Cabe destacar que, tal y como hemos tenido oportunidad de comentar anteriormente, el número de confesiones religiosas que gozan de una *intesa* ha ido aumentando considerablemente. Es cierto que es fácil que existan más acuerdos que en nuestro ordenamiento jurídico, que únicamente cuenta con –

---

317 Así, el artículo 19 de la L. 27 mayo 1929, n. 810 establecía: "Prima di procedere alla nomina di un Arcivescovo o di un Vescovo diocesano o di un coadiutore cum iure successionis, la Santa Sede comunicherà il nome della persona prescelta al Governo italiano per assicurarsi che il medesimo non abbia ragioni di carattere politico da sollevare contro la nomina".

además de la Iglesia Católica – tres acuerdos de cooperación. Los únicos que tienen este instrumento jurídico son los judíos, musulmanes y evangélicos. Ahora bien, el número total de *intese* asciende a trece. Y el último de ellos se firmó el 30 de julio de 2019. Por lo que puede apreciarse que, con absoluta independencia de la comparación que se pueda realizar con España, la cantidad y actualidad de este asunto en este país nos permite afirmar que la literalidad del mandato constitucional que analizábamos parece tener reflejo en la *praxis* jurídica. La relación de confesiones religiosas que cuentan con *intesa* es la siguiente:

- *Tavola valdese*, firmada el 21 de febrero de 1984[318].
- *Assemblee di Dio in Italia (ADI)*, firmada el 29 de diciembre de 1986[319].
- *Unione delle Chiese Cristiane Avventiste del 7° giorno*, firmada el 29 de dicembre de 1986[320].

---

318 L. 11 agosto 1984, n. 449. Su artículo 2.2: "La Repubblica italiana, richiamandosi ai diritti di libertà garantiti dalla Costituzione, riconosce che le nomine dei ministri di culto, la organizzazione ecclesiastica e la giurisdizione in materia ecclesiastica, nell'ambito dell'ordinamento valdese, si svolgono senza alcuna ingerenza statale".

319 L. 22 noviembre 1988, n. 517. Su artículo 2.2: "La Repubblica italiana, richiamandosi ai diritti inviolabili dell'uomo garantiti dalla Costituzione, riconosce che le nomine dei ministri di culto, l'organizzazione comunitaria e gli atti in materia disciplinare e spirituale, nell'ambito delle ADI, si svolgono senza ingerenza statale". Y el artículo 5: "Ai fini dell'applicazione degli articoli 3 e 4 le ADI rilasciano apposita certificazione della qualifica di ministro di culto o di diacono".

320 L. 22 noviembre 1988, n. 516. Su artículo 2.2: "La Repubblica italiana, richiamandosi ai diritti inviolabili dell'uomo garantiti dalla Costituzione, riconosce che le nomine dei ministri di culto, l'organizzazione comunitaria e gli atti in materia disciplinare e spirituale, nell'ambito delle Chiese cristiane avventiste, si svolgono senza alcuna ingerenza statale". Y el artículo 15: "Ai fini dell'applicazione degli articoli 4, 5,

- *Unione Comunità Ebraiche in Italia (UCEI)*, firmada el 27 de febrero de 1987[321].
- *Unione Cristiana Evangelica Battista d'Italia (UCEBI)*, firmada el 29 de marzo de 1993[322].
- *Chiesa Evangelica Luterana in Italia (CELI)*, firmada el 20 de abril de 1993[323].

---

7, 8, 9, 12, 16 e 18, l'Unione delle Chiese cristiane avventiste rilascia apposita certificazione delle qualifiche dei soggetti indicati".

321 L. 8 marzo 1989, n. 101. En este caso, es de especial interés el inicio del artículo 3.1: "Ai ministri di culto nominati dalle Comunità e dall'Unione a norma dello Statuto dell'ebraismo italiano è assicurato il libero esercizio del magistero". También el 3.3: "Ai fini dell'applicazione del presente articolo e degli articoli 8, 9, 10, 14 e 31 l'Unione rilascia apposita certificazione delle qualifiche dei ministri di culto".

322 L. 12 abril 1995, n. 116. En su artículo 2: "La Repubblica italiana, richiamandosi ai diritti di libertà garantiti dalla Costituzione, riconosce che le nomine dei ministri, l'organizzazione dell'UCEBI, delle Chiese da essa rappresentate, degli enti, delle istituzioni, delle associazioni e degli organismi in essa aventi parte, le relazioni fra essi intercorrenti e gli atti in materia disciplinare e spirituale si svolgono senza alcuna ingerenza da parte dello Stato". Y su artícuo 3: "L'UCEBI, attesa l'esistenza di una pluralità di ministeri al suo interno, comunica agli organi competenti i nominativi dei ministri designati per i compiti previsti negli articoli 5, 6, 7 e 10".

323 L. 29 noviembre 1995, n. 520. Su artículo 3.2: "La Repubblica italiana, richiamandosi ai diritti inviolabili dell'uomo garantiti dalla Costituzione, riconosce che le nomine dei ministri di culto, le celebrazioni di culto, l'organizzazione comunitaria e gli atti in materia disciplinare e spirituale, nell'ambito della CELI e delle sue Comunità, si svolgono senza ingerenza statale". Su artículo 4.1: "La Repubblica italiana riconosce il ministero pastorale, diaconale e presbiteriale conferito e riconosciuto dalla CELI". Y el 4.2: "Ai ministri di culto, pastori e laici, nominati dalla CELI e dalle sue Comunità è assicurato il libero esercizio del ministero, nonché il libero svolgimento delle attività di cui all'articolo 22".

- *Sacra Arcidiocesi ortodossa d'Italia ed Esarcato per l'Europa Meridionale*, firmada el 4 de abril de 2007[324].
- *Chiesa di Gesù Cristo dei Santi degli ultimi giorni*, firmada el 4 de abril de 2007[325].
- *Chiesa Apostolica in Italia*, firmada el 4 de abril de 2007[326].

---

324 L. 30 julio 2012, n. 126. Su artículo 2.2: "La Repubblica, richiamandosi ai diritti di libertà garantiti dalla Costituzione, riconosce che le nomine dei chierici, l'esercizio del culto, l'organizzazione ecclesiastica e gli atti in materia spirituale e disciplinare si svolgono senza alcuna ingerenza statale". Su artículo 3.1: "I chierici dell'Arcidiocesi sono ministri di culto e godono pertanto del libero esercizio del loro ministero". Y el 3.5: "Ai fini dell'applicazione del presente articolo e degli articoli 4, 5, 6 e 9 l'Arcidiocesi rilascia apposita certificazione delle qualifiche di appartenenza canonica al proprio clero".

325 L. 30 julio 2012, n. 127. Su artículo 3.2: "La Repubblica, richiamandosi ai diritti inviolabili dell'uomo garantiti dalla Costituzione, riconosce che le nomine dei ministri di culto e dei missionari, di cui agli articoli 4 e 5, le celebrazioni di culto, l'organizzazione della Chiesa, degli enti, delle istituzioni, delle associazioni e degli organismi in essa aventi parte, gli atti in materia disciplinare e spirituale si svolgono senza ingerenza statale". Su artículo 4.2: "I soggetti di cui al comma 1 sono nominati dall'autorità della Chiesa gerarchicamente competente e svolgono il proprio servizio a titolo gratuito e senza ricevere alcun compenso". Y el 4.5: "Ai fini dell'applicazione del presente articolo e degli articoli 8, 9, 10 e 14, e attesa l'esistenza di una pluralità di ministeri, la Chiesa rilascia apposita certificazione della qualifica di ministro di culto".

326 L. 30 julio 2012, n. 128. Su artículo 2.2: "La Repubblica, richiamandosi ai diritti di libertà garantiti dalla Costituzione, riconosce che le nomine dei ministri di culto, l'organizzazione comunitaria e gli atti in materia disciplinare e spirituale, nell'ambito della Chiesa apostolica in Italia e delle sue comunità si svolgono senza alcuna ingerenza da parte dello Stato". El artículo 3.1: "La nomina e l'eventuale cessazione dei ministri di culto spetta al Consiglio nazionale della Chiesa apostolica in Italia e sono insindacabili·. Y el 3.4: "Ai fini dell'applicazione del presente articolo e degli articoli 4, 6, 7 e 13, la Chiesa apostolica in Italia rilascia apposita certificazione della qualifica di ministro

- *Unione Buddista italiana (UBI)*, firmada el 4 de abril de 2007[327].
- *Unione Induista Italiana*, firmada el 4 de abril de 2007[328].
- *Istituto Buddista Italiano Soka Gakkai (IBISG)*, firmada el 27 de junio de 2015[329].
- *Associazione "Chiesa d'Inghilterra"*, firmada el 30 de julio de 2019[330].

---

di culto. Apposito elenco dei ministri di culto è tenuto dalla Chiesa apostolica e trasmesso alle competenti amministrazioni".

327 L. 31 diciembre 2012, n. 245. Su artículo 2.2: "La Repubblica, richiamandosi ai diritti inviolabili dell'uomo garantiti dalla Costituzione, riconosce che le nomine dei ministri di culto, l'organizzazione comunitaria e gli atti in materia disciplinare e spirituale, nell'ambito dell'UBI, si svolgono senza ingerenza statale". El 8.1: "La qualifica di ministro di culto è certificata dall'UBI, che ne detiene apposito elenco e ne rilascia attestazione ai fini della presente legge".

328 L. 31 diciembre 2012, n. 246. Su artículo 2.2: "La Repubblica, richiamandosi ai diritti di libertà garantiti dalla Costituzione, riconosce che le nomine dei ministri di culto induista vedico, puranico e agamico, l'esercizio del culto, l'organizzazione della confessione e gli atti in materia spirituale e disciplinare, si svolgono senza alcuna ingerenza statale". Y el 8.1: "La qualifica di ministro di culto, secondo la definizione dell'articolo 26 dello statuto, allegato al testo dell'intesa, è certificata dall'UII che ne detiene apposito elenco e ne rilascia attestazione ai fini della presente legge".

329 L. 28 junio 2016, n. 130. Su artículo 2.2: "La Repubblica, richiamandosi ai diritti inviolabili della persona garantiti dalla Costituzione, riconosce che le nomine dei ministri di culto, l'organizzazione comunitaria e gli atti in materia disciplinare e spirituale, nell'ambito dell'IBISG, si svolgono senza alcuna ingerenza statale". Su artículo 4.1: "Ai ministri di culto liberamente nominati dall'IBISG a norma del proprio statuto è assicurato il libero esercizio del loro ministero". Y el 4.2: "La qualifica di ministri di culto è certificata dall'IBISG che ne tiene apposito elenco e ne rilascia attestazione ai fini della presente legge".

330 L. 29 diciembre 2021, n. 240. Su artículo 2.1: "La Repubblica, in conformità ai principi della Costituzione, riconosce che le nomine dei ministri di culto effettuate secondo lo statuto dell'Associazione

Tras haber tenido la oportunidad de poder exponer los diferentes acuerdos que el Estado italiano ha establecido con las confesiones religiosas en su país y haber podido aproximarnos al contenido de los mismos en la cuestión relativa a los ministros de culto y el derecho que tienen las confesiones de designar sus propios ministros, es momento de extraer una serie de notas básicas.

En primer lugar, en todas las *intese* se reconoce el derecho a designar sus propios ministros de culto. Además, en todas ellas se especifica que se llevará a cabo sin ninguna injerencia estatal, excepto en la de la comunidad judía de Italia, que no existe tal énfasis.

En segundo lugar, algunas de ellas dedican un artículo completo a la figura de los ministros de culto, mientras que en otras un simple apartado dentro del precepto dedicado a la autonomía de la confesión religiosa en cuestión.

En tercer lugar, también se estipula la certificación como instrumento que posibilita identificar a los ministros de culto que pueden llevar a cabo actos que desplieguen efectos civiles. De esta forma, se menciona un listado que elaboraría la confesión religiosa con los nombres de estas personas habilitadas. Y, al mismo tiempo, serían ellas mismas quienes expedirían una certificación específica de la condición de ministros de culto.

Además, en algunas *intese* se desarrollan con más detalle las especificaciones de las labores encomendadas a los ministros y en

---

«Chiesa d'Inghilterra» (presbiteri, cappellani e diaconi), l'esercizio del culto, l'organizzazione ecclesiastica e gli atti in materia spirituale e disciplinare si svolgono senza alcuna ingerenza statale". El 3.1: "I ministri di culto, liberamente nominati in base allo statuto dell'Associazione «Chiesa d'Inghilterra», compresi in un elenco comunicato al Ministero dell'interno, godono del libero esercizio del loro ministero". Y el 3.4: "Ai fini dell'applicazione del presente articolo e degli articoli 4 e 18 della presente legge il rappresentante legale dell'Associazione «Chiesa d'Inghilterra» rilascia apposita certificazione della qualifica dei ministri di culto".

otras el elenco de categorías que estarían comprendidas dentro de esta figura. Podemos apreciar también en algunas un mayor contenido normativo de cuestiones relativas al régimen jurídico, como la protección del secreto ministerial o la objeción de conciencia al servicio militar obligatorio. Incluso la posibilidad de unirse al "Fondo di previdenza ed assistenza" establecido para el clero.

En estas líneas hemos podido observar algunos rasgos que actúan como denominador común de todas las confesiones, pero también diferentes nomenclaturas y énfasis en unas cuestiones de la temática que abordamos. De un lado, se podría objetar que si la redacción del articulado es muy parecida o incluso idéntica – sustituyendo la denominación de la confesión de que se trate – parece que su contenido no ha sido verdaderamente negociado. Y ello porque, a mayor abundamiento con un número más alto de confesiones, no es difícil de imaginar que el contenido no sería exactamente el mismo en uno y otro caso si realmente las confesiones hubiesen tenido opción de negociar los extremos jurídicos comprendidos en el texto. De otro lado, también habría quien podría afirmar que se debe atender a la misma protección para todas ellas, por lo que, si se da una mejora en algún extremo para alguna de ellas, se estaría fácilmente contraviniendo el propio principio de igualdad. Para el segundo sector, la *intesa* se limitaría únicamente a especificar algunas particularidades dentro del ejercicio del mismo derecho configurado para los demás, pero no las condiciones en las que el mismo puede ser ejercido de un modo u otro.

## 3. LA ASISTENCIA RELIGIOSA EN LOS CENTROS PENITENCIARIOS ITALIANOS

### *3.1. La libertad religiosa en los centros penitenciarios italianos*

Ha sido puesto de manifiesto con anterioridad, cuando analizábamos el régimen jurídico español de los ministros de cultos, que los centros penitenciarios se presentan como un espacio idóneo para que se desarrollen procesos de radicalización violenta. Este fenómeno, que no entiende de fronteras nacionales[331], también tiene su impacto en el país italiano. Es indudable que este lugar representa un ámbito muy particular, donde conviven personas de todo el mundo en un espacio muy reducido, en el que pueden entremezclarse las diferentes culturas, lenguas y religiones junto con la experiencia vital distinta de cada uno de los internos. Esta diversidad contenida entre estas paredes, que las separa de la realidad del exterior, hace que pueda llegar a ser más complicada la gestión de las dinámicas que pueden producirse en su interior[332]. También se ha puesto de manifiesto que este ambiente provocaría una mayor vulnerabilidad en los internos, ya que es un caldo de cultivo proclive a la explotación de distintos elementos en favor de un sujeto o grupo terrorista que persiga como objetivo conseguir radicalizar violentamente a otros presos[333].

---

331 En realidad, tal y como y se ha podido analizar previamente, todos los informes de TE-SAT (Europol) demuestran que las prisiones y el mundo virtual son el lugar por excelencia.

332 MILANI, D. describe este espacio como "un luogo che separa i detenuti dal mondo che si trova al di là delle mura di recinzione; ma anche la terra di confine dove si registra la presenza, forse più afollata, di immigrati provvenienti da Paesi differenti. Ognugo con percorsi, storie e vissuti fortemente radicati in un progetto migratorio che spesso non si è rivelato all'altezza delle aspettative". *Vid.* MILANI, D., "Il progetto Simurgh e il Modulo Jean Monnet FUTURE dell'Università Statale di Milano" en FATTORI, G. (ed.), *Libertà religiosa e sicurezza,* Pisa: Pacini Giuridica, 2021, p. 191.

333 "La convivenza forzata con altri soggetti dal passato criminale, unita all'inevitabile sofferenza causata dalla privazione della libertà e degli affetti, può four di dubbio rendere il ristretto particolarmente vulnerabile alla propaganda radicalizzata e radicalizazante". Véase NEGRI, A., *Radicalizzazione religiosa e de-radicalizzazione laica,* Roma: Carocci Editore, 2022, p. 72.

Ello ha traído como consecuencia que en los últimos años se haya desarrollado un marco normativo específico para hacer frente a este fenómeno. En este sentido, la asistencia religiosa se ha presentado con relativa frecuencia como un instrumento del Estado. Sin embargo, la relación entre estos dos elementos no debería considerarse como único interés público que el Estado debe tutelar. A mayor abundamiento, la asistencia religiosa es ante todo un derecho comprendido dentro de la libertad religiosa. De hecho, en el propio sistema jurídico italiano esta ha sido considerada por parte de la jurisprudencia como elemento integrante de aquellas "indispensabili esigenze di vita", tanto para "recarsi" a misa en ocasión de "le festività comandate"[334], como para recibir en casa la visita de un ministro de culto de su "fiducia per fruire di sollievo spirituale".

Se ha de poner de manifiesto que en Italia es de aplicación en el ámbito penitenciario la Ley 354/1975, con la denominación "Norme sull'ordinamento penitenziario e sulla esecuzione delle misure privative e limitative della libertà"[335]. Esta norma establece ya en su artículo 1:

> "Il trattamento penitenziario deve essere conforme ad umanità e deve assicurare il rispetto delle dignità della persona.
>
> Il trattamento è improntato ad assoluta imparzialità, senza discriminazioni in ordine a nazionalità, razza e condizioni economiche e sociali, a opinioni politiche e a credenze religiose".

Por tanto, de la lectura del inicio de esta legislación ya puede desprenderse la idea de que la dignidad de la persona tiene la máxima relevancia, ya que todo trato penitenciario debe respetarla. Y, a su vez, en este trato no puede haber ningún tipo de discriminación por razón de, entre otras, creencias religiosas.

---

[334] Cfr. Trib. Pisa (ord.) 13 noviembre 1984.

[335] Publicada en la *Gazzeta Ufficiale* el 9 de agosto de 1975, n. 212.

En realidad, el articulado no responde más que a la materialización en un ámbito concreto – e importante – de lo que la propia Constitución italiana establece en un marco genérico: tanto la dignidad de la persona (artículo 2), como la prohibición de discriminación (artículo 3).

Más tarde, en el artículo 15 se establecen los elementos que conforman el trato penitenciario, con el objeto lograr una reinserción social de los presos en el sistema italiano. Pues bien, el mismo establece:

> "Il trattamento del condannato e dell'internato è svolto avvalendosi principalmente dell'istruzione, della formazione professionale, del lavoro, della partecipazione a progetti di pubblica utilità, della religione, delle attività culturali, ricreative e sportive e agevolando opportuni contatti con il mondo esterno e i rapporti con la famiglia"[336].

Como vemos, la religión se configura como uno de los elementos clave a la hora de llevar a cabo una atención que permita al interno conseguir la reeducación y la reinserción social. No obstante, el rol de la religión no constituye simplemente un medio para ello, sino que se articula como uno de los derechos que tienen las personas que están internas en centros penitenciarios. De esta forma, el artículo 26.1 de la misma norma contiene: "I detenuti e gli internati hanno libertà di professare la propria fede religiosa, di istruirsi in essa e di praticarne il culto".

Del mencionado precepto se desprende que los internos tienen derecho a la profesión, práctica de culto e instrucción. En realidad, la literalidad del mismo viene a reproducir el contenido establecido en el artículo 19 de la Constitución, con

---

336 Así quedó configurado el artículo tras la modificación operada por el Decreto Legislativo de 2 de octubre de 2018, n. 123. El único cambio en este artículo consistió en la inclusión también de la "formación profesional" como elemento del trato penitenciario.

una salvedad: la libertad de propaganda – nosotros diríamos proselitismo – que, pese a que está expresamente recogida en el texto constitucional, no está comprendida dentro del elenco de derechos garantizados en este artículo 26 de la regulación de los derechos en el ámbito penitenciario.

### *3.2. La asistencia religiosa en los centros penitenciarios*

Sin movernos del artículo 26, pero dirigiendo nuestra atención ahora a los apartados segundo y tercero, observamos cómo está protegida la asistencia religiosa para aquellos que están sujetos a un régimen de especial sujeción por hallarse recluidos en un establecimiento de estas características. De esta forma, estos dos apartados segundo y tercero de la norma establecen:

> "Negli istituti é assicurata la celebrazione dei riti del culto cattolico. A ciascun istituto é addetto almeno un cappellano.
>
> Gli appartenenti a religione diversa dalla cattolica hanno diritto di ricevere, su loro richiesta, la assistenza dei ministri del proprio culto e di celebrarne i riti".

Debe quedar claro que el ejercicio de este derecho – comprendido dentro del derecho de libertad religiosa – no puede considerarse de segunda categoría. Y ello por dos motivos.

En primer lugar, porque el hecho de que la persona allí interna haya recibido una sentencia condenatoria que implica la asunción de que deja de poder ejercitar sus derechos fundamentales[337]. La sentencia conlleva la pena privativa de libertad.

---

[337] De esta forma, la libertad religiosa debe seguir estando reconocida y protegida en el ámbito penitenciario, sin que sea posible concebir la especial sujeción como causa de desautorización de su ejercicio: "Il diritto di libertà religiosa è, dunque, riconosciuto e protetto anche dall'ordinamento penitenziario, essendo estranea al vigente

De hecho, esta pena – en el caso de que conlleve pena de prisión – supone la máxima restricción a la libertad deambulatoria. Ahora bien, salvo que en el mismo pronunciamiento judicial se haya establecido otra pena de cualquier otra naturaleza – como, por ejemplo, la inhabilitación del sufragio pasivo – el ejercicio del resto de derechos no queda sin efecto, sino que el interno sigue pudiendo disfrutar de ellos, aunque en un lugar diferente y con unas circunstancias distintas. A mayor abundamiento, este contexto distinto conlleva por parte del Estado el cumplimiento de un deber establecido en la Constitución consistente en remover los obstáculos que impidan que los derechos puedan ejercitarse de forma real y efectiva. De este modo está configurado en el ordenamiento jurídico español, pero también en el italiano (véase artículo 3.2 Constitución). Por lo que ambos comparten este mandato destinado a los poderes públicos.

En segundo lugar, porque la religión se configura como un elemento relevante en la reeducación y reinserción social. Ello trae como efecto un papel mucho más protagonista de las confesiones religiosas, por medio de sus líderes religiosos. ¿Por qué? Porque el acompañamiento y guía espiritual del ministro puede contribuir de forma significativa a la hora de lograr la consecución de tales fines de reeducación y reinserción social[338]. De esta

---

quadro costituzionale l'idea che la restrizione della libertà personale possa comportare il disconoscimento delle posizioni giuridiche soggettive primarie attraverso un generalizzato assoggettamento all'organizzazione penitenziaria". Véase SANTORO, R., "Libertà religiosa e riforma (incompiuta) dell'ordinamento penitenziario", *Stato, Chiese e pluralismo confessionale*, núm. 8, 2023, pp. 76-77.

[338] En ocasiones puede relacionarse esta reeducación y reinserción social con el concepto de desradicalización que suele proceder del ámbito securitario o, a veces también, del campo de la psicología. Ello debería ser llevado a cabo siempre tomando plena conciencia de que el valor supremo de la dignidad humana debe siempre guiar las actuaciones en el sistema jurídico. En este sentido, NEGRI, A.,

forma, no ha sido infrecuente observar cómo la asistencia, escucha y consejo pueden incluso resultar ser más eficaces que la propia labor – encomiable y necesaria – que ejercen los funcionarios de las instituciones públicas. Bien visto, es comprensible que el modo de aproximarse pueda resultar mucho más cercano y la religión – como apuntaba el artículo 15 de la legislación penitenciaria – se presenta como uno de los elementos de este trato penitenciario. Sin embargo, todo ello no impide que el Estado deje de tener un interés legítimo en que esta asistencia responda a fines religiosos, teniendo en cuenta la vulnerabilidad que presentan los atendidos que justificaría la conveniencia de minimizar los riesgos existentes.

En todo caso, la asistencia religiosa encuentra su desarrollo normativo en el ámbito penitenciario en el "Regolamento recante norme sull'ordinamento penitenziario e sulle misure privative e limitative della libertà"[339]. Aquí es donde en el primer apartado del artículo 58 se establece:

> "I detenuti e gli internati hanno diritto di partecipare ai riti della loro confessione religiosa purché compatibili con l'ordine e la sicurezza dell'istituto e non contrari alla legge, secondo le disposizioni del presente articolo"

Por tanto, tal y como se observa, se reconoce el derecho de los internos a participar en los ritos de su confesión religiosa, eso sí, con el requisito de que sean compatibles con el orden y la seguridad del centro y no sean contrarios a la ley. Además, estos internos podrán también practicar sus actos de culto, siempre que no se manifieste en "conductas acosadoras para la comunidad" (apartado tercero del mismo precepto).

---

"The Concept of De-Radicalization as a Source of Confusion", *Religions*, núm. 14, 2023, pp. 1-14.

339 Decreto de 30 de junio de 2000, n. 230. Publicada en la *Gazzeta Ufficiale* el 22 de agosto de 2000, n. 195.

Sin embargo, lo que cabe plantearse es el modo en que se traslada al terreno práctico. Y aquí es donde, el derecho reconocido para todos los internos – con independencia del credo que profesen – recibe un tratamiento jurídico distinto en función de la confesión a la que pertenezca el mismo. Cabe advertir que esta distinción no debe ser entendida *per se* como un síntoma de discriminación, toda vez que la presencia de estos cultos en los establecimientos no es uniforme. Y, por ello, las condiciones homogéneas podrían no poder explicarse. Por ejemplo, un lugar de culto habilitado de forma permanente y exclusiva junto a un ministro de culto de cada una de las confesiones podría no adecuarse a la demanda espiritual que efectivamente existe en tal establecimiento. Ahora bien, también es necesario puntualizar que la mayor presencia de algunas confesiones en estos centros debería guiar a los poderes públicos a que su actuación se encaminase hacia una mejora protección de este derecho. Y con ello no estaríamos realizando una enmienda a la totalidad al argumento esgrimido, sino más bien una evidencia de que efectivamente es comprensible que la aproximación concreta en cada situación dependa de las circunstancias específicas de ella. No debemos olvidar que el titular de la asistencia religiosa es el ciudadano, y no la confesión religiosa. Por lo que quien tiene el derecho es este mismo, y no la confesión que se configura como la encargada de prestar esta asistencia. Lo contrario se dirigiría más hacia a un modelo institucionalista y, como consecuencia de ello, abandonaría el principio personalista que rige la Constitución italiana. Es por esto que, sin salirnos de este mismo principio, podemos justificar la adopción de medidas encaminadas a actualizar la gestión pública al escenario actual. De hecho, el propio artículo 26.2 de la Ley 354/1975 que traslada este principio al ámbito penitenciario, marcando el criterio de individualización como principio rector del tratamiento penitenciario[340]. Algunos autores como FERRARI llegan a considerar conveniente la reforma del sistema de asistencia espiritual por el cambio demográfico que se ha producido en los últimos años, y que trae como consecuencia una mayor presencia de otras confesiones religiosas en estos establecimientos[341].

Tras haber realizado estas consideraciones, pasamos a analizar el tratamiento jurídico que reciben los internos, en función de la confesión religiosa a la que pertenecen.

En primer lugar, los internos católicos tienen asegurada en los establecimientos penitenciarios la celebración de sus ritos y la presencia de uno o más capellanes. Así está establecido en el artículo 58.4 del Reglamento penitenciario del 2000[342].

---

340 Este precepto estipula: "Il trattamento tende, anche attraverso i contatti con l'ambiente esterno, al reinserimento sociale ed è attuato secondo un criterio di individualizzazione in rapporto alle specifiche condizioni degli interessati"

341 Y ello porque, en palabras del autor, "Questo sistema, per quanto sbilanciato in tema di diritti, era giustificabile quando la popolazione carceraria in questi paesi era in grandissima misura costituita da membri della religione di maggioranza: ora, in seguito ai cambiamenti intervenuti nella loro demografia religiosa, non lo è più ed è quindi necessaria una riforma del sistema di assistenza spirituale". Véase FERRARI, S., "È possibile misurare i diritti delle minoranze di religione e convinzione?", *Stato, Chiese e pluralismo confessionale*, núm. 10, 2023, p. 86.

342 El mismo establece: "Per la celebrazione dei riti del culto cattolico, ogni istituto è dotato di una o più cappelle in relazione alle esigenze del servizio religioso. Fino all'entrata in vigore delle disposizioni di esecuzione dell'intesa di cui all'articolo 11, comma 2, dell'accordo, con protocollo addizionale, firmato a Roma il 18 febbraio 1984, che apporta modificazioni al Concordato lateranense dell'11 febbraio 1929, tra la Repubblica italiana e la Santa Sede, ratificato e reso esecutivo con la legge 25 marzo 1985, n. 121, le pratiche di culto, l'istruzione e l'assistenza spirituale dei cattolici sono assicurate da uno o più cappellani in relazione alle esigenze medesime, negli istituti in cui operano più cappellani, l'incarico di coordinare il servizio religioso è affidato

La regulación específica de estos ministros de culto puede encontrarse también en la Ley de 4 marzo de 1982, que regula el tratamiento jurídico y económico de los capellanes en instituciones penitenciarias[343]. En esta norma se recoge que el nombramiento será por decreto del Ministerio de Justicia, pese a que previamente también son oídas otras personas involucradas[344]. Es importante resaltar que para poder resultar nombrado por la Administración el ministro de culto debe cumplir con una serie de requisitos: a) ciudadanía italiana; b) en disfrute de los derechos políticos; c) buena conducta; d) constitución física saludable; e) edad no superior a setenta años. Todos ellos están recogidos en el artículo 3 de la norma. Además, cabe destacar que los gastos económicos derivados de esta asistencia religiosa correrán a cargo de la Administración Penitenciaria[345]. El ministro de culto podrá acceder a la prisión sin ninguna autorización particular. Cabe destacar que en el sistema italiano la regulación de la asistencia religiosa católica en centros penitenciarios ofrece un desarrollo más extenso que en el ordenamiento español, por lo que respecta a régimen disciplinario al que están expuestos y garantías en el proceso.

---

ad uno di essi dal provveditore regionale dell'amministrazione penitenziaria, ovvero, se trattasi di istituti per minorenni, dal direttore del centro di rieducazione minorenni, sentito l'ispettore dei cappellani".

343 Publicada en la *Gazzeta Ufficiale* el 10 de marzo de 1982, n. 68.

344 El artículo 4 reza: "L'incarico ai cappellani è conferito con decreto del Ministro di Grazia e Giustizia sentito il parere dell'ispettore dei cappellani e del competente ispettore distrettuale degli istituti di prevenzione e di pena per adulti e previo nulla osta dell'ordinario diocesano".

345 Se regulan por Circular del Ministerio de Justicia n. GDPA-0261208 del 2014, que además establecen el horario de trabajo de los capellanes penitenciarios, que debe ser valorado por la dirección de cada establecimiento y con acuerdo con el capellán estimen la demanda de asistencia espiritual de los internos. En cualquier caso, existirá una presencia mínima de 3 días a la semana y un total de 18 horas semanales, incluyendo en ambos casos el domingo.

En cambio, para el resto de las confesiones religiosas el tratamiento jurídico es distinto. De esta forma, el apartado quinto establece:

> "Per l'istruzione religiosa le pratiche di culto di appartenenti ad altre confessioni religiose, anche in assenza di ministri di culto, la direzione dell'istituto mette a disposizione idonei locali".

Tal y como puede observarse, la dirección del establecimiento deberá poner a disposición de los internos locales idóneos, a fin de que puedan – incluso en el supuesto de que no cuenten con ministro de culto – practicar su culto. Ahora bien, nada parece mencionarse en este apartado respecto a los ministros de culto. Para obtener una mención hemos de dirigirnos al sexto apartado del mismo artículo 58, que regula la asistencia religiosa y celebración de ritos. De esta forma:

> "La direzione dell'istituto, al fine di assicurare ai detenuti e agli internati che ne facciano richiesta, l'istruzione e l'assistenza spirituale, nonché la celebrazione dei riti delle confessioni diverse da quella cattolica, si avvale dei ministri di culto indicati da quelle confessioni religiose i cui rapporti con lo Stato italiano sono regolati con legge; si avvale altresì dei ministri di culto indicati a tal fine dal Ministero dell'interno; può, comunque, fare ricorso, anche fuori dei casi suindicati, a quanto disposto dall'articolo 17, secondo comma, della legge".

Como vemos, aquí ya se desarrolla el contenido de la asistencia. En concreto, se vincula la asistencia religiosa y celebración de ritos con los ministros de las confesiones. Y se establece que la dirección del establecimiento se servirá de ellos para posibilitar el ejercicio de estos derechos en el caso de los internos que lo soliciten. Asimismo, se especifica que los ministros de culto serán aquellos que haya autorizado el Ministerio del Interior o aquellos seleccionados por las confesiones religiosas cuyas relaciones con el Estado italiano estén reguladas por ley.

Aquí es donde puede apreciarse otra diferencia de tratamiento jurídico, en función de si la confesión de que se trate cuenta o no con un acuerdo de cooperación. En el caso de que cuente con ella, existe un sistema de libre acceso. Este sistema es de sobra conocido a estas alturas, pues como vimos en el correspondiente capítulo, es el modelo de asistencia religiosa vigente también en nuestro propio ordenamiento jurídico. Esta libertad de entrada no conlleva la presencia permanente en estos establecimientos, sino la posibilidad de entrar en las prisiones sin ninguna autorización particular y sin limitación de horario cuando un interno en dicho centro está interesado[346].

Esta asistencia religiosa – en este caso, en centros penitenciarios – está, por tanto, contenida en la normativa pacticia. Ahora bien, con el ánimo de facilitar su comprensión, ahora que ya hemos logrado tener una representación mental de las *intese* vigentes en Italia y la nomenclatura que cada una de ellas utiliza respecto a la figura del ministro de culto, en esta ocasión no nos detendremos en cada una de ellas. Por el contrario, extraeremos las notas básicas de todas ellas, puesto a que la regulación no tiene diferencias destacables en este sentido. Y prueba de ello, las referencias que hagamos a continuación se limitarán únicamente al acuerdo con la *Tavola valdese* y la *Associazione "Chiesa d'Inghilterra"*. Y ello porque hacer esto es lo mismo que mencionar la primera *intesa* que el Estado italiano suscribió y la última que aprobó recientemente. De este modo, puede evidenciarse el modo en que se ha ido desarrollando este punto sin solución de continuidad desde entonces hasta nuestros días. Pasemos, pues, a subrayar estas características comunes.

En primer lugar, los ministros de culto – y en ocasiones también religiosos – son designados por la correspondiente confesión[347]. Posteriormente, se notifica a la autoridad competente

---

346 CARNÌ, M., "I ministri di culto delle confessioni religiose di minoranza: problematiche attuali", *Stato, Chiese e pluralismo confessionale*, núm. 19, 2015, p. 10.

347 El artículo 3.4 de la *Intesa* o *Norme per la regolazione dei rapporti tra lo Stato e l'Associazione «Chiesa d'Inghilterra»*: "Negli istituti penitenziari

los nombres de estas personas que desarrollarán la labor encomendada en establecimientos penitenciarios[348]. De esta forma, los ministros son incluidos en la lista de sujetos que pueden visitar estos centros sin autorización previa[349]. Por último, cabe destacar que los costes económicos derivados de estos servicios serán sufragados por la confesión correspondiente[350].

Todo ello además no contravenía el artículo 6 del RD 289/1930, que permitía que los ministros de "cultos admitidos" pudiesen ser autorizados para prestar asistencia religiosa en establecimientos penitenciarios cuando habían sido solicitados por los internos o sus familiares y siempre que respetasen las normas internas de dichos establecimientos[351].

---

è assicurata l'assistenza spirituale dai ministri di culto e dai religiosi designati a tal fine dall'Associazione «Chiesa d'Inghilterra»".

348 El artículo 8 de la *Intesa* o *Norme per la regolazione dei rapporti tra lo Stato e le chiese rappresentate dalla Tavola valdese*: "A tal fine la Tavola valdese notifica all'autorità competente i nominativi dei ministri di culto, iscritti nei ruoli tenuti dalla Tavola valdese e competenti per territorio, responsabili della assistenza spirituale negli istituti penitenziari ricadenti nella circoscrizione delle predette autorità statali competenti".

349 De nuevo, el artículo 3.4 de la *Intesa* con la Iglesia de Inglaterra: "Tali ministri e tali religiosi sono compresi tra coloro che possono accedere agli istituti penitenziari senza particolare autorizzazione"

350 De nuevo, el artículo 8 de la *Intesa* con la *Tavola valdese*: "Gli oneri finanziari per lo svolgimento della suddetta assistenza spirituale sono a carico degli organi ecclesiastici competenti".

351 El mencionado precepto: "I ministri dei culti ammessi nello stato possono essere autorizzati a prestare l'assistenza religiosa agli internati negli istituti di prevenzione e di pena, ogni qualvolta ne siano richiesti dagli internati stessi o dai familiari o da chi abbia la tutela giuridica dei medesimi, sotto l'osservanza delle norme contenute nei regolamenti speciali per detti istituti".

### *3.3. El "Protocollo tra Dipartimento dell'Amministrazione penitenziaria e UCOII"*[352]

Ahora bien, a medida que la realidad sociológica de la religión que profesan los internos de estos centros muestra una representación distinta, ello debe guiar a los poderes públicos a adoptar medidas que logren atender las necesidades espirituales de este nuevo escenario, caracterizado por una mayor presencia de otros cultos en los mismos centros.

Es indudable que en los últimos años se ha avanzado en este sentido a la hora de estipular un Protocolo de la Administración Penitenciaria italiana y la Unión de Comunidades Islámicas de Italia[353]. Cabe partir de la premisa de que la población musulmana en los centros penitenciarios italianos es un fenómeno que ha resultado ser creciente en los últimos años[354].

---

352 *Protocollo d'intesa per favorire l'accesso di Mediatori culturali e di Ministri di Culto negli istituti penitenziari* - 5 novembre 2015.

353 La UCOII – *Unione delle Comunità Islamiche d'Italia* – nace en enero de 1990 en Ancona (en la región de Le Marche) por iniciativa de algunos miembros de USMI (*Unione degli Studenti Musulmani in Italia*). En su constitución participaron hombres y mujeres musulmanas extranjeras e italianas, así como diversas asociaciones. En palabras de la propia Asociación, la finalidad que persigue es triple: hacer efectiva la integración de los musulmanes en la sociedad italiana; posibilitar una representación más amplia y cohesionada de la comunidad musulmana con el fin de llegar a un acuerdo con el Estado italiano; apoyar la causa de la paz y el bienestar de la humanidad. Para una mayor profundización, puede visitarse su portal web: https://ucoii.org/ (Última consulta: 17/05/2023).

354 El propio Protocolo ya refleja esta creciente demanda en el momento de su aprobación en 2015: "I detenuti provenienti da Paesi tradizionalmente di fede musulmana sono oltre 10.000, distribuiti principalmente negli Istituti del Nord".
La cifra actual – con los últimos datos disponibles publicados en el portal del Ministerio de Justicia italiano (actualizado 31 agosto 2024) – es de 19.507 internos extranjeros, sobre el total de internos que son 61.758.

Ello dibuja un mapa carcelario distinto, que trae consigo que las necesidades espirituales sean distintas y, en ocasiones, la falta de oferta de esta demanda espiritual ha tenido como consecuencia incluso autolesiones de los internos[355].

El propósito de este Protocolo es el de poder atender al derecho de libertad religiosa de los internos musulmanes. Para ello, la Administración facilitará el listado de centros más afectados por la presencia de presos musulmanes (artículo 1) y la UCOII preparará el listado de personas que estarían interesadas en prestar su voluntariado en centros penitenciarios, así como ministros de culto y mediadores interculturales. Cabe destacar el rol de estos últimos, pues en ocasiones podría centrarse únicamente el foco sobre los ministros de culto y olvidar el rol que pueden desempeñar estos mediadores, ya que en muchas ocasiones el fenómeno de la radicalización en los centros penitenciarios es un proceso que involucra la delicada cuestión de la marginación y la necesidad de pertenencia individual incluso antes que el ámbito estrictamente religioso[356]. En cualquier

---

Puede verse en: https://www.giustizia.it/giustizia/it/mg_1_14_1.page?contentId=SST1418233 (Última consulta: 01/09/2024).

Evidentemente, sobre esta cifra actualizada habría que hacerse el cálculo aproximado de internos musulmanes, estableciendo una relación proporcional que atendiese a su lugar de origen. Para poder obtener esta relación, puede consultarse el número absoluto y la proporción que representa sobre el total de internos extranjeros (actualizado 31 agosto 2024) en: https://www.giustizia.it/giustizia/it/mg_1_14_1.page?contentId=SST1418246 (Última consulta: 01/09/2024).

355 De esta forma, el mismo Protocolo observa: "si è rilevato un forte tasso di autolesionismo da parte dei detenuti stranieri in particolare provenienti dall'area del Maghreb, dovuti principalmente ad una mancanza di riferimenti in carcere ed all'esterno".

356 Así se expresan MILANI y NEGRI: "Un'iniziativa che intenda porre un argine ai fenomeni di radicalizzazione non può infatti fondarsi esclusivamente sull'attività dei ministri di culto, per sua natura indirizzata prevalentemente al sostegno spirituale; come già chia-

caso, lo especialmente relevante a efectos de nuestro estudio no es tanto la naturaleza de la persona que lleve a cabo la acción sino quién designa a la persona que acude a prestar estos servicios en los establecimientos penitenciarios. Y, en este sentido, tal y como acabamos de mencionar, tanto para los ministros de culto como para los mediadores interculturales, el listado será elaborado por la comunidad religiosa correspondiente.

De esta forma, fruto de esta cooperación entre los poderes públicos y la confesión religiosa, se pone en relación la demanda y la oferta disponible, con el objeto de poder ofrecer una mejor respuesta a la realidad religiosa de los centros penitenciarios italianos. Es verdad que en el mismo texto jurídico se decidió en qué centros penitenciarios se iba a comenzar su implementación. En total, un total de 8 establecimientos[357]. Estos establecimientos se concentran en el norte de Italia, pues es precisamente en esta región geográfica en la que se concentra el mayor número de presos musulmanes del país.

Pese a que es una cuestión que como vemos afecta a la comunidad religiosa, a nadie se le escapa que la Administración Pública también puede tener interés en que tanto imanes como mediadores culturales sean cualificados para proporcionar un

---

rito, quello della radicalizzazione negli istituti di pena è un percorso che coinvolge più in generale le delicate questioni del senso di emarginazione e del bisogno di appartenenza individuale, afferenti all'identità personale e culturale nel suo complesso, prima ancora che alla sfera strettamente religiosa". En MILANI, D. y NEGRI, A., "Il pluralismo religioso e culturale in carcere, terra di confine dei diritti, nell'età della sicurezza", en AA.VV., *Confini, migrazioni e diritti umani*, Milano: Milano University Press, 2022, p. 139.

[357] Casa Circondariale Verona; Casa Circondariale Modena; Casa Circondariale Torino; Casa Circondariale Cremona; Casa Reclusione Milano "Opera"; Casa Reclusione Milano "Bollate"; Casa Circondariale Brescia "Cantori Mombello; Casa Circondariale Firenze "Sollicciano".

apoyo moral y religioso a los detenidos[358]. También en clave de seguridad nacional, no parece ser una cuestión irrelevante. De hecho, puede verse atendiendo a la valoración que realizan distintos países europeos[359]. Es cierto que Italia no cuenta no cuenta con ninguna estrategia contra la radicalización ni nada similar, a diferencia de muchos países de nuestro entorno. Pero ello no excluye que siga manteniendo el mismo interés por prevenir la radicalización violenta en las prisiones.

Habría quien podría plantearse por qué UCOII y no otra comunidad de musulmanes. En efecto, se podría afirmar que el Estado italiano está eligiendo el interlocutor con el que se establece este compromiso en el ámbito penitenciario. Si acudimos a la doctrina italiana, podemos encontrar dos motivos por los cuales la Administración Penitenciaria habría escogido UCOII para recorrer este camino juntos. Y ello porque, en realidad, existen distintas voces que podrían ser el reflejo, ya no únicamente de distintas ramas y escuelas musulmanas, sino representativas de las diferencias existentes en función del país de origen. Ahora bien, FABBRI estima que, de un lado, se justifica por una cuestión numérica y representativa. Ello es debido al alto número de practicantes y centros pertenecientes a esta Unión[360]. Por otro lado, la segunda razón sería de carácter pro-

---

358 FABBRI, A., "L'assistenza spirituale ai detenuti musulmani negli istituti di prevenzione e di pena e il modello del Protocollo d'Intesa: prime analisi", *Rassegna penitenziaria e criminologica*, núm. 3, 2015, pp. 71-96.

359 MILANI y NEGRI señalan: "La valorizzazione dell'elemento religioso , poi, già da tempo considerata, tanto da diversi Paesi europei, quanto dagli organismi sovranazionali, un pilastro insostitubile di una politica di prevenzione della radicalizzazione". En MILANI, D. y NEGRI, A., "Tra libertà di religione e istanze di sicurezza: la prevenzione della radicalizzazione jihadista in fase di esecuzione della pena", *Stato, Chiese e pluralismo confessionale*, núm. 23, 2018, p. 21.

360 INTROVIGNE y ZOCCATELLI habrían cifrado esta presencia afirmando que a UCOII "fanno capo 122 associazioni, orizzontali (terri-

gramático. En otras palabras, trascendería de términos cuantitativos para introducirse en el terreno de términos cualitativos. Por ello, esta interlocución podría ser el inicio de nuevas colaboraciones en un futuro, que puedan establecerse con otras comunidades que puedan contar con ministros de culto y mediadores que faciliten la asistencia religiosa de los internos[361].

Por tanto, podríamos resumir este Protocolo como la constatación de que la Administración italiana, ante la ausencia de una *intesa* con la comunidad musulmana en su país, puede dar respuesta a necesidades específicas en un terreno particular como puede ser la asistencia espiritual en centros penitenciarios. Ahora bien, por su limitado ámbito de aplicación, podríamos decir que se trata tan solo de un primer paso hacia el mayor reconocimiento y protección de los derechos de los ciudadanos que profesan esta fe. Y, al mismo tiempo, sería deseable que también se desarrollase un camino similar a otras realidades confesionales existentes en el país.

En cualquier caso, lo que sí que cabe advertir es que parece que el programa piloto ha cosechado buenos resultados, si atendemos al hecho de que ha sido renovado en el año 2020. Con la renovación del mismo, se ha decidido extender el modelo previsto en ocho centros penitenciarios a todos los estable-

---

toriali) e verticali (nazionali di settore), che svolgono attività di ordine sociale, assistenziale, di informazione e mediazione istituzionale, cui fanno capo a loro volta un'ottantina di moschee dove si svolgono pratiche rituali e una più ridotta attività di carattere culturale; vi sono inoltre quasi trecento luoghi di preghiera che non hanno ancora lo *status* di moschea e talora sono ubicati in appartamenti privati". Podemos encontrarlo en el portal web de CESNUR (Centro Studi sulle Nuove Religione), en INTROVIGNE, M. y ZOCCATELLI, P. L., *Le religioni in Italia.* Puede consultarse: https://cesnur.com/lislam-e-i-movimenti-di-matrice-islamica-in-italia/lunione-delle-comunita-islamiche-ditalia-ucoii/ (Última consulta: 04/06/2023).

361 FABBRI, A., *op. cit.*, pp. 77-79.

cimientos de esta naturaleza presentes en el territorio nacional. Además de la renovación con UCOII – interlocutor acerca del cual hemos podido aportar alguna nota básica – el 4 de junio de 2020, también se han firmado otros dos protocolos. Uno con el *Centro Islamico Culturale d'Italia* y otro con la *Confederazione Islamica Italiana,* ambos el 8 de octubre de 2020. Por tanto, se amplía tanto en ámbito geográfico como en número de interlocutores con los que el Estado se compromete a trabajar conjuntamente en el ámbito de la asistencia a internos, tanto por parte de ministros de culto como de mediadores interlocutores.

En cualquier caso, todas las medidas, estrategias y decisiones encaminadas a garantizar la seguridad pública deben respetar el principio de distinción entre órdenes y la autonomía de las confesiones. Cabe tener presente que, tal y como afirman MILANI y NEGRI, en el ámbito penitenciario la observación y la monitorización, pese a no vulnerar directamente la libertad religiosa de los detenidos, *de facto,* podrían influenciar en el ejercicio del mismo de forma significativa. Por ello, los mismos autores afirman que la ejecución de tales decisiones deben enfocarse más hacia la presencia de locales adecuados para el ejercicio del culto y la asistencia religiosa por parte de ministros competentes que puedan evitar caer en interpretaciones engañosas; sin embargo, ello no bastaría, ya que también sería recomendable atender a la diversidad, si se tiene en cuenta que la dignidad y el sentido de la propia existencia no dependería únicamente de elementos religiosos, sino también sociológicos, antropológicos y culturales, que podrían estar distante de "nuestra sociedad"[362].

En definitiva, una respuesta integral que comprenda el fenómeno religioso, pero no se agote en él. Y, al mismo tiempo, que no olvide el riesgo que, al implementar determinadas me-

---

362 MILANI, D. y NEGRI, A., "Liberi di credere (?) tra proselitismo e fondamentalismo negli istituti di pena", *Quaderni di diritto e politica ecclesiastica,* núm. 2, 2019, pp. 251-263.

didas, puede traer consigo la percepción de este factor como elemento negativo. De otro modo, esta libertad podría quedar afectada. Pero, sobre todo, estaríamos perdiendo una oportunidad de aproximarnos a la problemática de una forma integral que, como es natural, comprende el componente religioso como parte integrante de la ecuación, aunque no por ello se dejen de tener en cuenta otros pilares ya mencionados. De lo contrario, la respuesta podría resultar insuficiente y, por tanto, inadecuada al propio contexto en el que nos movemos.

# *Capítulo IV*
# *El régimen jurídico de los ministros de culto en el ámbito internacional*

SUMARIO: 1. EL MINISTRO DE CULTO EN EL DERECHO INTERNACIONAL. 2. LA JURISPRUDENCIA DEL TRIBUNAL EUROPEO DE DERECHOS HUMANOS RESPECTO A LA AUTONOMÍA DE LAS CONFESIONES RELIGIOSAS.

En este capítulo perseguimos analizar la regulación que se ofrece desde el derecho internacional. Ello será relevante a efectos de conocer los estándares mínimos que se exigen desde los tratados y convenios internacionales que ha ratificado España. Como sabemos, el contenido desprendido de esta normativa internacional sirve de base esencial para interpretar los derechos fundamentales y libertades públicas contenidas en nuestra Constitución (artículo 10.2 CE). Por ello, no resulta una cuestión baladí a los efectos de comprobar qué requisitos son exigidos por parte del derecho internacional. Primero acudiremos a aquello dispuesto en los textos jurídicos internacionales de referencia. Más tarde, nos detendremos en otros textos jurídicos que, pese a ser menos conocidos, nos ofrecen las claves de la configuración legal de la dimensión colectiva del derecho.

Por otro lado, y con el fin de poder ofrecer una respuesta integral, será necesario, además de acudir a estos tratados, convenios y recomendaciones, entrar a analizar también las respuestas que han ido ofreciendo los tribunales internacionales. Ello nos permitirá, siempre teniendo como punto de origen los textos internacionales, atender a la evolución y dinamismo del

Derecho. Y es que, existen precedentes de intervención estatal en la autonomía de las confesiones religiosas y la valoración de idoneidad de sus ministros de culto. En este sentido, la jurisprudencia del Tribunal Europeo de Derechos Humanos constituye un pilar básico, ya que ha sido precisamente esta Corte la que ha tenido ocasión de analizar con más detenimiento algunos supuestos de injerencias estatales en el ejercicio de este derecho.

## 1. EL MINISTRO DE CULTO EN EL DERECHO INTERNACIONAL

Al igual que en el ordenamiento interno, la figura del ministro de culto también tiene una relevancia jurídica en el contexto internacional. Y ello pese a la distinta tradición jurídica que, como sabemos, existe en cada Estado respecto al fenómeno religioso.

Para poder aproximarnos de un modo correcto a la cuestión, es necesario, en primer lugar, analizar qué establecen los textos internacionales referentes en materia de derechos humanos. En segundo lugar, veremos el tratamiento jurídico que recibe de un modo más específico la dimensión colectiva de la libertad religiosa.

### *1.1. Principales textos internacionales que proclaman la libertad religiosa*

En este apartado se podrían mencionar numerosas manifestaciones de la protección reconocida a la libertad religiosa en el ámbito internacional[363]. No obstante, consideramos más

---

363 Sin lugar a dudas, una buena recopilación de ellas se puede encontrar en GANDÍA-BARBER, J.D., "La libertad religiosa en el ámbito internacional: Tratados internacionales y las confesiones religiosas en las relaciones internacionales", en GARCÍA GARCÍA, R. y ROSSELL GRANADOS, J. (coords.), *op. cit.*, pp. 99-125.

oportuno poder centrarnos en las más relevantes con el propósito de ser más eficaces en la aproximación a esta cuestión.

### 1.1.1. Convenio de Europa

En primer lugar, tenemos el Convenio Europeo para la Protección de los Derechos y de las Libertades Fundamentales, más conocido como el Convenio Europeo de Derechos Humanos (en adelante, CEDH o "el Convenio")[364]. En su artículo 9 se establece:

> "1. Toda persona tiene derecho a la libertad de pensamiento, de conciencia y de religión; este derecho implica la libertad de cambiar de religión o de convicciones, así como la libertad de manifestar su religión o sus convicciones individual o colectivamente, en público o en privado, por medio del culto, la enseñanza, las prácticas y la observancia de los ritos.
>
> 2. La libertad de manifestar su religión o sus convicciones no puede ser objeto de más restricciones que las que, previstas por la ley, constituyan medidas necesarias, en una sociedad democrática, para la seguridad pública, la protección del orden, de la salud o de la moral públicas, o la protección de los derechos o a las libertades de los demás".

Esta configuración jurídica vamos a tener ocasión de poder analizarla en el terreno práctico pues la aplicación de este derecho en el terreno práctico será la protagonista de la segunda parte de este capítulo, destinada a examinar la jurisprudencia internacional. Y, como es de sobra conocido, la interpretación y aplicación corresponde de manera específica y exclusiva al Tribunal Europeo de Derechos Humanos (en adelante, TEDH o "el Tribunal"). Este Tribunal, situado en Estrasburgo, es el competente para dilucidar los recursos de cualquier persona que con-

---

[364] Fue adoptado por el Consejo de Europa el 4 de noviembre de 1950 y entró en vigor en 1953. Posteriormente, ha sido modificado por diversos protocolos.

sidere vulnerado cualquiera de sus derechos reconocidos por el Convenio, mientras se encontraba bajo la jurisdicción de un Estado miembro del Consejo de Europa y tras haber agotado, sin éxito, todos los recursos judiciales previstos en dicho Estado. Por tanto, en unas líneas podremos dibujar las líneas de actuación que han llevado a cabo en materias relativas a la autonomía de las confesiones religiosas y la intervención de los poderes públicos.

### 1.1.2. Unión Europea

Si nos adentramos en el ámbito comunitario, se ha de poner de manifiesto que las pretensiones de articular una Constitución Europea fracasaron en su intento, como consecuencia de los referendos negativos francés y neerlandés[365]. No obstante, la mayor parte del contenido fue finalmente adoptado por medio del Tratado de Lisboa[366]. Entre otras cuestiones, además de conceder nuevas competencias al Parlamento Europeo y fortalecer la participación ciudadana, otorgó mayor relevancia a la Carta de los Derechos Fundamentales de la Unión Europea. Este instrumento, aunque había sido aprobado años atrás, carecía de carácter vinculante hasta la modificación del artículo 6[367].

---

365 Tal y como afirma LANDETE, “Este Tratado pretendía unificar la actual diversidad existente en el Derecho originario, a través de una unificación de los textos de los tres tratados vigentes, así como dotar de eficacia jurídica plena al catálogo europeo de derechos humanos, mediante su inclusión en el propio articulado de la Constitución”. LANDETE CASAS, J., “La libertad religiosa en el Derecho Comunitario”, *Cuadernos de integración europea*, n.º 7, 2007, p. 32.

366 Tratado de Lisboa por el que se modifican el Tratado de la Unión Europea y el Tratado constitutivo de la Comunidad Europea, firmado en Lisboa el 13 de diciembre de 2007. «DOUE» núm. 306 de 17 de Diciembre de 2007.

367 La nueva redacción establece en su primer apartado: “La Unión reconoce los derechos, libertades y principios enunciados en la Carta

Como consecuencia de ello, la relevancia jurídica de esta Carta de Derechos Fundamentales salió reforzada. Y hoy hablamos de un instrumento que vincula directamente a Estados, individuos y grupos sociales, también en materia religiosa. De este modo, el artículo 10 de la Carta establece:

> "1. Toda persona tiene derecho a la libertad de pensamiento, de conciencia y de religión. Este derecho implica la libertad de cambiar de religión o de convicciones, así como la libertad de manifestar su religión o sus convicciones individual o colectivamente, en público o en privado, a través del culto, la enseñanza, las prácticas y la observancia de los ritos.
>
> 2. Se reconoce el derecho a la objeción de conciencia de acuerdo con las leyes nacionales que regulen su ejercicio".

Cabe advertir que, además de por supuesto la protección del derecho a la libertad religiosa, también tenemos siempre la cuestión relativa al modelo de relaciones existente entre el Estado y las confesiones religiosas. Cabría preguntarse: ¿Cuál es el modelo de relaciones de la Unión Europea? Pues bien, la respuesta es tan fácil de responder como compleja de llevar en ocasiones a la práctica: no existe un modelo establecido. Y no es una cuestión difícil de explicar, pues en realidad se trata de una competencia de los Estados Miembros y de una materia sensible en la que cada tradición jurídica influye e incluso determina en buena medida la específica configuración jurídica de las relaciones existentes entre el factor religioso y las autoridades nacionales. De

---

de los Derechos Fundamentales de la Unión Europea de 7 de diciembre de 2000, tal como fue adaptada el 12 de diciembre de 2007 en Estrasburgo, la cual tendrá el mismo valor jurídico que los Tratados". Tratado de la Unión Europea y Tratado de Funcionamiento de la Unión Europea. Versiones consolidadas. Protocolos. Anexos. Declaraciones anejas al Acta Final de la Conferencia intergubernamental que ha adoptado el Tratado de Lisboa. «DOUE» núm. 83, de 30 de marzo de 2010, páginas 1 a 388 (388 págs.).

esta forma, el artículo 17 del Tratado de Funcionamiento de la Unión Europea establece:

> "1. La Unión respetará y no prejuzgará el estatuto reconocido en los Estados miembros, en virtud del Derecho interno, a las iglesias y las asociaciones o comunidades religiosas.
>
> 2. La Unión respetará asimismo el estatuto reconocido, en virtud del Derecho interno, a las organizaciones filosóficas y no confesionales.
>
> 3. Reconociendo su identidad y su aportación específica, la Unión mantendrá un diálogo abierto, transparente y regular con dichas iglesias y organizaciones".

Tal y como puede apreciarse, la Unión no se inmiscuirá en el estatuto que tengan las confesiones en cada Estado. Incluso si también desarrollan un estatuto para las organizaciones filosóficas y no confesionales. Con ello parece deducirse que la Unión no va a impedir que un Estado pueda ejercer su soberanía en uno u otro modo, esto es, reconociendo o no reconociendo un estatuto jurídico a un ente religioso o no religioso.

Ahora bien, respecto al último apartado parece haberse generado mayor controversia. En efecto, tras haber afirmado todo lo anterior, del articulado se desprende una suerte de cooperación entre la Unión y las iglesias y organizaciones. De hecho, el propio Defensor del Pueblo Europeo (*Ombudsman*) hubo de pronunciarse al respecto en 2013[368]. Este asunto fue promovido por la "Federación Humanista Europa" alegando que la Comisión había rechazado indebidamente su propuesta de un "Seminario de diálogo" con arreglo al artículo 17 del TFUE. El *Ombudsman* llegó a la conclusión de que la Comisión debía ha-

---

[368] Decisión del Defensor del Pueblo de 25 de enero de 2013. Caso 2097/2011/RA. Puede consultarse en: https://www.ombudsman.europa.eu/en/decision/es/49026 (Última consulta: 29/05/2023).

ber ofrecido una justificación razonada acerca de su negativa. Y solicitó a la Comisión que aclarase las prácticas y reglas que eran de aplicación y que, en caso necesario, elaborase directrices con el fin de ofrecer información respecto a cómo preveía implementar el artículo 17 del mencionado Tratado[369].

Como respuesta a ello, en el mismo año 2013 publicó estas directrices para la aplicación del artículo 17 del TFUE por la Comisión Europea. En ellas, básicamente, se dedica a desgranar los tres conceptos que aparecen, concretamente, en el apartado tercero del mencionado artículo. De esta forma, desarrolla el concepto de "abierto", "transparente" y "regular"[370]. Esta respuesta de la Comisión Europea fue criticada por parte de la doctrina que consideró como una ocasión perdida para delimitar mejor las repercusiones que el artículo 17 TFUE debiera tener, tanto a nivel nacional como europeo[371].

---

369 Para una mayor profundización en la temática, recomendamos POLO SABAU, J.R., "El diálogo entre la Unión Europea y las confesiones religiosas tras el Tratado De Lisboa (a propósito de la Decisión Del Defensor del Pueblo Europeo de 25 de enero de 2013)", *Revista de Derecho Constitucional Europeo,* núm. 22, 2014, pp. 147-174.

370 El título original es "Guidelines on the implementation of Article 17 TFEU by the European Commission". Puede consultarse en: https://commission.europa.eu/system/files/2017-06/guidelines-implementation-art-17_en.pdf (Última consulta: 29/05/2023).

371 De esta forma, TOSCANO advierte: "Non sembra, però, che queste ultime rappresentino un significativo passo avanti. Al contrario, mentre lasciano irrisolte tutte le questioni già viste – limitandosi per lo più a riprendere formalmente le definizioni di "aperto, trasparente e regolare" cui le istituzioni dell'Unione fanno da tempo riferimento, senza definirne ulteriormente la sostanza –, sollevano (almeno) un interrogativo nuovo e di non poco momento". Véase TOSCANO, M., "La decisione del Mediatore europeo del 25 gennaio 2013: un passo avanti verso un'applicazione efficace dell'art. 17 del Trattato sul funzionamento dell'Unione europea?", *Stato, Chiese e pluralismo confessionale,* núm. 10, 2014, p. 27.

### 1.1.3. Naciones Unidas

La Declaración Universal de los Derechos Humanos de 1948 (en adelante, DUDH o "la Declaración")[372], recoge en su artículo 18 la libertad de pensamiento, conciencia y religión:

> "Toda persona tiene derecho a la libertad de pensamiento, de conciencia y de religión; este derecho incluye la libertad de cambiar de religión o de creencia, así como la libertad de manifestar su religión o su creencia, individual y colectivamente, tanto en público como en privado, por la enseñanza, la práctica, el culto y la observancia".

Por otro lado, cabe mencionar la protección que realiza Pacto Internacional de Derechos Civiles y Políticos[373], por medio también de su artículo 18, que reproduce el planteamiento de la Declaración, aunque introduce importantes enmiendas que guardan relación con el derecho de proselitismo, los límites del derecho, y el derecho de los padres en materia de educación religiosa y moral de los hijos. De este modo el articulado refleja:

> "1. Toda persona tiene derecho a la libertad de pensamiento, de conciencia y de religión; este derecho incluye la libertad de tener o de adoptar la religión o las creencias de su elección, así como la libertad de manifestar su religión o sus creencias, individual o colectivamente, tanto en público como en privado, mediante el culto, la celebración de los ritos, las prácticas y la enseñanza.
>
> 2. Nadie será objeto de medidas coercitivas que puedan menoscabar su libertad de tener o de adoptar la religión o las creencias de su elección.

---

372 Declaración Universal de Derechos Humanos. Adoptada por la Asamblea General de Naciones Unidas en su Resolución 217 A (III), de 10 de diciembre de 1948.

373 Instrumento de Ratificación de España del Pacto Internacional de Derechos Civiles y Políticos, hecho en Nueva York el 19 de diciembre de 1966.

> 3. La libertad de manifestar la propia religión o las propias creencias estará sujeta únicamente a las limitaciones prescritas por la ley que sean necesarias para proteger la seguridad, el orden, la salud o la moral públicos, o los derechos y libertades fundamentales de los demás.
>
> 4. Los Estados Partes en el presente Pacto se comprometen a respetar la libertad de los padres y, en su caso, de los tutores legales, para garantizar que los hijos reciban la educación religiosa y moral que esté de acuerdo con sus propias convicciones".

Además, cabe destacar que el contenido del artículo 18 de la Declaración ha sido complementado con el Comentario General n.º 22 del Comité de Derechos Humanos de Naciones Unidas[374]. Puede decirse que, pese a no tener carácter vinculante, es de interés conocerlo, pues es una autorizada interpretación de los derechos recogidos en la Declaración[375].

Es cierto que este Comentario General es ya interesante en sí, pues enumera una serie de manifestaciones del derecho a la libertad religiosa protegido en el artículo 18 DUDH. Ahora bien, lo que más nos interesa por el objeto de nuestra investigación es el apartado n.º 4 pues, en este mismo, tras haber desgranado algunos elementos integrantes de la dimensión colectiva del derecho, enuncia explícitamente a los grupos religiosos y al derecho que tienen, tanto de designar sus dirigentes

---

[374] Comentario General n.º 22 del Comité de Derechos Humanos, Artículo 18 - Derecho a la libertad de pensamiento, de conciencia y de religión, de 27 de septiembre de 1993 (CCPR/C/21/Rev.1/Add.4). Puede consultarse en: http://hrlibrary.umn.edu/hrcommittee/Sgencom22.html (Última consulta: 23/01/2023).

[375] Hasta el momento en que se escriben estas líneas, existen un total de 37 Comentarios Generales. Pueden consultarse todos ellos en el portal de Naciones Unidas. Están disponibles en: https://tbinternet.ohchr.org/_layouts/15/treatybodyexternal/TBSearch.aspx?Lang=en&TreatyID=8&DocTypeID=11 (Última consulta: 23/05/2023).

religiosos, como de establecer seminarios o escuelas religiosas. De esta forma, al final de dicho apartado se establece:

> "Además, la práctica y la enseñanza de la religión o de las creencias incluyen actos que son parte integrante de la forma en que los grupos religiosos llevan a cabo sus actividades fundamentales, como ocurre con la libertad de escoger a sus dirigentes religiosos, sacerdotes y maestros, la libertad de establecer seminarios o escuelas religiosas y la libertad de preparar y distribuir textos o publicaciones religiosos".

Dentro de esta categoría finalizaríamos con el Pacto Internacional de Derechos Económicos, Sociales y Culturales[376], cuyos artículos 13 y 14 comprenden el derecho a la educación. Aquello que nos resulta de más interés está contenido en el artículo 13, en concreto, en los párrafos 1, 3 y 4 del mismo:

> "1. Los Estados Partes en el presente Pacto reconocen el derecho de toda persona a la educación. Convienen en que la educación debe orientarse hacia el pleno desarrollo de la personalidad humana y del sentido de su dignidad, y debe fortalecer el respeto por los derechos humanos y las libertades fundamentales. Convienen asimismo en que la educación debe capacitar a todas las personas para participar efectivamente en una sociedad libre, favorecer la comprensión, la tolerancia y la amistad entre todas las naciones y entre todos los grupos raciales, étnicos o religiosos, y promover las actividades de las Naciones Unidas en pro del mantenimiento de la paz.
>
> (...)
>
> 3. Los Estados Partes en el presente Pacto se comprometen a respetar la libertad de los padres y, en su caso, de los tutores legales, de escoger para sus hijos o pupilos escuelas distintas de las creadas por las autoridades públicas, siempre que aquéllas satisfagan las normas mínimas que el Estado prescriba o apruebe en materia de enseñanza, y de hacer que sus hijos

---

[376] Adoptado y abierto a la firma, ratificación y adhesión por la Asamblea General en su resolución 2200 A (XXI), de 16 de diciembre de 1966.

> o pupilos reciban la educación religiosa o moral que esté de acuerdo con sus propias convicciones.
>
> 4. Nada de lo dispuesto en este artículo se interpretará como una restricción de la libertad de los particulares y entidades para establecer y dirigir instituciones de enseñanza, a condición de que se respeten los principios enunciados en el párrafo 1 y de que la educación dada en esas instituciones se ajuste a las normas mínimas que prescriba el Estado".

### 1.1.4. Otros textos jurídicos internacionales

Si nos adentramos en textos internacionales de referencia en otras latitudes, nos encontramos con la Convención Americana sobre Derechos Humanos[377], adoptada en Costa Rica, que recoge en su artículo la libertad de pensamiento, conciencia y religión, siguiendo una fórmula casi idéntica al articulado del Pacto Internacional de Derechos Civiles y Políticos, previamente citado:

> "1. Toda persona tiene derecho a la libertad de conciencia y de religión. Este derecho implica la libertad de conservar su religión o sus creencias, o de cambiar de religión o de creencias, así como la libertad de profesar y divulgar su religión o sus creencias, individual o colectivamente, tanto en público como en privado.
>
> 2. Nadie puede ser objeto de medidas restrictivas que puedan menoscabar la libertad de conservar su religión o sus creencias o de cambiar de religión o de creencias.

---

[377] Convención Americana sobre Derechos Humanos (conocida también como Pacto de San José), suscrita en la Conferencia Especializada Interamericana sobre Derechos Humanos, celebrada en San José de Costa Rica, del 7 al 22 de noviembre de 1969. Puede consultarse el articulado de la Convención en: https://www.oas.org/dil/esp/tratados_b-32_convencion_americana_sobre_derechos_humanos.htm (Última consulta: 23/01/2023).

> 3. La libertad de manifestar la propia religión y las propias creencias está sujeta únicamente a las limitaciones prescritas por la ley y que sean necesarias para proteger la seguridad, el orden, la salud o la moral públicos o los derechos o libertades de los demás.
>
> 4. Los padres, y en su caso los tutores, tienen derecho a que sus hijos o pupilos reciban la educación religiosa y moral que esté de acuerdo con sus propias convicciones".

Por otro lado, en el ámbito africano, disponemos de la Carta Africana sobre Derechos Humanos y de los Pueblos[378], que en su artículo 8 garantiza el derecho a la libertad de conciencia:

> "La libertad de conciencia y profesión, y la libre práctica de la religión estarán garantizadas. Nadie que respete la ley y el orden puede ser sometido a medidas que restrinjan el ejercicio de esas libertades".

Por último, hallamos el peculiar modo de enunciar la protección que ofrece a la libertad religiosa la Carta Asiática de los Derechos Humanos[379], formulando en su artículo 6.3 lo siguiente:

> "La libertad de religión y de conciencia es particularmente importante en Asia, donde la mayoría de la gente es profundamente religiosa. La religión es una fuente de consuelo y sosiego en medio de la pobreza y la opresión. Muchos encuentran su identidad primaria en la religión. Sin embargo, el fundamentalismo religioso es también causa de divisiones y conflictos. La tolerancia religiosa es esencial para el goce del derecho a la

---

[378] Carta Africana sobre Derechos Humanos y de los Pueblos, adoptada en Nairobi (Kenia), en la XVIII Asamblea de Jefes de Estado y Gobierno de la Organización de la Unidad Africana, el 27 de julio de 1981. Puede consultarse en: https://www.acnur.org/fileadmin/Documentos/BDL/2002/1297.pdf (Última consulta: 23/01/2023).

[379] Carta Asiática de los Derechos Humanos, aprobada en Corea del Sur en 1988. Puede consultarse su texto en inglés en: https://www.refworld.org/pdfid/452678304.pdf (Última consulta: 23/01/2023). Nairobi (Kenia), en la XVIII Asamblea de Jefes de Estado y Gobierno de la Organización de la Unidad Africana, el 27 de julio de 1981.

conciencia de los demás, lo que incluye el derecho de cambiar las propias creencias de uno mismo".

### 1.1.5. Consideraciones acerca de la protección de la dimensión colectiva de la libertad religiosa y la figura de los ministros de culto

Tras haber llevado a cabo una lectura de los textos internacionales de referencia, no parece imprudente afirmar que la dimensión colectiva de la libertad religiosa no es precisamente la mayor protagonista en su articulado. Y, por ello, mucho menos relevante resulta la figura del ministro de culto. De hecho, se ha dicho de estos textos que "ninguno menciona, ni directa, ni indirectamente, a las personas que, dentro de las iglesias, confesiones o comunidades religiosas, están designadas para realizar esos ritos, celebrar ese culto o llevar a cabo las otras funciones de carácter religioso"[380]. No obstante, no consideramos que la mención explícita sea una condición ineludible, es más, si nos detenemos a analizar las distintas constituciones de los países europeos – empezando por la nuestra – nos percataremos de la ausencia de mención explícita a los ministros de culto. Y no por ello significa que la dimensión colectiva quede fuera del ámbito de la protección comprendido en la libertad religiosa.

Hemos de resaltar que en los analizados puede apreciarse que la libertad religiosa conlleva asimismo la facultad de ejercitarla "colectivamente", por lo que, a pesar de que no exista mayor desarrollo de la configuración de este culto, enseñanza, prácticas y observancia de ritos, nada impide decir que no esté protegido, por más que este contenido no esté desarrollado. Cabe además atender al motivo histórico en el que se aprueban estos textos jurídicos, ya que esto es muy importante. Y, en efecto, el cambio de paradigma de una concepción institucio-

---

380 GONZÁLEZ AYESTA, J., *op. cit.*, p. 30.

nal hacia otra más personalista puede facilitarnos su comprensión. En este sentido, MARTÍNEZ-TORRÓN considera:

> "Al contrario que en épocas pasadas, en que la religión era contemplada desde una perspectiva sobre todo institucional, la preocupación internacional por el hecho religioso se muestra heredera, en buena medida, de la concepción liberal de los derechos y libertades. Estos pertenecen primaria y originalmente a la persona individual, y derivadamente a los entes colectivos que nacen de su natural sociabilidad"[381].

Este criterio personalista no es difícil de apreciarlo. De hecho, la propia Declaración Universal de Derechos Humanos ya inicia su artículo 1 enunciando: "Todos los seres humanos nacen libres e iguales en dignidad y derechos y, dotados como están de razón y conciencia, deben comportarse fraternalmente los unos con los otros".

También conviene tener presente que la dimensión interna de la libertad religiosa será ilimitable. Por tanto, los límites en el ejercicio de este derecho se encontrarán en la proyección pública, esto es, en la dimensión externa. No es una cuestión sin importancia, ya que ayuda a situar el foco de atención en la libertad de manifestación de este derecho – en las tantas formas que existe – y no en la libertad de tener unas creencias u otras. En definitiva, la libertad de profesar una religión o tener unas creencias goza de inmunidad de coacción y se presenta como un derecho absoluto que carece de límites. En cambio, las acciones externas que se realizan de conformidad con esas creencias forman parte de un derecho que no es ilimitado, ya

---

381 MARTÍNEZ-TORRÓN, J., "La protección internacional de la libertad religiosa", en AA.VV., *Tratado de Derecho Eclesiástico,* Pamplona: EUNSA, 1994, p. 143.

que encuentra término en los derechos de los demás y en el mantenimiento del orden público protegido por la ley[382].

Y, en este sentido, podremos analizar con detenimiento cuáles han sido los pronunciamientos del Tribunal Europeo de Derechos Humanos respecto a los límites que debe encontrar la libertad religiosa cuando esta entra en colisión con otros bienes jurídicos. Pero antes de ello, resulta conveniente analizar con mayor detenimiento aquello que sí que dicen otros textos internacionales que desarrollan con más precisión el contenido de esta dimensión colectiva de la libertad religiosa.

### *1.2. Instrumentos internacionales que abordan de modo más específico la dimensión colectiva de la libertad religiosa*

Existen una serie de instrumentos jurídicos internacionales que prestan mayor atención a la dimensión colectiva de la libertad religiosa.

#### 1.2.1. Declaración sobre la eliminación de todas las formas de intolerancia y discriminación fundadas en la religión o las convicciones[383]

Resulta relevante destacar la Declaración sobre la eliminación de todas las formas de intolerancia y discriminación fundadas en la religión o las convicciones, proclamada por la Asamblea General de Naciones Unidas en 1981. Esta Declaración consta de un Preámbulo y ocho artículos. Su finalidad no es únicamente condenar la intolerancia y discriminación, sino también reforzar

---

382 SOUTO GALVÁN, E., *El reconocimiento de la Libertad Religiosa en Naciones Unidas,* Madrid: Marcial Pons, 2000, p. 201.

383 Proclamada por la Asamblea General de las Naciones Unidas el 25 de noviembre de 1981 (Resolución 36/55).

la propia libertad religiosa y sus manifestaciones. En su primer artículo comienza estableciendo que toda persona tiene derecho a la libertad de pensamiento, de conciencia y de religión, tanto de forma individual como colectiva. Sin embargo, es en su artículo 6 donde hallamos un contenido relevante a efectos de nuestra investigación. En este precepto se indica lo siguiente:

> "De conformidad con el artículo 1 de la presente Declaración y sin perjuicio de lo dispuesto en el párrafo 3 del artículo 1, el derecho a la libertad de pensamiento, de conciencia, de religión o de convicciones comprenderá, en particular, las libertades siguientes:
>
> a) La de practicar el culto o de celebrar reuniones en relación con la religión o las convicciones, y de fundar y mantener lugares para esos fines;
>
> b) La de fundar y mantener instituciones de beneficencia o humanitarias adecuadas;
>
> c) La de confeccionar, adquirir y utilizar en cantidad suficiente los artículos y materiales necesarios para los ritos o costumbres de una religión o convicción;
>
> d) La de escribir, publicar y difundir publicaciones pertinentes en esas esferas;
>
> e) La de enseñar la religión o las convicciones en lugares aptos para esos fines;
>
> f) La de solicitar y recibir contribuciones voluntarias financieras y de otro tipo de particulares e instituciones;
>
> g) La de capacitar, nombrar, elegir y designar por sucesión los dirigentes que correspondan según las necesidades y normas de cualquier religión o convicción;
>
> h) La de observar días de descanso y de celebrar festividades y ceremonias de conformidad con los preceptos de una religión o convicción;

> i) La de establecer y mantener comunicaciones con individuos y comunidades acerca de cuestiones de religión o convicciones en el ámbito nacional y en el internacional".

Tal y como observamos, entre las manifestaciones pueden apreciarse algunas que no se limitan únicamente a la esfera individual. Al contrario, son fáciles de identificar algunas manifestaciones situadas en la órbita comunitaria o institucional. De esta forma, consideramos conveniente destacar los apartados f), g), además del i). Y ello porque son los que a nuestro juicio podrían estar más en el foco del intervencionismo estatal en la actualidad.

Comenzamos por el g), por ser este el que resulta más fácil de relacionar con nuestro objeto de estudio. De esta forma su contenido puede desgranarse en tres partes. Primero, la *naturaleza* del derecho, que consiste en "capacitar, nombrar, elegir y designar por sucesión". Ello supone incluir tanto la instrucción o formación como la designación o nombramiento. Por tanto, este derecho comprende ambas facultades. Segundo, *a quiénes* se puede formar y designar, que son "los dirigentes que correspondan según las necesidades y normas". Como consecuencia, no se limita únicamente a las personas que lleven propiamente a cabo las funciones de dirección o guía espiritual, sino también a otras personas que lleven a cabo labores de naturaleza religiosa. Por último, nos informa acerca de *quién* decidirá acerca de la formación y nombramiento o designación "cualquier religión o convicción". *Ergo*, no parece que lo circunscriba a un ámbito concreto, como el hecho de estar inscritas, suscribir un acuerdo con las autoridades nacionales, ni nada por el estilo.

Pero, además, existen otros dos apartados que no dejan de erigirse como relevantes a tenor de la actualidad que nos rodea.

Por un lado, el apartado f), que tiene relación con la libertad de "solicitar y recibir contribuciones voluntarias financieras y de otro tipo de particulares e instituciones". Por ello, se deduce que tienen la opción de solicitar y recabar auxilio económico, tanto procedente de particulares como de instituciones. No podemos ampliar mucho más este contenido, aventurándonos en afirmar aspectos que en realidad no dice. Pero sí que hemos de mantener la idea de que esta constituye una manifestación de la libertad religiosa. Evidentemente, sin la existencia de medios económicos no puede sufragarse la actividad, lugares y personas que prestan estos ritos y cultos religiosos. Ahora bien, en ocasiones se alerta de que la procedencia de la financiación puede influir – incluso determinar – la orientación de las actividades que allí se llevan a cabo. Y ello a veces inquieta a los poderes públicos, como veremos más adelante en este trabajo.

Por otro lado, otra acción que se articula como manifestación de la libertad de creencias en esta Declaración es la dispuesta en el apartado i). Al igual que hemos hecho con el apartado g), consideramos conveniente separarlo en tres esferas. En primer lugar, la *naturaleza* del derecho, que no es más que la de "establecer y mantener comunicaciones con individuos y comunidades". En otras palabras, derecho a comunicarse, tanto con individuos como comunidades, y a mantener estas comunicaciones, esto es, que no se trate de un contacto esporádico, sino que pueda mantenerse en el tiempo incluso con una frecuencia regular. En segundo lugar, el *contenido* de estas comunicaciones, que establece que será "acerca de cuestiones de religión o convicciones", por lo que parece bastante claro que se limita a un objeto "de religión". Y, por último, el *alcance*, que en este caso no queda restringido al interior de las fronteras que delimitan el ámbito nacional y comprende también la vertiente internacional. De esta forma, "en el ámbito nacional y en el internacional" ofrece pocas dudas al respecto. Por más que este alcance se muestre ilimitado, en el contexto en que nos movemos genera preocupación el hecho de que un individuo o confesión mantenga relaciones con el exterior, especialmente con autoridades nacionales de Estados que se hallan presentes en conflictos bélicos o que se perciben con cierto recelo por cuestiones que afectan a la seguridad nacional.

### 1.2.2. El Documento final de la Reunión de Viena de la Conferencia para la Seguridad y la Cooperación en Europa

Otro texto jurídico que merece atención es el resultado, a nivel europeo, de los trabajos realizados en la entonces Conferencia sobre la Seguridad y la Cooperación en Europa. Como es sabido, al hilo de los profundos cambios la Conferencia se fue transformando en la Organización para la Seguridad y la Cooperación en Europa (en adelante, OSCE), que cuenta hoy con 57 Estados participantes en América del Norte, Europa y Asia. Esta composición la convierte en la organización de seguridad regional más grande del mundo. La OSCE trabaja para alcanzar y mantener estabilidad, paz y democracia de más de mil millones de personas, a través del diálogo político y proyectos sobre el terreno[384].

El texto que sin duda nos interesa más es el Documento de Clausura de la Reunión de Viena[385]. Este Documento se divide en varias partes, atendiendo a distintas materias. Pues bien, dentro del primer capítulo "Cuestiones relativas a la Seguridad en Europa", se establecen una serie de Principios. Uno de ellos, el número 16, está dedicado íntegramente a la libertad religiosa. Y en él puede apreciarse, sin lugar a dudas, una especial relevancia de la dimensión institucional o colectiva de la libertad religiosa. De esta forma, como destaca MARTÍNEZ-TORRÓN:

> "... cuando se lo compara con otros instrumentos internacionales (...), su rasgo más distintivo es la explícita atención que se presta, por primera vez, a la dimensión colectiva e institucional de la libertad religiosa. Hasta el extremo de que, si bien la perspectiva

---

384 Para más información al respecto, puede consultarse: https://www.osce.org/es/who-we-are (Última consulta: 28/05/2023).

385 Documento de Clausura de la Reunión de Viena de 1986 de los Representantes de los Rstados participantes en la Conferencia sobre la Seguridad y la Cooperación en Europa, convocada sobre la base de las disposiciones del Acta Final relativas a la continuidad de la conferencia (19 de enero de 1989).

> teórica es la "libertad del individuo y de profesar y practicar una religión o convicción", son los derechos de las comunidades religiosas los que parecen constituir el verdadero eje del párrafo 16, que es el específicamente dedicado a la cuestión religiosa"[386].

En este sentido, dentro del Principio número 16, consideramos oportuno destacar el apartado 4 y el 8. Ambos establecen:

> "(16) A fin de asegurar la libertad de la persona de profesar y practicar una religión o creencia, los Estados participantes, *inter alia*,
>
> (...)
>
> (16.4) – respetarán el derecho de esas comunidades religiosas a
>
> - establecer y mantener lugares de culto o de reunión libremente accesibles;
>
> - organizarse de conformidad con su propia estructura jerárquica e institucional;
>
> - elegir, nombrar y sustituir a su personal de conformidad con sus necesidades y normas respectivas, así como con cualquier acuerdo libremente establecido entre tales comunidades y su Estado;
>
> - solicitar y recibir contribuciones voluntarias financieras y de otra índole;
>
> (...)
>
> (16.8) – permitirán la formación de personal religioso en las instituciones apropiadas".

---

386 MARTÍNEZ-TORRÓN, J., "La protección internacional ...", *op. cit.*, pp. 172-173.

Ante este Principio cabe realizar una serie de matices. La atenta lectura del mismo puede permitirnos extraer dos cuestiones que a simple vista pudiesen pasar inadvertidas.

En primer lugar, puede observarse que la fórmula empleada para referirse al ministro de culto no es "dirigentes" sino que se trata en esta ocasión de "personal" y "personal religioso". Ello permite una aproximarse al concepto de ministro de culto de una forma más amplia. Estas expresiones, por tanto, tal y como afirma GONZÁLEZ AYESTA:

> "son más amplias y generales que aquella otra (dirigentes) y resultan más adecuadas para abarcar tanto a quienes desempeñan funciones de dirección en las comunidades religiosas, como a quienes simplemente ejercen en ellas funciones religiosas cualificadas, aunque no ocupen cargos de dirección o gobierno"[387].

En segundo lugar, de la lectura del Principio se deduce una mayor protección que la que se había concedido hasta el momento. Es cierto que existe un mayor desarrollo en su contenido. De esta forma, si uno se detiene en el 16.4, se puede fácilmente percatar del importante apartado dedicado a "organizarse de conformidad con su propia estructura jerárquica e institucional". Algo tan básico como poder definir su propia estructura es fundamental para que después puedan ejercitarse efectivamente el resto de los derechos. Además, igual que se habla de nombrar y designar se habla de sustituir. En definitiva, existe una mayor precisión. Esto podría considerarse como una supremacía de este texto frente a otros. Sin embargo, como MARTÍNEZ-TORRÓN ha puesto de manifiesto, ello no se debe más que a cuestiones históricas marcadas por un contexto en el que diversos países del bloque soviético desaten-

[387] GONZÁLEZ AYESTA, J., *op. cit.*, p. 42.

dían algunas manifestaciones de la libertad de creencias, por lo que parecía que era más necesario enfatizarlas[388].

### 1.2.3. Las Reglas Mínimas de Naciones Unidas para el Tratamiento de los Reclusos y las Reglas Penitenciarias Europeas

Como hemos puesto de manifiesto en más de una ocasión, la asistencia religiosa que tiene lugar en los centros penitenciarios no está exenta de relevancia. A continuación, veremos el tratamiento que reciben las personas privadas de libertad por parte de estos textos jurídicos. De un lado, las Reglas Mínimas para el Tratamiento de los Reclusos, aprobadas en Naciones Unidas; de otro, las Reglas Penitenciarias Europeas, adoptadas en el ámbito del Consejo de Europa.

Antes de empezar, hemos de destacar que la protección jurídica que vamos a analizar en las próximas líneas no debe confundirse con el contexto del Derecho humanitario y de la protección de las víctimas en conflictos bélicos. Este contexto diferente conlleva, como cabe esperar, una aproximación jurídica diferente. Así, existen instrumentos específicos tales como los Convenios de Ginebra de 12 de agosto de 1949, que son un conjunto de cuatro convenios internacionales mediante los cuales se otorga protección a los heridos, enfermos, náufragos y prisioneros de conflictos bélicos, así como a las personas civiles envueltas en ellos[389]. Dentro de este segundo grupo es

---

388 MARTÍNEZ-TORRÓN, J., "La protección internacional…", *op. cit.*, p. 174.

389 Estos cuatro convenios internacionales de 1949 son:
- El Convenio de Ginebra para aliviar la suerte que corren los heridos y los enfermos de las fuerzas armadas en campaña.
- El Convenio de Ginebra para aliviar la suerte que corren los heridos, los enfermos y los náufragos de las fuerzas armadas en el mar.
- El Convenio de Ginebra relativo al trato debido a los prisioneros de guerra.

donde se encontrarían también el personal, los miembros de organizaciones humanitarias y el personal religioso[390].

Habiendo realizado esta importante precisión, es momento de iniciar el análisis del primero de los textos. De esta forma, las Reglas Mínimas para el Tratamiento de los Reclusos fueron adoptadas en el Primer Congreso de las Naciones Unidas sobre Prevención del Delito y Tratamiento del Delincuente, celebrado en Ginebra en 1955, y aprobadas por el Consejo Económico y Social en sus resoluciones 663C (XXIV) de 31 de julio de 1957 y 2076 (LXII) de 13 de mayo de 1977[391]. En la elaboración dejaron su impronta 51 gobiernos y 43 ONG con un total de 512 participantes.

Estas Reglas no tienen por objeto homogeneizar la normativa aplicable en los establecimientos penitenciarios. Nada más lejos de la realidad, pues tal propósito sería a todas luces irrealizable. Por el contrario, pone en el foco el interés de enunciar una serie de principios y prácticas que se consideran idóneas en el tratamiento de los reclusos y la administración penitenciaria[392].

---

- El Convenio de Ginebra relativo a la protección debida a las personas civiles en tiempo de guerra.

Y a ello habríamos de añadirle los dos Protocolos adicionales de 8 de junio de 1977:

- El Protocolo I adicional a los Convenios de Ginebra de 1949 relativo a la protección de las víctimas de los conflictos armados internacionales.
- El Protocolo II adicional a los Convenios de Ginebra de 1949 relativo a la protección de las víctimas de los conflictos armados sin carácter internacional.

390 Para una mayor profundización en la materia, recomendamos GONZÁLEZ AYESTA, J., *op. cit.*, pp. 43-51.

391 Puede consultarse el texto en: https://www.unodc.org/documents/justice-and-prison-reform/AGMs/spanish.pdf (Última consulta: 29/05/2023).

392 Puede verse mejor si se atiende a las Observaciones preliminares que se enuncian en las Reglas.

Conviene destacar que estas Reglas fueron actualizadas en 2015, modificando y ampliando el contenido de algunas cuestiones[393]. Ahora bien, hemos de destacar que en el tema que nos ocupa referente a los ministros de culto y la asistencia religiosa no ha habido ninguna enmienda al respecto. De esta forma, tras haber comparado ambos textos, los dos reproducen literalmente el mismo contenido, sin precisión o eliminación alguna. Así, existe un apartado que se titula "Religión". En él se contienen dos Reglas que conviene analizar:

> "Regla 65
>
> 1. Si en el establecimiento penitenciario hay un número suficiente de reclusos de una misma religión, se nombrará o aprobará un representante calificado de ese culto. Cuando el número de reclusos lo justifique y las circunstancias lo permitan, dicho representante prestará servicios a tiempo completo.
>
> 2. El representante calificado que haya sido nombrado o aprobado conforme al párrafo 1 de esta regla estará autorizado a organizar periódicamente servicios religiosos y a efectuar, cada vez que corresponda, visitas pastorales en privado a los reclusos de su religión.
>
> 3. Nunca se negará a un recluso el derecho de comunicarse con el representante autorizado de una religión; y, a la inversa, cuando un recluso se oponga a ser visitado por el representante de una religión, se deberá respetar plenamente su actitud.
>
> Regla 66
>
> En la medida de lo posible, se autorizará a todo recluso a cumplir los preceptos de su religión, permitiéndosele participar en los servicios organizados en el establecimiento penitenciario y tener en su poder libros de observancia e instrucción religiosas de su confesión".

---

393 Puede consultarse el texto resultante en: https://www.unodc.org/documents/justice-and-prison-reform/Nelson_Mandela_Rules-S-ebook.pdf (Última consulta: 29/05/2023).

Estas dos Reglas – que antes de la modificación llevada a cabo en 2015 correspondían a las Reglas 41 y 42 del texto – no parecen ser del todo irrelevantes. En la primera de ellas, no únicamente se anuncia la posibilidad de que el interno pueda recibir asistencia religiosa, sino que va más allá en su protección. De este modo, se deberá nombrar o aprobar un "representante calificado" de un culto, en el caso en que exista un "número suficiente" de reclusos de la misma confesión. Pero es que todavía ofrece una mayor protección el texto cuando enuncia que, ante el supuesto de que el número de reclusos "lo justifique" y "las circunstancias lo permitan", el representante prestará servicios a tiempo completo. Se puede apreciar asimismo cómo se desgrana el contenido de la asistencia espiritual, además de enunciarse esta libertad también en sentido negativo, con la consecuencia de que no se podrá forzar a un interno a ser visitado por el representante de una confesión.

Es evidente que este texto no ofrece todas las claves respecto a su implementación práctica. Utiliza un "se" impersonal a la hora de enunciar que se nombrará o aprobará. Lógicamente, se deduce que corresponderá a las autoridades competentes. Ahora bien, nada dice respecto a si las comunidades religiosas serán quienes designen o formen parte de esta decisión, o si por el contrario no adquieren ningún protagonismo en tal labor. Por otro lado, la nomenclatura escogida en esta ocasión se refiere a "representante calificado", con los interrogantes que podría generar la indefinición de su naturaleza. Lo que sí que cabe resaltar es que en el tercer apartado de la Regla 65 se transmite de forma absoluta que no se negará a un recluso la posibilidad de comunicarse con el representante autorizado de una religión, al utilizar el adverbio "nunca". No consideramos que sea una cuestión baladí, ya que se podría haber optado por otras formas como "en la medida de lo posible", utilizada en la Regla que le sucede.

Respecto a aquellas de ámbito europeo, hemos de comenzar destacando que el Consejo de Europa ha demostrado tener en su agenda política su preocupación por esta materia. Es fácil advertirlo, al menos si observamos por un momento la larga trayectoria desde que en 1973 el Comité de Ministros del Consejo de Europa aprobase las Reglas Mínimas Europeas para el Tratamiento de los Reclusos[394]. Y esta preocupación es evidenciada por el número de reformas que posteriormente han tenido lugar[395]. De ello, por otro lado, no se puede proclamar un discurso victorioso ni la ausencia de un largo camino todavía por recorrer. Así, la última modificación fue el 1 de julio de 2020[396], que realizaba enmiendas al texto de 2006[397]. Como en el anterior caso, aquí la reforma tampoco supuso ningún cambio relativo a la libertad religiosa. En este caso, ni tan siquiera un cambio de numeración. De este modo, se preservó el apartado dedicado a la "Libertad de pensamiento, de conciencia y de religión". Y, en su único punto número 29 establece:

> "29.1 Se respetará el derecho a la libertad de pensamiento, de conciencia y de religión de los internos.
>
> 29.2 El régimen penitenciario se organizará, en la medida de lo posible, de forma que permita a los internos practicar su religión y seguir sus creencias, participar en servicios o reuniones dirigidas por representantes de estas religiones o creencias, recibir en privado visitas de estos representantes de su religión o creencias y disponer de libros o publicaciones relacionadas con su religión o creencias.

---

394 Resolución (73) 5, de 19 de enero, del Comité de Ministros del Consejo de Europa, sobre las Reglas Mínimas para el Tratamiento de los Reclusos.

395 Si se desea aproximarse a este recorrido, véase GONZÁLEZ AYESTA, J., *op. cit.*, pp. 53-54.

396 Recomendación Rec (2006) 2-rev, de 1 de julio de 2020, del Comité de Ministros del Consejo de Europa, sobre la revisión de las Reglas Penitenciarias Europeas. Puede consultarse en: https://rm.coe.int/09000016809ee581 (Última consulta: 29/05/2023).

397 Recomendación Rec (2006) 2, de 11 de enero, del Comité de Ministros del Consejo de Europa, sobre las Reglas Penitenciarias Europeas. Puede consultarse en: https://rm.coe.int/european-prison-rules-978-92-871-5982-3/16806ab9ae (Última consulta: 29/05/2023).

> 29.3 Los internos no podrán ser obligados a practicar una religión o creencias, ni a participar en servicios o reuniones religiosos, ni a participar en prácticas religiosas ni a aceptar visitas de un representante de ninguna religión o creencia".

Tal y como podemos observar, pueden establecerse importantes similitudes con el texto adoptado por Naciones Unidas que hemos visto con anterioridad. No obstante, hemos de subrayar que las Reglas Mínimas analizadas previamente ofrecían – a nuestro parecer – mayor detalle. El contenido de este, en cambio, podríamos sintetizarlo muy brevemente. Para empezar, está reconocido el derecho a la libertad religiosa en su primer apartado. Y, asimismo, está protegida la vertiente negativa de esta libertad en su tercer apartado.

Por lo que respecta al segundo apartado, es precisamente aquí donde identificamos alguna diferencia respecto a lo manifestado en el otro texto analizado. Y es que se protege el derecho "en la medida de lo posible". Es cierto que en el otro se reproducía la misma expresión para el mismo contenido que aquí se contiene. No obstante, las visitas en privado de los ministros de culto no estaban bajo ese paraguas, a diferencia de lo dispuesto en esta Regla. De hecho, se utilizaba el adverbio "nunca" para referirse a las comunicaciones con el líder espiritual, que debían entenderse vinculadas a las visitas por su enunciación más tarde en la vertiente negativa del derecho. Por tanto, se desprendía un mayor nivel de compromiso por parte de las autoridades públicas, también al existir una graduación de la oferta de atención espiritual disponible en función del número de internos que profesasen dicha religión. Por último, el concepto utilizado es distinto. Mientras en el de NNUU era "representante calificado", aquí se utiliza el término "representantes".

## 2. LA JURISPRUDENCIA DEL TRIBUNAL EUROPEO DE DERECHOS HUMANOS RESPECTO A LA AUTONOMÍA DE LAS CONFESIONES RELIGIOSAS

Tras haber analizado el contenido normativo existente en los distintos instrumentos internacionales, tanto en los grandes textos como en los documentos que abordan de modo más específico la dimensión colectiva del derecho, es momento de estudiar los pronunciamientos del Tribunal Europeo de Derechos Humanos. Ello nos permitirá, lejos de observar aquello que *aguanta* el papel, poder extraer la aplicación práctica en supuestos en los que efectivamente han aparecido conflictos relacionados con la libertad religiosa de la confesión religiosa y/o sus miembros y la intervención estatal en el seno de estas confesiones.

Antes de recorrer este camino jurisprudencial en las próximas líneas, consideramos conveniente recordar el esquema que suele seguir el Tribunal a la hora de determinar si la interferencia en el ejercicio de uno de los derechos garantizados por el Convenio puede estar justificada o si, por el contrario, constituye una violación del mismo derecho. En primer lugar, debe cerciorarse que la medida que se considera restrictiva está prevista por la ley. Después, tal restricción debe perseguir uno de los fines legítimos enunciados en el CEDH. En el caso de la libertad religiosa esto es: la protección del orden, la moral, la seguridad o la salud pública, y la protección de los derechos y libertades de los demás. Por último, debe examinarse que tal medida sea necesaria en una sociedad democrática.

En el caso del primer requisito, la previsión de una norma, ello no consiste en que esté meramente contemplada en una disposición, sino también que la misma sea accesible y previsible. De esta forma, los ciudadanos deben tener la seguridad jurídica acerca de las consecuencias que pueden derivarse de sus actos. Para ello, el papel de los poderes públicos resulta esencial. La implementación de la norma no podrá ser arbitraria, por lo que se deberá huir de concepciones de discrecionalidad ilimitada que conlleve indefensión de los ciudadanos ante las autoridades nacionales.

Respecto a la segunda de las condiciones, nos ofrece con claridad en qué espacio debemos movernos a la hora de abordar la naturaleza que ha de revestir el objetivo que el Estado pretende perseguir cuando lleva a cabo tal medida restrictiva de un derecho. Es de vital importancia, pues como hemos visto anteriormente, la tipificación de estos elementos – que en nuestro caso diríamos constitutivos del orden público – exponen los parámetros adecuados para posibilitar que el ejercicio de un derecho no pueda convertirse en el atropello de otros.

Por último, tenemos el aspecto relativo a que la medida sea "necesaria en una sociedad democrática". Este elemento no implica que la medida deba ser "indispensable", "absolutamente necesaria" o "estrictamente necesaria", que son los términos utilizados en otros preceptos del CEDH. Sin embargo, ello no implica que podamos rebajar la exigencia jurídica a un supuesto en el que cuadren expresiones tales como "admisible", "útil", "deseable" o "razonable". El TEDH ha expresado en reiteradas ocasiones que este requisito responde a la existencia de una "necesidad social imperiosa", por lo que cabe en todo caso estudiarlo *ad casum*, con el objeto de poder tener en cuenta todos los elementos de juicio. Entre estos factores estarían: "la naturaleza del derecho en cuestión y el grado de interferencia en su ejercicio; la naturaleza de las actividades sujetas a restricción; la naturaleza del interés público que supuestamente justifica la limitación de las libertades; y el nivel de protección que ese interés reclama en las precisas circunstancias del caso"[398].

Es momento ahora de analizar algunos de los pronunciamientos más relevantes en esta materia procedentes del Tribunal de Estrasburgo.

---

398 MARTÍNEZ-TORRÓN, J., "Los límites a la libertad de religión y de creencia en el Convenio Europeo de Derechos Humanos", *Revista General de Derecho Canónico y Derecho Eclesiástico del Estado*, núm. 2, 2003, p. 14.

## *2.1. Caso Serif contra Grecia*[399]

### 2.1.1. Contexto

Lo primero que cabe aseverar es que la región de Tracia comprende territorios pertenecientes a los actuales Estados de Grecia, Bulgaria y Turquía. Este territorio tiene una notable relevancia histórica, primero por la predominancia de las tribus nativas, que protagonizaron grandes enfrentamientos a causa de la colonización griega a partir del año 800 a.C. en el litoral. Pero, sobre todo, porque ha sido un territorio cuyos habitantes han visto cómo las disputas entre los tres Estados mencionados han ido configurando su pertenencia a uno de ellos, en función del momento histórico que se tratase.

De este modo, es fácil de imaginar que tras la finalización de los conflictos militares se han firmado tratados que han delimitado las líneas fronterizas entre estos países. El último de ellos – y que establece las fronteras actuales – es el Tratado de Paz de Lausana, firmado el 24 de julio de 1923.

No obstante, la población presente en las nuevas fronteras establecidas no necesariamente profesaba la religión de los Estados a los que pertenecían los territorios. En realidad, este fenómeno no se daba únicamente en la región de Tracia, sino en otros muchos territorios. Ello llevó a optar por una solución salomónica consistente en el obligatorio intercambio de población entre Grecia y Turquía. Esta medida fue acordada entre ambos Estados en el capítulo sexto del Tratado de Lausana[400]. De este modo, el artículo 1 del mismo establecía:

> "A partir del 1 de mayo de 1923, tendrá lugar un intercambio obligatorio de nacionales turcos de religión ortodoxa griega

399 STEDH (Sección 2ª), Caso Serif contra Grecia, de 14 diciembre de 1999.

400 A diferencia del resto de contenido del Tratado, las disposiciones relativas al intercambio de población fueron firmadas el 30 de enero de 1923.

> establecidos en territorio turco, y de nacionales griegos de religión musulmana establecidos en territorio griego.
>
> Estas personas no podrán volver a vivir en Turquía o Grecia, respectivamente, sin la autorización del Gobierno turco o del Gobierno griego, respectivamente"[401].

Por tanto, era clara e inequívoca la obligatoriedad de llevar a cabo este intercambio basado no en la lengua o grupo étnico, sino en la identidad religiosa de la población. Esta obligatoriedad encontró su excepción en el territorio de la Tracia Occidental (Grecia) y la Tracia Oriental (Turquía). De esta forma, el artículo 2 de este capítulo sexto excluye a: i) Los habitantes griegos de Constantinopla; ii) Los habitantes musulmanes de Tracia Occidental.

Además, hay otros artículos cuya lectura puede ser interesante para ayudar a trazar la configuración jurídica que se estableció en virtud de este Tratado. Por un lado, el artículo 27.2 establece que: "Queda entendido que en modo alguno se infringen las atribuciones espirituales de las autoridades religiosas musulmanas" después de haber pactado anteriormente la prohibición de que las autoridades turcas ejerzan "poder o jurisdicción en materia política, legislativa o administrativa (…) fuera del territorio turco". Ello – reza el precepto – no se podrá realizar sobre "los nacionales de un territorio colocado bajo la soberanía o protectorado de las otras Potencias signatarias del presente Tratado, o sobre los nacionales de un territorio separado de Turquía".

Cabe destacar que con este Tratado se pretendía que ambos Estados respetasen a las minorías presentes en sus territorios, con el fin de que los nacionales turcos no musulmanes "gozasen de los mismos derechos civiles y políticos que los musulma-

---

401 Puede consultarse el articulado del Tratado: https://www.mfa.gov.tr/lausanne-peace-treaty-part-i_-political-clauses.en.mfa (Última consulta: 01/09/2024).

nes" (artículo 39.1). Por ello, "todos los habitantes de Turquía, sin distinción de religión, son iguales ante la ley" (artículo 39.2) y las diferencias de religión "no perjudicarán a ningún nacional turco en asuntos relacionados con el disfrute de los derechos civiles o políticos" (artículo 39.3).

Por otro lado, además de la dimensión individual protegida en el mencionado precepto, en el artículo 40 del Tratado se establece:

> "Los nacionales turcos pertenecientes a minorías no musulmanas gozarán del mismo trato y seguridad de hecho y de derecho que los demás nacionales turcos. En particular, tendrán igual derecho a fundar, administrar y controlar a su costa cualesquiera instituciones benéficas, religiosas y sociales, cualesquiera escuelas y otros establecimientos de instrucción y educación, con derecho a utilizar su propio idioma y a ejercer su propia religión libremente en él".

Todas estas disposiciones son relevantes, ya que igual que se aplican en la Tracia Oriental (Turquía) gozan de la misma aplicabilidad en la Tracia Occidental (perteneciente a Grecia) respecto a los ciudadanos griegos que representan la minoría musulmana en su territorio. Todo ello en virtud del artículo 45, que dispone: "Los derechos conferidos por las disposiciones de la presente Sección a las minorías no musulmanas de Turquía serán igualmente conferidos por Grecia a la minoría musulmana en su territorio".

Pero hemos de destacar también el Tratado de Atenas, firmado el 11 de noviembre de 1913. Este texto, aprobado tras la Guerra de los Balcanes, es relevante a efectos de la elección y jurisdicción de los muftíes en las zonas conquistadas a Turquía[402]. Consideramos nuclear destacar el artículo 11, por las

---

402 Este Tratado está traducido al inglés en *The American Journal of International Law*, Jan., 1914, Vol. 8, No. 1, Supplement: Official Documents (Jan., 1914), pp. 46-55. Para una mayor facilidad de accesibilidad, aportamos la fuente: https://www.jstor.org/stable/2212405?seq=1 (Última consulta: 01/09/2024).

importantes consecuencias que se derivan de este. Y es que, huelga mencionar, este Tratado está incorporado en el ordenamiento helénico – como se podría intuir – ya que fue publicado en la Gaceta Oficial nacional el 14 de noviembre de 1913.

Este artículo 11 ofrece muchas claves. No obstante, vamos a resaltar aquello que nos preocupa más a efectos de nuestro ámbito de estudio. En primer lugar, establece que la religión de los territorios cedidos a Grecia deberá ser escrupulosamente respetada[403]. Asimismo, la práctica libre y pública de su religión será asegurada a los musulmanes[404]. Por otro lado, también se estipula que no habrá injerencia alguna en las relaciones de los musulmanes o de las comunidades musulmanas con sus directores espirituales[405]. Otra importante precisión es que los muftíes de cada comunidad serán elegidos por los electores musulmanes[406]. Y es precisamente esta última cuestión la que parece evidenciar conflictos con más intensidad.

### 2.1.2. Supuesto

Resulta interesante analizar este asunto porque es la primera ocasión en la que el Tribunal de Estrasburgo tuvo la oportunidad de resolver un litigio que tenía como pretexto la intervención de las Administraciones Públicas de un Estado en

---

403 "The life, property, honor, religion, and customs of those inhabitants of the territories ceded to Greece who shall remain under the Greek dominion shall be scrupulously respected".

404 "The free and public practice of their religion shall be assured to Mussulmans".

405 "Neither shall any interference be made in the relations of the individual Mussulmans or Mussulman communities with their spiritual chiefs, who shall be subject to the Cheik-ul-Islamat at Constantinople, who shall invest the chief mufti".

406 "The muftis, each within his own community, shall be elected by Mussulman electors".

la autonomía de las confesiones religiosas para designar sus dirigentes o líderes internos.

Para aproximarnos al supuesto hemos de remontarnos al año 1985, momento en el que fallece uno de los muftíes de la Tracia Occidental. Tras conocerse su muerte, un ciudadano griego (Ibraim Serif) es elegido por su comunidad religiosa para ejercer esta figura de líder religioso musulmán, que se caracteriza por tener también competencias en el ámbito de la interpretación de la ley y la resolución de controversias judiciales entre musulmanes. Pues bien, tras esa elección es precisamente donde se sitúa el objeto litigioso.

Esta designación es fruto del resultado obtenido en unas elecciones organizadas a iniciativa de dos Miembros musulmanes independientes del Parlamento, representantes de las unidades periféricas de Xhanti y Rodopi. Este proceso electoral no contó con la intervención de las autoridades estatales y se celebró en las mezquitas un viernes después del rezo. Huelga mencionar que estos dos Diputados, de acuerdo con los hechos descritos en la Sentencia, habían solicitado con carácter previo la organización de estos comicios por parte del Estado aludiendo que ello estaba previsto en la normativa vigente.

Las autoridades helénicas no dieron respuesta a esta solicitud de proceso democrático para decidir el próximo muftí de Rodopi y, en cambio, nombraron a un muftí. Primero a uno en funciones y, ante la negativa de este, decidió nombrar un segundo (M.T.). El Presidente de la República confirmó el nombramiento de esta persona como Muftí de Rodopi. Unos meses más tarde, el mismo Presidente adoptó un decreto legislativo por el cual el proceso de selección de muftíes fue modificado. Y fue justamente en ese preciso instante en el que tuvieron lugar las elecciones llevadas a cabo por la comunidad musulmana en las que resultó elegido como Muftí de Rodopi.

Podemos imaginarnos el delicado escenario que estaba presente en aquel momento. Este se caracterizaba, fundamentalmente, por la existencia de dos muftíes que se autoconsideraban – aunque cada uno de ellos con un apoyo externo diferente – legítimos en su respectivo territorio. El problema evidente es que ambos compartían la misma circunscripción. La respuesta del muftí recurrente en este proceso ante el TEDH consistió en impugnar la legalidad del nombramiento de M.T. ante el Tribunal Supremo. Ese procedimiento no llegó a resolverse antes de que el asunto llegase al Tribunal de Estrasburgo.

Por otro lado, la respuesta de las autoridades helénicas fue la iniciar diligencias penales contra el muftí Ibraim Serif por ser responsable de dos figuras delictivas: usurpación de funciones de un ministro de una "religión reconocida" y por utilizar la vestimenta de dicho ministro sin tener el derecho de hacerlo (artículos 175 y 176 del Código Penal, respectivamente).

Respecto a la usurpación de funciones, un testigo declaró que el recurrente había participado en ceremonias religiosas; sin embargo, ningún testigo manifestó que el recurrente había tenido intención de desempeñar funciones judiciales las cuales tienen encomendadas en el Derecho griego.

Por lo que concierne al atuendo religioso, un número de testigos atestiguaron que no existía vestimenta oficial para muftíes. No obstante, un testigo de la acusación declaró que, aunque en principio todos los musulmanes tenían permitido vestir un atuendo negro con el que había aparecido el muftí, conforme a la costumbre local ello se había convertido en un privilegio de los muftíes.

Finalmente, el recurrente fue declarado culpable de ambos delitos. El primero de ellos, de usurpación de funciones religiosas, porque el Tribunal consideró que el muftí había desempeñado la totalidad de las funciones del Muftí de Rodopi, mediante la celebración de matrimonios, el "nacimiento" de los niños, el rezo y la participación en tareas administrativas. En concreto, se le acusó de pronunciar un mensaje a sus seguidores musulmanes sobre la importancia religiosa del "Regaib Kandil fast", agradeciéndoles también su designación como muftí. Por lo que respecta al segundo delito, el Tribunal da por probado este hecho al haber asistido a la inauguración de la sala "Unión de Jóvenes Turcos de Komotini" vistiendo el atuendo considerado por la costumbre local musulmana como exclusivo de los muftíes. Lo mismo queda probado en otra reunión religiosa con más de 2.000 musulmanes congregados y en otros eventos públicos.

El recurrente llevó el asunto al Tribunal de Casación, argumentando que se había interpretado incorrectamente el artículo 175 CP, ya que él no había desempeñado ninguna función del ministerio religioso. Además, consideraba que el Tribunal había cometido el error de no considerar el testimonio del experto acerca de la inexistencia de atuendo oficial de muftí. Por otro lado, también argumentó que no se había respetado su libertad de expresión respecto al resto de la comunidad musulmana, al haber resultado elegido y por tanto representar a esta. Todo ello, argumentaba el recurrente, en virtud del Tratado de Paz de Atenas de 1913. Sin embargo, el Tribunal de Casación desestimó su pretensión, al considerar que el precepto 175 CP estaba bien interpretado, ya que había aparecido en público como ministro de una "religión reconocida" y desempeñado algunas funciones de su ministerio, incluyendo alguna labor administrativa. Además, él se había comportado y había aparecido en público como Muftí de Rodopi, vistiendo el atuendo que llevaba a las personas musulmanas a considerar que se hallaban ante el muftí competente.

El recurrente decide, tras la respuesta negativa del Tribunal de Casación, acudir al Tribunal Europeo de Derechos Humanos. Para ello, argumenta que ha existido vulneración de los artículos 9 (libertad de pensamiento, de conciencia y de religión), 10 (libertad de expresión) y 14 (prohibición de discriminación). Y, además de en el Tratado de Atenas de 1913 y otros como el Tratado de Paz de Lausana de 1923, lo fundamenta también en la legislación nacional aplicables a los muftíes. De esta forma, la Ley 2345/1920 disponía que los muftíes, además de sus funciones religiosas, tenían competencia para resolver sobre litigios de familia y herencia entre musulmanes para que se aplicase el Derecho islámico[407]. En esta norma también se establecía que los muftíes eran directamente elegidos por los musulmanes que tenían el derecho a votar en las elecciones nacionales y residían en las divisiones territoriales sobre las que los muftíes tendrían competencia. Las elecciones serían organizadas por el Estado y los graduados de la Facultad de Teología tendrían el derecho de postularse como candidatos. Esta norma establecía que los detalles de este proceso electoral serían precisados por la promulgación de un decreto. Ese decreto jamás fue aprobado y los muftíes se han ido relevando, siempre tras el nombramiento por parte de las autoridades helénicas.

La modificación llevada a cabo por el Gobierno – más allá del uso correcto o incorrecto del decreto legislativo, por si existía la extraordinaria y urgente necesidad de su artículo 44 de la Constitución – consistió en mantener inalteradas las funciones y responsabilidades de los muftíes y, en cambio, modificar el procedimiento mediante el cual los muftíes eran elegidos. De esta forma,

---

[407] En este aspecto, cabe destacar que esta materia ha recibido otra aproximación distinta en los últimos años. De esta forma, si antes la concepción de esta resolución de conflictos conforme al Derecho musulmán se centraba más en la ausencia de intervención pública, el respeto a la autonomía de las confesiones religiosas y el reconocimiento de estas resoluciones como válidas, el Caso Molla Sali [(STEDH de 19 de diciembre de 2018 (TOL 9. 936.331)] hizo que se adoptase una tendencia distinta, fruto de este supuesto en el que la mujer viuda, pese a que el marido difunto había establecido que la totalidad de sus bienes fuese a su esposa, mediante notario y en aplicación del Derecho griego, la esposa se vio privada de dos tercios de la herencia, al aplicarse el Derecho musulmán. Y es que, hasta ese momento, este Derecho se había estado aplicando de modo obligatorio a los musulmanes de esta región en materia de matrimonio, divorcio y sucesión. Antes incluso de que se dictase Sentencia por parte del TEDH, Grecia ya había modificado su legislación para que el recurso a este Derecho islámico fuese opcional.

la normativa resultante de la reforma establecía que el nombramiento se llevaría a cabo por un decreto presidencial, tras haber recibido la propuesta del Ministro de Educación que, a su vez, debe haber consultado al comité compuesto por el prefecto local y un número de dignatarios musulmanes escogidos por el Estado.

### 2.1.3. Fallo del Tribunal

Respecto a la posible violación del Convenio Europeo de Derechos Humanos, el Tribunal únicamente entra en el artículo 9 del mismo, al considerar innecesario examinar la posible vulneración de los demás, porque ya había habido violación de la libertad religiosa y considera que no existían aspectos separados que fundamenten la vulneración de ninguno de los otros dos. El Tribunal, en cambio, en esta Sentencia sí que examina con detenimiento el primero de los derechos alegados.

El TEDH parte de la premisa de que existe una interferencia en el derecho del recurrente de practicar su religión con todos aquellos que le han escogido a él como guía espiritual. Y ello porque, tal y como argumenta el Tribunal, siendo que la libertad religiosa es un asunto de conciencia individual, también comprende la libertad en comunidad con otros y en público de manifestar su religión en el culto y la enseñanza religiosa. Por tanto, el Tribunal no tiene ninguna duda al considerar que los actos que ha llevado a cabo el muftí recurrente y que han sido objeto de los procesos judiciales que se han llevado contra él forman parte del contenido del derecho de libertad religiosa protegido por el CEDH.

Es cierto que el Tribunal no entra a considerar si la limitación está prescrita por la ley. El propio Gobierno defiende que está prescrito por ley, ya que los artículos 175 y 176 CP ofrecen claridad al respecto y ello ofrecería previsibilidad. Ahora bien, el modo en que se llevó a cabo la reforma de la ley de muftíes – después de haber procedido a nombrar al muftí por parte de las autoridades públicas – y, sobre todo, la disputa que existe acerca de la vigencia de los Tratados internacionales no recibe ninguna respuesta por parte del Tribunal. Y este último extremo consideramos que es de sumo interés, puesto que de la vigencia de estos Tratados depende la propia normativa nacional, ya que cabe recordar que el Tratado de Atenas está ratificado por el Parlamento griego por medio de una ley publicada en la Gaceta Oficial del 14 de noviembre de 1913. Por ello, la consideración de esta normativa como vigente o por derogada conllevaría una respuesta bien distinta, no tanto para la resolución de este asunto, sino para sentar las bases de la regulación que pueda plantearse en un futuro. El argumento del Tribunal para evitar pronunciarse al respecto es que, con independencia de que exista o no previsión en una norma, es incompatible con el artículo 9 por otros motivos.

Respecto a la finalidad legítima, el TEDH no mantiene ninguna duda. En efecto, advierte que sí que existe una finalidad legítima conforme al artículo 9.2 del Convenio, como es la "protección del orden público". Así, el Tribunal constata que el recurrente no es la única persona reclamando ser el líder religioso de la comunidad musulmana local y ello resulta evidenciado por el nombramiento que las autoridades han realizado en otra persona y la decisión relevante de impugnar ese nombramiento ante el Tribunal Supremo.

Ahora bien, sin duda el elemento más relevante, como en tantas otras Sentencias de este Tribunal para dilucidar si nos hallamos ante una violación de alguno de los derechos establecido en el Convenio es el último, esto es, si la limitación resulta necesaria en una sociedad democrática. En esta última parte, tan decisiva en tantos pronunciamientos judiciales, conviene atender también a la proporcionalidad de la limitación llevada a cabo, como en las próximas líneas analizaremos.

Por un lado, el Gobierno argumentó que era necesaria la interferencia. Y ello por dos motivos: primero, porque los muftíes ejercitan funciones judiciales importantes y los jueces no pueden ser seleccionados por el pueblo, además de que en muchos países los muftíes son nombrados por el Estado; segundo, porque el Tribunal de Casación no habría condenado al recurrente simplemente por haber aparecido en público como muftí, sino por haber desempeñado las funciones de un ministerio religioso. Pero, además, el Gobierno argumenta que los tribunales helénicos han tenido que condenar a uno de los dos muftíes – concretamente al "espurio" – para evitar que se generase tensión entre musulmanes, entre musulmanes y cristianos e, incluso, entre Turquía y Grecia.

Por otro lado, el recurrente alegó que su condena no era necesaria en una sociedad democrática. Y ello porque tanto cristianos como judíos tenían el derecho de designar sus propios ministros de culto. Por ello, privar a los musulmanes del ejercicio de tal derecho podía ser constitutivo de discriminación, en opinión del recurrente. Además, también aludía a la voluntad de la inmensa mayoría de los musulmanes en Tracia, ya que habían manifestado su deseo de que él fuese su muftí, evidenciado por medio de la votación que tuvo lugar.

A juicio del Tribunal, la libertad de pensamiento, conciencia y religión es uno de los fundamentos de la sociedad democrática. Y, además, el pluralismo indisociable dependería de ella. Por tanto, pese a que reconozca que en ocasiones se deben establecer limitaciones con el objeto de poder conciliar los intereses de las distintas comunidades religiosas, el TEDH recuerda los dos requisitos que deben siempre darse para comprobar que la limitación sea necesaria en una sociedad democrática: una necesidad social apremiante y que sea proporcionada a la finalidad legítima perseguida.

Reconoce el órgano de tutela de Estrasburgo que es cierto que en el Derecho griego los matrimonios celebrados por ministros de "religiones reconocidas" despliegan efectos civiles. Y ello, sin duda, justifica una mayor intervención estatal, pues implica que el Estado debe tomar medidas especiales para prevenir el fraude de aquellos cuyos actos legales pueden verse afectados por la acción de estos ministros. Ahora bien, considera el Tribunal que no estamos ante tal supuesto. Y ello por una sencilla razón: a pesar de la vaga mención de que el recurrente ha oficiado ceremonias nupciales y ha llevado a cabo actos administrativos, los tribunales nacionales no han realizado ni una mención explícita de qué actos específicos que produjesen efectos civiles ha llevado a cabo este muftí.

Consideramos oportuno destacar tres notas básicas que a nuestro juicio resultan esenciales para extraer una serie de conclusiones que podríamos aplicar para otros supuestos que se planteasen con características similares. Así, la primera de ellas es que el Tribunal considera que:

> "castigar a una persona por actuar meramente como líder religioso de un grupo que voluntariamente lo sigue puede ser difícilmente considerado compatible con las demandas de pluralismo religioso en una sociedad democrática"[408].

Por lo que se refiere a este asunto, el Tribunal no observa que haya habido evidencia alguna que pruebe que el muftí recurrente haya intentado en algún momento ejercer funciones judiciales y administrativas que tienen atribuidas los muftíes por la legislación.

Por otro lado, estimamos conveniente subrayar que "el Tribunal no considera que, en sociedades democráticas, el Estado necesite tomar medidas para garantizar que las comunidades religiosas permanezcan o sean sometidas a un liderazgo unificado"[409]. Ello nos llevaría a abandonar la idea de que un Estado debe procurar unificar a las comunidades religiosas presentes en su territorio nacional. Podría – a nuestro juicio – animar a que este proceso de unificación se llevase a cabo. Y ello podría redundar en beneficio de la propia comunidad, pues de

---

408 STEDH (Sección 2ª), Caso Serif contra Grecia, § 51.

409 STEDH (Sección 2ª), Caso Serif contra Grecia, § 52.

ese modo sería más fácil para ella poder entablar una interlocución con la Administración, al tener una mayor representatividad. Ahora bien, ello no podría conducirnos a avalar prácticas para forzar a las comunidades a que lleven a cabo esta unificación porque, como vemos, no tendría acomodo en el Convenio.

La última nota fundamental podría acabar de facilitarnos la labor de comprensión de esta Sentencia. Argumenta el Tribunal que, ante el argumento esgrimido por el Gobierno griego consistente en el propósito que perseguían de evitar que se generasen conflictos entre distintos grupos – de la misma confesión, de distintas confesiones e incluso entre dos Estados – es cierto que podría existir esa tensión. De hecho, reconoce que "(las tensiones) son una de las inevitables consecuencias del pluralismo"[410]. Sin embargo, lo que más nos interesa es lo que afirma inmediatamente después:

> "el rol de las autoridades en esas circunstancias no es remover la causa de la tensión eliminando el pluralismo, sino garantizar que los grupos que compiten entre sí se toleren los unos a los otros".

Por ello, podemos extraer que los Estados no pueden esgrimir un propósito de lograr una convivencia pacífica entre los distintos grupos religiosos para llevar a cabo una limitación del derecho de libertad religiosa y, más concretamente, en el ámbito de la autonomía de las confesiones religiosas. Conviene tenerlo presente, pues la tentación está presente en muchas ocasiones cuando el legislador ordinario pretende dar respuesta a algunos de estos desafíos que se presentan en sociedades que se caracterizan por una mayor diversidad religiosa.

---

[410] STEDH (Sección 2ª), Caso Serif contra Grecia, § 53.

## *2.2. Caso Hasan y Chaush contra Bulgaria*[411]

### 2.2.1. Supuesto

El inicio de los hechos que son objeto del presente litigio se sitúa a finales del año 1989, con el inicio del proceso de democratización en el Estado búlgaro. Es precisamente en ese momento en el que, conforme a los hechos descritos en la Sentencia, algunos creyentes musulmanes y activistas de la religión musulmana pretenden sustituir el liderazgo de su organización religiosa. Consideran que el Sr. Gendzhev, el entonces Gran Muftí, ha colaborado con el régimen comunista.

Tras las elecciones generales de octubre de 1991 un nuevo Gobierno, formado por la Unión de Fuerzas Democráticas (СДС) y el Movimiento por los Derechos y las Libertades (ДПС), toma posesión del cargo a finales de ese mismo año. Y, en el primer trimestre del año 1992, la Dirección de Confesiones Religiosas (Дирекция по вероизповеданията) – que es una agencia gubernamental (en adelante, la Dirección) – declara que la elección del Sr. Gendzhev en 1988 como Gran Muftí de los búlgaros musulmanes fue nula. Por ello, la misma Dirección registra unos días más tarde un Santo y Supremo Consejo interino compuesto por tres miembros, hasta que tengan lugar unas elecciones para decidir un liderazgo permanente de la comunidad musulmana por parte de la Conferencia Nacional de Musulmanes.

La Conferencia Nacional de Musulmanes tiene lugar unos meses más tarde y resulta elegido el Sr. Fikri Sali Hasan – el primer solicitante del recurso que origina la presente Sentencia – como Gran Muftí de los musulmanes búlgaros. Además, en la misma Conferencia también se aprueban los nuevos estatutos de la Organización Religiosa de Musulmanes en Bulgaria (Устав

---

411 STEDH (Gran Sala), Caso Hasan y Otros contra Bulgaria, de 26 octubre de 2000.

за духовното устройство и управление на мюсюлманите в България). Unos días más tarde, la Dirección gubernamental competente registra tanto los estatutos como el nuevo liderazgo resultado de las elecciones llevadas a cabo por la Conferencia.

En los años siguientes sigue creciendo la división interna y los conflictos por la lucha entre el Sr. Gendzhev y el Sr. Hasan por quién ostenta el liderazgo de la comunidad. Durante el año 1993 y la primera mitad del 1994 la posición del órgano gubernativo se mantiene en favor del Sr. Hasan. No obstante, en la segunda mitad del 1994 algunas posibles irregularidades en el proceso de elección de líderes religiosos locales llevan a las autoridades a requerirle al Sr. Hasan la convocatoria de una conferencia nacional de todos los musulmanes para solucionar esta problemática.

Pues bien, a finales del año 1994 los partidarios del Sr. Gendzhev convocan una conferencia nacional y, esta misma, se proclama representante legítima de los creyentes musulmanes y elige un liderazgo alternativo además de adoptar unos nuevos estatutos. El Sr. Gendzhev resulta elegido como Presidente del Santo y Supremo Consejo de los musulmanes. Más tarde, los nuevos líderes elegidos solicitan a la Dirección que se registren como liderazgo legítimo de la comunidad de musulmanes.

A finales de ese mismo año se produce una alternancia en el partido de ostenta el Gobierno del país. De esta forma, las elecciones parlamentarias encuentran un vencedor en número de escaños del Parlamento. Esta formación política no es otra que el Partido Socialista Búlgaro (БСП), que consigue formar Gobierno a inicios del año 1995. Poco tiempo después solicitan al Gran Muftí Hasan que aplace la conferencia. Y, sin mucha dilación, el Primer Ministro del país emite un Decreto que aprueba unos estatutos de la religión musulmana en Bulgaria. Estos estatutos serían los que se habrían aprobado previamente en la conferencia nacional organizada por el Sr. Gendzhev. Más tarde, la Dirección de Confesiones Religiosas en Bulgaria registra el liderazgo de este último como Presidente del Santo y Supremo Consejo, acompañado de los otros líderes elegidos en la conferencia a la que acabamos de hacer mención.

Un hecho nada irrelevante en este punto es que ni el mencionado Decreto ni la mencionada decisión de la Dirección ofrecía ninguna razón o explicación relativa al procedimiento que se había seguido. Tampoco fueron comunicadas tales decisiones al Sr. Hasan, que tuvo conocimiento de ellas por la prensa. Y, no menos impactante, cuatro días después de la decisión de la Dirección – no comunicada a los aludidos – el nuevo liderazgo registrado de la comunidad musulmana entró en las dependencias de la Oficina del Gran Muftí en Sofía, acompañado con personal de seguridad privado, con el ánimo de desalojar al personal que estaba trabajando allí y, de esta forma, ocupar el edificio. Cuando los recurrentes llamaron a la policía, esta se presentó allí y protegió a los nuevos ocupantes del edificio. El nuevo liderazgo tomó el control de todos los documentos y propiedades pertenecientes a la comunidad religiosa en Sofía y, en los sucesivos meses, en el resto de las ciudades del país. La Dirección envió cartas a los bancos en los que existían cuentas y depósitos a nombre de la comunidad, para informarles del cambio de liderazgo.

Cuando el líder religioso Hasan acude a la vía judicial para interponer un recurso contra el Decreto y la decisión de la Dirección con el fin de obtener su nulidad, la respuesta que obtiene por parte de los órganos judiciales es desestimatoria. De este modo, él alegaba que el Decreto había estipulado el registro de una nueva organización religiosa. Y, sin embargo, la Dirección habría llevado a cabo un reemplazo de los estatutos y un cambio de liderazgo de una confesión religiosa ya existente. Argumentaba también que la motivación detrás de dicho acto era la concepción de que la religión musulmana únicamente podía tener un liderazgo y unos estatutos. El recurrente defendía que el Estado no tenía el derecho de imponer esa visión en los musulmanes y que la existencia múltiples organizaciones religiosas de la misma religión era algo común en otros países. Por ello, concluía que el Consejo de Ministros había sobreexcedido en sus competencias y ello había conllevado una injerencia ilegal en las libertades religiosas de la comunidad musulmana.

El Tribunal Supremo búlgaro desestima el recurso con el argumento de que con base en la Ley de Confesiones Religiosas el Consejo de Ministros gozaba de plena discreción en la decisión de registrar o no los estatutos de una determinada confesión. Por tanto, consideraba el Tribunal que únicamente debía examinar si la decisión impugnada había sido llevada a cabo por el órgano administrativo competente y siguiendo los requisitos formales previstos en la norma. El órgano judicial resolvió el asunto explicitando que no le competía a él realizar una interpretación del Decreto, con el objeto de establecer si el mismo traía el efecto de crear una nueva entidad religiosa o introducir cambios o si tras su decisión existían dos organizaciones religiosas musulmanas paralelas.

De forma paralela, el Sr. Hasan convoca una nueva conferencia en 1995 y, como resultado de esta, sale reelegido de nuevo y se aprobaron unos nuevos estatutos. La sorpresa para el recurrente llega en el momento de tratar de registrar tanto el liderazgo como los estatutos. Tras realizar los trámites oportunos, no obtiene respuesta. Por medio del Tribunal Supremo, consigue que este exija a la Administración que responda a la solicitud del recurrente. Y esta se niega a registrarlos y declara que ya existe un liderazgo y unos estatutos registrados, que fueron aquellos del Sr. Gendzhev.

Tras las elecciones del 1997 se produce de nuevo alternancia en el poder, ya que resulta elegido de nuevo la Unión de Fuerzas Democráticas obteniendo una mayoría en el Parlamento que le permite formar Gobierno. El Consejo de Ministros de este Gobierno siguió rechazando la inscripción en el registro. Pero, de forma informal, llevó a cabo contactos con los representantes del liderazgo del Sr. Hasan. Y la Dirección urge a ambos liderazgos rivales a que negocien una solución ya que de no celebrarse una conferencia de unificación el Gobierno aceptaría la inscripción, por lo que este sería el único modo de obtener el reconocimiento legal por parte del Estado. Tras negociaciones entre los dos líderes rivales, finalmente se logra un acuerdo para la celebración de la mencionada conferencia nacional. Cabe destacar que este acuerdo, además de contar con la firma de los dos líderes religiosos, también es rubricado por la Dirección de Confesiones Religiosas y por el propio Vicepresidente del Gobierno. En este acuerdo se comprometen a no obstaculizar el proceso de unificación y, además, el Sr. Gendzhev renuncia asimismo a la disposición de cualquier propiedad musulmana antes de la conferencia.

En la organización de tal evento la Dirección tomó una parte activa, mediante la implicación de los alcaldes de muchos municipios en la distribución de formularios con el sello de la Dirección. Estos formularios sirvieron para certificar a los delegados que participarían en la conferencia y contaban con la firma también de los alcaldes.

El problema apareció cuando la conferencia adoptó unos nuevos estatutos de la comunidad musulmana en Bulgaria y designó a una nueva Junta Directiva y el Sr. Hasan comprobó que no estaba en la lista de miembros, a diferencia de lo que había sido acordado de forma previa. Tampoco algunos de los miembros que formaban parte de sus seguidores. Posteriormente, el Gobierno registró este liderazgo elegido por la conferencia nacional.

A consecuencia de todo ello, los recurrentes acudieron al Tribunal de Estrasburgo declarando que había existido violación de los artículos 9 (libertad de pensamiento, de conciencia y religión), 13 (derecho a un recurso efectivo) y 6 (derecho a un proceso equitativo) del Convenio Europeo de Derechos. En las próximas líneas podremos conocer cuál fue el pronunciamiento que tuvo el Tribunal Europeo.

### 2.2.2. Fallo del Tribunal

Es cierto que en esta ocasión existe una mayor complejidad a la hora de analizar los hechos objeto del litigio. Lo hemos podido comprobar con la mera lectura de las líneas precedentes. No obstante, su exposición era necesaria para poder advertir que no nos hallábamos ante un supuesto idéntico al de Serif contra Grecia que analizamos anteriormente. Y ello, pese a que existen una serie de rasgos comunes. En el fondo, nos hallamos ante un escenario caracterizado por la presencia de dos líderes religiosos que manifiestan ocupar el mismo puesto de una misma confesión religiosa. En este caso, el Gran Muftí de Sofía. Ahora bien, en el presente asunto puede apreciarse de una forma más nítida la división interna que existe dentro de la comunidad, advirtiéndose al menos dos facciones que representan a dos liderazgos distintos. En la primera Sentencia, en cambio, el apoyo popular con el que contaba cada uno de los dos candidatos no parecía haber tenido mucho recorrido en el proceso seguido ante el Tribunal. Esta distinción no es irrelevante, ya que nos permite identificar que en esta ocasión más que consistir en un supuesto de conflicto entre autoridades nacionales *versus* el respaldo social de una comunidad religiosa – e incluso el apoyo que pueda proceder también del exterior – nos hallaríamos ante un escenario en el que es precisamente en el seno de la propia confesión donde reside la división.

Por tanto, el papel que juega el Estado en uno y otro supuesto no es el mismo. En el caso de Serif contra Grecia, el Estado pretendía seguir realizando lo mismo que había hecho hasta el momento, esto es, nombrar los muftíes de la región de Tracia. Y, ante el propósito de la minoría musulmana en dicha área, el Estado no cambia un ápice su hoja de ruta. De esta forma, la conducta mantenida conducta de esta comunidad conduce al Estado a emprender acciones legales contra las personas que han resultado elegidas. Y es precisamente ello lo que trae como consecuencia su condena por parte del Tribunal Europeo, por los motivos que se han analizado anteriormente.

En cambio, en el asunto de Hassan y Tchaouch contra Bulgaria la posición del Estado es difícilmente catalogable como invariable. De hecho, puede apreciarse la constante evolución que existe en el tratamiento jurídico que las autoridades gubernativas dispensan a cada líder religioso y su comunidad en cada momento, que además coincide curiosamente – afirman los recurrentes – con los cambios sucesivos que se producen en el ejecutivo nacional, derivados de la alternancia en el poder resultado de la celebración de distintos procesos electorales. Así, podríamos afirmar que la Administración Pública de este país va adaptándose a cada momento, utilizando para ello los mismos textos jurídicos. Por tanto, no se produce variación alguna de ninguna ley estatal, a diferencia de lo que también sucedía en el supuesto analizado previamente.

En cualquier caso, conviene tener presente que en este fallo se recogen y enfatizan algunas de las cuestiones que habían sido puestas de manifiesto años atrás en el asunto Serif contra Grecia. Por ejemplo, la idea de que la libertad religiosa constituye uno de los fundamentos de una sociedad democrática dentro del Convenio. También que el pluralismo indisociable a una sociedad democrática depende de esta libertad.

En esta ocasión, el TEDH también recuerda que, pese a que la libertad religiosa es una cuestión sobre todo de conciencia individual, también implica la libertad de manifestar la propia religión, de forma individual y privada o en comunidad con otros, en público o un ambiente en el que se comparte la fe con otros. En este sentido, el artículo 9 del Convenio enuncia una serie de formas de manifestar esta religión, en particular, por medio del culto, la enseñanza, las prácticas y la observancia de los ritos.

Aquello en lo que discrepaban las partes era en lo relativo a la cuestión de si los hechos objeto del litigio – que guardan relación con la organización y el liderazgo de la comunidad musulmana en Bulgaria – concernían al derecho de manifestar la religión y, por tanto, el artículo 9 era aplicable. Los recurrentes no tenían ninguna duda al afirmar que existía ese vínculo; en cambio, el Gobierno apreciaba que se trataba en todo caso de una cuestión relacionada con el artículo 11 del Convenio.

El Tribunal zanja esta cuestión recordando que las comunidades religiosas tradicionalmente y universalmente existen en la forma de estructuras organizadas. Ellas – afirma el Tribunal – están regidas por reglas que son normalmente vistas por sus seguidores como normas de origen de divino. Las ceremonias religiosas tendrían su significado y valor sagrado para los creyentes en el caso en que estas estén desarrolladas por ministros facultados por estas mismas reglas. También declaró que la identidad de los ministros de culto era de importancia para cada miembro de la comunidad y que la participación en la vida de la comunidad era por tanto una manifestación de la religión. Es interesante observar cómo también se establece que el derecho de libertad religiosa de los creyentes comprende la expectativa de que la comunidad podrá funcionar pacíficamente y libre de la intervención arbitraria del Estado. Incluso llega a manifestar que "la existencia autónoma de las comunidades religiosas es indispensable para el pluralismo en una sociedad democrática"[412]. Además, advierte que si la vida organizativa de la comunidad no estuviese protegida por el artículo 9 del Convenio todos los demás aspectos de la libertad religiosa individual se volverían vulnerables. Por tanto, podemos claramente extraer de lo expresado por el Tribunal que las cuestiones relativas a la organización de la confesión – lo cual incluye indudablemente la elección del liderazgo – constituye un pilar esencial en el contenido de esta libertad recogida en el Convenio, tanto como un fin en sí mismo como para servir de medio que posibilita el ejercicio de derechos derivados de esta libertad religiosa.

Respecto a la cuestión relativa a si ha existido vulneración del mencionado precepto, el Tribunal no mantiene ninguna duda al respecto, resolviendo favorablemente el recurso planteado. Primero, porque ha existido una injerencia estatal en la organización interna de la comunidad musulmana, lo que

---

412 STEDH (Gran Sala), Caso Hasan y Otros contra Bulgaria, § 62.

conlleva una injerencia en el derecho de los recurrentes a la libertad religiosa. Descarta de ese modo la posición mantenida por el Gobierno, consistente en que los actos de la Dirección tenían una naturaleza meramente declarativa y no constituían más que un registro administrativo. El Gobierno argumentaba que nada impedía a los recurrentes poder organizar reuniones con sus seguidores. Sin embargo, el Tribunal asume las tesis de los recurrentes, que habían defendido que los actos conllevaron una serie de consecuencias relevantes, tales como el bloqueo de los ingresos, las oficinas tomadas por la fuerza, el control de las mezquitas transferido y también la privación del uso de documentos y propiedades del liderazgo de la comunidad religiosa. Y es cierto que, en este supuesto, no abordamos una sanción penal, como teníamos en el primero analizado. No obstante, hemos de reconocer que nos hallamos ante unas decisiones gubernativas destinadas a vaciar de contenido la posición que ostentaba el Sr. Hasan, conllevando un impacto indudable en el ejercicio del derecho a la libertad religiosa.

Por ello, el TEDH considera que los hechos demuestran un incumplimiento por parte de las autoridades nacionales de mantenerse neutrales en el ejercicio de sus poderes en este ámbito, lo que lleva al Tribunal a la conclusión de que efectivamente se produjo esa injerencia estatal. Además, la acción del Estado de favorecer a un líder de una comunidad religiosa dividida, o adoptada con el propósito de juntar bajo un mismo liderazgo a la comunidad en contra de los deseos de la misma constituye una injerencia en la libertad religiosa.

De esta forma, se expresa en el fallo que la autoridad gubernativa proclamó cambios en el liderazgo y estatutos de la comunidad religiosa, sin que se ofreciese ninguna razón o explicación al respecto. Y todo ello – esgrime la Sentencia – pese a que el Sr. Hasan contaba indudablemente con el apoyo de una parte significativa de sus miembros. Por tanto, trajo consigo un efecto de "favorecer a una facción de la comunidad musulmana, concediéndola el estatus de un único liderazgo oficial y excluyendo completamente al reconocido liderazgo hasta entonces"[413]. Ahora bien, para comprobar si ha existido una vulneración de tal derecho faltaría analizar si la injerencia estaba prescrita por ley y era necesaria en una sociedad democrática para conseguir un fin legítimo.

En este caso el Tribunal no consideró necesario analizar todos los elementos. Y la razón es sencilla: no estaba prevista en la norma. Y, al no haber previsión legal, no fue necesario estudiar la necesidad y proporcionalidad consiguiente. En particular, el Tribunal advierte que la exigencia de la existencia de una previsión legal no únicamente comprende el hecho de que exista una norma, sino también la calidad de la norma en cuestión. Y es precisamente este último extremo el que no habría sido respetado. De esta forma, el TEDH recuerda que debe ser adecuadamente accesible y previsible, esto es, formulado con suficiente precisión para permitir al individuo regular su conducta. Y ello particularmente con el objeto de impedir injerencias arbitrarias de autoridades públicas en los derechos protegidos en el Convenio.

En suma, conforme al criterio del Tribunal las autoridades nacionales actuaron sin garantías procesales ni la existencia de organismos independientes. Además, no notificaron jamás a los recurrentes, tampoco ofrecieron ningún razonamiento y fueron imprecisos ya que ni siquiera mencionaron en ningún momento al Sr. Hasan. Por todo ello, la conclusión a la que llega es que la injerencia no estaba prevista en la ley y consistió en una práctica arbitraria fundamentándola en disposiciones legales que permitían discrecionalidad ilimitada al ejecutivo y no cumplían los requisitos de claridad y previsibilidad.

---

413 STEDH (Gran Sala), Caso Hasan y Otros contra Bulgaria, § 82.

## *2.3. Otros supuestos*

Es innegable que los dos supuestos planteados anteriormente fueron especialmente relevantes y tuvieron un impacto significativo en la interpretación que se ha seguido posteriormente en el mismo Tribunal. No obstante, resulta conveniente abordar otros asuntos que se han planteado en Estrasburgo, con el objeto de poder disponer de una mayor representación de la resolución práctica que ha aportado el organismo internacional encargado de velar por el cumplimiento de los derechos y libertades garantizados en el Convenio. De este modo, pasamos a desarrollar – aunque de forma más sucinta – algunos de estos pronunciamientos judiciales.

### 2.3.1. Caso Iglesia Metropolitana de Besarabia y Otros contra Moldavia[414]

Este asunto se centra en resolver si la denegación del reconocimiento jurídico a una confesión religiosa constituye una vulneración de la libertad religiosa. Los recurrentes son la propia Iglesia y cuatro miembros fundadores de la misma que pretendían obtener el reconocimiento oficial por parte de las autoridades conforme a lo dispuesto en la legislación vigente (Ley de Denominaciones Religiosas – Ley no 979-XII, de 24/3/1992). La Iglesia Metropolitana de Besarabia es una Iglesia ortodoxa autónoma que funciona bajo la autoridad del Patriarcado de Bucarest (la Iglesia Ortodoxa Rumana). No obstante, esta confesión no obtuvo respuesta acerca de su solicitud de reconocimiento oficial. Más tarde, el Gobierno reconoció a otra iglesia, adscrita al Patriarcado de Moscú, la Iglesia Metro-

---

414 STEDH (Sección 1ª), Caso Iglesia Metropolitana de Besarabia y Otros (Metropolitan Church of Bessarabia and Others) contra Moldavia, de 13 diciembre de 2001 (TOL 9.092.771).

politana de Moldavia. Con posterioridad, la Iglesia Metropolitana de Besarabia realizó nuevas solicitudes administrativas de registro que fueron denegadas.

Ante la negativa del Gobierno, los recurrentes decidieron acudir a los órganos judiciales y obtuvieron respuesta estimatoria por parte del Tribunal de Apelación, que ordenó al Estado a registrar la confesión. El Gobierno decidió apelar ante el Tribunal Supremo, quien resolvió en favor de este anulando la sentencia del Tribunal *a quo* por extemporánea. Además, consideró que la denegación de la solicitud no vulneraba su libertad religiosa, ya que los fieles podían seguir expresando sus creencias de forma libre y tener acceso a sus lugares de culto, por lo que no existía obstáculo alguno para su ejercicio. Por otro lado, arguyó que se trataba de un conflicto administrativo perteneciente a la propia Iglesia, ya que no se trataba de una nueva denominación, sino más bien un grupo cismático. Ante el TEDH el Gobierno también argumentó que no había ninguna diferencia, desde un punto de vista religioso, entre esta Iglesia y la Iglesia Metropolitana de Moldavia y que era esta última la que en todo caso debía decidir. De lo contrario, afirmaba el Gobierno, el Estado se estaría entrometiendo en un conflicto interno de la Iglesia y, con ello, violando su deber de neutralidad en materia religiosa.

El Tribunal de Estrasburgo, en su Sentencia, establece que la negativa del Gobierno a reconocer legalmente a la iglesia recurrente constituye una injerencia en el derecho de esta y los otros recurrentes a la libertad religiosa. El TEDH considera que dicha injerencia sí que estaba contemplada en una norma y, además, que dicha interferencia persigue un interés legítimo. En concreto, la protección del orden y la seguridad pública. Ahora bien, es precisamente el requisito consistente en que la restricción sea necesaria en una sociedad democrática el que plantea un mayor número de interrogantes en el Tribunal. El mismo consideró que el deber del Estado de neutralidad e imparcialidad era incompatible con cualquier poder por parte del Estado para evaluar la legitimidad de las creencias religiosas y exigía al Estado que se asegurara de que los grupos en conflicto se tolerasen entre sí. El Tribunal afirmó que el argumento de que no se trataba de una nueva confesión religiosa y de que su reconocimiento jurídico dependía de la voluntad de una autoridad eclesiástica que había sido reconocida – la Iglesia Metropolitana de Moldavia – conllevaba que el Gobierno había sido incapaz de cumplir con su deber de neutralidad e imparcialidad. No sirvió, por tanto, las alusiones del Gobierno a la necesidad de tomar estas medidas para salvaguardar la legislación moldava y la pervivencia de la propia Constitución, ya que estaba en riesgo la propia integridad territorial.

En realidad, no es difícil de imaginar en el actual contexto que los poderes públicos puedan justificar la adopción de una medida o una reforma legislativa con el propósito de evitar que se utilice la confesión religiosa para perseguir intereses políticos externos. En la Sentencia que comentamos en estas líneas se recoge la relación que establece el Gobierno moldavo entre el Patriarcado de Bucarest y los intereses nacionales rumanos, ya que se vincula la Iglesia recurrente – adscrita al mencionado Patriarcado – con el desarrollo de actividad políticas destinadas a facilitar o provocar la reunión de Moldavia con Rumanía. Y, por tanto, de ello se derivaría un peligro a la seguridad nacional y la integridad territorial. No obstante, el Tribunal estima que existe una ausencia de evidencias y que se trata de meras hipótesis sin haber sido corroboradas en ningún momento. El TEDH asume las tesis de los recurrentes, que defienden que tal y como rezan sus estatutos, se trata de una iglesia autónoma local que opera en el territorio nacional moldavo y que está sujeta a su ordenamiento jurídico. Por todo ello, la resolución del máximo órgano de garantías del Convenio descarta la presencia de ninguno de estos elementos al no haber quedado probado. En cambio, lo que sí que considera evidenciado es la injerencia que ha habido en la libertad religiosa de los recurrentes. De este modo, la carencia de personalidad jurídica ha conllevado que no pudiesen plantear procedimientos judiciales con el objeto de proteger sus propiedades, que eran indispensables para el rezo, el desarrollo de sus actividades religiosas sin contravenir lo dispuesto en la legislación y posibilidad de obtener tutela penal de los actos violentos que habían tenido por parte de algunos grupos locales en actos de culto. La mera tolerancia practicada con esta comunidad religiosa – en palabras del Tribunal – no puede convertirse en un sustituto del reconocimiento jurídico. Por todo ello, las consecuencias derivadas de la negativa del Gobierno a registrar esta confesión no resultan proporcionadas al fin legítimo que se pretendía perseguir.

### 2.3.2 Caso Santo y Supremo Consejo de la Comunidad Islámica contra Bulgaria[415]

En esta ocasión, es comprensible que los hechos que conforman este asunto nos resulten familiares. De hecho, ya los conocemos al haber llegado a estas líneas. Y es que no hablamos de otro caso diferente a aquel de Hasan y Chaush que tuvimos oportunidad de analizar *supra*. Por ello, no es necesario detallar la complejidad de los sucesivos cambios que va adoptando el Estado búlgaro a la hora de conceder el reconocimiento legal a uno de los dos liderazgos enfrentados dentro de una misma comunidad.

La principal diferencia, por tanto, reside en los recurrentes del asunto que estamos abordando. En este caso, el recurrente es el Santo y Supremo Consejo de la Comunidad Islámica, liderado por el Sr. Nedim Gendzhev, adversario del Sr. Fikri Sali Hasan, que era el actor del asunto previamente analizado. Como es sabido, ambos alcanzaron un acuerdo para celebrar una conferencia nacional de musulmanes con el objeto de unificar a ambas facciones enfrentadas. Sin embargo, el Sr. Gen-

---

415 STEDH (Sección 1ª), Caso Santo y Supremo Consejo de la Comunidad Islámica (Supreme Holy Council of the Muslim Community) contra Bulgaria, de 16 diciembre de 2004 (TOL 756.272).

dzhev decidió no participar finalmente en la misma, ya que observó que esta no estaba siendo organizada respetando los estatutos de la confesión. Además, denunció que la manera en la que la Dirección de Confesiones Religiosas había preparado la conferencia constituía una injerencia estatal inaceptable, llegando incluso a existir amenazas por parte de figuras políticas para forzar la elección de candidatos para la asamblea.

Ante el recurso planteado en Estrasburgo, el Tribunal debe decidir si la participación de los poderes públicos en tal unificación constituye una vulneración de la libertad religiosa. En su fallo, el mismo argumenta que las autoridades estatales pueden ser necesarias para involucrarse en la mediación entre distintos líderes o grupos de comunidades religiosas divididas. Sin embargo, deben respetar en todo caso esta labor con mucha precaución, ya que esta es un área particularmente delicada. En cambio, el Tribunal considera que el modo en que se ha llevado a cabo en esta ocasión ha sido un factor significante en el proceso de examinar el caso y resolver en uno u otro sentido. Queda acreditado en la Sentencia que las autoridades insistieron en el proceso de unificación a pesar de que el Sr. Gendzhev había decidido abandonar el proceso. Como resultado de la conferencia que tuvo lugar, la organización recurrente dejó de tener capacidad de representar al menos a una parte de la comunidad religiosa y administrar sus asuntos y propiedad conforme a la voluntad de esa parte de la comunidad. Pese a ello, el TEDH estima que existe un fin legítimo de proteger el orden público y los derechos y libertades de otros. En concreto, la injerencia perseguía reestablecer la legalidad, tras los sucesivos cambios que habían tenido lugar en los años anteriores y solucionar el cese del Sr. Hasan. Ahora bien, ello no constituyó causa suficiente para avalar tal injerencia. Por el contrario, el hecho de forzar a una comunidad dividida a tener un único liderazgo en contra de la voluntad de uno de los dos líderes enfrentados significó que las autoridades excediesen el margen de apreciación disponible, ya que esa injerencia no era necesaria en una sociedad democrática.

### 2.3.3. Caso Parroquia de San Miguel contra Ucrania[416]

Este asunto fue planteado a instancias de esta misma parroquia que estaba registrada como asociación religiosa adscrita a la Iglesia Ortodoxa Ucraniana del Patriarcado de Moscú. En un momento dado, esta parroquia decide abandonar su jurisdicción y dirección canónica del Patriarcado de Moscú y adherirse al Patriarcado de Kiev. Tras ser admitida por este Patriarcado y recibir la designación de un párroco, solicitan a las autoridades gubernativas ucranianas que se registren las enmiendas llevadas a cabo en sus estatutos.

Poco tiempo después, las dependencias de la iglesia son tomadas por un grupo de clérigos y laicos seguidores del Patriarcado de Moscú y estos designan nuevos órganos de dirección de la parroquia, incluida la Asamblea. La recurrente sigue sin obtener una respuesta estimatoria a su pretensión, ya que las autoridades alegan que la Asamblea que decidió la nueva adscripción no representaba a la comunidad religiosa íntegra. En cambio, sí que acepta el cambio de estatutos llevado a cabo por la nueva Asamblea que ha optado por el Patriarcado de Moscú. Como consecuencia de todo ello, los miembros de la parroquia recurrente se ven imposibilitados de seguir usando las dependencias de la iglesia ni practicar el culto en su interior.

El Tribunal considera que una situación en la que una organización religiosa tiene un conflicto aparente con el liderazgo de la iglesia a la que está adscrita requiere de una aproximación al conflicto extremadamente sensible y natural por parte de las autoridades nacionales. En este sentido, se manifiesta que la negativa de registrar las enmiendas de los estatutos ha constituido una injerencia del derecho de libertad religiosa, conforme lo establecido por el Tribunal de Estrasburgo. Y ello porque el grupo

---

416 STEDH (Sección 1ª), Caso Parroquia de San Miguel (Svyato-Mykhaylivska Parafiya) contra Ucrania, de 14 junio de 2007 (TOL 9.079.412).

religioso en cuestión no ha tenido la personalidad jurídica para ejercitar toda la gama de actividades religiosas y otras actividades. También argumenta la existencia de esta injerencia por el hecho de que se le haya impedido unirse al Patriarcado de Kiev como una comunidad religiosa independiente que administra los asuntos de la iglesia y en la que se practicaba el culto.

Esta injerencia, sin embargo, estaba prevista en una ley. En concreto, la Ley de la libertad de conciencia y organizaciones religiosas. Ahora bien, el Tribunal alberga dudas respecto al requisito de previsibilidad. Y es que, pese a que el Estado argumente que cuenta con previsiones normales que enuncian con detalle las posibles razones para denegar el registro de modificaciones relativas a las confesiones religiosas, la norma contemplaría únicamente una razón vaga para esta denegación: contravenir la legislación existente. Por tanto, el TEDH cuestiona el hecho de que existan suficientes garantías frente la arbitrariedad y al posible abuso por parte de la autoridad gubernativa.

En cualquier caso, Estrasburgo confirma que existe un fin legítimo en la injerencia consistente en la protección del orden público y los derechos y libertades de otros. No obstante, no considera que se haya probado que los hechos objeto de la denegación revistan suficiente entidad. Al menos para que, efectivamente, se haya producido una actuación contraria a la legislación vigente en el país, que sería la causa para poder denegar el registro público conforme el precepto al que acabamos de hacer mención. Y ello porque en la misma ley no se especifica ningún requisito de que el grupo religioso u órgano de gobierno del mismo tenga que estar compuesto por todas las personas que asisten a los actos de culto. Tampoco impide la posibilidad de que la confesión religiosa pueda determinar discrecionalmente la forma mediante la cual se escoge a sus miembros o el procedimiento para la elección de sus órganos de gobierno. El Estado, por tanto, no podría obligar a un legítimo colectivo de Derecho Privado a admitir nuevos miembros o excluir miembros existentes. La organización de la parroquia había sido definida claramente en sus estatutos. Por todo ello, el Tribunal concluye que la injerencia ejercida sobre la parroquia recurrente en el derecho de libertad religiosa no puede ser justificada. Y esto porque la ausencia de garantías frente a las decisiones arbitrarias de la autoridad que actuaba como competente para el registro público de estas cuestiones no ha sido rectificada por el recurso judicial llevado a cabo por la entidad religiosa.

### 2.3.4. Caso Santo Sínodo de la Iglesia Ortodoxa Búlgara contra Bulgaria[417]

Este asunto guarda muchas similitudes con ambos procesos que se plantearon ante el mismo Tribunal desde la comunidad musulmana en Bulgaria. El escenario es el siguiente: el país, tras haber instaurado un nuevo régimen democrático, comienza a llevar a cabo importantes reformas y decisiones gubernativas. Una de ellas se aprueba por medio de un decreto que declara ilegal el nombramiento del Patriarca Maxim, ya que había violado los estatutos de la propia Iglesia. De esta forma, se procede a nombrar a otro Patriarca, Primem. Como puede imaginarse, este movimiento conlleva la confrontación entre dos facciones rivales: unas que se muestran partidario del primer Patriarca, que había liderado la confesión desde que en 1971 fuese nombrado por el Partido Comunista; y otra facción que defendía al nuevo Patriarca Primem y acusaba al otro de haber colaborado con el régimen comunista.

Este cambio en la cabeza de la mencionada Iglesia, lejos de gozar de una cierta estabilidad, se ve alterado en los siguientes años, coincidiendo de nuevo de forma notablemente curiosa

---

417 STEDH (Sección 5ª), Caso Santo Sínodo de la Iglesia Ortodoxa Búlgara y Otros [Holy Synod of the Bulgarian Orthodox Church (Metropolitan Inokentiy) and Others contra Bulgaria], de 22 enero de 2009 (TOL 1.416.121).

con el cambio de Gobierno que se realiza tras la celebración de distintas elecciones generales. De los hechos descritos en el pronunciamiento judicial se puede deducir que con carácter previo al advenimiento de la democracia esta intervención también se producía por parte del Estado. La principal diferencia es que tras la llegada de esta la postura del Gobierno se vuelve más volátil y los sucesivos relevos de la máxima autoridad eclesiástica en el Estado parecen acrecentar las tensiones entre unos y otros. Además, las respuestas contradictorias que ofrecen los órganos judiciales y el apoyo económico y jurídico prestado por autoridades estatales al grupo religioso que determinan en ese momento no ayudan a apaciguar las disputas existentes. De hecho, afecta del mismo modo al reparto de iglesias, monasterios y demás bienes por parte de ambos grupos.

Tras varios años de tensiones y disputas – y coincidiendo también con el posicionamiento que toman las autoridades estatales respecto a la comunidad musulmana – el Estado persigue la búsqueda de unidad entre ambos grupos, de modo que se consiga la reconciliación. Tras ver fracasado tal propósito, el Gobierno decide llevar a cabo la unificación por ley: en 2002 aprueba una norma – la Ley de Confesiones Religiosas – que establece el reconocimiento *ex lege* de la Iglesia. Además, reconoce como auténtica y única representante de la Iglesia ortodoxa a la facción liderada por Maxim. Desde su entrada en vigor, se impide a la Iglesia alternativa el uso del nombre; se adoptan contra ellas medidas coercitivas, tales como el despido de ministros de culto, el procesamiento de algunos dirigentes religiosos que no cesan en su actividad ministerial y la incautación de iglesias y monasterios, de donde son expulsados con el uso de la fuerza.

El Tribunal considera que a consecuencia de esta norma y su implementación se termina con la existencia autónoma de uno de los dos grupos enfrentados y concede al otro grupo la exclusiva representación y control sobre los asuntos de la Iglesia. Ello lleva a afirmar rotundamente que existe una injerencia manifiesta por parte del Estado, no asumiendo las tesis del Gobierno que defendían que se trataba de una mera declaración legal de un liderazgo eclesiástico conforme al Derecho Canónico. El TEDH estima que el Estado ha profundizado en la división existente entre ambas facciones y ha privado incluso del derecho a la propia denominación de Iglesia Ortodoxa Búlgara, lo cual constituye una injerencia estatal en la organización interna de la Iglesia. El fallo concluye afirmando que no puede justificarse la proporcionalidad de las medidas adoptadas. El fin legítimo de remediar las injusticias que habían tenido lugar con carácter previo no puede conceder al Estado plenos poderes para llevar a cabo medidas destructivas que consisten en imponer un *status quo* en contra de la voluntad de una parte de la comunidad, forzando que esta se rija por un liderazgo y suprimiendo el otro. La declaración de la representación legítima exclusiva por parte de una facción y las medidas tomadas con ese fundamento constituyen una interpretación arbitraria por parte de las autoridades estatales.

### 2.3.5. Caso Iglesia Cristiana Menonita Húngara y Otros contra Hungría[418]

Este asunto se aborda desde la protección del artículo 11 del Convenio (libertad de asociación) en conexión con la libertad religiosa (artículo 9 CEDH). Los recurrentes en esta ocasión son un listado considerable de confesiones religiosas afectadas por la aprobación de la Ley de Iglesias que se aprueba en Hungría en 2011. La entrada en vigor de esta norma conlleva que todas las iglesias pasen de nuevo por un nuevo proceso de registro, durante el cual el Gobierno puede decidir qué iglesias tienen reconocido el estatus jurídico para obtener beneficios económicos por parte del Estado.

---

418 STEDH (Sección 2ª), Caso Iglesia Cristiana Menonita Húngara y Otros (Magyar Keresztény Mennonita Egyház and Others) contra Hungría, de 8 abril de 2014 (TOL 9.057.037).

Las confesiones religiosas debían solicitar su inscripción al Parlamento para ser incorporadas al listado de iglesias si deseaban obtener acceso a las ventajas económicas y beneficios. La decisión acerca de su inscripción dependía del número de miembros, presencia temporal y la prueba de que no representaba un peligro para la democracia. Las iglesias, tras obtener una respuesta negativa al procedimiento de inscripción y agotar los recursos judiciales nacionales disponibles, deciden acudir a Estrasburgo para obtener la protección por parte del TEDH.

El Tribunal advierte que del artículo 11 – juntamente con el artículo 9 – no puede derivarse una obligación de dispensar un estatuto jurídico especial a las confesiones religiosas. Ahora bien, también asevera que tampoco se puede obviar que los miembros de una de estas confesiones pueden sentirse más que tolerados, apreciando que se extiende este reconocimiento a otras comunidades. Además, se contempla la posibilidad de que esta situación pueda traer una inferioridad percibida en el ejercicio de la libertad religiosa. Pero tampoco podemos dejar de considerar que la libertad de manifestar la propia religión o creencias no confiere en las iglesias recurrentes la titularidad de un derecho de recibir financiación por parte de los presupuestos estatales. Pese a ello, el TEDH observa que los privilegios obtenidos por las confesiones facilitan la persecución de sus fines religiosos y, por tanto, imponen una obligación a las autoridades estatales de mantenerse neutral a la hora de concederlos. En otras palabras, cuando el Estado ha decidido voluntariamente proporcionar estos derechos, no puede tomar decisiones discriminatorias consistentes en conceder, reducir o retirar estos beneficios.

La respuesta del TEDH en este asunto es favorable a los recurrentes, ya que considera que se ha incumplido el Convenio por parte de las autoridades estatales. Y ello porque, si bien es cierto que la injerencia estaba prevista en una norma y perseguía fines legítimos, no se ha podido probar que tal injerencia fuese necesaria en una sociedad democrática. De esta forma, se ha impedido que estas iglesias puedan obtener el estatuto jurídico, en lugar de haber implementado medidas menos lesivas en el ejercicio de los derechos. Y se ha establecido un procedimiento de registro "contaminado políticamente" cuya justificación plantea interrogantes y que ha conllevado la dispensa de un trato diferente sin que se haya podido mantener la neutralidad del Estado.

### 2.3.6. Archidiócesis Ortodoxa Ohrid contra Antigua República de Yugoslavia de Macedonia[419]

De nuevo tenemos un asunto relativo al registro de una confesión religiosa. La recurrente es la propia comunidad religiosa cuya inscripción es denegada por el órgano gubernativo y, posteriormente, los recursos que plantea son desestimados. Se acepta que ha existido una injerencia, que está prevista en una norma y que persigue un fin legítimo. Sin embargo, resulta más complejo entrar a valorar si se trata de una injerencia necesaria en una sociedad democrática.

Por un lado, se constata que uno de los motivos alegados por las autoridades nacionales para justificar la denegación de inscripción está relacionado con defectos de forma. Estos defectos – descritos en la Sentencia – son considerados por el Tribunal como cuestiones puramente formales cuya importancia no ha sido puesta de manifiesto por las autoridades. Como consecuencia, el TEDH estima que este motivo no es relevante ni suficiente.

Por otro lado, también se ha puesto de manifiesto el "origen extranjero" de la confesión recurrente. Sin embargo, el Tribunal observa que no se ha evidenciado por parte del Estado que dicha confesión haya sido establecida por una iglesia o Estado

---

419 STEDH (Sección 1ª), Caso Archidiócesis Ortodoxa Ohrid (Greekorthodox Ohrid Archdiocese of the Peć Patriarchy) contra Antigua República de Yugoslavia de Macedonia, de 16 noviembre de 2017 (TOL 6.426.904).

extranjero. A pesar de que el líder de la confesión haya sido nombrado por la Iglesia Ortodoxa Serbia, los fundadores son nacionales del Estado donde se establece la comunidad. Además, tampoco se ha demostrado que en la legislación nacional se prohíba el registro de una organización religiosa fundada por una iglesia o Estado extranjero.

También se ha argumentado por parte del Estado que la denominación prevista de la inscripción no difiere sustancialmente de aquella empleada por otra confesión ya registrada. El Tribunal, pese a que entiende que efectivamente no se trata de una cuestión baladí, pues de su denominación depende la protección de los derechos de los demás, estima que no ha lugar a dicha justificación para impedirle su inscripción. El motivo que lo fundamentaría es que la denominación escogida por el recurrente es suficientemente concreta para distinguirla de la Iglesia Ortodoxa de Macedonia. Y – añade al razonamiento – que no hay ningún indicio de que el recurrente pretenda identificarse como tal, por lo que no afecta al derecho de los demás en este sentido.

Por último, se recoge además el argumento de que el recurrente podría tener la intención de convertirse en una entidad religiosa paralela a la Iglesia Ortodoxa de Macedonia. Sin embargo, el Tribunal argumenta que el deber del Estado de mantener la neutralidad e imparcialidad se ve comprometido si decide arrogarse la facultad de evaluar la legitimidad de las creencias religiosas y el modo en el que estas son expresadas. Pese a que es cierto que la autocefalía y unidad de la Iglesia Ortodoxa de Macedonia es un asunto que preocupa a los creyentes de esta confesión, ello no puede justificar en una sociedad democrática la adopción de medidas destinadas a prevenir la actividad de una confesión religiosa por este motivo sin tener ninguna evidencia, e incluso antes de iniciar su actividad. El rol de las autoridades en una situación de conflicto entre o dentro de grupos religiosos – recuerda el TEDH – no consiste en eliminar la causa de la tensión eliminando el pluralismo religioso. Al contrario, consiste en garantizar que los grupos que compiten se toleren unos a otros. E incluso, va más allá el Tribunal al afirmar que el Estado no puede implementar medidas preventivas en términos de la libertad de asociación y libertad de expresión – entendemos que también incluiría la libertad religiosa – más que en casos de incitación a la violencia o negación de los principios democráticos, por más que puedan considerar las autoridades que los puntos de vista son impactantes o inaceptables. Y, en esta ocasión, no se ha puesto de manifiesto en ningún momento que se trate de una confesión que aboga por el uso de la violencia o cualquier medio antidemocrático para la consecución de sus fines.

# *Capítulo V*
# *La lucha contra el extremismo violento: fanatismo religioso*

SUMARIO: 1. DELIMITACIÓN CONCEPTUAL. 2. EVOLUCIÓN EN EL MARCO NORMATIVO: DE LA LUCHA CONTRA EL TERRORISMO A LA PREVENCIÓN DEL EXTREMISMO VIOLENTO. 3. EL FANATISMO RELIGIOSO COMO EXTREMISMO VIOLENTO. 4. LOS MINISTROS DE CULTO Y CONFESIONES RELIGIOSAS ANTE LA LUCHA CONTRA EL EXTREMISMO VIOLENTO. 5. ALGUNAS CONSIDERACIONES FINALES.

Lo primero que resulta esencial en este capítulo es definir la terminología. Y ello porque, pese a que en ocasiones se analiza el tratamiento jurídico de los fenómenos sin haber aportado previamente una definición o aclaración respecto a los conceptos, consideramos que de lo contrario corremos el riesgo de pretender realizar un análisis de algo que ni siquiera sabemos cuáles son sus notas básicas.

Tras haber realizado este estudio terminológico, nos adentraremos en el tratamiento jurídico que tiene la prevención del extremismo violento en la actualidad. Para lograrlo, nos ayudará atender a la evolución que la propia lucha contra el terrorismo ha experimentado en los últimos años.

Más tarde, nos centraremos en el fanatismo religioso como elemento integrante del extremismo violento. Para ello, identificaremos una serie de particularidades que presenta este fenómeno. Y, posteriormente, nos detendremos en la figura de los ministros de culto y las confesiones religiosas en esta lucha contra el extremismo violento.

# 1. DELIMITACIÓN CONCEPTUAL

## *1.1. Aclaraciones previas*

Es evidente que toda la terminología empleada en esta investigación goza de una importante relevancia en nuestros días. A menudo, incluso consigue adquirir cierta notoriedad en el ámbito público, cuando las formaciones políticas persiguen alejarse de cualquiera de estas etiquetas, por considerarse negativas en nuestra sociedad y, en cambio, tratan de conseguir que se asocien algunos de estos términos a sus adversarios políticos. Sin embargo, términos como "radicalización" o "extremista" no parecen haber surgido en los últimos tiempos, sino que su origen se remonta al siglo XIX, para definir las corrientes de pensamiento político reformista del último decenio del siglo XVIII y de la primera mitad del siglo XIX[420].

La conceptualización de estos términos tiene además una considerable repercusión en la práctica. No se trata simplemente de un tema de debate académico, sino que de la representación que se realice de estos conceptos dependerá el enfoque y los instrumentos que se implementen en las políticas de prevención del extremismo violento[421]. En efecto, guardarán poca relación las medidas que se puedan adoptar en el caso en que el objetivo a frenar o erradicar sea el radicalismo, o por el contrario pueda ser el extremismo, revestir la apariencia del fanatismo o integrarse en los parámetros del fundamentalismo. De lo contrario, si se entiende que todo ello forma parte de una única categoría o si la respuesta para un fenómeno y otro distinto pueden ser la misma, el nivel de éxito de las políticas se verá afectado. Difícil-

---

420 ANTÓN MELLÓN, J. y PARRA, I., "Concepto de radicalización", en ANTÓN MELLÓN, J. (ed.), *Islamismo yihadista: radicalización y contrarradicalización,* Valencia: Tirant lo Blanch, 2015, p.18.

421 SCHLEGEL, L., *Formas, interrogantes, procesos: Las dificultades para definir la radicalización,* en *European Eye on Radicalization,* 2020.

mente se puede lograr un propósito si no se sabe exactamente cuáles son las líneas que delimitan el objeto del mismo.

En las próximas líneas no pretendemos lograr unas definiciones claras y precisas respecto a las distintas categorías mentales correspondientes a cada uno de los conceptos. Si uno observa brevemente la cantidad de artículos científicos que abordan la problemática o la diferencia que existe en la delimitación de unos y otros conceptos en distintos textos jurídicos, se percatará de la osadía que representaría anunciar tal pretensión. También si presta atención a la multitud de textos jurídicos que tratan alguno de estos fenómenos podrá cerciorarse de la confusión que parece existir en algunas ocasiones respecto a la conveniencia de optar por una terminología u otra en la elaboración jurídica del texto en cuestión.

Tras señalar estas dificultades a la hora de abordar estas cuestiones terminológicas, se podría preguntar legítimamente: ¿Y entonces por qué se trata esta cuestión? ¿Qué se pretende? Pues, puede parecer innecesario – cuando no inútil – afrontar una temática que ya de antemano se reconoce que resulta difícil – si no imposible – de poder resolver. No se puede pretender solucionar una cuestión que lleva un largo período de tiempo en discusión sin alcanzar consensos. No obstante, en una obra que persigue dar respuesta a esta temática, nos resulta esencial aproximarnos a la cuestión terminológica. Y, además, perseguimos dos fines llevando a cabo esta delimitación conceptual. En primer lugar, pretendemos visibilizar la extensa amalgama de interpretaciones que existe alrededor de estos conceptos. En segundo lugar, nos proponemos centrar el objeto de lo que a nuestro juicio debe situarse como eje central de toda actuación de los poderes públicos. Y ello pese a reconocer los obstáculos que existen a la hora de optar por unos términos u otros.

En cualquier caso, consideramos que lo más oportuno es centrarnos preferentemente en el contenido del concepto que en la propia determinación del término en cuestión. Y con ello no pretendemos eludir la responsabilidad de conceptualizar, sino más bien evitar que centrando nuestros esfuerzos en la defensa de uno u otro término perdamos el punto principal, que debe ser la correcta delimitación de lo que debe estar incluido en el radio de acción e intervención por parte de los poderes públicos. De otro modo, podríamos perdernos en debates lingüísticos y alejarnos de nuestro objeto de estudio. Por ello, debemos tener en consideración dos puntos importantes. El primero, que la terminología empleada difiere en unos casos y otros dependiendo de qué organismo lo aborde o incluso de qué texto jurídico del mismo organismo se trate. Así, en muchas ocasiones se utilizan conceptos distintos cuando en realidad pretenden referirse a lo mismo. El segundo – y quizá consecuencia del primero –, que la conceptualización de los términos debe interpretarse como un medio, y no como un fin en sí mismo. Solo así entenderemos que lo que importa es *qué* está comprendido en el concepto y no *cuál* es el concepto exacto que se utiliza.

### *1.2. Radicalismo*

El primer término que resulta de interés analizar es el de "radicalismo". El mismo comenzó a adquirir notoriedad tras los atentados terroristas del 11 de septiembre de 2001, en los que cuatro aviones comerciales impactaron contra las Torres Gemelas de Nueva York. A partir de ese momento empezó a mencionarse este término como un factor que conducía al terrorismo. Este razonamiento se vio reforzado con los sucesivos ataques de Madrid en 2004 y Londres en 2005.

Esta vinculación entre radicalismo y terrorismo no habría de dejar de sorprendernos, por común que sea en el contexto académico, profesional y político. Para conocer de un modo más profundo el significado del término habremos de ir al *Diccionario de la Real Academia Española* (en adelante, DRAE), que define el término "radicalismo" en su segunda acepción como "doctrina que propugna la reforma total del orden político, científico, moral y religioso"[422]. Por tanto, extraemos que se trata de una doctrina que pretende la reforma *total,* término relevante a efectos de entender el significado del concepto.

Por otro lado, en su primera acepción, el DRAE dota al radicalismo la "cualidad de radical", resultando con ello necesario aclarar que entendemos por "radical". Resulta revelador aclarar que proviene del latín "radix", que significa "raíz", ya que el término trae consigo "perteneciente o relativo a la raíz", aunque es cierto que en su quinta acepción también se presenta como "extremoso, tajante, intransigente".

Pese a haber hecho estas matizaciones previas, podríamos seguir teniendo dudas respecto al término y su encaje en el contexto al que nos referimos. ¿Se convierte el radicalismo en un fenómeno al que hemos de hacer frente? Desde nuestra humilde posición no consideramos el radicalismo como un elemento negativo en una sociedad democrática, sino más bien todo lo contrario.

Oponerse a una determinada configuración o pretender acudir a la raíz de un asunto para desde la misma poder observar y aproximarse de mejor forma a los problemas que plantea no debiera ser un enemigo que combatir en una sociedad libre. Hemos de destacar que la atribución de la calidad de radical a un hecho está condicionada por su contextualización e íntimamente ligado a la evolución social[423]. Si prestamos atención al pasado, advertiremos cómo efectivamente algunas personas o grupos sociales considerados radicales por defender una reforma total de alguna de las cuestiones que regían en aquel momento hoy serían vistas como personas o grupos sociales defensores del régimen actual. Un claro ejemplo po-

---

422 Real Academia Española: *Diccionario de la lengua española,* 23.ª ed.

423 BAZAGA FERNÁNDEZ, I. y TAMAYO SÁEZ, M., "Radicalización violenta", *Eunomía. Revista en Cultura de la Legalidad,* núm. 20, 2021, p. 324.

dría ser el hito histórico del sufragio femenino – o incluso el ahora considerado *mero* sufragio universal masculino –. En sus propuestas subyacía un modo de configuración de la sociedad radicalmente opuesto al vigente en ese momento, y la implementación de estas ideas trajo consigo la implantación del sistema democrático que conocemos en la actualidad. Por tanto, podemos extraer de ello que gracias a algunos radicales se ha adquirido el progreso y avance de la sociedad.

Conviene tener esta idea presente, ya que flaco favor haríamos al sistema democrático, los derechos y las libertades fundamentales, si considerásemos que una persona o idea, por el simple hecho de aspirar a conseguir una reforma total en algún aspecto presente en la actualidad, debe ser considerado nociva para la sociedad. Ya no sólo porque se podrían estar vulnerando derechos y libertades fundamentales del sujeto o colectivo en cuestión, sino porque se estaría imposibilitando el debate libre de ideas que tanto enriquece un sistema plural y democrático. Como consecuencia, hay quien incluso defiende que un radicalismo no violento podría ser síntoma de salud en cualquier sistema democrático[424].

Sin embargo, aquí tampoco parece existir consenso en la literatura respecto a esta interpretación. Aunque parece que las tesis mayoritarias se inclinan más hacia una connotación negativa del radicalismo.

A menudo se considera el radicalismo como una amenaza para la sociedad, ya que las tesis que puede presentar la persona o grupo social resultan contrarias al régimen vigente y, por tanto, pueden generar crispación y dificultar el diálogo y el consenso. Sin embargo, no deja de ser necesario mencionar que la

---

424 KARAKATSANIS, L. y HERZOG, M., "Radicalisation as Form: Beyond the Security Paradigm", *Journal of Contemporary European Studies,* vol. 24, núm. 2, 2016, pp. 200-201.

distancia entre lo que se pretende y el *statu quo* actual no debería ser *per se* una manifestación del menoscabo de la paz social.

Por otro lado, a menudo se llega a vincular el radicalismo con la violencia, cuando el posicionamiento radical de unas ideas no necesariamente conlleva la justificación de la violencia para la consecución de los objetivos políticos, científicos, morales o religiosos, siguiendo con los ámbitos que el DRAE incluye dentro de la reforma total que secundaría la doctrina del radicalismo. Con frecuencia se afirma que la mera adopción de ideas radicales es el paso precedente a la participación en la violencia. Sin embargo, esta presunción contrastaría con algunos autores que defienden que la mayoría de las personas radicales no llegan jamás a materializar sus planteamientos en acciones violentas[425].

En suma, los sujetos y colectivos radicales pueden suponer una incomodidad al *status quo* presente, porque disienten del ordenamiento jurídico vigente en un lugar y momento determinado, pero no por ello dejan de estar amparados en sus respectivos derechos fundamentales. De hecho, son un valor fundamental para una sociedad que verdaderamente aspire a ser plural en la práctica, pues constituye una manifestación de diversidad y permite seguir avanzando hacia una mejora constante del sistema constitucional presente en cualquier Estado.

El problema, ahora bien, vendrá cuando estos sujetos y colectivos consideren la violencia como medio posible para alcanzar sus planteamientos radicales. En ese momento dejaremos de considerar la radicalidad como un aspecto positivo y habremos de empezar a abordar la problemática desde otro prisma.

---

425 SCHUURMANN, B. W. y TAYLOR, M., "Reconsidering radicalization: fanaticism and the link between ideas and violence", *Perspectives on Terrorism*, vol. 12, núm. 1, 2018, pp. 3-22.

### *1.3. Extremismo*

El otro término que suele acompañar el radicalismo es el "extremismo". Al igual que los demás conceptos que analizamos, se caracteriza por contar con un amplio abanico de posibilidades a la hora de definirlo. Recurriendo de nuevo al DRAE, esta lo define como "tendencia a adoptar ideas extremas, especialmente en política". Por tanto, se hace de nuevo necesario conocer otro término – en este caso "extremo" – con el fin de poder entender de mejor forma el significado. Entre las múltiples acepciones que el DRAE ofrece, encontramos interesante la tercera, que se refiere a "excesivo, sumo, exagerado" y la cuarta, que ofrece en su definición "distante".

En este caso, por tanto, el aspecto fundamental que consideramos relevante reseñar se hallaría en cuánto de alejado se considera un planteamiento respecto a lo que se entiende socialmente como ordinario[426]. En este sentido, los posicionamientos extremistas serían aquellos que nada tienen que ver con las normas y consensos sociales propios de un momento y lugar determinado.

No obstante, existen autores que se enfocan en el propósito que tendrían los extremistas y en los medios que utilizarían para alcanzar los mismos. Para ello utilizan el concepto de extremismo político, que se definiría como:

> "la voluntad de poder de un movimiento social al servicio de un programa político típicamente en desacuerdo con el apoyo de las autoridades estatales existentes, y para el cual las libertades individuales deben ser restringidas en nombre del colectivo objetivo, incluido el asesinato en masa de aquellos que estarían en desacuerdo con ese programa o no"[427].

---

426 PRIEGO, A., "Fundamentalismo, extremismo, fanatismo y terrorismo religioso. Una clarificación de los conceptos", *Miscelánea Comillas,* vol. 76, núm. 148, 2018, pp. 261-272.

427 MIDLARSKY, M.I., *Origins of Political Extremism: Mass Violence in the Twentieth Century and Beyond,* Cambridge: University Press, 2011, p. 7.

Otros argumentan que la pretensión de los extremistas consiste en crear una sociedad homogénea que se base en principios ideológicos rígidos y dogmáticos, en otras palabras, una sociedad conformista que suprima cualquier tipo de oposición, sin respetar a las minorías[428]. Ello lleva a algunos a autores a considerar como elementos comunes en el extremismo el anticonstitucionalismo, los valores antidemocráticos, el antipluralismo, el autoritarismo, el fanatismo, la intolerancia y la polarización social[429].

Por otro lado, ante el fenómeno del extremismo podríamos obviar la orientación ideológica de los fines que se persiguen y focalizar nuestra atención en los procedimientos que se propugnan para conseguir hacer efectivos los propósitos; esto es, las actitudes y los comportamientos de los individuos y colectivos[430]. El extremismo podría estar compuesto por cuatro elementos clave. En un primer momento, la violación de los procedimientos legales previstos en el ordenamiento jurídico. En segundo lugar, las acciones suelen conllevar unas pretensiones políticas maximalistas. Por otro lado, existe una justificación implícita o explícita del uso de la violencia para la consecución de los fines políticos. Por último, desde el extremismo se suele considerar ilegítimo el orden sociopolítico vigente en el momento de emprender las acciones, lo cual justificaría utilizar todos los medios al alcance con el fin de poder configurar un orden político nuevo[431].

---

428 SCHMID, A. P., "Radicalisation, De-Radicalisation, Counter-Radicalisation: A Conceptual Discussion and Literature Review", *The Hague: The International Centre for Counter-Terrorism (ICCT) – The Hague*, 2013, p. 37.

429 CASTRO, R., Informe "Terrorismo de extrema derecha: tendencias y elementos", *Observatorio Internacional de Estudios sobre Terrorismo*, 2020. Disponible en: https://observatorioterrorismo.com/eedyckaz/2020/08/terrorismo-de-extrema-derecha.-Tendencias-y-elementos.pdf (Última consulta: 01/09/2023).

430 JABARDO, R., "Sobre el concepto de extremismo político", *Revista de estudios políticos*, vol. 102, 1998, pp. 281-293.

431 *Idem.*

Por tanto, muchos autores afirman que los radicales podrían ser violentos o no serlo – e incluso perfectamente demócratas –, mientras que algunos argumentan que los extremistas no serían en ningún caso demócratas; los extremistas no tolerarían la diversidad y se posicionarían a favor del uso de la violencia tanto para obtener como para mantenerse en el poder político. Además, generalmente tenderían a adoptar posiciones rígidas e inflexibles, adhiriéndose a interpretaciones monocausales del mundo, que forzarían planteamientos en que necesariamente aparece el "nosotros *vs.* ellos"[432].

En suma, cabe destacar que la cualidad de "extremista" puede estar vinculada a las ideas que sostiene el individuo o colectivo, pero también a la actitud o comportamiento que adopta para conseguir alcanzar tales propósitos. También en el modo de concebir una posición diversa a la propia, esto es, respetar el pluralismo y la discrepancia o, por el contrario, entender que no existe un modo diverso de interpretar la realidad, ya que ésta no admite un posicionamiento alternativo.

### *1.4. Radicalización (violenta)*

Siguiendo con las definiciones de la RAE, la Real Academia define la "radicalización" como "acción y efecto de radicalizar o radicalizarse". Por lo que la definición abarcaría tanto la acción referente a los demás como la acción relativa a radicalizarse a sí mismo. El *quid* de la cuestión aquí será dilucidar el concepto "radicalizar", que el propio Diccionario se refiere al mismo como "volver radical algo a alguien".

Habiendo dejado anteriormente clara nuestra postura con el concepto de "radicalismo" y la incorrecta interpretación negativa que otorgamos de manera automática al término "radical", no son

---

432 SCHMID, A.P., *op. cit.*, p. 41.

necesarias mayores precisiones terminológicas al respecto. Ahora bien, siguiendo la misma interpretación del concepto, resulta obvio advertir que, de no añadir al término el carácter negativo que ofrece el adjetivo "violenta", el proceso mediante el cual un sujeto radicaliza a otro o se radicaliza a sí mismo, no habría de ser negativo *per se*, ni estar vinculado al terrorismo, siquiera a la violencia.

Pese a que tratemos de evidenciar nuestra postura al respecto, hemos de advertir que – tal y como sucedía con el término de "radicalismo" – la interpretación que se hace desde los distintos textos normativos y también desde una parte considerable de la doctrina camina hacia otra dirección. De este modo, el término "radicalización" ha sido definido como un proceso a través del cual el individuo asume posiciones ideológicas o religiosas que justifican el uso de la violencia para alcanzar sus objetivos[433]. Otros han puesto más énfasis en que estas ideologías, vinculadas a ciertas prácticas o dinámicas de grupo, pueden conducir a los individuos al fanatismo y a la implicación en acciones democráticas o terroristas[434].

Por tanto, conforme a algunos autores la radicalización llevaría intrínseco el rasgo de la violencia. Curiosamente, otros autores definen el concepto de la radicalización *violenta* sin hacer mención alguna a esta violencia o fuerza. Como ejemplo de ello:

> "Así, la radicalización violenta se entiende como el proceso por el que se produce una creciente disposición a perseguir y apoyar ideas que implican una amenaza directa al orden existente; un cambio fundamental en el statu quo político y social"[435].

---

[433] DE LA CORTE, L., "¿Qué sabemos y qué ignoramos sobre la radicalización yihadista?", en ANTÓN MELLÓN, J. (ed.), *Islamismo Yihadista: Radicalización y Contrarradicalización. Inteligencia y Seguridad*, Valencia: Tirant lo Blanch, 2015, pp. 39-67.

[434] ANTÓN MELLÓN, J. y PARRA, I., "Concepto de radicalización", en ANTÓN MELLÓN, J. (ed.), *op. cit.*, pp. 17-37.

[435] BAZAGA FERNÁNDEZ, I. y TAMAYO SÁEZ, M., *op. cit.*, p. 324.

A nuestro juicio, tanto la asociación directa del componente violento a la radicalización como la exclusión del elemento de la violencia en la definición de la radicalización – en el caso en que ella no sea violenta – suponen una imprecisión que puede conllevar una mayor dificultad en la labor de discernir qué conductas quedarían amparadas por el ejercicio de los derechos fundamentales y cuáles excederían los límites previstos y colisionarían con los derechos de los demás.

Otros autores, en cambio, establecen la distinción entre dos significados diferentes que podrían encontrar su origen en el término. Mientras uno se refiere a la adquisición de ideas extremas, o radicalización cognitiva, el otro se refiere a la inclinación a la violencia o radicalización conductual, presuntamente basada en estas ideas extremas. Los dos están relacionados, pero mantienen bastantes diferencias, ya que "muchas personas tienen las denominadas ideas extremistas, pero muy pocas personas actúan sobre ellas (…) hablar de usar la violencia no conlleva necesariamente a la acción"[436].

Respecto a la radicalización violenta, la Comisión Europea en una Comunicación al Parlamento Europeo y al Consejo en relación con el reclutamiento terrorista (2005)[437], en la que abordaba los diversos factores que contribuyen a la radicalización violenta, esclarecía que la "radicalización violenta" es el fenómeno de las personas que adoptan opiniones, puntos de vista e ideas que podrían conducir a actos de terrorismo tal como se definen en el artículo 1 de la Decisión marco sobre la lucha contra el terrorismo.

---

436 SAGEMAN, M., *Misunderstanding Terrorism*, Philadelphia: University of Pennsylvania Press, 2017, p. 90.

437 Comunicación de la Comisión al Parlamento Europeo y al Consejo sobre la captación de terroristas: afrontar los factores que contribuyen a la radicalización violenta, COM (2005) 313 final, de 21 de septiembre de 2005. Disponible en: https://eur-lex.europa.eu/legal-content/ES/ALL/?uri=CELEX%3A52005DC0313 (Última consulta: 01/09/2024).

Se ha de poner de manifiesto que para entender el proceso de radicalización se han propuesto diversos modelos con distintos estadios o fases de radicalización que pueden conducir hasta el propio terrorismo. Estos estadios son una suerte de grados de radicalización que comprenden desde ser receptivo a mensajes fundamentalistas, tener simpatía hacia creencias radicales, apoyar pasivamente a organizaciones radicales, apoyar de forma activa y cometer actos de violencia terrorista[438].

Por un lado, se ha propuesto un *modelo de pirámide* que distingue a los distintos grupos o actores en función del rol que desarrollan. De este modo, MCCAULEY y MOSKALENKO[439] enumeran una variedad de actores diversificados: 1) simpatizantes y seguidores; 2) activistas; 3) radicales; 4) terroristas. De acuerdo con este modelo, los terroristas serían sólo la parte visible del problema, que en realidad comprendería otros colectivos que mostrarían – en mayor o menor medida – una simpatía y compromiso por la causa.

Por otro lado, también conviene destacar la *escalera hacia el terrorismo*, propuesta por Moghaddam[440]. La metáfora utilizada consiste en un "árbol de decisión" o escalera que un sujeto recorre antes de llegar a la acción terrorista, que constituye la cima. De acuerdo con este modelo, existe una planta baja y cinco plantas superiores, cada una de ellas caracterizada por procesos psicológicos particulares. La planta baja estaría compuesta por una percepción de injusticia y sentimientos de frus-

---

438 VERKUYTEN, M., "Religious fundamentalism and radicalization among Muslim minority youth in Europe", *European Psychologist*, vol. 23, núm. 1, 2018, pp. 21–31.

439 MCCAULEY, C. y MOSKALENKO, S., "Mechanisms of political radicalization: Pathways toward terrorism", *Terrorism and Political Violence*, vol. 20, 2008, pp. 415–433.

440 MOGHADDAM, F., "The staircase to terrorism: A psychological exploration", *The American Psychologist*, vol. 60, 2005, pp. 161–169.

tración. Después, sería necesaria la aparición de un "enemigo" como causante de esta situación de injusticia y frustración que percibe el sujeto. Aquí es donde la influencia de un líder juega un importante papel[441]. Más tarde, tendríamos la justificación de la violencia como medio para remediar la situación. Este sería el paso previo a considerar una organización terrorista como legítima. En el último estadio, se encontraría la participación en actos terroristas, de modo que se pudiera actuar de modo violento contra otros – incluso poniendo en riesgo la propia vida del sujeto – a fin de conseguir sus propósitos.

Ambos modelos contribuyen a representar la complejidad del proceso mediante el cual un sujeto puede avanzar en las siguientes fases hasta llegar a cometer actos terroristas. Son útiles en tanto que representan de forma metafórica el modo en que la radicalización es el "resultado del incremento extremo de creencias, sentimientos y comportamientos en apoyo de un conflicto intergrupal y de la violencia"[442]. No obstante, sería demasiado fácil y poco riguroso afirmar que estos modelos consiguen explicar el fenómeno de la radicalización. La problemática va más allá de eslabones o estadios, ya que el hecho de que un sujeto pertenezca a uno de los grupos mencionados no garantiza que vaya a avanzar hacia el siguiente eslabón o fase, sino que en muchas ocasiones permanece como radicalización no violenta[443]. De hecho, las creencias fundamentalistas pueden llegar a actuar como una barrera frente al uso de la violencia[444].

---

441 *Ibidem*, p. 162.

442 LOBATO, R.M., "En busca de los extremos: tres modelos para comprender la radicalización", *Revista de Estudios en Seguridad Internacional*, vol. 5, núm. 2, 2019, pp. 107-125.

443 VERKUYTEN, M., *op. cit.*, p. 21.

444 BUIJS, F., DEMANT, F. y HANDY, A., *Strijders van eigen bodem: Radicale en democratische Moslims in Nederland. Home grown warriors: Radical and democratic Muslims in the Netherlands,* Amsterdam: Amsterdam University Press, 2006. Citado en VERKUYTEN, M., *op. cit.*, p. 21.

## 2. EVOLUCIÓN EN EL MARCO NORMATIVO: DE LA LUCHA CONTRA EL TERRORISMO A LA PREVENCIÓN DEL EXTREMISMO VIOLENTO

Resulta conveniente advertir que el terrorismo y la lucha contra el terrorismo no son fenómenos nuevos. Sin embargo, ello no implica que la respuesta que se le haya dado desde los organismos supranacionales y los Estados haya sido la misma durante todo este tiempo. El terrorismo y, por ende, la lucha contra el terrorismo, han sufrido alteraciones y adaptaciones conforme han ido evolucionando[445].

Lo primero que se ha de reseñar es que la mayoría de los Estados durante el S.XX no han sido objeto de amenazas terroristas de naturaleza doméstica. No obstante, existen países que sí han tenido que hacer frente a este fenómeno terrorista, como Irlanda, España o Francia[446]. Ello, como es fácil de imaginar, ha traído consigo un mayor esfuerzo por parte de estos países, que tiene su repercusión a la hora de hacer frente a los nuevos desafíos globales. No es fruto de la casualidad que, en ocasiones, los países que cuentan con una larga trayectoria en

---

[445] En ocasiones, incluso tomando en consideración a colectivos específicos como los inmigrantes. Al respecto, recomendamos: APARICIO CHOFRÉ, L., "La amenaza del terrorismo internacional en la regulación restrictiva de la inmigración", en MASFERRER, A. (ed.), *Estado de Derecho y derechos fundamentales en la lucha contra el terrorismo,* Cizur Menor: Aranzadi, 2011, pp. 645-685.
También puede verse la comparativa entre dos modelos distintos. Véase: APARICIO CHOFRÉ, L., "La penalización de la solidaridad en Italia y la necesidad de recuperar el principio francés de fraternidad en la política europea de inmigración", en LIROLA, I. y GARCÍA PÉREZ, R. (coords.), *Seguridad y fronteras en el mar,* Valencia: Tirant Lo Blanch, 2020, pp. 247-263.

[446] En el caso de España y Francia, por la organización terrorista ETA (*Euskadi Ta Askatasuna*); en el caso de Irlanda, por el grupo terrorista IRA (*Irish Republican Army*).

la lucha antiterrorista sean considerados como referentes en distintos foros internacionales de lucha contra el terrorismo.

En segundo lugar, la naturaleza del terrorismo al que nos enfrentamos no ha permanecido inmutable, sino que tanto los grupos terroristas como el modo de llevar a cabo los atentados han sufrido alteraciones. De este modo, la amenaza terrorista a la que hacían frente algunos Estados era protagonizada por sujetos que se encuadraban dentro de una realidad nacional concreta, organizada en grupos terroristas que planeaban la ejecución de atentados sobre personalidades políticas o población civil. Existía una estructura con unos mandos de poder y una división del trabajo que permitía atacar con toda la virulencia que les permitiera su aparato y recursos.

En cambio, el terrorismo al que hoy nos enfrentamos no está dotado de esa misma estructura y organización. Si bien es cierto que existen múltiples actores no estatales y facciones o grupos terroristas que se adhieren a ellos, este escenario es más propio de otras regiones del planeta que están en guerra. En Occidente, en cambio, ha ido creciendo la preocupación por los mal llamados "lobos solitarios"[447], que son personas que, sin tener un vínculo de pertenencia a ningún grupo armado, deciden actuar por su cuenta en la comisión de un acto terrorista[448]. Algunos autores delimitan esta figura a aquellos que

---

447 Existe mucha literatura acerca de este término. Sin embargo, consideramos que no es el concepto más adecuado, ya que puede estar apoyando la idea de que quien perpetra un acto terrorista reviste un carácter heroico, digno de glorificar. Sin duda alguna, los medios de comunicación y los responsables públicos han contribuido a expandir este término en la sociedad. Los primeros, para hacer más llamativo el contenido que transmitían; los segundos, para justificar que no se podía prever ni evitar la comisión del acto terrorista.

448 Las personas que actúan por su cuenta se diferenciarían, por tanto, de las "células durmientes", que engloban a personas que se infiltran en una sociedad u organización y permanecen dormidos a

reúnen las tres condiciones: a) operan individualmente; b) no pertenecen a ninguna organización o grupo terrorista y; c) su modus operandi está dirigido por ellos mismos, sin orden alguna de ningún comando o jerarquía superior[449].

No obstante, el hecho de que no formen parte de ninguna organización criminal y, por tanto, no existan conexiones económicas, estructurales o estratégicas, no implica ausencia de conexiones ideológicas[450]. De esta forma, dentro de esta categoría de "lobo solitario" entrarían aquellas personas que han sido objeto de radicalización por parte de otro sujeto o incluso organización terrorista y después han decidido actuar por su cuenta de forma completamente autónoma.

Por tanto, la cuestión fundamental que debemos comprender es que, en muchas ocasiones, el acto terrorista no está unido a una organización terrorista o un plan establecido, sino que detrás de la mayoría de los atentados hay sujetos que actúan con plena independencia de los grupos terroristas[451]. Ello conlleva

---

la espera de recibir órdenes de un nivel jerárquico superior. Véase SPAAIJ, R., *Understanding Lone Wolf Terrorism: Global Patterns, Motivations and Prevention*, Nueva York: Springer, 2012, p. 16.

449 *Idem.*

450 GUTIÉRREZ-SANZ, V., "El terrorismo de los "lobos solitarios" en la literatura y la prensa española (2010-2015). Un análisis retórico-argumentativo de su construcción discursiva", *Historia y comunicación social*, vol. 23, núm. 2, 2018, pp. 529-545.

451 De acuerdo con VIDINO, L., MARONE, F. y ENTENMANN, E., Informe "Fear thy neighbor. Radicalization and jihadist attacks in the West", desde junio de 2014 – cuando el Califato fue declarado – hasta 2017, tan sólo el 8% de los atentados que se produjeron en Europa y Norte América fueron llevados a cabo por individuos que actuaban bajo las órdenes del liderazgo de DAESH. El 26% de los ataques fueron perpetrados por sujetos que no tenían vínculos con ninguna organización yihadista, pero que fueron inspirados por su mensaje. El 66% restante de ataques tuvieron como responsable a ciudadanos que tenían alguna

una reorientación del peligro al que cabe atender, ya que ya no se trata de prevenir la proliferación de organizaciones terroristas – sin perjuicio del papel que siguen ocupando – sino que la atención debe centrarse en los procesos bajo los cuales los sujetos desarrollan un posicionamiento que les conduce a cometer atrocidades con víctimas mortales en nuestras regiones.

En este sentido, al analizar los procesos de radicalización violenta, numerosos factores han sido objeto de estudio por parte de los científicos sociales. En primer lugar, se ha puesto de manifiesto la relevancia que tendría el perfil del terrorista y la concurrencia de alguna de las variables estructurales tales como la opresión, las carencias educativas o la pobreza. No obstante, por el momento no se ha podido constatar que exista una vinculación directa entre estos factores y el fenómeno terrorista[452].

Pese a ello, otros autores sí que han considerado que la concurrencia de algunas variables sociales traería consigo una – al menos mayor – predisposición a abrazar postulados violentos. Un ejemplo sería la incertidumbre, la hostilidad percibida y la injusticia[453].

---

conexión con DAESH u otro grupo terrorista, pero actuaron de forma independiente. Puede consultarse en la p. 17 del mencionado Informe. Disponible en: https://www.icct.nl/sites/default/files/import/publication/FearThyNeighbor-RadicalizationandJihadistAttacksintheWest.pdf (Última consulta: 01/09/2024).

452 Los datos muestran que dentro de los individuos que cometieron los atentados hay personas de diferente edad, sexo, estado civil, características socioeconómicas, nivel de formación… Para una mejor profundización en la materia *Vid.* DE LA CORTE IBÁÑEZ, L. “Algunos malentendidos en torno a los procesos de radicalización violenta”, en BERMEJO CASADO, R. y BAZAGA FERNÁNDEZ, I. (eds.), *Radicalización violenta en España,* Valencia: Tirant lo Blanch, 2019, pp. 75-88.

453 DOOSJE, B., LOSEMAN, A. y VAN DEN BOS, K., “Determinants of radicalization of Islamic youth in the Netherlands: Personal uncertainty, perceived injustice, and perceived group threat”, *Journal of Social Issues,* vol. 69, 2013, pp. 586–604.

## *2.1. Naciones Unidas*

### 2.1.1. La lucha contra el terrorismo

A lo largo de su historia Naciones Unidas ha tratado de adoptar algunas medidas en la lucha contra el terrorismo. De este modo, conviene advertir que ya en 1954 Naciones Unidas intentó sin éxito que la Comisión de Derecho Internacional (CDI) incluyera en el *Proyecto de Código de Crímenes contra la Paz y la Seguridad de la Humanidad* el término "terrorismo". No obstante, dicho proyecto no llegó a prosperar.

En los años posteriores, la Asamblea General adoptó numerosas resoluciones con el objetivo de preservar la seguridad y los derechos humanos, pero sin abordar directamente el fenómeno terrorista.

Hemos de esperar a los años noventa para comenzar a identificar resoluciones de la organización internacional que abordan directamente la lucha contra el terrorismo. De este modo, destacamos dos resoluciones de la Asamblea General.

En primer lugar, la *Declaración sobre medidas para eliminar el terrorismo internacional*[454], aprobada en 1994, que definió el terrorismo como "actos criminales" que son injustificables "dondequiera y quienquiera los cometa". La AG declaró además que:

> "Los actos criminales con fines políticos concebidos o planeados para provocar un estado de terror en la población en general, en un grupo de personas o en personas determinadas son injustificables en todas las circunstancias, cualesquiera sean las consideraciones políticas, filosóficas, ideológicas, raciales, étnicas, religiosas o de cualquier otra índole que se hagan valer para justificarlos".

En segundo lugar, encontramos la *Declaración complementaria de la Declaración de 1994 sobre medidas para eliminar el terrorismo in-*

---

[454] *Resolución 49/60 de la Asamblea General, de 9 de diciembre de 1994, Declaración sobre medidas para eliminar el terrorismo internacional.* A/RES/49/60.

*ternacional*[455] de 1996. En ella ya se destacaba la importancia de adoptar medidas que posibilitaran el intercambio de conocimientos especializados e información acerca del fenómeno terrorista.

Por otro lado, el Consejo de Seguridad también adoptó resoluciones, aunque a menudo estaban más encaminadas a condenar ataques terroristas específicos y métodos terroristas en general. Es evidente que, tras los atentados terroristas del 11 de septiembre de 2001, el Consejo de Seguridad alcanzó mayor notoriedad y enfatizó más la importancia de la cooperación internacional. Un ejemplo sería la Resolución 1373 (2001) que impuso la obligación a los Estados para que adaptasen su legislación y participasen en el intercambio de información[456].

No obstante, la *Estrategia Global de las Naciones Unidas contra el terrorismo*[457] supone un punto de inflexión en la agenda de la ONU, ya que fue la primera ocasión en la que todos los Estados Miembros acordaron un enfoque estratégico y operacional común para luchar contra el terrorismo. De esta forma, en el anexo de Resolución se incluye un Plan de Acción que consta de cuatro pilares:

1. Medidas para hacer frente a las condiciones que propician la propagación del terrorismo.
2. Medidas para prevenir y combatir el terrorismo.
3. Medidas destinadas a aumentar la capacidad de los Estados para prevenir el terrorismo y luchar contra él, y a fortalecer el papel del sistema de las Naciones Unidas a ese respecto.

---

455 Se encuentra en el *Anexo de la Resolución 51/210 de la Asamblea General, de 17 de diciembre de 1996.*

456 *Resolución 1373 (2001), aprobada por el Consejo de Seguridad en su 4385ª sesión, celebrada el 28 de septiembre de 2001.* S/RES/1373 (2001).

457 *Resolución 60/288, aprobada por la Asamblea General el 8 de septiembre de 2006.* A/RES/60/288.

4. Medidas para asegurar el respeto de los derechos humanos para todos y el imperio de la ley como base fundamental de la lucha contra el terrorismo.

Es innegable que con el primer pilar básico la ONU se observa la aproximación que tiene al abordar el fenómeno terrorista. De ahora en adelante se otorga especial interés a las condiciones que propician la propagación del terrorismo y, por tanto, al proceso por el cual un sujeto o colectivo llega a realizar un acto terrorista. Esto supone la emergencia del pilar de la prevención del extremismo violento en la lucha contra el terrorismo.

### 2.1.2. La prevención del extremismo violento

Como acabamos de analizar *supra*, han pasado ya más de 15 años de aquella Estrategia Global de Naciones Unidas contra el terrorismo. En ella, se incluía el mencionado Plan de Acción que distinguía cuatro pilares esenciales. Pues bien, tres de ellos consisten en la prevención y el cuarto en el respeto de los derechos humanos en la implementación de las medidas de prevención. El primero de ellos, de hecho, consiste en "medidas para hacer frente a las condiciones que propician la propagación del terrorismo". Estas condiciones, que sin duda apuntan hacia la dirección de la prevención del extremismo violento, han sido objeto de mayor desarrollo normativo por parte de la Organización.

Por un lado, la relación entre extremismo violento y terrorismo fue puesta de manifiesto en la Resolución 2178 (2014)[458], en la que el Consejo de Seguridad se aproximaba a este vínculo entre un fenómeno y otro en un texto jurídico que centraba su atención en los combatientes extranjeros. NNUU expresaba su preocupación fundamentándola en que los terroristas y las enti-

---

[458] *Resolución 2178 (2014), aprobada por el Consejo de Seguridad en su 7272ª sesión, celebrada el 24 de septiembre de 2014.* S/RES/2178 (2014).

dades terroristas habrían "establecido redes internacionales entre los Estados de origen, tránsito y destino, a través de las cuales se mueven en una y otra dirección los combatientes terroristas extranjeros y los recursos para apoyarlos" (p. 2 de la Resolución).

El escenario existente en aquel momento estaba caracterizado por los constantes movimientos de personas procedentes de unos países – en muchas ocasiones, europeos – que se dirigían a terceros países para recibir instrucción militar y combatir directamente en las filas de un grupo terrorista. Ello llevó a NNUU a abordar, además de la cooperación internacional y de la cooperación de las Naciones Unidas, también la "lucha contra el extremismo violento para prevenir el terrorismo". Por este motivo, en su punto 15:

> "*Recalca* que la lucha contra el extremismo violento, que puede conducir al terrorismo, en particular la prevención de la radicalización, el reclutamiento y la movilización de personas hacia grupos terroristas y su conversión en combatientes terroristas extranjeros, es un elemento esencial para hacer frente a la amenaza a la paz y la seguridad internacionales que representan los combatientes terroristas extranjeros, y *exhorta* a los Estados Miembros a que intensifiquen sus esfuerzos por luchar contra este tipo de extremismo violento".

Y, además, pone énfasis en los "medios alternativos no violentos" que disponen los Estados para reducir "el riesgo de radicalización con recurso al terrorismo". Así, en su punto 19:

> "*Pone de relieve* a este respecto la importancia de que los Estados Miembros ideen medios alternativos no violentos para la prevención y solución de conflictos por las personas y las comunidades locales afectadas a fin de reducir el riesgo de radicalización con recurso al terrorismo, y de que promuevan alternativas pacíficas a la retórica violenta a la que se adhieren los combatientes terroristas extranjeros, y *recalca* la función que puede desempeñar la educación para contrarrestar las retóricas terroristas".

Otros instrumentos jurídicos de Naciones Unidas los encontraríamos en la Resolución 2253 (2015)[459], en la que el Consejo de Seguridad se centra más concretamente en la difusión de contenido extremista violento en línea. De este modo, en su punto 22:

> "*Insta* a los Estados Miembros a que cooperen para impedir el reclutamiento por parte de los terroristas y contrarrestar su propaganda extremista violenta y la incitación a la violencia en Internet y las redes sociales, incluso mediante la elaboración de mensajes que refuten con eficacia la retórica del terrorismo, respetando al mismo tiempo los derechos humanos y las libertades fundamentales y de conformidad con las obligaciones que les incumben en virtud del derecho internacional, y *destaca* la importancia de la cooperación con la sociedad civil y el sector privado en ese empeño".

Por último, encontraríamos el *Plan de Acción para Prevenir el Extremismo Violento*[460]. En él se pretende abordar los factores que conducen a la radicalización violenta y garantizar el respeto por los derechos humanos y el Estado de Derecho. De esta forma, el objetivo principal es recomendar a todos los Estados Miembros que elaboren su propio plan de acción nacional para prevenir el extremismo violento conforme a los ejes en los que se estructura el Plan de Acción. Para ello, en su punto 6 se considera necesario adoptar un enfoque más amplio capaz de incluir, además de medidas contra el terrorismo, otras preventivas que "aborden directamente las causas del extremismo violento que han dado lugar a la aparición de esos grupos nuevos y más virulentos".

---

459 *Resolución 2253 (2015), aprobada por el Consejo de Seguridad en su 7587ª sesión, celebrada el 17 de diciembre de 2015.* S/RES/2253 (2015).

460 A/70/674.

## *2.2. Unión Europea*

### 2.2.1. La lucha contra el terrorismo

Es importante destacar que hemos de remontarnos a 1975 para encontrar la primera ocasión en la que los Estados Miembros, al margen de los tratados decidieron cooperar en materia de terrorismo. Para ello formaron el grupo TREVI, compuesto por los Ministros de Interior de los EEMM, con el objetivo de poder coordinar la operación policial en la lucha contra el terrorismo, a través de un mejor intercambio de información y experiencias entre Estados.

Más tarde, observamos el *Tratado de la UE* (1992) que recoge como su tercer pilar explícitamente la cooperación en los ámbitos de justicia y asuntos de interior. Pero es con el Tratado de Ámsterdam con el que se institucionaliza aún más la coordinación entre Estados en la lucha contra el terrorismo, pasando a formar parte del marco institucional y jurídico de la Unión Europea. De hecho, las materias de justicia e interior empiezan a formar parte del nuevo proyecto común, llamado Espacio de Libertad, Seguridad y Justicia. También es digna de mención la creación de instituciones como Eurojust[461], con la entrada en vigor del Tratado de Niza (2001).

Pese a todos los antecedentes de cooperación que hemos mencionado en el ámbito comunitario, sin duda alguna, el punto de inflexión en el ámbito comunitario lo marcaron también los atentados terroristas del 11 de septiembre de 2001. Tras estos sucesos, el Consejo Europeo adoptó el 27 de diciembre de 2001

---

[461] La Agencia de la Unión Europea para la Cooperación Judicial Penal (Eurojust) se encarga del refuerzo de la cooperación judicial entre los Estados miembros, mediante la adopción de medidas estructurales que posibilitan una mejor coordinación de las investigaciones y las actuaciones judiciales referentes a la lucha contra el terrorismo y la delincuencia grave que afectan a más de un Estado miembro de la Unión.

la *Posición común 2001/931/PESC1 sobre la aplicación de medidas específicas de lucha contra el terrorismo,* poniendo de manifiesto la necesidad de determinar una definición compartida de lo que se entiende por delitos terroristas. La Unión declaró en esa ocasión que "el terrorismo es un verdadero reto para el mundo y para Europa y que la lucha contra el terrorismo sería un objetivo prioritario", desafío al que hasta entonces muchos Estados Miembros ni siquiera habían aludido en sus leyes penales.

Posteriormente se aprobó una serie de Decisiones europeas, entre las cuales hemos de destacar la adopción de la *Decisión Marco 2002/475/JAI del Consejo,* considerada piedra angular de la respuesta de la justicia penal de los Estados miembros en la lucha contra el terrorismo[462].

Con la Decisión se pretendía ofrecer una respuesta conjunta a un desafío global que requería soluciones multilaterales. De este modo, a través de su artículo primero, se consideraría como delitos de terrorismo aquellos actos intencionados cometidos por personas, grupos y entidades con el propósito de:

a) intimidar gravemente a una población;

b) obligar indebidamente a los poderes públicos o a una organización internacional a realizar un acto o abstenerse de hacerlo;

c) desestabilizar gravemente o destruir las estructuras fundamentales políticas, constitucionales, económicas o sociales de un país o de una organización internacional.

Evidentemente, este marco jurídico común se ha visto en la necesidad de ir adaptándose al nuevo contexto. Así, en el 2008 se modificó la Decisión Marco, ampliando el abanico con-

---

462 *Decisión Marco 2002/475/JAI del Consejo, de 13 de junio de 2002, sobre la lucha contra el terrorismo.* DOCE L 164, 22.6.2002.

ceptual de las actividades de terrorismo para abarcar otras tres formas delictivas[463]:

1) la provocación a cometer un delito de terrorismo;

2) la captación de terroristas;

3) el adiestramiento de terroristas.

No obstante, una de las normas jurídicas más relevantes que ha tenido lugar en los últimos años es la Directiva 2017/541[464], que sustituye la Decisión Marco del 2002 anteriormente mencionada. Esta Directiva va un paso más allá, tratando de establecer normas mínimas relativas a la definición de las infracciones penales y las sanciones en este ámbito. De esta forma, se ofrece una lista exhaustiva de delitos graves que los países de la Unión Europea deben tipificar como delitos de terrorismo en su legislación nacional, además de los delitos relacionados con un grupo terrorista (Título II); los delitos relacionados con actividades terroristas (Título III); y unas disposiciones generales para todos los delitos mencionados con anterioridad (Título IV).

Además, también introduce medidas de protección, apoyo y asistencia a las víctimas del terrorismo. En concreto, su Título V tiene por objeto la protección, apoyo y derechos de las víctimas del terrorismo. Así, se incluyen cláusulas adicionales relativas a un amplio abanico de servicios para satisfacer las necesidades especiales de las víctimas del terrorismo; se refuerza sus mecanismos de respuesta en casos de emergencia para brindar apoyo a las víctimas del terrorismo inmediatamente después de un atentado terrorista; y se establece un sistema de garantías para

---

463 *Decisión Marco 2008/919/JAI del Consejo, de 28 de noviembre de 2008, por la que se modifica la Decisión Marco 2002/475/JAI sobre la lucha contra el terrorismo.*

464 *Directiva (UE) 2017/541 del Parlamento Europeo y del Consejo, de 15 de marzo de 2017, relativa a la lucha contra el terrorismo y por la que se sustituye la Decisión marco 2002/475/JAI del Consejo y se modifica la Decisión 2005/671/JAI del Consejo* (DO L 88 de 31.3.2017, pp. 6-21).

las víctimas del terrorismo residentes en otro país de la UE, de modo que tengan acceso a información sobre sus derechos y los servicios de apoyo y sistemas de indemnización disponibles en el país de la UE en el que se cometió el atentado terrorista.

### 2.2.2. La prevención de la radicalización violenta

En contraste con la lucha contra el terrorismo, la lucha contra la radicalización violenta no centra su atención en el terrorismo sino en los procesos de radicalización violenta que pueden conducir al terrorismo.

La Unión Europea ha expuesto en reiteradas ocasiones la necesidad de combatir la radicalización que conduce al extremismo violento y al terrorismo. Es importante reseñar que la mayoría de los sospechosos de terrorismo implicados en los ataques terroristas son ciudadanos europeos, nacidos y criados en los Estados miembros, que se radicalizan y comenten atrocidades contra sus conciudadanos, aunque lo cierto es que no existe un "perfil terrorista" ni "perfil yihadista"[465]. Además, la prevención de la radicalización es un elemento clave en la lucha contra el terrorismo, tal y como se subraya en la Agenda Europea de Seguridad[466].

Si tuviésemos que marcar un punto de inflexión respecto a la inclusión del pilar de la prevención de la radicalización como instrumento para la lucha contra el terrorismo, este lo constituirían los atentados terroristas que tuvieron lugar en Madrid y Londres en 2004 y 2005, respectivamente. Pocos días después de que se cometiesen los atentados de Madrid del 11M, el Consejo Europeo adoptó la *Declaración sobre la lucha contra el terroris-*

---

465 *Vid.* DE LA CORTE IBÁÑEZ, L. "Algunos malentendidos ...", *op. cit.*, pp. 75-88.

466 *Agenda Europea de Seguridad, COM (2015) 185, de 28 de abril de 2015.*

*mo* de 29 de marzo de 2004[467]. En ella, el Consejo pedía que se elaborase una estrategia de la UE a largo plazo que abordase "todos" los factores que contribuían al terrorismo.

Más tarde, el Consejo constituye el *Programa de la Haya: consolidación de la libertad, la seguridad y la justicia en la Unión Europea*[468]. En este caso se enunciaba el compromiso de desarrollar una estrategia a largo plazo para hacer frente a los factores que contribuyen a la radicalización y el reclutamiento para actividades terroristas.

En septiembre de 2005 se produce la ya mencionada *Comunicación de la Comisión al Parlamento Europeo y al Consejo sobre la captación de terroristas: afrontar los factores que contribuyen a la radicalización violenta,* que resulta relevante porque era la primera vez que se ofrecía una definición del concepto de "radicalización". El mismo aparecía como un "fenómeno en virtud del cual las personas se adhieren a opiniones, puntos de vista e ideas que pueden conducirles a cometer actos terroristas". Por otro lado, también se ofrecía un paquete de medidas para abordar el problema dentro de los medios de radiodifusión, Internet, la educación, la participación de los jóvenes, el empleo, las cuestiones de integración y exclusión social, la igualdad de oportunidades y no discriminación, y el diálogo intercultural.

Conviene destacar también la *Estrategia de la Unión Europea de Lucha contra el Terrorismo,* de 30 de noviembre de 2005[469]. En ella se fijaba de forma clara cuál era el compromiso estratégico

---

467 Documento 79/06/04, de 29 de marzo de 2004. Disponible en: https://data.consilium.europa.eu/doc/document/ST-7906-2004-INIT/ES/pdf (Última consulta: 24/11/2023).

468 En C53, de 3 de marzo de 2005. Disponible en: https://eur-lex.europa.eu/legal-content/ES/TXT/HTML/?uri=CELEX:52005XG0303(01)&from=ES (Última consulta: 24/11/2023).

469 Disponible en: http://register.consilium.europa.eu/doc/srv?l=ES&f=ST%2014469%202005%20REV%204 (Última consulta: 24/11/2023).

de la UE: "luchar contra el terrorismo de forma global, al tiempo que se respetan los derechos humanos y se crea una Europa más segura, que permita a sus ciudadanos vivir en un espacio de libertad, seguridad y justicia".

En la Estrategia se recogían, de este modo, las demandas que previamente se habían manifestado por parte del Consejo. La forma global se materializaba en cuatro pilares: prevenir, proteger, perseguir y responder. Por tanto, la prevención ya se hallaba incluida entre los principios básicos que sostendría la UE desde ese momento. Nos resulta conveniente también resaltar las "prioridades clave" que se establecían en la Estrategia de 2005 respecto al pilar de la prevención:

- Desarrollar planteamientos comunes para identificar y abordar los comportamientos problemáticos, en particular el uso indebido de Internet.
- Abordar la incitación y la captación, en especial en entornos clave, como las prisiones o los lugares de formación religiosa o de culto, en particular aplicando una legislación que tipifique tales conductas como delitos.
- Desarrollar una estrategia de medios y vías de comunicación para explicar mejor las políticas de la UE.
- Promover el buen gobierno, la democracia, la educación y la prosperidad económica a través de programas de ayuda comunitarios y de los Estados miembros.
- Desarrollar el diálogo intercultural dentro y fuera de la Unión.
- Desarrollar un vocabulario no emotivo para debatir las cuestiones.
- Continuar la investigación, compartir análisis y experiencias para fomentar nuestra comprensión de los problemas y desarrollar respuestas políticas.

Resulta muy importante en la prevención de la radicalización la creación de la RAN (*Radicalisation Awareness Network*)[470] por parte de la Comisión Europea en 2011. Esta red se creó con el objetivo de poder aglutinar diferentes actores civiles que trabajan diariamente con personas vulnerables que pueden radicalizarse o con aquellas que ya se han radicalizado. Actualmente pertenecen a la Red más de 2.000 integrantes, entre los cuales se hallan trabajadores sociales, profesores, representantes de autoridades locales, policías, personal de instituciones penitenciarias, personal sanitario, entre otros. Se organizan en grupos de trabajo, donde comparten sus propias experiencias y ponen en común diferentes modos de actuar en contextos distintos, con el fin de elaborar estrategias que puedan ayudar a abordar la prevención de la radicalización en sus respectivos ámbitos de actuación[471]. Es importante esta plataforma porque resulta provechosa para los trabajadores y profesionales que trabajan con personas vulnerables o radicalizadas. Les permite conocer otras prácticas e implementarlas en sus lugares de trabajo. También beneficia a los Estados Miembros, que pueden evaluar si las prácticas adoptadas están cumpliendo con los objetivos, y si existen alternativas que han sido efectivas en otros países y podrían verse acogidas en sus políticas públicas. Por último, favorece el que la Comisión Europea tenga acceso a distintos modos de abordar un fenómeno trasnacional que, sin duda, debe ser

---

470 En español, *Red para la Sensibilización frente a la Radicalización* (RSR).

471 Para una mayor profundización de esta Red, https://ec.europa.eu/home-affairs/networks/radicalisation-awareness-network-ran_en (Última consulta: 24/11/2023).
También a través del sitio web del Ministerio del Interior se puede acceder a numerosas prácticas de diferentes organizaciones europeas que trabajan en este ámbito http://www.interior.gob.es/documents/642012/5179146/RAN+Collection+-+Preventing+Radicalisation+to+Terrorism+and+Violent+Extremism.pdf/12527573-50b0-4126-aa68-5ddcbed01ca5 (Última consulta: 24/11/2023).

tenido en cuenta a la hora de pretender dar una respuesta común desde las instituciones europeas a desafíos globales.

Por tanto, la RAN no es más que una red paraguas que conecta a distintas personas que tienen en común que trabajan en la prevención de la radicalización y del extremismo violento desde un prisma u otro. Ello permite un enriquecimiento constante entre profesionales de sectores y realidades nacionales distintas. Dentro de esta plataforma existen nueve Grupos de Trabajo que persiguen abordar las diferentes temáticas que resultan relevantes en este ámbito. Con el fin de aproximarnos a ellos de una forma más precisa, enumeramos estos nueve Grupos de Trabajo con su nombre original en inglés:

- Communication and Narratives working group (RAN C&N).
- Youth and Education working group (RAN Y&E).
- Rehabilitation (RAN REHABILITATION).
- Local authorities working group (RAN LOCAL).
- Prisons Working Group (RAN PRISONS).
- Police and law enforcement working group (RAN POL).
- Victims/survivors of terrorism working group (RAN VoT).
- Mental Health Working Group (RAN HEALTH).
- Families, communities and social care working group (RAN FC&S).

Todos los Grupos mencionados se ven complementados con la Plataforma RAN YOUNG que, tal y como se expresa en su el portal web "está abierta a la próxima generación de líderes, pensadores y emprendedores influyentes en el campo de la prevención y la lucha contra el extremismo violento (P/CVE)"[472]. Esta

---

[472] Puede verse en: https://home-affairs.ec.europa.eu/networks/radicalisation-awareness-network-ran/ran-young-platform_es (Última consulta: 10/03/2023).

Plataforma es un instrumento tanto para el presente – incluir la voz y perspectiva de la juventud en el ámbito de las políticas de prevención del extremismo violento – como para el futuro – mejorar las condiciones para que la cooperación pueda darse de un mejor modo en el futuro, mediante el establecimiento de espacios comunes y propósitos compartidos –.

En suma, por medio de esta Plataforma la Comisión Europea promueve el intercambio de información y de experiencias, tanto por parte de distintos colectivos tales como operadores jurídicos o investigadores[473]. Fruto de las reuniones de estos Grupos de Trabajo se publican posteriormente documentos en los que se pone de manifiesto las conclusiones que se alcanzan y los ámbitos en los que se debe seguir trabajando. A ello se unen documentos técnicos que la Plataforma difunde con el fin de permitir la profundización en algunos de estos temas – en muchas ocasiones a iniciativa de los Grupos de Trabajo – y también se organizan seminarios con el fin de divulgar el conocimiento derivado de estas investigaciones o experiencias prácticas en algún sector.

El camino emprendido por la Unión no se detuvo en la creación y desarrollo de la Plataforma que hemos tenido oportunidad de analizar en las líneas precedentes. A continuación, mencionamos algunas de los puntos que consideramos más relevantes. En primer lugar, en 2014 la Comisión adoptó una Comunicación específica[474], en la que establecía las prioridades para futuras acciones. En la Comunicación se mencionaba que el terrorismo en Europa tenía su inspiración en una mayor va-

473 También otros grupos profesionales como trabajadores sociales, educadores, servicios policiales o representantes de las instituciones locales. Todas las visiones representan distintas caras del fenómeno poliédrico que supone el extremismo violento.

474 *Comunicación de la Comisión «Prevenir la radicalización hacia el terrorismo y el extremismo violento: una respuesta más firme de la UE»*, COM (2013) 941 final, de 15 de enero de 2014.

riedad de ideologías, como las nacionalistas y separatistas, las inspiradas por Al-Qaeda y las ideologías violentas de extrema izquierda, anarquistas y de extrema derecha. Además, advertía que las actividades terroristas y extremistas violentas en la UE ya no correspondían únicamente a organizaciones centralizadas y jerarquizadas. De este modo, aparecían células de tamaño más reducido, e incluso agentes solitarios que actuaban de manera menos disciplinada y previsible. El hecho de que existiesen menos instrucciones de una organización perfectamente identificada conllevaba una mayor dificultad en la tarea de la prevención.

Por otro lado, también se ponía el foco en la nacionalidad de los terroristas que planeaban realizar atentados en suelo europeo; se señaló de modo más directo que los sujetos que llevaban a cabo las actividades terroristas eran ciudadanos europeos. No resultaba desdeñable para la Comisión el hecho de que algunas de estas personas fuesen combatientes extranjeros, es decir, personas que viajaban a las zonas de conflicto para luchar por la causa. La Comisión advertía de la amenaza que podía suponer para nuestra seguridad el retorno de estos combatientes. Cabe destacar que este retorno de combatientes extranjeras está teniendo lugar en estos momentos y no por ello está exento de dificultades. En efecto, Naciones Unidas ha centrado sus esfuerzos en que los Estados repatrien a los miles de personas, en su mayoría mujeres y niños que se hallan en estos campamentos, situados en el norte de Siria e Irak[475]. Hemos de reconocer que la operación de hacer regresar a estas personas puede conllevar dificultades en la seguridad de estos países. No obstante, es la "única respuesta conforme al derecho internacional a la situación de derechos humanos,

---

475 Puede verse una muestra de ello en: https://www.ohchr.org/en/press-releases/2021/02/syria-un-experts-urge-57-states-repatriate-women-and-children-squalid-camps?LangID=E&NewsID=26730 (Última consulta: 10/03/2023).

humanitaria y de seguridad"[476]. Y ello contando que, pese a que este proceso de retorno eficaz incluye la depuración de responsabilidades a las personas por los delitos graves cometidos en estos territorios, el Estado cuenta con una enorme dificultad para poder enjuiciar estos hechos, debido a principalmente a la escasez de pruebas disponibles. En los últimos años se ha trabajado también desde grupos de trabajo de expertos para enfocar la cuestión relativa a la desradicalización de estas personas. Para ello, la correcta actuación de todos los agentes implicados resulta primordial. Por ello, se han compartido las distintas prácticas que algunos Estados estaban implementado. El objetivo se centraba en que, tras una puesta en común y discusión acerca de los puntos fuertes y débiles de estas – con las inestimables contribuciones de expertos en la materia – se pudieran alcanzar una serie de conclusiones encaminadas a reforzar la acción de los Estados Miembros[477]. En todo ello, el fenómeno religioso ocupaba un papel fundamental[478]. Por

---

[476] Así se manifiesta la Relatora Especial sobre la lucha contra el terrorismo, véase https://www.ohchr.org/es/special-procedures/sr-terrorism/return-and-repatriation-foreign-fighters-and-their-families (Última consulta: 10/03/2023).

[477] Un ejemplo de ello lo encontraríamos en el Informe resultante de la "High-Level Conference on child returnees and released prisoners", celebrada en Luxemburgo el 11 de octubre de 2018 encaminada a analizar las prácticas actuales y los desafíos clave de los EEMM en el tratamiento de los niños retornados de Irak y Siria, niños refugiados que se habían desplazado desde zonas de conflicto a la Unión Europea y detenidos liberados de los centros penitenciarios. Puede consultarse en: https://home-affairs.ec.europa.eu/system/files/2019-01/high-level_conference_on_child_returnees_and_released_prisoners_en.pdf (Última consulta: 19/11/2023).

[478] Un ejemplo de ello lo encontramos en el Informe resultante del grupo de trabajo RAN Prisiones. Puede consultarse en: https://radical.hypotheses.org/files/2018/01/RAN_religion_exit.pdf (Última consulta: 19/11/2023).

último, en esta Comunicación la UE volvía a manifestar que los grupos terroristas y extremistas estaban sirviéndose de los avances tecnológicos para divulgar su propaganda más rápida y eficazmente, además de abordar a los jóvenes desencantados para conseguir su adhesión a estos grupos.

La *Agenda Europea de Seguridad* de abril de 2015 recordó que la relación entre la radicalización y el empleo de la violencia extremista era cada vez más clara. Por consiguiente, la UE debía atender las causas profundas del extremismo mediante medidas preventivas. La Agenda advirtió que la respuesta de la UE no debía dar lugar a la estigmatización de ningún grupo o comunidad. Debía basarse en los valores comunes europeos de la tolerancia, la diversidad y el respeto mutuo, y promover comunidades libres y plurales.

En la Agenda se situó la prevención de la radicalización violenta en un contexto político más amplio, de este modo, se trajo a colación el papel que podía desempeñar la educación, la participación de los jóvenes y el diálogo interconfesional e intercultural, así como el empleo y la inclusión social, que debían desempeñar un cometido clave en la prevención de la radicalización, mediante la promoción de los valores europeos comunes, el fomento de la inclusión social, la mejora de la comprensión mutua y la tolerancia. También se mencionó la educación inclusiva como instrumento para contribuir de forma importante a la lucha contra las desigualdades y la prevención de la marginación. El trabajo de los jóvenes, el voluntariado, el deporte y las actividades culturales – afirmó la Comisión – son particularmente eficaces para llegar a los jóvenes.

## 3. EL FANATISMO RELIGIOSO COMO EXTREMISMO VIOLENTO

A lo largo de estas páginas hemos tenido oportunidad de aproximarnos al fenómeno de la radicalización violenta y del extremismo violento. No obstante, no lo hemos llevado a cabo desde la particularidad del fenómeno que tiene inspiración religiosa. Tampoco lo aborda de este modo el legislador ordinario, ya que cuando lo hace comprende la dimensión del fenómeno en cuestión, sin distinguir entre las distintas motivaciones que puede tener el sujeto o colectivo que lleva a cabo la conducta típica, por ejemplo, en materia penal.

Sin embargo, dado que en esta obra nos ocupamos de la particularidad del extremismo violento de matriz o inspiración religiosa – utilizamos la terminología empleada por los Informes TE-SAT que realiza anualmente EUROPOL – parece conveniente delimitar también aquí las fronteras entre unos fenómenos y otros. El emprender tal labor nos parece no una facultad, sino un imperativo. Al menos, si realmente aspiramos a construir unos cimientos que puedan ser capaces de prestar colaboración en el terreno jurídico, con el fin de ofrecer respuestas a conflictos que se manifiestan en la realidad fáctica.

Con el fin de no llenar las siguientes líneas de un extenso listado de términos y definiciones que, pese a la mejor de las intenciones, representen una dificultad añadida en su lectura y comprensión, hemos optado por dos categorías que a nuestro juicio se plantean con frecuencia en el terreno social, político y jurídico. Estos dos conceptos son el fundamentalismo religioso y el fanatismo religioso. De nuevo, a menudo con frecuencia se prefiere la mención a ellos, incluso el tratamiento jurídico, sin siquiera hacer una breve mención a cuáles son las repercusiones de utilizar uno u otro.

A nuestro juicio no se trata de dos sinónimos y que por tanto puedan ser sustituibles sin que ello comporte una alteración a la noción propia de la condición que representa. A mayor abundamiento, si no distinguimos claramente entre un contenido y el otro corremos el riesgo de desatender el foco verdadero o la raíz principal del problema. Por desgracia en muchas ocasiones no se utiliza aquel que responde al propósito que se establece en un texto jurídico. La misión en ese caso se centrará en que en la interpretación de ese término se englobe la realidad del concepto que realmente tuvo que aparecer.

## *3.1. El fundamentalismo religioso y el fanatismo religioso*

### 3.1.1. El fundamentalismo religioso

El concepto de fundamentalismo puede definirse como "movimiento religioso o político que aplica sus dogmas de manera estricta y literal"[479]. De este modo, los fundamentalistas están caracterizados por aceptar y promover un conjunto de creencias dogmáticas; o bien, adherirse de forma literal a un texto sagrado al que consideran infalible[480].

En primer lugar, cabe destacar que el origen del fundamentalismo se sitúa a menudo en las distintas ramas de las iglesias protestantes de Estados Unidos. En concreto, el término se remonta a finales del XIX en la *Niagara Bible Conference*, donde se decidió emplearlo con la aspiración de que constituyese una respuesta o reacción a la *Modernist Theology*[481]. Es importante destacar que el origen se enmarca en un período de profundos cambios económicos, sociales y políticos. Pese a los notables avances científicos, "estaba claro que la nueva sociedad, que por fin había llegado a florecer en Occidente, no era la panacea universal que algunos habían imaginado"[482]. Ante un nuevo paradigma, dentro de casi todas las congregaciones –

---

479 *Gran Diccionario de la Lengua Española*, Larousse Editorial, 2016.

480 ANTOUN, R. T., *Understanding Fundamentalism*, Lanham: Rowman y Littlefield, 2008, p. 3.

481 PRIEGO, A., *op. cit.*, pp. 261-272.

482 ARMSTRONG, K., *Los orígenes del fundamentalismo en el judaísmo, el cristianismo y el islam* (traducción de F. Villegas), Barcelona: Tusquets, 2004, p. 183.

presbiteriana, metodista, episcopaliana, baptista – existían dos "iglesias" distintas, dos modos diferentes de interpretar la Biblia: la manera "tradicional" y la manera "nueva"[483]. La primera estaba liderada por importantes protestantes evangélicos y conservadores que reafirmaban lo que consideraban el núcleo de la verdad protestante frente al espíritu liberal de la época[484].

No ha de sorprender, por tanto, descubrir que la RAE destine su segunda acepción del término a la "creencia religiosa basada en una interpretación literal de la Biblia, surgida en Norteamérica en coincidencia con la Primera Guerra Mundial". No obstante, con posterioridad se ha comenzado a extender el concepto a distintas realidades. En primer lugar, para referirse a las manifestaciones más conservadoras de algún grupo religioso[485]. También para describir a aquellos colectivos que "se tomaban su religión muy en serio, que defendían una determinada forma de vida o que esperaban que las políticas públicas reflejaran las creencias religiosas"[486] y también para denigrar a algún grupo religioso, especialmente cuando procede de miembros de otros grupos religiosos menos conservadores[487].

En segundo lugar, en la actualidad, al referirnos al fundamentalismo, no es infrecuente que se relacione con el *fundamentalismo islámico*. De hecho, resulta la primera acepción del Diccionario de la Real Academia, que define fundamentalismo

---

483 *Ibidem*, p. 194.

484 BRUCE, S., *Fundamentalismo* (traducción de J. Cuéllar Menezo), Madrid: Alianza, 2003, p. 23.

485 Con ello se designaría, por ejemplo, "a los movimientos más ultraconservadores y ultrarrigoristas de las distintas ramas de las iglesias protestantes de Estados Unidos". En DE ARÍSTEGUI, G., *El islamismo contra el islam: las claves para entender el terrorismo yihadista*, Barcelona: Ediciones B, 2004, p. 34.

486 BRUCE, S., *op. cit.*, p. 25.

487 Idem.

como "movimiento religioso y político de masas que pretende restaurar la pureza islámica mediante la aplicación estricta de la ley coránica a la vida social". No obstante, los musulmanes se opondrían a este término, argumentando que éste fue acuñado por los protestantes norteamericanos y ni siquiera encuentra traducción en el árabe[488].

Es importante destacar que existen diferencias entre los distintos fundamentalismos religiosos. En efecto, ninguna religión posee el monopolio del fanatismo; en todas las principales religiones ha surgido el fundamentalismo[489]. No obstante, se ha afirmado que no es accidental que los fundamentalismos más famosos procedan del islam y del cristianismo protestante evangélico[490]. Las razones que lo explicarían es que estas religiones son monoteístas, esto es, creen en la existencia de un único Dios; y, además, son dogmáticas, esto es, tienen un conjunto de creencias de carácter innegable que deben compartirse y actuar conforme a ellas[491]. Esta es la razón por la cual el hinduismo o el budismo no ofrece un terreno tan fértil para el fundamentalismo como el cristianismo, judaísmo e islam[492]. Tampoco resulta, pues, una casualidad que el DRAE recoja estas religiones monoteístas en las dos primeras acepciones del término *fundamentalismo.*

---

488 ARMSTRONG, K., *El Islam* (traducción de F. J. Ramos), 2a ed., Barcelona: Random House Mondadori, 2002, p. 237. Añade el autor que "a pesar de sus inconvenientes, lo cierto es que el fundamentalismo es el único término de que disponemos para describir este tipo de movimientos religiosos, y resulta difícil dar con un sustituto más satisfactorio.

489 La última religión donde ha surgido el fundamentalismo es el islam.

490 BRUCE, S., *op. cit.*, p. 128.

491 *Idem.* De hecho, ambos serían requisitos necesarios para el fundamentalismo.

492 Ambas tradiciones se caracterizan por contar con una variedad de dioses y manifestaciones que una sola divinidad puede asumir. (*Ibidem*, p. 129).

No obstante, también conviene afirmar que el monoteísmo dogmático no parece ser suficiente para que exista fundamentalismo. Se puede apreciar de buen modo observando cómo las ramas católica y luterana del cristianismo no están tan expuestas al fundamentalismo. La razón que lo justifica – en el caso de la Iglesia Católica – es la estructura jerárquica, que impide que existan diversas interpretaciones del mismo texto sagrado[493]. De esta forma, todo aquel que se desvíe de la doctrina oficial, puede caer en herejía y, por tanto, no considerado como legítimo por parte del grupo religioso ni de sus miembros. Ello, sin duda alguna, resulta útil a la hora de prevenir la aparición de fundamentalismos, ya que cabe tener en consideración que dentro de un grupo religioso pueden existir fundamentalismos de muy diversa naturaleza.

### 3.1.2. El fanatismo religioso

En primer lugar, cabe destacar que el fanatismo no puede encuadrarse de forma exclusiva en el ámbito de la religión. Es cierto que el origen etimológico es *fanum*, esto es, templo o lugar sagrado. Además, también se ha utilizado el adjetivo *fanaticus* desde época romana, para referirse a quienes se sentían poseídos por algún dios y se aferraban con entusiasmo a sus creencias religiosas[494]. No obstante, posteriormente se fue utilizando fuera del ámbito religioso, incluso para referirse al fanatismo revolucionario[495].

El fanatismo conlleva un "entusiasmo incondicional o incluso obsesivo por la defensa de una idea o creencia"[496], ello traería

493 *Ibidem*, pp. 131-134.

494 TAYLOR, M. y RYAN, H., "Fanatism, political suicide and terrorism", *Terrorism*, vol. 1, núm. 2, 1988, pp. 91-111. Referencia encontrada en RIVERA BLANCO, A. y MATEO, E. (eds.), *Verdaderos creyentes: pensamiento sectario, radicalización y violencia*, Madrid: Catarata, 2018, p. 27.

495 RIVERA BLANCO, A. y MATEO, E. (eds.), *op. cit.*, p. 27.

496 PRIEGO, A., *op. cit.*, p. 267.

una interpretación concentrada y altamente personalizada del mundo[497]. Es importante resaltar que el fanatismo no se caracteriza tanto por unas creencias o ideas concretas, sino por su actitud intransigente y violenta hacia las del resto de la sociedad[498].

Si el fundamentalismo religioso conllevaba una interpretación literal de los textos sagrados, en el caso del fanatismo religioso, éste se caracteriza por la obsesión hacia una creencia religiosa. Este entusiasmo obsesivo trae consigo una particular agresividad para supuestamente defender la creencia religiosa, de modo que no es extraño que se manifieste en actos violentos que persiguen amedrentar, excluir y exterminar a aquellos que el fanático identifica como extraños[499]. De esta forma, el pensamiento sectario – que tiene carácter excluyente – y la propensión a la violencia juegan un papel fundamental en la mente del fanático.

Cabe además afirmar que cuando el terrorismo se inspira en el fanatismo religioso ofrece una justificación teológica del uso de la violencia, ya que encuentra una recompensa en el más allá, un ejemplo lo encontramos en el ámbito del terrorismo yihadista, con la fundamentación que utiliza sobre la base del Corán[500]. Sin embargo, cabe advertir que en el Corán el

---

497 RIVERA BLANCO, A. y MATEO, E. (eds.), *op. cit.*, p. 38.

498 LÓPEZ-SIDRO LÓPEZ. A., *Las Sectas de la Yihad: Yihadismo terrorista, derecho y factor religioso,* Valencia: Tirant lo Blanch, 2021, p. 105.

499 PRIEGO, A., *op. cit.*, p. 267.

500 Mencionamos Sura 61, aleya 11: ¡Creed en Alá y en Su Enviado y combatid por Alá con vuestra hacienda y vuestras personas! Es mejor para vosotros. Si supierais..., aleya 12: Así, os perdonará vuestros pecados y os introducirá en jardines por cuyos bajos fluyen arroyos y en viviendas agradables en los jardines del edén. ¡Ese es el éxito grandioso! Sura 9, aleya 38: ¡Creyentes! ¿Qué os pasa? ¿Por qué, cuando se os dice: "¡Id a la guerra (Yihad) por la causa de Alá!" permanecéis clavados en tierra? ¿Preferís la vida de acá a la otra? Y ¿qué es el breve disfrute de la vida de acá comparado con la otra, sino bien poco...? [Todas estas referencias se extraen de SÁNCHEZ

número de aleyas que justifican el uso de la guerra o la violencia para salvaguardar el islam se reduce al 2%[501]. Conviene tener presente que, dentro de la religión musulmana, se realiza una diferenciación entre los distintos escenarios en los que un musulmán puede vivir. De este modo, habría tres condiciones existenciales: 1) *Dar al-Islam,* en la que el Islam y la ley islámica prevalece en el territorio; 2) *Dar al-Harb,* en la que la religión musulmana está prohibida y no se reconoce la libertad de culto de los musulmanes; 3) *Dar al-Sulh* o *Dar al-'Ahd,* que es la situación resultante de un país que no es musulmán pero que establece acuerdos para respetar la libertad religiosa de los musulmanes que habitan en su territorio. En cualquier caso, para los fanáticos el recurso de la violencia perseguiría cumplir con un mandato divino de imponer a otros por la fuerza una determinada visión trascendental de la vida[502].

Tampoco parece del todo irrelevante mencionar el aspecto fuertemente simbólico de los atentados terroristas, que pretenden de algún modo imitar a los ritos religiosos de naturaleza sacrificial[503]. En efecto, la simbología y los rituales son especialmente relevantes tanto para la religión como para el fenómeno terrorista.

Por un lado, forman parte de la simbología las víctimas, ya que son "símbolos, herramientas, animales o seres corruptos" para la determinada representación mental que tienen los te-

---

GÓMEZ, J., *La Construcción de un perfil radical yihadista,* Valencia: Tirant lo Blanch, 2018, pp. 26-27].

501 Los yihadistas suelen, en cambio, encontrar más fundamentación en los *hadices* o libros sagrados que relatan la vida del Profeta. *Vid.* BALLESTEROS, M.A., *Yihadismo,* Madrid: La Huerta Grande, 2016, pp. 16-17.

502 RANSTORP, M., "Terrorism in the Name of Religion", *Journal of International Affairs,* vol. 50, núm. 1, 1996, pp. 41-62.

503 RAPOPORT, D., "Fear and Trembling: Terrorism in the Three Religious Traditions", *The American Political Science Review,* vol. 78, núm. 3, 1984, pp. 658-677.

rroristas de la realidad que perciben[504]. Ello se puede apreciar principalmente en la realidad de otras latitudes, donde se puede observar la relevancia que adquiere para los grupos terroristas la puesta en escena de las mayores atrocidades que cometen en estos Estados. Los grupos terroristas se preocupan por el contenido audiovisual que puedan generar, con el objetivo doble de poder atraer a nuevos terroristas y amedrentar al resto de la sociedad e influir la acción de los gobiernos[505].

Por otro lado, también tienen relevancia a efectos de revestir de cierta heroicidad los actos cometidos por terroristas, de forma que otros puedan vanagloriar la actuación de los *verdaderos* ante los que están considerados como *enemigos* o *impíos.*

Una particularidad del fanatismo religioso es que es capaz de anteponerlo todo en favor de lo que considera que necesita o soporta su creencia religiosa. En su expresión más extrema, sacrifica su propia vida para recorrer el camino que le lleve

---

504 RAPOPORT, D. y ALEZANDER, Y. (eds.), *The Morality of Terrorism: Religious and Secular Justifications,* Nueva York: Pergamon Press, 1982.

505 Un ejemplo de tantos lo tendríamos en Nigeria, donde el grupo terrorista Boko Haram ha conseguido hacerse eco del secuestro de niñas que llevó a cabo en la ciudad de Chibok en 2014, y los sucesivos actos que ha ido cometiendo contra las niñas. Para conocer más sobre esta organización terrorista, *Vid.* ADELAJA, A. O., LABO, A. y PENAR, E., "Public Opinion on the Root Causes of Terrorism and Objectives of Terrorists: A Boko Haram Case Study", *Perspectives on Terrorism,* vol. 12, núm. 3, 2018, pp. 35–49.
Otro, más sofisticado, en las ejecuciones que lleva a cabo en los territorios sobre los que tiene cierto dominio, recurriendo a iconografía, música y efectos con el objetivo de transmitir el mensaje con un carácter heroico. La repercusión de los canales de comunicación y la narrativa empleada ha sido objeto de estudio, *Vid.* RODRÍGUEZ-SERRANO, A., "Narrativa audiovisual, ontología y terrorismo: paradojas comunicativas en los videos del Estado Islámico", *Palabra Clave,* vol. 20, núm. 1, 2017, pp. 96-115.

hasta la salvación o el paraíso[506]. Ello justificaría el recurso de los ataques suicidas por parte de fanáticos religiosos. Esto es un elemento diferenciador, ya que otros fenómenos terroristas no considerarían la muerte como un instrumento para la consecución de sus fines, en todo caso como un mal menor o riesgo que soportar. En cambio, en el terrorismo de inspiración religiosa, "la creencia en el más allá facilita las acciones suicidas o las acciones contra quienes impiden la llegada de este paraíso en la tierra"[507]. En el pasado, ha quedado constatada la apelación al martirio en distintos conflictos bélicos, como la guerra entre Irán e Irak, donde tanto los iraquíes suníes como los iraníes chiíes recurrieron a la promesa del martirio para motivar a sus soldados[508]. En el presente, los grupos terroristas siguen sirviéndose de estas "gratificaciones espirituales que Dios concede a los mártires en el paraíso" para alentar a que se lleven a cabo ataques suicidas[509]. No hemos de obviar que para el terrorismo de inspiración religiosa la lucha es entendida como una guerra

---

506 Se ha afirmado que el fanatismo (religioso) establece "paraísos – tal vez sin contornos físicos reales – confrontados con la modernidad o el mundo circundante que representan agentes de degradación". *Vid.* PALOMINO LOZANO, R., *Religión y Derecho comparado,* Madrid: Iustel, 2007, p. 103.

507 RIVERA BLANCO, A. y MATEO, E. (eds.), *op. cit.,* p. 37.

508 Puede verse incluso finalizada la guerra, ya que en Irán posterior a la revolución se crearon "cementerios de mártires" tanto para los fallecidos en la guerra entre Irán e Irak como para los clérigos de la revolución y seguidores que cayeron a manos de los grupos de la oposición. *Vid.* ESPOSITO, J. L., *El islam: 94 preguntas básicas*; traducción de Jorge Braga Riera. Madrid: Alianza, 2004, pp. 177-180.

509 Según los servicios de inteligencia de Europol, se les llama "operaciones de martirio", como ha quedado recogido en la jurisprudencia. Al respecto, véase STS 68/2024, de 24 de enero de 2024, Antecedente de Hecho 1º (TOL 9.863.966).

cósmica entre el bien y el mal[510], o entre la pureza del orden imaginario propuesto y la maldad intrínseca del adversario[511].

De hecho, las apelaciones a las que hemos hecho mención pueden verse también en el actual contexto de guerra en Ucrania. No es menester acudir a ministros de culto desconocidos con poca relevancia en las confesiones religiosas para advertir de la relevancia que tienen algunas de estas interpretaciones en el relato. Puede apreciarse en las continuas manifestaciones del propio Kirill, máximo representante de la Iglesia Ortodoxa Rusa. El Patriarca de Moscú y de todas las Rusias, desde que estalló la guerra, comenzó calificando de "fuerzas del mal" a los detractores de la "operación especial militar" rusa[512] y ha llegado a justificarla como una "guerra santa" necesaria para la "salvación de la humanidad"[513]. Además, se ha llegado a manifestar en términos de "vidas sacrificadas", afirmando que la Iglesia Ortodoxa Rusa "se da cuenta de que si alguien, impulsado por el sentido del deber y la necesidad de cumplir su juramento, permanece fiel a su vocación y va a hacer lo que le dice su deber, y si en el cumplimiento de este deber una persona muere, entonces indudablemente comete un acto equivalente a un sacrificio por los demás". Y, ha añadido, "por lo tanto creemos que este sacrificio lava todos los pecados que una persona

---

510 SÁNCHEZ GÓMEZ, J., *op. cit.*, p. 27.

511 ELORZA, A., BALLESTER, M. y BORREGUERO, E., "Terrorismo y religión", en BLANCO, A., DEL ÁGUILA, R. y SABUCEDO, J.M. (eds.), *Madrid 11-M. Un análisis del mal y sus consecuencias*, Madrid: Trotta, 2005, pp. 45-46.

512 https://www.ondacero.es/noticias/mundo/lider-iglesia-ortodoxa-rusa_20220311622b6b09447ec10001692ea4.html (Última consulta: 27/09/2023).

513 https://www.elcomercio.com/actualidad/mundo/iglesia-rusia-kirill-ataque-ucrania-desfiles-lgbti.html (Última consulta: 27/09/2023).

ha cometido"[514]. Por novedoso que resulte, cabe resaltar que el máximo órgano judicial de España ha puesto de manifiesto que "ese fundamento religioso justifica la acción violenta en sí e inhibe los frenos morales del autor de tal acción"[515].

En cualquier caso, conviene recordar que ninguna religión tiene en su seno una vena militante y fanática que impulse a los creyentes de esa confesión a un rechazo absoluto a la modernidad que justifique el uso de la violencia[516]. No obstante, unas confesiones pueden encontrar más dificultades, debido a la dificultad que puede suponer en ocasiones distinguir entre poder temporal y poder divino.

### *3.2. El fanatismo religioso en la prevención del extremismo en Unión Europea*

Como hemos tenido oportunidad de analizar, el extremismo violento supone una amenaza para la seguridad y el disfrute de los derechos humanos. Ello justificaría el interés de los Estados en prevenir el desarrollo del mismo. Sin embargo, como hemos visto, el extremismo que proviene del fanatismo religioso posee unas características especiales que requieren un análisis de algunas de las particularidades más destacables.

Cada vez que tiene lugar un atentado terrorista inspirado en motivos religiosos en suelo europeo, la Unión Europea expresa, de algún modo, su consternación por el mismo y el fuerte

---

514 Así se recoge en la agencia RIA Nóvosti y se reproduce su contenido en español en: https://www.cope.es/religion/hoy-en-dia/iglesia-universal/noticias/patriarca-kirill-asegura-que-los-rusos-que-sacrifican-sus-vidas-ucrania-lavan-todos-sus-pecados-20220926_2308727 (Última consulta: 27/09/2023).

515 STS 119/2007, de 16 de febrero de 2007, FJ 4º (TOL 1.059.074).

516 ARMSTRONG, K., *El Islam*, *op. cit.*, p. 237.

compromiso con principios básicos tales como la dignidad humana, la tolerancia, la democracia, la justicia y la libertad. No es infrecuente que la Unión utilice este comunicado para reivindicar también todo lo que se ha avanzado en la lucha contra el terrorismo, y al mismo tiempo proclame los próximos proyectos que van a llevarse a cabo para dar respuesta a los desafíos existentes[517]. Pues bien, en más de una ocasión se ha podido advertir la relevancia que se le otorga al fenómeno religioso en esta cuestión. De esta forma, encontramos un claro ejemplo en la *Declaración Conjunta de los Ministros de Interior de la UE* que se produjo tras los atentados de Viena el 2 de noviembre de 2020. En la Declaración se mencionan algunas de las acciones que el Consejo de ministros de Justicia y Asuntos de Interior tiene marcados como objetivos, entre los que destaca – es el primero de ellos – uno titulado "Libertad religiosa". Bajo el mismo, se establece:

> "Europa ha recorrido un arduo y doloroso camino para asentar el principio de libertad religiosa. La libertad de conciencia y de religión es la libertad de profesar una religión o no profesar religión alguna. Exigimos respeto mutuo, también dentro de las comunidades religiosas, incluyendo el respeto a las personas que tienen una visión laica del mundo. Por lo tanto, hacemos hincapié en nuestro compromiso de proteger en Europa una expresión religiosa pacífica y respetuosa con las leyes adoptadas por nuestros Estados miembros. Y ello se aplica a todas las religiones por igual. Hemos de proteger a los ciudadanos europeos de la instrumentalización o reelaboración de tradiciones religiosas con fines extremistas y de interpretaciones extremistas que incitan a la violencia. Contrarrestaremos los intentos extremistas por destruir el orden social libre con toda la contundencia y la coherencia del Estado de Derecho. Pero esta lucha contra el extremismo no debe derivar en la exclusión o

---

517 De esta forma, véase *Declaración conjunta de los ministros de Justicia y Asuntos de Interior de la UE y los representantes de las instituciones de la UE con motivo de los atentados terroristas perpetrados en Bruselas el 22 de marzo de 2016, de 24 de marzo de 2016*. Puede consultarse en: https://www.consilium.europa.eu/es/press/press-releases/2016/03/24/statement-on-terrorist-attacks-in-brussels-on-22-march/ (Última consulta: 15/11/2023).

la estigmatización de grupos religiosos. Nuestra lucha contra el terrorismo no se dirige contra ningún tipo de creencia religiosa o política, sino contra el extremismo fanático y violento.

Invitamos a la Comisión Europea a que apoye de forma activa iniciativas en toda la UE orientadas a comprender mejor las causas profundas, los objetivos y la difusión de ideologías extremistas en Europa. Nuestro objetivo será apoyar las muchas y distintas voces que forman parte integrante de nuestra sociedad europea pluralista, abierta y liberal y dejar claro que no permitiremos que nos divida ningún tipo de extremismo. Hemos de fomentar que la educación y la formación religiosas, preferiblemente dentro de la UE, estén en consonancia con los derechos y valores fundamentales europeos"[518].

Lo manifestado tras los atentados de Viena no supone una excepción de la política europea, sino más bien una constatación. De esta forma, desde 2016 el Consejo, la Comisión y el Parlamento debaten las prioridades legislativas de la UE y acuerdan sus principales prioridades para el año siguiente. Pues bien, en el caso del año 2021, las tres instituciones establecieron seis prioridades, entre las que se encontraban "promover una Europa libre y segura", y también "proteger y reforzar nuestra democracia y defender nuestros valores europeos comunes"[519].

Por otro lado, a largo plazo también parece que la Unión persigue los mismos fines. De esta forma, en los objetivos y priorida-

---

518 *Declaración conjunta de los ministros de Interior de la UE sobre los recientes atentados terroristas en Europa, de 13 de noviembre 2020.* Puede consultarse en: https://www.consilium.europa.eu/es/press/press-releases/2020/11/13/joint-statement-by-the-eu-home-affairs-ministers-on-the-recent-terrorist-attacks-in-europe/# (Última consulta: 15/11/2023).

519 *Declaración conjunta del Parlamento Europeo, el Consejo de la Unión Europea y la Comisión Europea - Programación legislativa - Declaración conjunta sobre las prioridades legislativas para 2021, de 10 de diciembre de 2020.* Puede consultarse en: https://data.consilium.europa.eu/doc/document/ST-13546-2020-REV-1/es/pdf (Última consulta: 15/11/2023).

des para el periodo 2020-2024 también está incluido "defender nuestros valores comunes y reforzar nuestro modelo democrático". Dentro del mismo se incluye "garantizar la seguridad de los europeos" a través de reforzar la capacidad común de la UE "para responder al terrorismo y a las amenazas híbridas, tanto las de carácter emergente como las existentes de índole intersectorial y transfronterizo y la delincuencia"[520].

Es importante destacar que, en materia de seguridad, la UE tiene en especial consideración el papel que tiene la religión en la prevención del extremismo violento. De este modo, se establece el claro límite de la libertad de expresión y de religión o creencias en la adopción de las medidas, conllevando así una barrera que no ha de sobrepasarse pese a que éstas persigan la lucha contra el terrorismo y el extremismo violento. En realidad, no haría falta explicitarlo, ya que este límite podría fácilmente deducirse de la defensa de los valores europeos comunes. No obstante, el hecho de que se haga mención expresa debe entenderse como una manifestación de la importancia que aparentemente muestra la Unión por estas dos libertades[521].

---

520 *Conclusiones Conjuntas del Parlamento Europeo, el Consejo de la Unión Europea y la Comisión Europea sobre los objetivos y las prioridades para el periodo 2020-2024, de 10 de diciembre de 2020.* Puede consultarse en: https://data.consilium.europa.eu/doc/document/ST-13547-2020-REV-1/es/pdf (Última consulta: 15/11/2023).

521 En las *Conclusiones adoptadas por el Consejo Europeo el 11 de diciembre de 2020 (Reunión del Consejo Europeo (10 y 11 de diciembre de 2020),* la Conclusión 24ª recoge:
"El Consejo Europeo condena toda vulneración, bajo cualquier forma, de las libertades de expresión y de religión o creencias, incluidos el antisemitismo, el racismo y la xenofobia, y subraya la importancia de combatir la incitación al odio y la violencia, así como la intolerancia. Acoge con satisfacción la adopción de la Declaración del Consejo sobre la integración de la lucha contra el antisemitismo en todos los ámbitos de actuación". Puede consultarse en: https://

Sin embargo, esta barrera no supone inacción o desatención en materia religiosa, sino que la Unión también muestra su preocupación por la educación y formación religiosa. Esta preocupación se manifiesta de dos modos distintos. Por un lado, haciendo un llamamiento a que se pueda garantizar que la educación y formación religiosa sea conforme a los derechos y valores fundamentales. Por otro lado, combatiendo "las injerencias extranjeras que se ejercen, a través de una financiación opaca, sobre organizaciones civiles y religiosas"[522].

De todo lo manifestado se desprende que desde la UE se considera la religión y el papel de la libertad religiosa fundamental en la prevención del extremismo violento. Esta preponderancia del fenómeno religioso se fundamenta en datos empíricos de los atentados terroristas que han sufrido los distintos Estados Miembros, que son muy superiores a la actividad terrorista que tiene como base otra inspiración o naturaleza. Ello le lleva a pretender asumir un rol de garante de los derechos fundamentales y defensor de valores europeos comunes. Ambos implementados en una doble dirección: *hacia* la religión y *desde* la religión. La primera, cerciorándose de que las comunidades religiosas y los creyentes puedan ejercer los derechos que le son inherentes, sin que sean vulnerados por la acción de las instituciones o de otros individuos y grupos. La segunda, garantizando que el mensaje procedente de las confesiones religiosas resulte compatible con los derechos y valores fundamentales europeos, además de que exista una transparencia en la interferencia que puede existir dentro de las confesiones procedente del exterior.

En la anteriormente mencionada *Comunicación de la Comisión al Parlamento Europeo y al Consejo sobre la captación de terroristas: afrontar los factores que contribuyen a la radicalización violenta*

---

www.consilium.europa.eu/media/47348/1011-12-20-euco-conclusions-es.pdf (Última consulta: 15/11/2023).

522 *Ibidem*, Conclusión 25ª.

se reconoce que la lucha contra el terrorismo es también una "lucha ideológica", porque "el terrorismo es capaz de pervertir los principios fundadores de la Unión Europa". Y, aunque reconoce que esto es válido para "todas las formas de radicalización violenta, ya sean de carácter nacionalista, anarquista, separatista, de extrema derecha o de extrema izquierda", alertaba de que la amenaza procedía de un terrorismo "basado en una interpretación excesiva del islam". En la misma Comunicación también se trataba el diálogo entre el Estado y las religiones:

> "El diálogo no suele ser espontáneo, especialmente en materia de valores y principios fundamentales. Es necesario, por tanto, reconocer que es mejor intercambiar puntos de vista y opiniones y crear un sistema de comunicación para eliminar barreras y facilitar el entendimiento de las diferencias culturales basadas en ideas religiosas (especialmente en el caso de conceptos radicales, extremistas y fundamentalistas). Se trata de un asunto de interés general y de una condición necesaria para abrir el diálogo intercultural e interreligioso sobre bases sólidas.
>
> La UE respeta y no influye en la regulación de las iglesias y asociaciones o comunidades religiosas por los Derechos nacionales de los Estados miembros (Declaración nº 11 del Tratado de Ámsterdam). La relación entre el Estado y las iglesias y asociaciones religiosas no es asunto de competencia de la UE. No obstante, existe una tradición de diálogo entre la Comisión y las religiones, las iglesias y las comunidades religiosas. Desde hace varios años, la Comisión ha creado una amplia red de contactos con numerosos interlocutores confesionales y no confesionales. Periódicamente, la Comisión organiza conferencias, seminarios y otro tipo de reuniones para reforzar el entendimiento mutuo y fomentar los valores europeos. En 2003 se celebró una Conferencia de Ministros de Asuntos de Interior de la UE sobre "El diálogo interconfesional – un factor de cohesión social en Europa y un instrumento de paz en la cuenca mediterránea"[20] cuyo objetivo era debatir sobre la creación de un "Foro europeo para el diálogo interconfesional y el diálogo entre los gobiernos y las confesiones religiosas". Así, por ejemplo, en febrero de 2004 la Comisión organizó una Conferencia sobre el antisemitismo, en la que el compromiso de luchar y controlar el antisemitismo fue reforzado por la Unión Europea.

> La Comisión se basará en algunas de estas iniciativas para debatir en detalle las que puedan estar relacionadas con la prevención de la radicalización violenta"[523].

También en la *Declaración del Consejo sobre la lucha contra el terrorismo* del 29 de marzo de 2004, dentro del sexto objetivo que persigue "Responder a los factores que propician el apoyo al terrorismo y la captación de terroristas potenciales" se encuentra tanto investigar los vínculos entre las creencias religiosas extremistas, como desarrollar y aplicar una estrategia de fomento de la comprensión intercultural e interreligiosa entre Europa y el mundo islámico[524].

## 4. LOS MINISTROS DE CULTO Y LAS CONFESIONES RELIGIOSAS ANTE LA LUCHA CONTRA EL EXTREMISMO VIOLENTO

Como hemos visto previamente, la temática del extremismo religioso apareció con anterioridad en la agenda de la Unión Europea. Sin embargo, si en este Capítulo hemos observado cómo influyeron los atentados de Madrid y Londres en la lucha contra el terrorismo, ahora conviene situarnos en un momento posterior a las elecciones al Parlamento Europeo de 2014. En ese momento, en la Unión no reinaba una especial percepción de seguridad interna. Más bien, el contexto derivado de la situación en Irak y Siria con todos los agentes implicados y la existencia de un Dáesh que conseguía llegar a dominar importantes territorios de la región tenía su repercusión también en el interior de nues-

---

523 COM (2005) 313 final, de 21 de septiembre de 2005, anteriormente citada, pp. 7-8.

524 Documento 79/06/04, de 29 de marzo de 2004, anteriormente citada, p.17.

tras fronteras. Puede comprobarse fácilmente cómo esta creciente preocupación respecto al estado de la seguridad interior de la UE se podía apoyar sobre la base de los datos. De hecho, la cifra de atentados terroristas – incluidos atentados completados, frustrados y fallidos – fruto del terrorismo yihadista o de inspiración religiosa (denominación propia de Europol) en suelo de la Unión Europea pasó de 2 atentados en 2014 a 17 en 2015. Y las víctimas mortales que estos ataques se cobraron pasaron de ser 4 en 2014 a 150 en 2015. En los siguientes años, tal y como se puede observar en el siguiente gráfico, fueron reduciéndose el número de víctimas mortales. Pese a ello, este número era mucho más elevado del que existía con anterioridad. No obstante, el número de atentados fue en aumento – considerándose también los frustrados y fallidos – y también el número de detenciones, en aplicación de las legislaciones nacionales que se adoptaron como resultado también de la acción legislativa de la Unión Europea.

La creciente preocupación en torno al fenómeno terrorista yihadista o de inspiración religiosa traía consigo un mayor interés por tratar de abordar la temática, con el objeto de poder minimizar el impacto negativo que se dejaba notar en los distintos Estados Miembros. De este modo, el fanatismo religioso empezó a ser considerado como un objetivo a vencer. Así, en las *Conclusiones adoptadas del Consejo Europeo de 22 y 23 de junio de 2017* se recogía como primera conclusión: "combatiremos la propagación de la radicalización en internet, coordinaremos nuestros trabajos para prevenir y combatir el extremismo violento y hacer frente a la ideología afín, atajaremos la financiación del terrorismo, facilitaremos intercambios de información ágiles y bien definidos entre las autoridades policiales"[525]. Por tanto, los objetivos se podían resumir en 4 pilares: 1) luchar contra la radicalización en línea; 2) prevenir y combatir el extremismo violento; 3) combatir la

---

525 Puede consultarse en: https://data.consilium.europa.eu/doc/document/ST-8-2017-INIT/es/pdf (Última consulta: 08/05/2023).

financiación del terrorismo; 4) mejorar el intercambio de información y la interoperabilidad de las bases de datos.

### *4.1. Comisión Especial sobre Terrorismo*[526]

Dos semanas más tarde, el 6 de julio de 2017, el Parlamento Europeo constituía la *Comisión Especial sobre Terrorismo.* El mismo tenía por objeto "atajar las deficiencias prácticas y legislativas en el ámbito de la lucha contra el terrorismo en la Unión Europea y en el marco de la cooperación con los socios y los actores internacionales" (Considerando B). Por ello:

> "Decide constituir una Comisión Especial sobre Terrorismo con las siguientes competencias definidas rigurosamente:
>
> a)estudiar, analizar y evaluar con imparcialidad los datos proporcionados por los servicios de seguridad de los Estados miembros, las agencias de la Unión competentes y los expertos reconocidos, así como el alcance de la amenaza terrorista en suelo europeo, y proponer medidas adecuadas para que la Unión Europea y sus Estados miembros puedan ayudar a prevenir, investigar y perseguir los delitos relacionados con el terrorismo;
>
> (...)
>
> e)evaluar la repercusión de la legislación antiterrorista de la Unión y su aplicación sobre los derechos fundamentales;
>
> (...)

---

526 *Decisión del Parlamento Europeo, de 6 de julio de 2017, sobre la constitución de una comisión especial sobre terrorismo y el establecimiento de sus competencias, composición numérica y mandato (2017/2758(RSO)).* Puede verse en: https://www.europarl.europa.eu/doceo/document/TA-8-2017-0307_ES.html?redirect (Última consulta: 08/05/2023).

> j) recabar información y analizar el proceso de radicalización y la eficacia de los programas de desradicalización establecidos en un número limitado de Estados miembros; determinar las buenas prácticas que pueden ser objeto de intercambio y verificar si los Estados miembros han tomado las medidas apropiadas al respecto;
>
> (...)
>
> l) formular las recomendaciones que considere necesarias en todos los ámbitos mencionados anteriormente y, a tal fin, establecer los contactos necesarios, realizar visitas y organizar audiencias con las instituciones y las agencias pertinentes de la Unión Europea y las instituciones internacionales y nacionales, los Parlamentos y los Gobiernos nacionales de los Estados miembros y de terceros países, los funcionarios implicados en la lucha diaria contra el terrorismo, como los cuerpos de seguridad, las autoridades policiales, los servicios de inteligencia, los jueces y magistrados, y los representantes de la comunidad científica, las empresas y la sociedad civil, incluidas las organizaciones de víctimas".

Como puede apreciarse, entre las competencias de esta Comisión aparecen términos que nos resultan interesantes para nuestro objeto de estudio. De hecho, conjugando algunos de ellos podemos hacernos una representación del camino que decide emprender la Unión. Así, se presenta la intención de "proponer medidas adecuadas", además de evaluar la repercusión y aplicación de la legislación antiterrorista "sobre los derechos fundamentales". También analizar el fenómeno de la radicalización y la eficacia de los procesos de desradicalización. En todo el proceso se considera positivo el hecho de establecer todos los contactos necesarios, también con la sociedad civil, que entendemos que incluiría el diálogo con las comunidades religiosas afectadas.

En la constitución de la Comisión se establecía un mandato de doce meses desde la fecha de su reunión constitutiva y también que la Comisión presentaría al Parlamento un informe intermedio y otro final que contuviese "constataciones fácticas y recomendaciones sobre las medidas e iniciativas que han de adoptarse"[527]. El 13 de noviembre de 2018, la Comisión concluyó su tarea por medio de la aprobación del informe en el que se exponían sus conclusiones y recomendaciones[528]. Tras la presentación de enmiendas por parte de los grupos políticos y el sometimiento a votación de ellas, el Parlamento Europeo aprobó el informe definitivo el 12 de diciembre de 2018[529].

Por medio de esta Resolución el Parlamento Europeo enuncia las conclusiones y recomendaciones de la Comisión Especial. Pues bien, entre las distintas recomendaciones, aparecen algunas que tienen una relación estrecha con derechos comprendidos dentro de la libertad religiosa. En concreto, consideramos oportuno señalar cinco pilares, por su conexión directa o indirecta con el ejercicio del derecho fundamental. La categorización se lleva a cabo con los distintos grupos que tienen la siguiente denominación: 1) extremismo religioso; 2) actuar contra la incitación al odio y los grupos extremistas; 3) educación; 4) internet; 5) cárceles. Esta es la forma que utiliza el informe para identificar dentro de cada una de ellas una serie de recomendaciones, generalmente destinadas a los Estados Miembros.

---

527 En el apartado 9 se "decide que la duración del mandato de la comisión especial sea de doce meses, salvo que el Parlamento prorrogue dicho período antes de su expiración, y que su mandato comience a partir de la fecha de su reunión constitutiva; decide que la comisión especial presente al Parlamento un informe intermedio y otro final que contengan constataciones fácticas y recomendaciones sobre las medidas e iniciativas que han de adoptarse".

528 *Propuesta de Resolución del Parlamento Europeo sobre las conclusiones y recomendaciones de la Comisión Especial sobre Terrorismo (2018/2044(INI))*. Puede consultarse en: https://www.europarl.europa.eu/doceo/document/A-8-2018-0374_ES.html (Última consulta: 08/05/2023).

529 *Resolución del Parlamento Europeo, de 12 de diciembre de 2018, sobre las conclusiones y recomendaciones de la Comisión Especial sobre Terrorismo (2018/2044(INI))*. Puede consultarse en: https://www.europarl.europa.eu/doceo/document/TA-8-2018-0512_ES.html (Última consulta: 08/05/2023).

Respecto a cuestiones de fondo, podríamos decir que parece existir una clara distinción entre “las prácticas religiosas que estén en plena conformidad con la democracia, el Estado de Derecho, los derechos humanos y las leyes vigentes en los Estados miembros” y aquellas que “no respeten plenamente el Derecho nacional y de la Unión aplicable, la democracia, el Estado de Derecho y los derechos humanos y que inciten a cometer delitos terroristas, al odio, a la discriminación o a la violencia”. Y esta distinción parece ser fruto de un interés por instar a los Estados Miembros a que actúen en un modo u otro, en función de qué prácticas o conductas lleven a cabo.

De este modo, para las primeras prácticas la sugerencia que se realiza a los Estados se dirige a que “garanticen la libertad religiosa y el derecho a ejercerla libremente, tal y como se consagra en la Carta de los Derechos Fundamentales” (Recomendación 35). En cambio, para los últimos se insta a que se tomen distintas medidas jurídicas encaminadas a actuar contra la incitación al odio. Sirvan las próximas líneas para mencionar algunas de tales medidas, que nos servirán para poder tener una representación mental más completa respecto a la orientación de las recomendaciones impulsadas por las instituciones europeas. La Unión realiza un total de 27 recomendaciones distribuidas entre las cinco categorías que hemos podido identificar previamente, concretamente, estas se sitúan entre la número 35 a la 61.

A efectos de que el estudio de este texto – reflejo de las conclusiones a las que llegó la mencionada Comisión Especial dedicada al terrorismo – pueda servirnos lo máximo posible en nuestro objeto de estudio, hemos decidido dividir este análisis en dos partes. El primero, estará dedicado a las recomendaciones que son aplicables al personal religioso, esto es, los ministros y clérigos, este último es el concepto utilizado en el texto. El segundo, se referirá a las comunidades religiosas, así como a los lugares de culto. Como veremos en las próximas líneas, ambas categorías – personas físicas y personas jurídicas – son percibidos con cierto recelo por parte de las autoridades comunitarias.

### 4.1.1. Recomendaciones aplicables a ministros de culto o clérigos

Por un lado, encontraríamos las medidas aplicables a los ministros de culto o clérigos. Dentro de este grupo encontraríamos una considerable amalgama de posibilidades. Eso sí, aquello que puede extraerse es una percepción peligrosa del fenómeno religioso que lleva a la desconfianza. Y esta desconfianza justifica la adopción de medidas específicas que encuentran como destinatario los ministros de culto.

Una prueba de ello la encontramos en la Recomendación 36, en la que se establece una sugerencia a los Estados Miembros y otra la Comisión. La primera de ellas, para que los EEMM "realicen evaluaciones previas de los clérigos y que incluyan sistemáticamente en la lista negra, examinando cada caso, a los predicadores del odio". La segunda, destinada a la Comisión con el fin de que "introduzca una lista de vigilancia de la Unión para un mejor intercambio de información sobre los clérigos extremistas, dentro de los límites que permite la ley". Por tanto, puede apreciarse cómo se está instando a los Estados para que ejerzan un control sobre los ministros de culto presentes en su territorio nacional, mediante incluso "evaluaciones previas".

Resulta llamativo, pues la anotación de los ministros de culto en un ordenamiento jurídico como el español no es preceptivo, por lo que su aplicabilidad en las regulaciones nacionales parecería no tener excesivo acomodo. Tampoco dice nada respecto al modo o requisitos que habría para superar esta suerte de examen o prueba. Sí que "anima a los Estados miembros a que lleguen a una posición común y elaboren orientaciones con respecto a las cuales se pueda evaluar a dichos clérigos", lo que entendemos como una forma de poder armonizar esta cuestión, aunque por medio de las "orientaciones". En cualquier caso, sí que puede notarse que la Unión también desarrollaría un rol activo, al contar con estas "listas de vigilancia" que facilitaría una mejora en la cooperación y coordinación entre Estados. Estos últimos sería los encargados de integrar a "los predicadores del odio" en "la lista negra".

Podría plantearse qué consecuencias estarían previstas para aquellos que estuviesen incluidos en algunas de estas listas, tanto aquella elaborada por las autoridades nacionales como aquella ubicada en el seno de la Unión. Ciertamente, nada se dice al respecto. Ahora bien, aquello que sí que se desarrolla son las consecuencias previstas para aquellos que cometiesen un delito de incitación a la comisión de actos terroristas o un delito de odio. En estos casos, conforme a la Recomendación 38 se debería "excluir (...) de la actividad pública recurriendo a todas las medidas jurídicas". Y también se contempla la posibilidad en la misma sugerencia de recurrir a la denegación de visados o la expulsión del territorio de la Unión. Por último, también está prevista la vía de "iniciar procedimientos judiciales contra tales predicadores y quienes hagan proselitismo extremista y terrorista". Por tanto, aquí hablaríamos de medidas represivas, esto es, posteriores a la supuesta comisión de la acción. Mientras que en aquella que comentábamos de las listas, tendrían un carácter más preventivo basado en los controles previos, incluso antes de que pueda existir cualquier indicio de extremismo.

En estas Recomendaciones también se destina una parte a la formación de los líderes religiosos, aunque como veremos sin que del articulado pueda desprenderse excesiva claridad al respecto. De este modo, la Recomendación 37 expresa:

> "Se pide a los Estados miembros que aumenten la oferta de oportunidades de educación superior para los clérigos en la Unión, con un control transparente, acreditando únicamente los programas de educación teológica que respeten plenamente la democracia, el Estado de Derecho, los derechos humanos y la neutralidad y el laicismo democrático de los países europeos, y revocando las autorizaciones de docencia si se comete alguna falta".

Por tanto, de ello se puede deducir que el propósito se limita a que los Estados "aumenten la oferta de oportunidades", en lo que podríamos entender como una forma de incentivar o promover un tipo de educación, sin necesidad de que con ello se impida u obstaculice que pueda llevarse otro tipo de proceso formativo a cabo. Por tanto, hablaríamos de modelos complementarios, aunque de algún modo se estuviera fomentando o mostrando preferencia por uno de ellos. Sin embargo, la continuación de la Recomendación ya nos advierte acerca de la posibilidad de que no se reconozca una opción de formación religiosa. En efecto, el hecho de que se establezca más tarde "acreditando únicamente los programas de educación teológica..." conlleva una cierta orientación hacia un modelo de mayor intervencionismo por parte de la Administración Pública. Esta legítima duda acaba disipándose en el final de la misma Recomendación cuando añade "y revocando las autorizaciones de docencia si se comete alguna falta". Resulta bastante esclarecedor esta cláusula final, pues efectivamente nos hace situarnos en un contexto de autorizaciones y revocaciones de las autorizaciones de la formación de los ministros de culto.

No menos llamativo nos parece el contenido que se debe respetar para que sea acreditada y no revocada la autorización de esta educación teológica: "respeten plenamente la democracia, el Estado de Derecho, los derechos humanos y la neutralidad y el laicismo democrático de los países europeos". De esta exigencia podría deducirse una cierta apariencia de democracia militante, que no responde al ordenamiento jurídico de muchos EEMM. Cuando menciona el "laicismo democrático de los países europeos", cabe destacar que este sistema laicista, como tal, podría tener un oportuno acomodo en un régimen jurídico como el francés, por ejemplo. Sin embargo, no respondería al sistema jurídico de muchos otros Estados, que no comparten este modelo de relaciones entre Estado y confesiones religiosas. Cierto es que podría ser una cuestión de traducción y por tanto se circunscribiría a un ámbito lingüístico. No obstante, cuando acudimos al término original y, sobre todo, al de la traducción llevada a cabo en otros idiomas[530], se observa que parece in-

---

530 En la versión inglesa el término utilizado es "laicism". Ello podría haber traído como consecuencia que en la traducción a otros idiomas el

clinarse en favor de un modelo de democracia militante o de separación radical entre Estado y confesiones religiosas. Y este modelo, que es perfectamente posible y homologable al de algunos de los países europeos de nuestro entorno, encuentra serias dificultades a la hora de encontrar acomodo en otros países en los que la configuración legal es radicalmente distinta.

Por otro lado, también se pretende que "fanáticos religiosos no logren acceso a la escuela", en la Recomendación 43. Entendemos que se refiere a que no exista personal docente que sea "fanático religioso", pues esta sugerencia está referida a "todas las instituciones educativas impartan una educación conforme con el Convenio Europeo de Derechos Humanos". Es evidente que el impacto que tendría un profesorado que fuese fanático en el alumnado – especialmente el de edad más temprana – sería muy considerable. Por ello, comprendemos la preocupación. No obstante, tampoco tenemos conocimiento de que el aula educativa pudiese estar siendo utilizada por "fanáticos religiosos" y, al mismo tiempo, desconocemos qué tipo de medidas podrían implementarse con el objeto de atender a este fenómeno.

Por último, dentro del capítulo destinado a "cárceles" encontramos la Recomendación 61, referida a los ministros de culto que prestan asistencia religiosa en este tipo de centros. La misma reza:

> "Insta a los Estados miembros a que faciliten el acceso a los clérigos auténticos, puesto que reduce el riesgo de autoorganización de células religiosas radicales; propone que se introduzca un sistema de licencias, basado en comprobaciones sistemáticas de antecedentes para los clérigos que acceden a las cárceles, con el fin de impedir la difusión de opiniones extremistas entre los reclusos de alto riesgo, y pide al Consejo que, con el apoyo de la Comisión, elabore directrices al respecto basadas en las mejores prácticas; pide a los Estados miembros que evalúen y supervisen

---

concepto utilizado hubiera sido "laicidad". Sin embargo, observamos cómo no ha sido así. Por ejemplo, en la traducción al italiano, se emplea la misma denominación de "laicismo" en lugar de "laicità".

> regularmente a los clérigos que tienen acceso a las cárceles; pide a los Estados miembros que exijan una formación estándar a los clérigos que trabajan en centros penitenciarios basada en las buenas prácticas desarrolladas por las autoridades penitenciarias de los Estados miembros, también en cooperación con terceros países".

Por tanto, esta recomendación, al igual que otras que hemos analizado con anterioridad, conviene desgranarla con el objeto de poder aproximarnos de un modo más preciso a la naturaleza de cada una de las medidas que se propone implementar.

En primer lugar, se aborda el acceso a los "clérigos auténticos". Entendemos que detrás del calificativo que acompaña la condición de ministro de culto estaría el riesgo de que el mismo no fuese "auténtico". Y, por tanto, ello sería porque sería "falso" o "no verdadero". Nos permitimos realizar este ejercicio de deducción lógica, por simple que parezca, para soslayar lo que viene a continuación. ¿Cómo saber si se trata de un clérigo "auténtico" o si por el contrario resulta "falso" o "no verdadero"? La Comisión propone un "sistema de licencias". Ahora bien, cabe preguntarse: ¿por quién están expedidas estas licencias? No parece que tras la lectura del texto podamos obtener una respuesta clara. Lo que nos indica es que este sistema estaría "basado en comprobaciones sistemáticas de antecedentes (¿penales?)". No parece excesivamente imprudente advertir que lo que nos sugiere la propuesta es que los poderes públicos serían quienes realizarían esta labor. Tampoco se nombra en ningún momento el diálogo o interacción con las comunidades religiosas. Parece comprensible que el organismo público del que dependan las instituciones penitenciarias pueda – y deba – tener un papel relevante en la cuestión de los ministros de culto que acceden a centros penitenciarios, a tenor del lugar de especial vulnerabilidad de que se trata. No obstante, resulta cuanto menos llamativo que desde los poderes públicos se hable de clérigos "auténticos" para referirse a aquellos que superan las comprobaciones de "antecedentes", como si este hecho fuese el que determinase la autenticidad de su condición de líderes religiosos, y en todo ello la comunidad religiosa no pudiese – o debiese – tener un papel relevante a la hora de determinar en mejores condiciones quienes son los realmente “auténticos”.

Por otro lado, existen también otro tipo de cláusulas referidas a una evaluación y supervisión regular de los clérigos, entendemos que para garantizar que sigan ostentando la misma posición que tenían cuando se les concedió la autorización de acceso a los centros penitenciarios. Y también el hecho de que los Estados Miembros exijan “una formación estándar a los clérigos que trabajan en centros penitenciarios basada en las buenas prácticas desarrolladas por las autoridades penitenciarias”. No especifica si esta formación tendría lugar en un momento previo a la concesión de la autorización de acceso a prisiones o si esta formación podría ser periódica para seguir ocupando esa misma posición de ministro de culto habilitado.

Por último, también se refiere al Consejo para que, con el apoyo de la Comisión, “elabore directrices al respecto basadas en las mejores prácticas”. Con ello se pretendería ofrecer una respuesta coordinada frente el desafío que resulta común para todos los Estados. Entendemos que el objeto que persigue es el de mejorar la eficacia en el tratamiento de este fenómeno, apoyándose sobre experiencias previas que se han implementado en otros países y evaluándolas con el fin de aportar unas guías de acción que puedan ayudar a los Estados Miembros a la hora de adoptar una normativa y poder implementarla de forma eficaz en la práctica.

### 4.1.2. Recomendaciones aplicables a comunidades religiosas, lugares de culto y entidades similares

Por otro lado, entre las recetas propuestas por la Comisión Especial se encuentran algunas que tienen como destinatarias a las comunidades religiosas, los lugares de culto, asociaciones y entidades similares.

En primer lugar, cabe recordar que la Unión establece que ante las prácticas religiosas que "estén en plena conformidad con la democracia, el Estado de Derecho, los derechos" (Recomendación 35) los Estados Miembros deberán alentar y respetar – en realidad, utiliza el término de "tolerar" – estas prácticas. Esto lo hemos subrayado al inicio de este epígrafe. Sin embargo, aquí habríamos de poner de manifiesto que, en este sentido, entendemos que las comunidades religiosas y el resto de los sujetos mencionados en otras Recomendaciones tendrían un papel significativo. En efecto, ellas son quienes, conforme a la percepción que se desprende de este texto jurídico, están en situación de poder orientarse hacia un tipo u otro de prácticas.

Dos evidencias que muestran este rol relevante las encontraríamos en la misma Recomendación. Por un lado, parece promover acciones que nacen de las propias confesiones religiosas destinadas a "combatir las narrativas peligrosas desde dentro de sus comunidades". Por otro lado, también resalta "la necesidad de fomentar el diálogo y la cooperación interreligiosos e interculturales con las comunidades religiosas y las autoridades locales con el fin de prevenir la radicalización". Por todo ello, podríamos afirmar que la intención es que aumente el número de prácticas que tienen lugar en el seno de las comunidades con el objeto de llevar a cabo una contranarrativa. Y, al mismo tiempo, esta labor en el ámbito interno debe complementarse con la cooperación entre comunidades religiosas y poderes públicos para implementar políticas destinadas a prevenir la radicalización.

En segundo lugar, también se contempla otro mecanismo aplicable consistente en perseguir una mayor transparencia en términos de financiación de "los lugares de culto, educación y enseñanza religiosa, las organizaciones benéficas, las asociaciones culturales y las fundaciones y entidades similares", para que "proporcionen detalles sobre la procedencia de sus fondos y su distribución, tanto dentro como fuera de la Unión" (Recomendación 40). Ante este deber de rendición de cuentas y transparencia cabe preguntarnos: ¿a quién deberían transmitir estos datos acerca de sus fuentes de financiación? ¿Cómo se gestionarían estos detalles económicos? ¿Cuál sería la consecuencia de obtener fondos procedentes de uno u otro lugar? Y cuanto concierne a la distribución de estos, ¿podría el Estado o cualquier otro organismo público entrar a valorar en qué cuestiones y con qué proporción deciden estos sujetos destinar sus recursos económicos?

Pese a que el propio texto no ofrece excesivas respuestas a estos interrogantes, sí que nos detalla que estos datos "podrían registrarse en una base de datos centralizada, de conformidad con el marco jurídico de la Unión y las normas en materia de protección de datos". Esta base de datos sería aplicable en situaciones en las que "exista sospecha o motivos razonables para sospechar de la existencia de vínculos con grupos terroristas". Sin embargo, lo realmente llamativo es lo contenido en la cláusula final que se incluye en esta sugerencia. Y es que se pide a los Estados "que prohíban la financiación procedente de terceros países que estén en contra de la democracia, el Estado de Derecho y los derechos humanos".

Podemos llevar a cabo un ejercicio de imaginación y suponer algunos de los países que podrían estar incluidos en este grupo de terceros países. No obstante, nos preguntamos si existiría una suerte de lista en la que se incluyesen los países contenidos en este grupo dado que entendemos que esto sería una exigencia para que se garantizase la seguridad jurídica. Es cierto que ello supondría evidenciar qué países son considerados contrarios a "la democracia, el Estado de Derecho y los derechos humanos", con todas las críticas que podría suponer la inclusión o exclusión de alguno de los países. También habría voces que podrían denunciar que se está realizando un listado de países "buenos" y "malos". Sin embargo, esta distinción ya se estaría llevando a cabo pese a que el listado no estuviese publicado y fuese accesible, la diferencia radicaría en la oficialización de esta discriminación de países.

Por otro lado, también habría quien podría preguntarse: ¿quién confeccionaría esta lista? Al plantearse la cuestión de esta base de datos centralizada, parecería que la Unión Europea. No obstante, tenemos dudas respecto a la facilidad que existiría para elaborarla. Conviene tener presente que las relaciones diplomáticas que los Estados Miembros mantienen con otros Estados no son del todo uniformes. Y ello es en cierto modo comprensible, teniendo en cuenta que los intereses nacionales son distintos y varían en función de múltiples factores. No parece ser una cuestión irrelevante, ya que esta falta de consenso puede tener su impacto en la adopción de medidas conjuntas. Es cierto que desde que iniciase la guerra en Ucrania se ha logrado un importante consenso en la postura de la Unión frente a Rusia, con la única excepción sonada de Hungría. Sin embargo, este consenso no tendría por qué darse en supuestos de determinar uno por uno el *test* particular que cada uno de los países habría de superar. Esta dificultad es más fácil de apreciarse si se observa la dificultad que se ha puesto de manifiesto para lograr un consenso vinculante respecto a con qué Estados se debería dejar de comercializar la venta de material armamentístico.

En cualquier caso, la Recomendación 39 constituye una propuesta de solución mucho más taxativa y contundente: el cierre de lugares de culto y la prohibición de las comunidades. Así, se dispone:

> "Insta a los Estados miembros a que cierren los lugares de culto y prohíban las asociaciones que no respeten plenamente el Derecho nacional y de la Unión aplicable, la democracia, el Estado de Derecho y los derechos humanos y que inciten a cometer delitos terroristas, al odio, a la discriminación o a la violencia".

Otras medidas que se plantean son la prevención de la difusión de contenido que "incite explícitamente al extremismo violento y a actos terroristas" (Recomendación 41). Por ello, se pide a los Estados a que actúen con rapidez para prohibir y eliminar toda propaganda impresa y en línea (Recomendación 41) y que actúen también contra los canales de televisión vía satélite que difundan este contenido (Recomendación 42). No obstante, sin ningún género de dudas, el entorno virtual recibe mucho más desarrollo jurídico en este texto. De hecho, como hemos señalado con anterioridad, se dedica un capítulo entero a abordar "Internet". Así, las Recomendaciones 48-53 analizan con más detenimiento este fenómeno dentro del espacio en línea. No desarrollamos más esta cuestión porque será objeto de mayor estudio próximamente.

En cualquier caso, hemos podido analizar la importancia que se les concede a los lugares de culto como espacios de radicalización violenta, o también las asociaciones – entendemos que este concepto podría englobar a las comunidades religiosas – como actores incitadores de delitos terroristas (véase Recomendación 39). Pese a ello, cabe tener presente que previamente algunos informes – como el Estudio sobre la "Prevención y la lucha contra la radicalización en la juventud en la Unión Europea"[531] – habían puesto de manifiesto que, sin negar el hecho de había "casos genuinos en los que las instituciones religiosas se utilizan como tapadera para el extremismo político y la violencia", una aproximación más cercana a las personas que habían sido detenidas por actividades terroristas demostraba que había habido pocos reclutamientos en esos lugares, al contrario que en otros espacios más frecuentes como cafeterías y gimnasios o en entornos más cerrados como las prisiones[532].

## 5. ALGUNAS CONSIDERACIONES FINALES

A lo largo de estas páginas hemos tomado conciencia de la importancia que tiene conocer la terminología en la que nos

---

531 El título original es "Preventing and countering youth radicalisation in the EU", PE 509.977, abril 2014. Puede consultarse: https://www.europarl.europa.eu/RegData/etudes/etudes/join/2014/509977/IPOL-LIBE_ET(2014)509977_EN.pdf (Última consulta: 29/05/2023).

532 *Ibidem*, p. 13. Este Estudio fue elaborado por un grupo de expertos a petición de Comisión de Libertades Civiles, Justicia y Asuntos de Interior del Parlamento Europeo.

movemos. En efecto, abordar una temática sin comprender exactamente la naturaleza de aquello que estamos previniendo no parece que nos pueda conducir a buen término.

Estas categorías que pueden – con mayor o menor dificultad – establecerse y definirse desde el ámbito de las ciencias sociales, entrañan una innegable complejidad en el mundo jurídico. En efecto, cuando de lo que se trata es de entrar a valorar el perfil de un determinado individuo o grupo, las consecuencias de la categorización que se realice no son baladíes. El fin último es determinar cuán positivas o negativas son ciertas conductas o posicionamientos en nuestra sociedad. O, incluso mejor, cuán justificada está la intervención pública en estas conductas o posicionamientos. No olvidemos que la materia objeto de regulación reviste unas características propias que la convierten en una cuestión de sumo interés para los ciudadanos en su ejercicio del derecho de libertad religiosa, que se compone, en palabras del Tribunal Constitucional, de una dimensión interna o "claustro íntimo de creencias y, por tanto, un espacio de autodeterminación intelectual ante el fenómeno religioso, vinculado a la propia personalidad y dignidad individual"[533] pero también de "una dimensión externa de *agere licere*, que faculta a los ciudadanos para comportarse de acuerdo con sus propias convicciones con plena inmunidad de coacción del Estado o de cualesquiera grupos sociales para actuar con arreglo a sus propias convicciones y mantenerlas frente a terceros"[534].

Es innegable la considerable dificultad que entraña entrar a valorar el fundamentalismo y fanatismo de un sujeto o grupo, ya que es necesario destacar que existen diversos riesgos en

---

533 SSTC 177/1996, de 11 de noviembre, FJ 9º (TOL 83.104); 154/2002, de 18 de julio (TOL 258.486), FJ 6º; 101/2004, de 2 de junio, FJ 3º (TOL 421.832).

534 SSTC 154/2002, de 18 julio, FJ 6º (TOL 258.486); 24/1982, de 13 de mayo, FJ 1º; 166/1996, de 28 de octubre, FJ 2º (TOL 83.078).

la práctica. En primer lugar, si el elemento diferenciador es la estricta observancia de los preceptos religiosos, estaríamos ante un escenario en el que, si un creyente decide practicar su fe religiosa, se expone a la consideración de fundamentalista. Ello podría traer consecuencias negativas, en caso de recibir respuesta punitiva como extremista, o ser objeto de respuesta preventiva sin haber cometido ningún acto delictivo. Por tanto, a mejor creyente – mayor respeto por las obligaciones religiosas –, se convertiría en peor ciudadano. Por otro lado, si no es la cantidad sino la calidad de los preceptos religiosos, nos encontramos ante el riesgo de que el poder público entre a considerar cuán verdadero es el dogma del sujeto o grupo en cuestión. Por lo que los poderes públicos, lejos de mantenerse al margen del fenómeno religioso y respetar el margen de actuación de los grupos e individuos, intervendrían en él para dilucidar qué discurso es verdadero y cuál no es correcto.

El hecho de que el fanatismo religioso – o incluso la religión – pueda actuar como potenciador del extremismo violento no comporta una legitimidad para cualquier tipo de intervención o injerencia en la esfera espiritual de los individuos con el fin de garantizar – más bien procurar – la seguridad pública y, por tanto, el disfrute de los derechos fundamentales y libertades públicas de los ciudadanos. En primer lugar, porque seguir este camino podría suponer una vulneración de derechos fundamentales y libertades públicas de los propios afectados, que serían sacrificados en aras de una mayor seguridad pública. En segundo lugar, la acción desmesurada podría traer consigo una victimización de los radicales; y una menor criminalización de aquellas personas que sí pretenden ampararse en estos fines para la utilización de la violencia, ya que ambos grupos obtendrían la misma respuesta jurídica pese a las destacables diferencias existentes entre ellos. Pero es que, en tercer lugar, traería una rendición ante los propósitos de los violentos. Supondría el reconocimiento de nuestra derrota, asumiendo que no es posible obtener la convivencia pacífica en nuestro régimen de libertades. Ello traería consigo una mayor legitimación de estos grupos, que conseguirían socavar nuestro bien más preciado. No olvidemos que, tal y como ha puesto de manifiesto nuestro Tribunal Constitucional:

> "sin la libertad ideológica consagrada en el art. 16.1 de la Constitución, no serían posibles los valores superiores de nuestro ordenamiento jurídico que se propugnan en el art. 1.1 de la misma para constituir el Estado social y democrático de derecho que en dicho precepto se instaura. Para que la libertad, la justicia, la igualdad y el pluralismo político sean una realidad efectiva y no la enunciación teórica de unos principios ideales, es preciso que a la hora de regular conductas y, por tanto, de enjuiciarlas, se respeten aquellos valores superiores sin los cuales no se puede desarrollar el régimen democrático que nos hemos dado en la Constitución de 1978"[535].

Por tanto, es innegable que la libertad ideológica y religiosa resultan esenciales para la efectividad de los valores superiores – especialmente del pluralismo político – y, ello trae como consecuencia la necesidad de que la intervención en el ejercicio de este derecho fundamental esté debidamente tasada. De este modo, el mismo Tribunal expresa en la misma Sentencia 20/1990, de 15 febrero:

> "La libertad ideológica indisolublemente unida al pluralismo político que, como valor esencial de nuestro ordenamiento jurídico propugna la Constitución, exige la máxima amplitud en el ejercicio de aquélla y, naturalmente, no sólo en lo coincidente con la Constitución y con el resto del ordenamiento jurídico, sino también en lo que resulte contrapuesto a los valores y bienes que en ellos se consagran, excluida siempre la violencia para imponer los propios criterios, pero permitiendo la libre exposición de los mismos en los términos que impone una democracia avanzada. De ahí la indispensable interpretación restrictiva de las limitaciones a la libertad ideológica y del derecho a expresarla, sin el cual carecería aquélla de toda efectividad" (FJ 4º).

---

535 STC 20/1990, de 15 febrero, FJ 3º (TOL 80.313).

Sin embargo, los riesgos que suponen la intervención no pueden suponer desaliento, desesperanza o pasividad, que conduzca a la inacción. La violencia procedente de la expresión máxima del fanatismo religioso no puede quedar sin respuesta. Es necesario abordar la problemática, desde el rigor y la precisión, pero con el máximo interés en evitar que la violencia deje de estar punida o prevenida cuando ésta revista una apariencia religiosa. Para ello, conviene contemplar todos los instrumentos legales a nuestro alcance, con el fin de conocer la respuesta actual de nuestro ordenamiento jurídico.

Sin duda, los grupos terroristas conocen que pueden rentabilizar muy bien la alusión a la religión y sus preceptos, con el fin de que el sujeto considere la violencia como un mandato divino e incluso interprete que el uso de ella para tales propósitos es un medio idóneo para alcanzar el paraíso por medio del particular martirio.

En este sentido, el ministro de culto o líder religioso puede jugar un rol fundamental, ya que puede ser quien permita evitar este uso de la religión para la consecución de actos violentos; pero también podría ser el agente radicalizador, de modo que legitime el uso de la violencia con el ánimo de cumplir con la voluntad de Dios. Y ello considerando el hecho de que, por ejemplo, en el caso del Islam "al faltar una voz que unifique, lo que nos encontramos son intelectuales islámicos tratando de desmarcar su religión de la violencia, frente a fundamentalistas que se esfuerzan por subrayar su carácter belicoso; y ambas posturas se apoyan en el Corán para reforzar sus argumentos"[536].

La figura del líder carismático es muy común en este sentido: "Será dicho líder, radicalizado en ideas salafista yihadistas, el que aportará la religión como elemento identitario del grupo,

536 LÓPEZ-SIDRO LÓPEZ. A., *Las Sectas de …, op. cit.*, p. 48.

valiéndose del Corán para sustentar la influencia mística, justificadora de las acciones terroristas y el ejercicio de la violencia"[537].

En cualquier caso, el ministro de culto no es un simple individuo que tiene relación con el sujeto; el ministro de culto está en una posición de superioridad y, por tanto, las ideas y consideraciones que exprese serán tenidas en especial consideración por parte del sujeto. De esta forma, puede llegar a tener una responsabilidad – moral y, en ocasiones, jurídica – sobre los actos que el sujeto realice. En ello consiste el adelantamiento de la barrera punitiva.

En cualquier caso, cabe destacar que desde algunos sectores se considera que la inacción no puede ser considerada una opción en este sentido. Los ordenamientos jurídicos – y el español en particular – no podrían mirar hacia otro lado ante uno de los mayores desafíos ante los que nos estaríamos enfrentando. En una sociedad en la que el pluralismo – también religioso e ideológico – se consolida y, además, las fronteras se difuminan y los intereses de organizaciones internacionales e incluso potencias extranjeras consiguen penetrar en los Estados europeos con relativa facilidad, resultaría necesario contar con una respuesta suficientemente articulada para que pueda proteger el régimen de derechos y libertades de Occidente.

Lo que está por ver es si es posible jurídicamente que el Estado puede anticiparse a que estas conductas puedan llevarse a cabo y ejercer un papel activo en la minimización del impacto que puedan tener algunos discursos y líderes fanáticos dentro de las comunidades religiosas. Cabe tener presente que, a diferencia de otros países de nuestro entorno, España no es un Estado militante y ello tiene importantes consecuencias en el espacio en el que nos movemos. En efecto, tal y como ha puesto de manifiesto el Tribunal Supremo, en su Sentencia 503/2008,

---

[537] SÁNCHEZ GÓMEZ, J., *op. cit.*, pp. 139-140.

de 17 de julio del mismo año[538], "la acción terrorista es, pues, algo más que la expresión de ideas. La libre expresión y difusión de ideas, pensamientos o doctrinas es una característica del sistema democrático que debe ser preservada". Por tanto, se evidencia que la libre difusión de ideas, pensamientos o doctrinas, lejos de ser objeto de restricción, debe ser garantizada.

Sin embargo, podríamos seguir manteniendo dudas respecto al límite del contenido de este mensaje. Y podría aparecer la legítima cuestión de si aquello que se sitúa fuera del marco democrático está permitido en nuestro sistema. Pues bien, el máximo órgano judicial despeja toda incógnita cuando afirma en la misma Sentencia que: "incluso, en el momento actual y en la mayoría de los países democráticos, es posible la defensa de tesis que propugnen la sustitución del sistema democrático por otro sistema político que no lo sea". Ahora bien, automáticamente después fija el requisito: "la condición esencial es que esa defensa se lleve a cabo a través de vías admisibles en democracia". Y, sin solución de continuidad, delimita aquello que queda fuera del ámbito de protección, al establecer que "esto excluye las vías y medios violentos".

Por tanto, para afirmar la existencia de un grupo terrorista "no basta con establecer que los sospechosos o acusados sostienen, y comparten entre ellos, unas determinadas ideas acerca de una religión, un sistema político o una forma de entender la vida". Dicho de otro modo, el mero mensaje, por radical que sea, no implica que pueda ser considerado de naturaleza terrorista. Al contrario, afirma esta STS, en el mismo FJ 4º:

> "Es preciso acreditar que quienes defienden esas ideas, convirtiéndolas en sus fines, han decidido imponerlas a los demás mediante medios violentos, como ya se ha dicho, orientados a intimidar a los poderes públicos y a intimidar y aterrorizar a la población. Dicho de otra forma, es preciso establecer que, desde

---

538 Todas las próximas referencias se sitúan en el FJ 4º (TOL 1.371.325).

> la mera expresión y defensa de unas ideas, han iniciado de alguna forma, incluso con la decisión efectiva de llevarlo a cabo, su paso a la acción con la finalidad de imponer sus ideas radicales fuera de los cauces pacíficos, individualmente y como grupo".

Como vemos, la línea que separa lo lícito de lo ilícito no estaría tanto en la naturaleza de las ideas difundidas, sino en el modo en que estas se defienden o, cuando nos movemos en el ámbito de lo ilícito, se imponen a los demás mediante medios violentos y, por tanto, fuera de los "cauces pacíficos". Por esto era importante realizar la distinción entre las distintas categorías que nos encontramos cuando abordamos esta temática. Ahora bien, ello no conlleva una facilidad a la hora de atribuir responsabilidades penales en sede judicial. Primero, porque tal y como afirma la misma Sentencia, "es necesario, mediante la constatación de hechos significativos, probar, al menos, que ha decidido pasar a la acción" (FJ 4º). Y, evidentemente, no parece tarea sencilla la de constatar estos "hechos significativos". Nos hallamos ante un concepto jurídico indeterminado, por lo que la respuesta habrá de ser *ad casum*, atendiendo a todas las variables y realizando una correcta ponderación que no deje de ser proporcionada.

Por otro lado, también encontramos dificultades a la hora de aplicar algunas figuras delictivas como la del autoadoctrinamiento pasivo o autocapacitación, ya que puede resultar complejo determinar la finalidad con la que el sujeto está consumiendo un tipo de contenido[539]. En efecto, el adelantamiento de la barrera punitiva podría conllevar una restricción del ejercicio de algunos derechos fundamentales, por lo que no únicamente debe constatarse el uso del material, sino también la ac-

---

[539] Puede analizarse mejor el impacto que puede tener en los distintos delitos en LÓPEZ-SIDRO LÓPEZ, A., "Yihadismo y libertad religiosa. reflexiones desde la jurisprudencia española y del TEDH", *Revista General de Derecho Canónico y Derecho Eclesiástico del Estado*, núm. 45, 2017, pp. 1-66.

ción de incitarle a llevar un acto terrorista[540]. Y lo mismo cabe decir del delito de odio, que para CAÑAMARES se halla entre los delitos que "no pueden usarse para impedir la difusión de ideas contrarias a los valores compartidos por la mayoría", ya que la legislación penal ha de interpretarse restrictivamente y como última ratio, sobre todo cuando colisiona con el ejercicio de los derechos fundamentales[541]. Por tanto, el planteamiento de restringir la actuación del ámbito penal consideramos que es aplicable, tanto a los supuestos de terrorismo como a aquellos en el terreno del delito de odio. Ello sin negar que es necesaria la intervención en ambos casos, pero esta tiene que quedar bien delimitada, con el objeto de no actuar de forma disuasoria ante el ejercicio de los derechos fundamentales.

En definitiva, es cierto que en otros países la configuración de estas figuras delictivas o de otras consecuencias jurídicas en otros órdenes puede estar articulada en una forma distinta. Un ejemplo de Estado militante lo podríamos encontrar en Francia o Alemania, en los que la adhesión a unos valores o principios tienen más incidencia que en nuestro sistema. En estos supuestos, es evidente que la acción del Derecho no podrá ser

---

540 En la SAN 4/2019, de 19 de marzo de 2019, FJ 2º: "Así, no basta afirmar estas características de idoneidad o incluso "dirección" objetiva de contenidos y documentos, sino que debe afirmarse que el autor actuó, no solamente conociéndolas, sino que accedió, adquirió o poseyó voluntaria y conscientemente con una doble y sucesiva funcionalidad. La primera, que aquello que conocía le afirmaba en su adhesión a la doctrina en que se enmarcaban los conocimientos reflejados en la red o los documentos y la segunda, incitaba o estimulaba su voluntad hacia la ejecución de un delito de terrorismo, sea de transmisión de tales conocimientos a otros, sea de incorporación a grupos de esa naturaleza, sea de cooperación con ellos, sea de enaltecimiento de sus integrantes o sea de cualquier otro tipo de aquellos delitos" (TOL 7.225.272).

541 CAÑAMARES ARRIBAS, S., "Extremismo, radicalización ...", *op. cit.*, pp. 23-24.

la misma. Allí, las exigencias o compromisos civiles serán más elevadas y, ante el eventual incumplimiento de alguno de ellos, se devengarán consecuencias jurídicas que podrán ser avaladas por los tribunales internacionales atendiendo a la naturaleza del acto concreto[542]. En cambio, en nuestro caso, tal y como se ha encargado de recordar nuestro Tribunal Constitucional, "no tiene cabida un modelo de "democracia militante" en el sentido que él le confiere, esto es, un modelo en el que se imponga, no ya el respeto, sino la adhesión positiva al ordenamiento y, en primer lugar, a la Constitución"[543]. Por ello, el mensaje que se sitúe fuera de las coordenadas del ordenamiento, incluso de la Constitución Española, no constituiría causa suficiente para poder limitar los derechos fundamentales.

---

542 Podemos mencionar dos pronunciamientos del TEDH. El primero, es la STEDH (Sección 5ª), Caso Zemmour contra Francia, de 20 diciembre de 2022 (TOL 9.316.057). En ella se avala la condena penal a una multa por incitación a la discriminación y al odio religioso hacia la comunidad musulmana francesa por unas declaraciones realizadas en un programa de televisión y en el contexto de los ataques terroristas de 2015. El segundo, es la STEDH (Sección 5ª), Caso Godenau contra Alemania, de 29 noviembre de 2022 (TOL 9.299.280). En ella se concluye que no ha habido vulneración de la libertad de expresión, al haber incluido a un docente en una lista interna regional de docentes considerados no aptos para ser nombrados en las escuelas públicas debido a la duda sobre su lealtad a la Constitución. Respecto al primer asunto, consideramos que la respuesta hubiera sido muy similar si el Estado en cuestión hubiese sido otro; en cambio, respecto al segundo, en el que el Estado demandado era Alemania, la argumentación – y quizá fallo – hubiese sido distinto, en el caso en que el Estado demandado hubiese sido nuestro país.

543 STC 48/2003, de 12 de marzo de 2003, FJ 7º (TOL 241.992).

# *Capítulo VI*
# *La lucha contra las injerencias extranjeras y el ámbito virtual*

SUMARIO: 1. LA LUCHA CONTRA LAS INJERENCIAS EXTRANJERAS EN LA UNIÓN EUROPEA. 2. LA LUCHA CONTRA LAS INJERENCIAS EXTRANJERAS: ALGUNAS LEGISLACIONES NACIONALES. 3. LA REGULACIÓN EN EL ÁMBITO VIRTUAL.

En este último capítulo vamos a analizar un fenómeno emergente consistente en la lucha contra las injerencias extranjeras. Aquello que se está difundiendo cada vez con más fuerza es que los Estados estarían siendo amenazados por otras potencias extranjeras, que utilizarían todos los mecanismos disponibles para realizar una defensa de sus intereses nacionales. Los Estados receptores de estas injerencias pretenderían implementar medidas encaminadas a reducir este grado de influencia por parte de los terceros países. Pues bien, entre las herramientas utilizadas se hallarían los institutos culturales y religiosos, que podrían incluso incluir a las confesiones religiosas.

El objetivo en las próximas líneas se centrará en aproximarnos al fenómeno de las injerencias extranjeras para poder comprender mejor a qué nos referimos cuando abordamos esta temática y qué supone para los Estados.

Además, analizaremos los pasos que está dando la Unión Europea en este sentido. Ello nos permitirá también saber la dirección hacia la que pretenden dirigirse algunos de los Estados

Miembros, ya que puede apreciarse en ocasiones qué países están impulsando la adopción de algunas medidas.

Por otro lado, podremos tener una representación mental con más elementos de juicio si abordamos las legislaciones nacionales que algunos países están llevando a cabo. De esta forma, identificaremos una serie de rasgos comunes.

Por último, nos adentraremos en la regulación europea del entorno virtual, ya que en el mundo en el que vivimos cada vez con más frecuencia se ejercitan multitud de derechos fundamentales en este espacio. Como en tantas facetas, esto presenta numerosas oportunidades, pero también amenazas que no se pueden obviar.

## 1. LA LUCHA CONTRA LAS INJERENCIAS EXTRANJERAS EN LA UNIÓN EUROPEA

Antes de iniciar la cuestión específica, consideramos conveniente señalar que las restricciones públicas a la religión están experimentando un considerable aumento a nivel mundial. Así lo corroboran los sucesivos informes llevados a cabo por *Pew Research Center*, que tienen como fin analizar las problemáticas actuales y trazar las tendencias globales existentes, también en el ámbito de la libertad religiosa. Se podría argumentar que ello es derivado de la situación pandémica provocada por la Covid-19. Y es cierto que las restricciones con ocasión de esta enfermedad tuvieron un impacto significativo en las comunidades religiosas y sus miembros. Por ejemplo, aproximadamente un cuarto de los países (de un total de 198 según el Informe) utilizaron la fuerza para prevenir reuniones o ceremonias religiosas[544].

---

544 Así se deduce de PEW RESEARCH CENTER, Informe "How COVID-19 Restrictions Affected Religious Groups Around the World in 2020", noviembre de 2022. Puede consultarse en: https://www.pewresearch.org/religion/wp-content/uploads/sites/7/2022/11/PF_2022.11.29_

No obstante, la tendencia a la baja que existía previamente en lo que se refiere a las restricciones globales ya experimentó un punto de inflexión en el año 2015[545]. Y estas injerencias públicas fueron aumentando paulatinamente, de hecho, en 2018 otro Informe alertaba de que las restricciones gubernamentales se habían situado en su nivel más alto desde 2007[546]. Cabe destacar que lo que este Centro con sede en Washington toma en consideración son dos variables con el objeto de proporcionar un diagnóstico del nivel de disfrute que tienen los ciudadanos de los distintos Estados con relación al ejercicio de este derecho fundamental. Estos dos elementos son el Índice de Restricciones Gubernamentales (IRG o GRI, por sus siglas en inglés) y el Índice de Hostilidades Sociales (IHS o SHI, en inglés). Estos dos índices son fruto de la valoración que se realiza

---

restrictions_REPORT.pdf (Última consulta: 12/04/2023). En este Informe también se menciona expresamente a España por alguna cuestión concreta. Un ejemplo es que fue uno de los únicos tres países europeos (de un total de 45 según el Informe) en los que algún nivel de la Administración atribuyó el contagio de la Covid-19 a determinados grupos religiosos o eventos (p. 99). Curiosamente, no aparece en el listado de países en los que algunos individuos o grupos privados hicieron esta atribución, y eso que el número total de países en los que se dio esta circunstancia aumenta a diecisiete (p. 100).

545 Para una lectura sosegada de los datos, puede consultarse en PEW RESEARCH CENTER, Informe "Global Restrictions on Religion Rise Modestly in 2015, Reversing Downward Trend", abril de 2017. Puede verse en: https://www.pewresearch.org/religion/wp-content/uploads/sites/7/2017/04/Pew-Research-Center-Religious-Restrictions-2017-FULL-REPORT.pdf (Última consulta: 12/04/2023).

546 Puede consultarse PEW RESEARCH CENTER, Informe "In 2018, Government Restrictions on Religion Reach Highest Level Globally in More Than a Decade", noviembre de 2020. Puede verse el mencionado Informe en su totalidad en el portal: https://www.pewresearch.org/religion/wp-content/uploads/sites/7/2020/11/PF_11.10.20_religious.restrictions.full_.report.pdf (Última consulta: 12/04/2023).

de una serie de indicadores (20 en el caso de las restricciones gubernamentales; 13 en el caso de las hostilidades sociales). El resultado de estos dos índices es el que determina la clasificación que tienen los distintos Estados, atendiendo a las categorías de "muy alto", "alto", "moderado" y "bajo", tanto para las restricciones como para las hostilidades sociales[547].

Es cierto que estos informes no realizan una distinción que a nuestro ejemplo podría ser muy clarificadora al respecto, y es la distinción entre la esfera individual de la libertad religiosa y la esfera comunitaria. No obstante, nos ofrecen una radiografía de la situación que nos permite poder contar con más elementos de juicio para advertir las tendencias globales presentes en la actualidad.

Pues bien, una de las cuestiones que se observa que está en alza es la relacionada con la protección estatal frente a potenciales riesgos que proceden del exterior. En cada Estado se articula de un modo diverso y no puede establecerse una correlación entre un tipo de sistema jurídico y una mayor o menor intervención en este sentido. Lo que sí que resulta constatado es que existe una mayor preocupación respecto a la injerencia que podrían estar llevando a cabo terceras potencias por medio de la instrumentalización de la religión o de institutos o comunidades religiosas.

### *1.1. El interés por la injerencia extranjera: ¿qué es?*

Hemos tenido ocasión de poder aproximarnos en el capítulo anterior al fenómeno del fanatismo religioso, que estaría comprendido dentro del extremismo violento. Como hemos analizado previamente, la lucha contra este desafío que constituía un

---

547 Se puede consultar la situación actual en cada una de las regiones y países, así como la evolución que han experimentado en los últimos años en: https://www.pewresearch.org/religion/interactives/religious-restrictions-around-the-world/ (Última consulta: 12/04/2023).

pilar esencial en la lucha contra el terrorismo tuvo un importante desarrollo con la *Comisión Especial sobre Terrorismo*, constituida el 6 de julio de 2017[548]. Ya vimos que en esta Comisión se investigaban, como una parte esencial, los procesos de radicalización y extremismo religioso. Y en este tratamiento jurídico se establecían también Recomendaciones que afectaban a las comunidades religiosas, sus ministros de culto y financiación.

Pues bien, la Unión Europea decidió iniciar una nueva etapa con la creación de la *Comisión Especial sobre injerencia extranjera y desinformación*, constituida el 18 de junio de 2020[549]. Luego modificaría su denominación, para adaptarla a las circunstancias presentes. El panorama previo a la formación se caracterizaba por un clima de desconfianza de las instituciones europeas hacia institutos – también culturales y religiosos – que podrían estar siendo instrumentalizadas con el objeto de servir a los intereses de potencias extranjeras.

Esta sucesión entre ambas comisiones especiales no supone que haya desaparecido la amenaza terrorista que comentábamos anteriormente, ni tampoco que la Unión haya abandonado tal propósito, sino que radica en que de forma paralela – aunque en ocasiones incluso podría ser que con puntos de conexión – ha ido aumentando la preocupación en torno a la injerencia extranjera en los Estados Miembros.

---

548 *Decisión del Parlamento Europeo, de 6 de julio de 2017, sobre la constitución de una comisión especial sobre terrorismo y el establecimiento de sus competencias, composición numérica y mandato* (2017/2758(RSO)). Puede verse en: https://www.europarl.europa.eu/doceo/document/TA-8-2017-0307_ES.html?redirect (Última consulta: 08/05/2023).

549 *Decisión del Parlamento Europeo, de 18 de junio de 2020, sobre la constitución, competencias, composición numérica y duración del mandato de la Comisión Especial sobre Injerencias Extranjeras en Todos los Procesos Democráticos de la Unión Europea, en particular la Desinformación* (2020/2683(RSO)). Disponible en: https://eur-lex.europa.eu/legal-content/ES/TXT/?uri=CELEX:52020DP0161 (Última consulta: 08/05/2023).

Lo primero que cabría preguntarse es qué debemos entender por "injerencia extranjera". En ausencia de un consenso respecto a la definición de este fenómeno, la UE ha entendido mayoritariamente que se trata de cualquier injerencia ilegítima de potencias extranjeras en los procesos democráticos y políticos en las instituciones europeas y los Estados Miembros[550]. Conforme a la misma fuente, "esto significa influir en su toma de decisiones a cualquier nivel e incidir negativamente en los valores, los procedimientos y la legitimidad de los procesos políticos". También se ha afirmado que la manipulación de la información y la injerencia extranjera consistiría en:

> "un patrón de comportamiento en su mayoría no ilegal que amenaza o tiene el potencial de afectar negativamente los valores, los procedimientos y los procesos políticos. Tal actividad es de carácter manipulador, llevada a cabo de manera intencional y coordinada. Los actores de dicha actividad pueden ser actores estatales o no estatales, incluidos sus representantes dentro y fuera de su propio territorio"[551].

Resulta evidente que esta amenaza ha cobrado mucha más fuerza en un contexto de guerra en Ucrania. Desde ese momento, parece que preocupan más los asuntos relativos a la Defensa y también a la forma poliédrica que caracterizan a las amenazas a la seguridad. Entre las armas utilizadas por los países no siempre se hallarían medios convencionales de hacer

---

550 Así se desprende del documento "Injerencias extranjeras en los procesos democráticos de la Unión: Segundo informe" elaborado por el Servicio de Estudios del Parlamento Europeo y que fue publicado en mayo de 2023. Puede consultarse: https://www.europarl.europa.eu/RegData/etudes/ATAG/2023/747908/EPRS_ATA(2023)747908_ES.pdf (Última consulta: 19/06/2023).

551 Así lo conceptualiza el Servicio de Europeo de Acción Exterior (SEAE). Puede verse en: https://www.eeas.europa.eu/eeas/tackling-disinformation-foreign-information-manipulation-interference_en?etrans=es (Última consulta: 19/06/2023).

la guerra y, especialmente en los últimos años, se habría recurrido de una forma más recurrente a métodos encaminados a lograr objetivos estratégicos sin el uso de la fuerza[552]. De esta forma, la desinformación y manipulación tendrían un lugar privilegiado entre los elementos de esta amenaza híbrida. Pues bien, si atendemos a los datos publicados por los expertos en esta temática, este fenómeno no se limitaría únicamente a la malicia de unos pocos países de sobra presentes en la opinión pública. Al contrario, ya en 2020 se constataba que el número de países acerca de los cuales existía evidencia de que habían utilizado las redes sociales para difundir propaganda y desinformación sobre temas políticos ascendía a 81[553]. Ello no es más que una muestra del auge que empezó a experimentar el

---

552 En este sentido, puede ser de interés aproximarse a la nueva naturaleza que revisten algunos conflictos en el ámbito internacional. Para ello, recomendamos GALÁN, C., "Amenazas híbridas: nuevas herramientas para viejas aspiraciones", *Documento de trabajo 20/2018*, de 13 de diciembre de 2018 del Real Instituto Elcano. Consúltese https://www.realinstitutoelcano.org/wp-content/uploads/2021/10/dt20-2018-galan-amenazas-hibridas-nuevas-herramientas-para-viejas-aspiraciones.pdf (Última consulta: 19/06/2023).

553 Puede consultarse en BRADSHAW, S., BAILEY, H. y HOWARD, P. H., Informe "Industrialized Disinformation 2020 Global Inventory of Organized Social Media Manipulation", *Oxford Internet Institute & University of Oxford*, 2021. Este número habría aumentado de 70 a 81 en un solo año. Puede consultarse el Informe en: https://demtech.oii.ox.ac.uk/wp-content/uploads/sites/12/2021/02/CyberTroop-Report20-Draft9.pdf (Última consulta: 19/06/2023).
Esta investigación pudo llevarse a cabo gracias a la financiación pública de la UE, en concreto por un programa del European Research Council, con una cuantía de 2 millones de euros. Este valor nos puede llevar a considerar mejor cuán de importante parece que es esta cuestión para las instituciones europeas. La concesión del Proyecto puede consultarse en: https://cordis.europa.eu/project/id/648311/es (Última consulta: 19/06/2023).

número de estudios dedicados al fenómeno de la desinformación, la manipulación y la injerencia[554].

Ante este panorama, la idea de fondo es la percepción – en ocasiones fundamentada sobre hechos constatados – de que algunos Estados extracomunitarios estarían llevando a cabo injerencias, tanto en procesos democráticos de algunos Estados Miembros, como en el seno de las propias instituciones europeas. Y ello explicaría la mayor preocupación de la UE en este ámbito, al afirmarse que existe una tendencia creciente de injerencias maliciosas en las democracias a nivel mundial, que se manifestaría en los intentos llevados a cabo por estos Estados para injerir en el funcionamiento de la democracia en la Unión Europea y sus Estados Miembros.

### *1.2. La Comisión Especial sobre Injerencias Extranjeras en Todos los Procesos Democráticos de la Unión Europea, en particular la Desinformación*

El 18 de junio de 2020 supone un punto de inflexión en este ámbito de estudio. Ese día el Parlamento Europeo decide formalmente luchar contra la injerencia extranjera y la desinformación. ¿Cómo? Mediante la creación de una Comisión Especial, que llevaría el nombre de "Comisión Especial sobre Injerencias Extranjeras en Todos los Procesos Democráticos de la Unión Europea, en particular la Desinformación" (en ade-

---

554 Recomendamos una visita al portal del Servicio Europeo de Acción Exterior para consultar los distintos informes anuales que se realizan sobre las actividades llevadas a cabo para contrarrestar esta injerencia y manipulación extranjera. Véase: https://www.eeas.europa.eu/eeas/tackling-disinformation-foreign-information-manipulation-interference_en (Última consulta: 19/06/2023).

lante, INGE)[555]. De esta forma, hemos de acudir a la *Decisión del Parlamento Europeo, de 18 de junio de 2020, sobre la constitución, competencias, composición numérica y duración del mandato de la Comisión Especial sobre Injerencias Extranjeras en Todos los Procesos Democráticos de la Unión Europea, en particular la Desinformación* para poder atender a los detalles[556].

Esta primera INGE se constituyó el 23 de septiembre de 2020 y su mandato finalizó el 9 de marzo de 2022, el mismo día en que se aprobó su Informe en el Pleno. La prolongación del mandato de esta comisión se aprobó el 10 de marzo de 2020, dando lugar a ING2 (así se denomina en la UE). Inicialmente se estableció un mandato de 12 meses (Punto 9 Decisión 2020/2683), no obstante, a mediados de mandato, se acuerda alargarlo hasta las elecciones europeas de junio de 2024[557].

---

555 Ahora bien, con carácter previo ya se había puesto el foco sobre este fenómeno de la injerencia extranjera. Un ejemplo lo encontraríamos en la Resolución del Parlamento Europeo, de 10 de octubre de 2019, sobre la injerencia electoral extranjera y la desinformación en los procesos democráticos nacionales y europeos (2019/2810(RSP)). Aquí ya se destaca que existen acciones procedentes de otros Estados como Rusia, que se valora positivamente las medidas que la UE ha adoptado para minimizar el impacto de estas en las elecciones europeas de 2019 y la necesidad de que se preste más atención a las amenazas híbridas y se mejore la respuesta comunitaria.

556 *Decisión del Parlamento Europeo, de 18 de junio de 2020, sobre la constitución, competencias, composición numérica y duración del mandato de la Comisión Especial sobre Injerencias Extranjeras en Todos los Procesos Democráticos de la Unión Europea, en particular la Desinformación* (2020/2683(RSO)). En adelante, Decisión 2020/2683.

557 *Decisión del Parlamento Europeo, de 14 de febrero de 2023, sobre la modificación de la Decisión, de 10 de marzo de 2022, sobre la constitución de la Comisión Especial sobre Injerencias Extranjeras en todos los Procesos Democráticos de la Unión Europea, en particular la Desinformación (INGE 2), y adaptación de su denominación y competencias* (2023/2566(RSO)).

### 1.2.1. El interés por lo político

Es cierto que esta Comisión tiene un claro interés en el terreno político. No es necesario más que atender al título de la misma para advertir donde reside el foco de esta: la injerencia en los procesos democráticos. Y es que el hecho de que las elecciones europeas estuviesen próximas – se celebraron en junio de 2024 – también conllevaba una mayor preocupación en las instituciones europeas. No obstante, el propio título también expresa con claridad que el objeto de la Comisión se centra en *todos* los procesos democráticos, no únicamente aquellos que se desarrollan en el seno de la Unión.

No nos compete en estas líneas realizar un análisis pormenorizado acerca de la eventual presencia y magnitud de la injerencia extranjera en el ámbito político europeo. Sin embargo, sí que consideramos oportuno subrayar dos acontecimientos interesantes a mencionar. Primero, porque resultan dos hechos de actualidad innegable. Segundo, porque afectan en un caso a nuestro propio país, y en el otro a nuestro vecino país galo.

El primero de ellos hemos de situarlo en pleno contexto electoral en España. En plena campaña electoral de las elecciones municipales y autonómicas – estas últimas no en todo el territorio nacional – tuvimos conocimiento de que en algunos municipios españoles habrían podido existir actividades ilícitas relacionadas con la compraventa de votos. No obstante, lo que nos preocupa más a los efectos de nuestro objeto de estudio es la posible injerencia que hubiese podido existir por parte de Estados extranjeros en algunos territorios. Y, en este sentido, la provincia de Melilla despertó todas las alertas. Como es sabido, hubo un aumento considerable de voto por correo. En concreto, casi se triplicó. De esta forma, se registraron 11.707 solicitudes de voto por correo[558], un 170,1% más que en las

558 Los datos se extraen de las cifras que hizo públicas Correos, desglosado por comunidades autónomas y provincias. Puede verse en: https://www.

mismas elecciones de 2019, en las que se contabilizaron 4.333, según los datos del propio Instituto Nacional de Estadística[559]. Por tanto, hablamos de un porcentaje del 21,2% sobre el censo electoral de 2023, en un territorio no especialmente caracterizado por gozar de una alta participación en este tipo de procesos electorales. Cabe destacar que finalmente más de la mitad de este voto por correo quedó sin efecto para las elecciones del 28 de mayo de 2023[560]. La cuestión es que la posible injerencia extranjera hizo atraer la atención de los propios servicios de inteligencia españoles, activó actuaciones policiales que incluyen registros en instituciones públicas como el propio Ayuntamiento de Melilla[561] y, como puede imaginarse, despertó también cierto interés en la mencionada Comisión que se ocupa de las injerencias extranjeras. Es verdad que no es la primera vez que aparecía alguna sospecha en esta parte del territorio nacional. De hecho, ha quedado probada con anterioridad la existencia de delito de falsedad y dos delitos electorales por el denominado "caso voto por correo". Se resolvió con dieciocho condenados, aunque finalmente el Tribunal Supremo absolvió a uno de ellos. El caso implicaba al propio presidente de Coali-

correos.com/sala-prensa/correos-ha-admitido-mas-de-1-082-000-solicitudes-de-voto-por-correo-para-las-elecciones-autonomicas-y-municipales-que-se-celebraran-el-28-de-mayo/# (Última consulta: 09/06/2023).

559 La tabla con toda la información relativa a estas elecciones locales, autonómicas y europeas de 2019 puede consultarse en las propias bases del Instituto. Véase: https://www.ine.es/jaxi/Datos.htm?tpx=32064 (Última consulta: 09/06/2023).

560 Véanse los datos de los votos realizados efectivamente por correo, ofrecidos por Correos: https://www.correos.com/sala-prensa/mas-de-984-000-ciudadanos-han-enviado-su-voto-por-correo-para-las-elecciones-autonomicas-y-municipales-del-28-de-mayo/ (Última consulta: 09/06/2023).

561 https://elpais.com/espana/2023-06-09/la-policia-realiza-varios-registros-en-la-asamblea-y-el-ayuntamiento-de-melilla-por-la-compra-de-votos.html (Última consulta: 09/06/2023).

ción por Melilla y al exsecretario general del PSOE de Melilla, cuyas penas de prisión de dos años de prisión impuestas fueron confirmadas por el Tribunal Supremo[562].

Pues bien, ante la convocatoria de elecciones generales para una fecha como es el 23 de julio de ese mismo año, en pleno período estival, y el nada aventurado supuesto de que aumentase considerablemente la solicitud de voto por correo, la Junta Electoral Central consideró en su Instrucción 5/2023, de 8 de junio[563], que era necesario reforzar las garantías para poder ofrecer un mayor nivel de certeza en el proceso electoral, con la intención de minimizar el uso indebido y fraudulento de este instrumento disponible para los electores.

Respecto al segundo de los sucesos, tuvimos la noticia que saltó en los medios de comunicación franceses a mediados del mes de junio del año 2023. Las autoridades galas denunciaron una campaña de manipulación de la información. La Ministra de Asuntos Exteriores de esta República manifestó la existencia de

---

562 Pueden consultarse los detalles en la STS 353/2021, de 11 de febrero de 2021 (TOL 8.318.002). En el Hecho Probado 1º se constataba que se aprovecharon de "las ventajas que ofrecía la normativa sobre emisión del voto por correo, modalidad en la que la única intervención personal del votante tiene lugar cuando se solicita en las oficinas de correo la correspondiente certificación de inscripción en el Censo electoral". Pero también que "los concertados tenían contactos en el servicio de Correos que podían facilitarles el acceso a dichos sobres", por lo que se aseguraban el éxito del mismo "a cambio de proceder de dicho modo, se les prometía que serían contratados en los planes de empleo con preferencia a otras personas, lo que constituía un importante estímulo dado el número de desempleados que hay en Melilla".

563 Instrucción 5/2023, de 8 de junio, de la Junta Electoral Central, sobre la interpretación del artículo 73.3 de la Ley Orgánica del Régimen Electoral General, en lo que se refiere a la exigencia de la identificación personal del elector en la entrega de la documentación del voto por correspondencia en las oficinas de Correos. «BOE» núm. 137, de 9 de junio de 2023, páginas 81966 a 81967 (2 págs.).

una campaña de manipulación digital contra Francia que involucraba a actores rusos y en la que habrían participado entidades estatales o afiliadas al Estado ruso amplificando esta información falsa[564]. De acuerdo con el país francés, se habrían creado páginas web falsas que se harían pasar por sitios gubernamentales y de medios nacionales, así como cuentas falsas en redes sociales para amplificar la difusión de este contenido falso. Las autoridades nacionales denunciaron la implicación de las embajadas y centros culturales rusos. Un ejemplo de este contenido podría ser una falsa nota de prensa del Ministerio de Exteriores en el que se establecía la creación de un impuesto del 1,5% por toda transacción monetaria con el fin de financiar la ayuda militar a Ucrania. Entre los 355 dominios web creados se habría tratado de usurpar la identidad de otros ya existentes, como los medios franceses *Le Parisien, Le Monde, Le Figaro* o *20Minutes*[565]. En otros ejemplos estaría presente el fenómeno religioso, mediante publicaciones pagadas en la red social *Facebook* para difundir la idea de que Ucrania es una nación de corruptos, extremistas y bárbaros en el que asesinan a sacerdotes y queman iglesias[566].

---

564 *Déclaration de Catherine Colonna - Ingérences numériques étrangères – Détection par la France d'une campagne de manipulation de l'information* (13 juin 2023). Puede consultarse en: https://www.diplomatie.gouv.fr/fr/politique-etrangere-de-la-france/securite-desarmement-et-non-proliferation/actualites-et-evenements-lies-a-la-securite-au-desarmement-et-a-la-non/2023/article/declaration-de-catherine-colonna-ingerences-numeriques-etrangeres-detection-par (Última consulta: 17/06/2023).

565 Puede analizarse más detenidamente la naturaleza de las actividades que se habrían llevado a cabo en el informe llevado a cabo por el organismo francés VIGINUM. Véase: https://www.sgdsn.gouv.fr/files/files/13062023_RRN_une%20campagne%20num%C3%A9rique%20de%20manipulation%20de%20l%27information%20complexe%20et%20persistante.pdf (Última consulta: 17/06/2023).

566 Posteriormente, el 19 de junio de 2023 la Secretaría General de la Defensa y de la Seguridad Nacional ha publicado un informe técnico ofreciendo todos los detalles de la naturaleza y dimensión de

En todas estas operaciones tiene una especial relevancia VIGINUM (*Service de vigilance et protection contre les ingérences numériques étrangères*), que es un organismo nacional francés que está encargado de la vigilancia y la protección frente a injerencias digitales extranjeras. Está adscrito a la Secretaría General de Defensa y Seguridad Nacional (*Secrétariat général de la Défense et de la Sécurité nationale*) y fue creado en 2021 para luchar contra la manipulación de información procedente del exterior, en miras en ese momento a las elecciones presidenciales de 2022. Se ha de decir que existen organismos similares en otros países, como Estados Unidos o Suecia. E incluso también en el seno de la UE se creó *East Strat Comm* en 2015, con el especial interés de luchar contra la manipulación procedente de Rusia.

El organismo VIGINUM publicó en el mes de junio de 2024 de nuevo un informe volviendo a denunciar esta "campaña prorrusa de manipulación de información", en el que también se habría utilizado a algunas figuras políticas francesas y a la celebración de los Juegos Olímpicos y Paralímpicos de París[567].

### 1.2.2. ¿El interés por lo religioso?

*a) Primera Comisión: INGE*

Llegados a este punto, podríamos preguntarnos: ¿qué relación existe aquí con la religión? ¿Qué tiene que ver una cosa y otra? Pues bien, lo cierto es que en la constitución de esta Comisión Es-

---

cada uno de los materiales publicados en la red, distinguiendo por meses la acción cibernética y aportando pruebas materiales de lo que se habría publicado. Véase: https://www.sgdsn.gouv.fr/files/files/20230619_NP_VIGINUM_RAPPORT-CAMPAGNE-RRN_VF.pdf (Última consulta: 27/06/2023).

567 Véase: https://www.sgdsn.gouv.fr/files/files/20240610_NP_SGDSN_VIGINUM_Matriochka_VD.pdf (Última consulta: 17/06/2024).

pecial nada se decía expresamente del factor religioso, confesiones o ministros de culto. Ahora bien, sí que se contempla, desde el inicio, la posibilidad de que estas puedan tener su procedencia en la actuación de los agentes estatales o también la opción de que puedan venir de la mano de agentes no estatales[568].

La religión, por tanto, formaría parte de las herramientas, mecanismos o vectores de esta injerencia extranjera. Por medio de instituciones religiosas algunos Estados podrían estar aplicando su propia agenda política, sirviéndose del paraguas de la libertad religiosa y la autonomía de las confesiones. Así parece que lo considera la Unión que, tras la primera Comisión Especial INGE, a través de la *Resolución del Parlamento Europeo, de 9 de marzo de 2022, sobre las injerencias extranjeras en todos los procesos democráticos de la Unión Europea, incluida la desinformación* (en adelante, Resolución INGE) estableció en el Considerando CC:

> "Considerando que diversos agentes estatales, como los Gobiernos ruso y chino y, en menor medida, turco, han tratado de potenciar su influencia creando y utilizando instituciones culturales, educativas (p. ej., mediante subvenciones y becas) y religiosas en los Estados miembros, en un intento estratégico por desestabilizar la democracia europea y expandir su control sobre Europa central y oriental; que la supuesta difícil situación de su minoría nacional ha sido utilizada en el pasado por Rusia como excusa para la intervención directa en terceros países".

Por tanto, ya observamos la alusión a las instituciones – o confesiones – religiosas como instrumento para potenciar su influencia y – dice la Unión – "desestabilizar la democracia eu-

---

568 El Considerando C establece: "Considerando que los intentos llevados a cabo por agentes estatales procedentes de terceros países y agentes no estatales de injerirse en el funcionamiento de la democracia en la Unión y sus Estados miembros, y de hacer presión sobre los valores consagrados en el artículo 2 del TUE mediante injerencias maliciosas, forman parte de una tendencia más amplia que están viviendo las democracias a nivel mundial".

ropea y expandir su control". Posteriormente se especifica más sobre la cuestión que nos resulta relevante para nuestro estudio. Así, el punto 133 reza:

> "Observa que la injerencia extranjera también puede llevarse a cabo mediante el ejercicio de influencia en instituciones religiosas y su instrumentalización, como en el caso de Rusia en las Iglesias ortodoxas, en particular en Serbia y Montenegro, Bosnia y Herzegovina, en particular su entidad Republika Srpska, Georgia y en cierta medida en Ucrania, entre otros medios sembrando la discordia entre poblaciones locales, desarrollando una narrativa sesgada de la historia y promoviendo una agenda contraria a la Unión, en el caso de la influencia ejercida por el Gobierno de Turquía a través de las mezquitas en Francia y Alemania, y en el caso de la influencia de Arabia Saudí a través de mezquitas salafistas en toda Europa que propugnan un Islam radical".

Por tanto, pone el foco tanto en las instituciones religiosas como en su instrumentalización. Y para ello enuncia una serie de ejemplos. En concreto, pone encima de la mesa a Rusia, Turquía y Arabia Saudí, relacionándolo con los países o territorios en los que estaría llevando a cabo tal actividad de injerencia extranjera. Además, en el mismo punto 133 especifica su solicitud:

> "pide a la Comisión y a los Estados miembros que garanticen una mejor coordinación en lo que atañe a la protección de las instituciones religiosas frente a la injerencia extranjera y que limiten la financiación y aumenten su transparencia; pide a los Estados miembros que sigan de cerca las actividades de las instituciones religiosas y, cuando proceda y esté justificado con pruebas, adopten medidas, como la denegación de la financiación o la retirada de las licencias de los institutos asociados".

Como puede notarse, la Resolución habla de "protección de las instituciones religiosas frente a la injerencia extranjera", por lo que se está partiendo de la premisa que las comunidades religiosas son víctimas, o al menos están expuestas a los peligros derivados del exterior. Y, como vía de actuación, se propone la limitación de financiación y aumento de la transparencia. Sin embargo, pese a que la petición se realiza frente a la

Comisión y en otros lugares habla de adoptar marcos regulatorios comunes, aquí insta a los EEMM a que adopten sus propias medidas. Esto nos recuerda al escenario previo a que las instituciones europeas aprobasen una Propuesta de reglamento sobre la prevención de la difusión de contenido terrorista en línea, que más adelante tendremos oportunidad de analizar. Meses antes estaba animando a la Comisión a que iniciase tal propósito legislativo y, al mismo tiempo, animaba a los Estados para que adoptasen sus propias legislaciones nacionales. Ello, unido a que varios países europeos están implementando medidas, no nos hace tener excesivas certezas a la hora de descartar rotundamente el eventual supuesto en el que se incline por adoptar un marco jurídico único.

*b) Segunda Comisión: ING2*

Lo primero que se ha de decir es que la denominación actual – la inicial era exactamente idéntica a la primera Comisión – es la siguiente: "Comisión Especial sobre injerencia extranjera y desinformación, y sobre el Refuerzo de la Integridad, la Transparencia y la Rendición de Cuentas en el Parlamento Europeo". Este cambio fue el resultado de la modificación que tuvo lugar el pasado 14 de febrero de 2023[569].

Es innegable que el caso *Qatargate* tuvo un impacto importante en las instituciones de la Unión, ya que visibilizó algunos

---

569 Ello se llevó a cabo por medio de la *Decisión del Parlamento Europeo, de 14 de febrero de 2023, sobre la modificación de la Decisión, de 10 de marzo de 2022, sobre la constitución de la Comisión Especial sobre Injerencias Extranjeras en todos los Procesos Democráticos de la Unión Europea, en particular la Desinformación (INGE 2), y adaptación de su denominación y competencias* (2023/2566(RSO)). Puede consultarse en: https://www.europarl.europa.eu/doceo/document/TA-9-2023-0030_ES.html (Última consulta: 12/04/2023).

de los problemas que ya estaban cada vez más extendidos. Por tanto, podemos hablar de dos preocupaciones distintas, aunque complementarias, en el seno de esta Comisión. Por un lado, la esfera *ad extra*, que afectaría al funcionamiento democrático en los Estados Miembros y la acción de preservar la paz y seguridad sin dejar comprometidos los derechos fundamentales. Por otro lado, la esfera *ad intra*, que tendría más relación con todo aquello que tiene lugar en el seno de la Unión Europea. Esta ING2 tiene como objetivo la aprobación de dos informes distintos, que responden a estas dos preocupaciones distintas.

De un lado, "Injerencia extranjera en todos los procesos democráticos de la Unión Europea, incluida la desinformación" (mismo título que el informe de INGE), cuya ponente fue Sandra Kalniete. Este informe fue votado en el Pleno del 1 de junio de 2023[570].

De otro lado, tenemos el informe "Recomendaciones para la reforma de las normas del Parlamento Europeo en materia de transparencia, integridad, responsabilidad y lucha contra la corrupción", cuyos co-ponentes fueron Nathalie Loiseau y Vladimír Bilcík. Este informe fue votado en el Pleno del 13 de julio de 2023[571]

Respecto al primero, es interesante leer el Considerando I:

> "Considerando que el objetivo de esas campañas de injerencia en los Balcanes Occidentales es influir negativamente en la creciente orientación euroatlántica y en la estabilidad de cada país en particular, y cambiar así la orientación de la región en su conjunto; que Rusia utiliza su influencia en Serbia para tratar de desestabilizar e interferir en Estados soberanos vecinos: en Bosnia a través de la República Srpska, en Montenegro a tra-

---

570 *Resolución del Parlamento Europeo, de 1 de junio de 2023, sobre las injerencias extranjeras en todos los procesos democráticos de la Unión Europea, en particular la desinformación* (2022/2075(INI)).

571 *Resolución del Parlamento Europeo, de 13 de julio de 2023, sobre las recomendaciones de reforma de las normas del Parlamento Europeo en materia de transparencia, integridad, rendición de cuentas y lucha contra la corrupción* (2023/2034(INI)).

> vés de los sentimientos proserbios del país y la Iglesia ortodoxa serbia, y en Kosovo explotando y avivando los conflictos existentes en el norte de Kosovo; que, por lo tanto, Rusia todavía tiene una influencia notable en los Balcanes Occidentales, con el poder de interferir en los intentos regionales de reconciliación, integración y reforma hacia la democratización".

Es evidente que para la Unión Europea los países de los Balcanes Occidentales tienen una especial significación. Primero porque son la frontera de la Unión. Segundo porque están en vías de pertenecer a la UE, aunque no parece del todo claro que ese futuro pueda ser tan cercano. Y tercero porque es un espacio importante, pues es donde algunos Estados están invirtiendo más recursos, exacerbando las diferencias existentes entre croatas, bosnios y serbios.

Es interesante poner de manifiesto que esta idea de adoptar un posicionamiento más proteccionista respecto a la injerencia que podría existir por parte de potencias extranjeras no resulta tan llamativa. E, incluso, los tribunales internacionales han habido de pronunciarse al respecto. Lo han hecho en cuestiones relativas a la adopción de medidas gubernativas que podían ser contrarias a la autonomía de las confesiones religiosas, como tuvimos oportunidad de abordar cuando analizábamos la regulación y jurisprudencia internacional. Pero también lo han hecho en el terreno de la legislación que contemplaba restricciones en la financiación extranjera de la sociedad civil. Un buen ejemplo de ello sería el Caso de Ecodefence y Otros contra Rusia[572], en el que el TEDH hubo de dar respuesta a 61 solicitudes de 73 demandantes que figuraban como "agentes extranjeros" en virtud de la Ley de Agentes Extranjeros por considerarlos peligrosos para los intereses nacionales.

---

572 STEDH (Sección 3ª), Caso Ecodefence y Otros contra Rusia, de 14 junio de 2022 (TOL 9.001.801).

## 2. LA LUCHA CONTRA LAS INJERENCIAS EXTRANJERAS: ALGUNAS LEGISLACIONES NACIONALES

Tras haber podido aproximarnos al camino que están desarrollando en estos momentos las instituciones europeas, es momento ahora de observar algunas de las respuestas que están ofreciendo algunos Estados en su dimensión interna. Pese a que había un elenco importante de normativas nacionales que podíamos analizar, finalmente hemos optado por tres países por distintas razones: Singapur, Francia y Letonia.

Somos conscientes de que el estudio del primer país puede plantear el interrogante acerca del porqué seleccionar un Estado que está tan alejado a nuestra realidad. Y ahí es donde radica una de las causas que justifican su elección. En ocasiones, la mayor proximidad a un fenómeno, colectivo o país puede dificultar la labor de examinar con más independencia o menos prejuicios. Y ello porque lo que se está estudiando es algo que resulta lejano – si no desconocido – a nuestros ojos. Por esta razón, considerábamos más fructífero analizar el modelo de un país que tiene menos similitudes al nuestro y que no comparte tampoco nuestra tradición jurídica, con el objeto de poder estudiar este sistema sin estar inevitablemente comparando o trasladando estos elementos a nuestro ordenamiento jurídico o realidad nacional. Además, es el país con mayor diversidad del mundo, como más adelante veremos. Por lo que, si cada vez más tenemos más diversidad en nuestros pueblos, regiones y naciones, parece interesante acudir a un modelo que se caracteriza precisamente por su fuerte diversidad, también religiosa.

Por lo que respecta a los otros dos países, las razones son distintas. En primer lugar, el país galo nos interesa porque tiene un particular modo de aproximarse al fenómeno religioso que no guarda tantas similitudes al nuestro. Y siempre ha ido un paso por delante a la hora de regular algunos aspectos, y posteriormente algunos Estados han seguido sus pasos. Un ejemplo sería la regulación del velo islámico en espacios públicos. En este caso, la lucha planteada en el Estado francés es la lucha contra el "separatismo islámico". Esto hace que la distinción con el último país analizado sea muy interesante. En el caso de Letonia, la norma adoptada no se ha aprobado con el pretexto del islamismo sino de la guerra en Ucrania y las iglesias ortodoxas. Ello aporta también una nota distinta, puesto a que efectivamente se trata de otra religión distinta y de otros métodos o formas diferentes.

Las medidas que se han llevado a cabo podríamos clasificarlas en tres grupos: medidas que afectan a las confesiones religiosas; medidas que afectan a los ministros de culto; y medidas que afectan a la financiación extranjera de las confesiones. Este último se fundamenta en la sospecha de aquello de "*he who pays the piper calls the tune*", que vendría a ser algo así como "quien paga al gaitero (o músico) elige la canción". O, de una forma más directa, *quien paga manda.* Lo que vienen a advertir los países que en los últimos años se han dirigido hacia un mayor control o restricción de las donaciones es que el hecho de que la financiación proceda del exterior trae consigo una mayor preocupación en torno a la indeseable influencia procedente de Estados no libres o democráticos. Algo veíamos cuando estudiábamos las recomendaciones de la Unión Europea en materia de prevención del terrorismo y había una parte destinada a la lucha contra el extremismo violento. Ahora bien, aquí el nexo de unión entre esta procedencia y la violencia no tendría por qué producirse, sino que podría quedar en una *simple* injerencia o influencia de la sociedad civil en algunos ámbitos o temas. Por tanto, como el objetivo a perseguir es distinto, el modo de llevarlo a cabo también lo será.

Huelga mencionar que en la labor de estudio de las medidas legales adoptadas en estos Estados observamos que en ellas se utilizan denominaciones distintas en torno al concepto de *confesión religiosa.* Por ello, en la aproximación que realizaremos a continuación hemos optado por mencionar en ocasiones aquel término en español que resulte próximo a la traducción de la lengua oficial de la norma, pese a que a veces no compartamos la conveniencia de utilizar ese y no otro. Pero estimamos que es más fidedigno a la realidad hacerlo de ese modo, pues lo contrario supondría un atrevimiento desafortunado y podría dar la sensación de que se puede entrar a valorar la idoneidad de un concepto u otro pese a que detrás no haya un estudio profundo previo del Derecho nacional en cuestión. Como consecuencia, se observará cómo en ocasiones dentro del mismo párrafo incluso se utilizan conceptos como "confesión", "grupo", "comunidad" o incluso "asociación", como si todas ellas formasen parte de una misma categoría. Es nuestro modo de tratar de ser fieles a la redacción original y, al mismo tiempo, facilitar su comprensión en el idioma en el que nos movemos.

### *2.1. Singapur*

#### 2.1.1. Contexto nacional y "Ley de Mantenimiento de la Armonía Religiosa"

El país asiático aprobó en 1990 la "Ley de Mantenimiento de la Armonía Religiosa", aunque dicha norma no entraría en vigor hasta 1992[573]. Cabe destacar que este Estado, con menos de 6 millones de habitantes, ha resultado ser la nación con mayor diversidad religiosa del mundo[574]. De ahí que la propia

---

[573] Puede consultarse la mencionada *Ley de Mantenimiento de la Armonía Religiosa* en: https://sso.agc.gov.sg/Act/MRHA1990/Historical/19920331?DocDate=20010731&ValidDate=19920331 (Última consulta: 12/04/2023). La norma está redactada en lengua inglesa, por lo que todo contenido del articulado que expongamos en las próximas líneas corresponderá a nuestra traducción.

[574] Así se deduce de PEW RESEARCH CENTER, Informe "Global Religious Diversity: Half of the Most Religiously Diverse Countries are in Asia-Pacific Region", abril 2014. Puede consultarse en: https://www.pewresearch.org/religion/wp-content/uploads/sites/7/2014/04/Religious-Diversity-full-report.pdf (Última consulta: 12/04/2023).

denominación del estatuto jurídico de esta libertad ya hace referencia explícita a la "armonía religiosa" como paradigma que debe preservarse a fin de evitar que la religión constituya un elemento desestabilizador de la sociedad singapurense[575]. De hecho, esta normativa fue fruto de la necesidad de adoptar un marco regulatorio que permitiese la convivencia pacífica entre distintas comunidades religiosas, en un contexto en el que no eran infrecuentes los conflictos entre algunas de ellas, tal y como constataba el Proyecto de Ley presentado al Parlamento[576]. La conclusión a la que se llegaba en este documento era:

> "El proselitismo agresivo y la explotación de la religión para fines políticos y subversivos plantean serias amenazas a la armonía religiosa y racial y al orden público. A menos que todos los grupos religiosos ejerzan moderación y tolerancia en sus esfuerzos por ganar fieles y mantener una separación rigurosa entre religión y política, habrá fricciones religiosas, conflictos comunales e inestabilidad política en Singapur".

Como respuesta a esta premisa, fundamentada en los datos de los incidentes registrados en los años anteriores a la promul-

---

Este Estado asiático logró la puntuación más alta en el Índice de Diversidad Religiosa, con aproximadamente un tercio de budistas (34%), un 18% de cristianos, un 16% no creyentes, un 14% de musulmanes, 5% de hindúes y menos del 1% de judíos. El restante de la población pertenecía a religiones populares o tradicionales (2%) o a otras religiones consideradas como grupos (10%).

575 Para conocer de forma más detallada la idiosincrasia del país asiático, véase LI-ANN, T., "Between Eden And Armageddon: Navigating 'Religion' and 'Politics' in Singapore", *Singapore Journal of Legal Studies*, 2009, pp. 365-405.

576 En él se podían apreciar los numerosos incidentes que según las autoridades nacionales habían tenido lugar. Puede consultarse este Proyecto con su Anexo en: https://www.nas.gov.sg/archivesonline/government_records/docs/f4c58265-7da0-11e7-83df-0050568939ad/Cmd.21of1989.pdf? (Última consulta: 12/04/2023).

gación de la mencionada ley[577], el Parlamento adoptó un texto jurídico dotado de instrumentos legales con el objeto de mantener una "armonía" religiosa. Cabe destacar que en este país asiático desde 1949 existe una organización que se ocupa de la convivencia pacífica entre las distintas confesiones religiosas. La *Inter-Religious Organisation (IRO)*, es una organización no gubernamental que fue fundada por líderes religiosos de distintas confesiones para trabajar conjuntamente con el fin de no alcanzar una simple coexistencia entre grupos religiosos, sino una armonía consistente en el común entendimiento entre individuos y grupos que profesan religiones diversas. Hoy en día a esta organización pertenecen miembros de comunidades hindúes, judías, zoroastras, budistas, taoístas, jainistas, cristianas, musulmanas, sijs y bahaístas[578]. La pretensión de la IRO no radicaría en la formación de una religión nueva, que refleje en mayor o medida algunos extremos de cada una de las religiones presentes en la organización, sino en la capacidad de que existan relaciones inter-religiosas entre todas ellas basadas en el respeto mutuo y

577 Estos incidentes fueron compilados por el Departamento de Seguridad Interna, tal y como figura en la primera página del Anexo al Proyecto.

578 Para una mayor información respecto a esta organización, recomendamos la visita a su portal web: https://iro.sg/ (Última consulta: 12/04/2023). En una rápida búsqueda se puede advertir que en el seno de esta entidad se organizan seminarios y exhibiciones para poder profundizar mejor en los conocimientos acerca de las diez confesiones religiosas que forman la organización. No obstante, la actividad de la misma no se limita a cuestiones de índole más cultural, sino que también organizan grupos de jóvenes (18-39 años) y mujeres, con el fin de reducir la percepción de las diferencias existentes entre ellos. También desarrollan iniciativas divulgativas, como pequeños vídeos que se difunden en redes sociales en los que aparecen miembros de distintas confesiones interesándose por aspectos relativos a sus religiones, e incluso llegan a organizar rezos comunitarios de miembros de distintas confesiones.

común entendimiento[579]. Hemos de decir que más tarde se han desarrollado otras iniciativas con propósitos análogos[580].

Por lo que respecta a la norma, la misma contenía en su segundo capítulo la creación de un *Consejo Presidencial para la Armonía Religiosa,* cuyas funciones quedaban recogidas en su artículo 4. No obstante, lo realmente relevante a efectos de nuestro ámbito de estudio se encontraba en su tercer capítulo, dedicado a medidas represivas en el caso en que un ministro de culto o cualquier otra persona esté llevando a cabo una serie de actos que pretendan desestabilizar la convivencia pacífica entre las distintas religiones que debe mantenerse en el país.

Por un lado, podían ser objeto de "órdenes de restricción" – de acuerdo con el artículo 8.1 de la mencionada norma – "cualquier sacerdote, monje, pastor, imán, anciano, funcionario o cualquier otra persona que ocupe una posición de autoridad en cualquier grupo o institución religiosa o cualquier miembro de los mismos". En otras palabras, se podía dictar estas órdenes contra los ministros de culto o líderes religiosos cuando éstos cometieran actos que provocasen sentimientos de enemistad, odio u hostilidad entre diferentes grupos religiosos; llevasen a cabo actividades para promover "una causa política o una causa

---

579 Véase RONG, C., HUI, A. y WI, Y., "The Inter-Religious Organization of Singapore" en ENG, L. (ed.), *Religious Diversity in Singapore,* Singapur: Institute of Southeast Asian Studies, 2008, pp. 605-641.

580 Es inevitable no mencionar el "Centro Internacional Rey Abdullah Bin Abdulaziz para el Diálogo Interreligioso e Intercultural" (KAICIID, en sus siglas en inglés). El KAICIID es una organización intergubernamental que fue fundada por España, Austria y Arabia Saudí como países miembros y El Vaticano como observador. Tal y como reza en su portal web, son "convocantes y facilitadores, reuniendo en la mesa de diálogo a líderes religiosos, responsables políticos y expertos para que puedan encontrar soluciones comunes a problemas compartidos". Puede consultarse más información al respecto en: https://www.kaiciid.org/es (Última consulta: 12/04/2023).

de cualquier partido político"; realizasen "actividades subversivas"; o "provocasen desafección contra el presidente o gobierno de Singapur". La primera de ellas la podríamos encuadrar como una incitación al odio contra otros grupos religiosos. Las tres últimas, en cambio, estarían más relacionadas con un modo particular de prevenir la injerencia o intromisión del poder religioso en el poder civil. De hecho, en estos tres actos tipificados la norma añadía "bajo el pretexto de difundir o practicar cualquier creencia religiosa". Dicho de otro modo, el propio legislador singapurense contemplaba la posibilidad de que estos líderes espirituales o religiosos se sirvieran de la libertad religiosa para abrazar postulados políticos, realizar actividades subversivas o incluso actos que provocasen "desafección contra el presidente o el gobierno de Singapur". Evidentemente, esta última es la que más podría llamarnos la atención.

Por otro lado, también se establecía en la norma la posibilidad de llevar a cabo estas órdenes de restricción contra cualquier otra persona que no fuera ministro de culto o tuviese responsabilidades dentro de las organizaciones religiosas. En este sentido, su artículo 9 establecía sanciones para quienes fuesen responsables de cometer actos que incitasen al odio, enemistad u hostilidad entre diferentes grupos religiosos. También para el supuesto en que incitasen, instigasen o alentasen a cualquier líder religioso u organización religiosa a llevar a cabo esta conducta o cualquiera de las anteriormente previstas y que acabamos de desarrollar, que afectan a las cuestiones de índole política nacional.

Tanto en un caso como en el otro, conviene tener presente que la persecución de estas conductas no se llevaba a cabo por el Derecho Penal, sino que se trataba de un procedimiento administrativo. De hecho, tanto el artículo 8 – ministros de culto – como el artículo 9 – resto de personas – contenía en su articulado "cuando el Ministro esté convencido", haciendo referencia al modo de iniciar el procedimiento. Cierto es que existía el deber de que el Ministro informase de forma previa tanto a la persona contra la cual se emitiría una orden como a la cúpula de dicha comunidad religiosa (artículo 8.4). Ellas tendrían el derecho de tener conocimiento de los hechos que habrían llevado a cabo y de los fundamentos jurídicos que sostendrían esa acusación, para poder formular las manifestaciones oportunas dentro de los 14 días siguientes al Ministro (artículo 8.5).

Por tanto, nos hallaríamos ante un procedimiento administrativo que, si bien es cierto que presentaría alguna garantía a la persona acusada y la comunidad a la que pertenece – como es el propio trámite de audiencia –, tampoco sería un proceso tan garantista como si se tratase de un proceso penal. La máxima consecuencia a la que se expondría la persona, en cualquier caso, no podría superar los dos años (artículo 8.3). Aunque, en el caso de que nos halláramos ante un incumplimiento de la orden impuesta, el ciudadano podría ser condenado a una multa de hasta 10.000 SGD (dólares de Singapur) o una pena de prisión no superior a los dos años, salvo para el caso en que fuese reincidente, en cuyo caso la multa impuesta podría llegar a los 20.000 SGD y la pena de prisión hasta los tres años (artículo 16).

La naturaleza de las órdenes que puede dictar el Ministro contra la persona – ministro de culto o no – responsable de cometer alguno de los actos descritos en la norma, se establece en su artículo 8.2. De este modo, se le podría: a) prohibir dirigirse oralmente o por escrito a cualquier congregación, parroquia o miembros de cualquier grupo religioso sobre cualquier tema que se especifique en la orden sin el permiso previo del Ministro; b) prohibir imprimir, publicar, editar, distribuir o de cualquier manera ayudar o contribuir a cualquier publicación producida por cualquier grupo religioso sin el permiso previo del Ministro; c) prohibir ocupar un cargo en un consejo editorial o en un comité de una publicación de cualquier grupo religioso sin el permiso previo del Ministro. Por tanto, las órdenes impuestas irían dirigidas a impedirle realizar actos concretos, sin recabar el previo consentimiento oportuno. Ahora bien, de ello se deduce que el resto de facultades quedarían intactas, ya que de la ley no se deduce una inhabilitación con carácter general del ejercicio del ministerio religioso o liderazgo espiritual.

### 2.1.2. La modificación de la normativa de 2019

El ordenamiento jurídico de este Estado se vio modificado en el año 2019. En ese momento se decidió actualizar la norma que afectaba al estatuto jurídico de la libertad religiosa, con el objeto de pretender dotarle de instrumentos adecuados para hacer frente a los que eran considerados los retos actuales a los que se enfrentaba el país. La reforma de la ley fue aprobada el 7 de octubre de 2019 por el Parlamento, sancionada por el Presidente el 29 de octubre y publicada en la Gaceta Gubernamental el 20 de diciembre del mismo año[581]. Sin embargo, su entrada en vigor se fijó en el 1 de noviembre de 2022, por lo que todavía no tiene ni dos años de vigencia la norma. En la configuración actual de la normativa destacamos cuatro principales novedades, que procedemos a describir en las siguientes líneas.

#### *a) Algunas novedades de la norma*

En primer lugar, desaparece el trámite de audiencia contemplado previamente. De este modo, si anteriormente veíamos cómo el Ministro debía informar a las partes concernidas[582] –

---

581 Puede consultarse el contenido de la vigente norma en el portal: https://sso.agc.gov.sg/Acts-Supp/31-2019/Published/20191218?DocDate=20191218 (Última consulta: 12/04/2023). Como en la primera versión de 1990, el articulado está inglés.

582 El artículo 8.4 previo establecía: "Antes de dictar una orden en virtud de esta sección, el Ministro deberá informar a la persona contra la cual se propone dictar la orden y al jefe o órgano rector o comité de gestión del grupo o institución religiosa que se nombrará en la propuesta orden, notificación de su intención de dictar la orden junto

persona afectada y dirección de la comunidad religiosa, en su caso – respecto a la intención de dictar una orden contra ella, el nuevo artículo 8.4 establece que antes de emitir tal orden restrictiva "el Ministro no está obligado a notificar ni consultar a ninguna persona sobre la intención del Ministro de dictar esa orden". Otra diferencia es que antes existía un trámite de audiencia y que contaba con un plazo de 14 días siguientes a la fecha de la notificación de la intención del Ministro. Ahora, en cambio, la orden de restricción entra en vigencia en la fecha en que se le entrega una copia al líder religioso de un grupo religioso o institución religiosa o un miembro del mismo, *y* el grupo religioso, respectivamente (nueva redacción del artículo 8.6). En ese momento, el líder religioso afectado o miembro del grupo religioso o institución religiosa o el propio grupo religioso (según sea el caso) debe cumplir con la orden. Además, también se contempla el ámbito virtual, contemplando la posibilidad de restringir el acceso a este contenido (artículo 8.7).

Por otro lado, también existen novedades cuanto al ámbito penal se refiere. Antes había conductas que podían ser constitutivas de un delito contemplado en el Código Penal o de un procedimiento llevado a cabo en aplicación de la Ley de Armonía, que contenía incluso posibles penas de prisión. Ahora, en cambio, todo queda derivado a la norma, por lo que no habrá conductas sancionables por el Código Penal y, otras, en cambio perseguibles en virtud de la norma de Armonía. El propósito es unificarlo todo y obtener mayor eficacia en la respuesta. En estas conductas delictivas se apreciará también la persecución de actos relacionados con las injerencias extranjeras, como más adelante veremos.

También se presenta como novedad las "Community Remedial Initiative" (en adelante, CRI); estas iniciativas comunitarias serían ofrecidas por el Ministro a la persona que presuntamente hubiese

---

con los fundamentos y alegaciones de hecho en apoyo de la misma y de su derecho a hacer representaciones por escrito al Ministro".

actuado de forma contraria a lo previsto en esta ley. Así, el artículo 16H – que regula este mecanismo – establece una serie de precisiones. Primero, puede celebrarse antes, en o después de la fecha en que se acusa del presunto delito; no obstante, no puede tener lugar después del comienzo del juicio por presunto delito. Segundo, es una medida voluntaria, que no conlleva perjuicio para la persona a la que se le ofrece la posibilidad. Tercero, aquel que se acoja a la medida podrá evitar la eventual condena. Cuarto, si el presunto culpable no cumpliese con las obligaciones derivadas de esta iniciativa, sí que se abriría contra él las diligencias correspondientes. Pero ello no por el incumplimiento del acuerdo con el Ministro, sino como responsable de la acción inicial que era objeto de sanción por parte del Estado. ¿En qué consisten estas iniciativas comunitarias? La ley habla de medidas correctivas o de reparación consistentes en participar en una o más actividades o llevar a cabo actos específicos para promover la armonía religiosa en Singapur. Además, en una guía ofrecida por el Ministerio del Interior singapurense se detalla algo más, indicando que ello "les permite hacer las paces con la comunidad afectada y aprender más sobre nuestra sociedad multirreligiosa" y propone como ejemplos de acciones correctivas "una disculpa pública o privada a las partes agraviadas, o la participación en eventos interreligiosos"[583].

*b) Medidas para "contrarrestar la influencia extranjera"*

Una parte importante de la reforma legal guarda relación con las medidas destinadas a prevenir esta influencia procedente del exterior. De hecho, la parte cuarta de la norma lleva por título este mismo propósito de "contrarrestar la influencia extranjera", por lo que todo su contenido está dedicado ín-

---

583 Ambas citas pueden leerse del texto original inglés en: https://www.mha.gov.sg/what-we-do/managing-security-threats/maintaining-racial-and-religious-harmony (Última consulta: 28/06/2023).

tegramente a esta labor. Y dentro de esta podemos distinguir entre tres líneas de acción: confesiones religiosas, ministros de culto y financiación. En las próximas líneas las exponemos.

En primer lugar, podemos identificar en la norma medidas relativas a la obligación de las confesiones religiosas de proporcionar información acerca de cualquier afiliación a personas u organizaciones extranjeras que estén en una posición de control o poder sobre el grupo religioso local (artículo 16B). Este mandato legal será aplicable cuando la confesión lleve a cabo un acuerdo con una persona – física o jurídica – extranjera y bajo el cual la confesión tenga la obligación (formal o informal) o costumbre de actuar conforme a las direcciones, instrucciones o deseos del principal extranjero, atribuible a un órgano de gobierno. También cuando el mandante extranjero está en situación de ejercer, de cualquier forma, control total o material sobre las actividades de la confesión en Singapur. Si se cumple alguno de estos dos supuestos la confesión debe llevar a cabo un "informe de afiliaciones extranjeras" que se presentará a la autoridad competente respetando el tiempo y forma establecidos en los correspondientes reglamentos de la autoridad gubernativa. Es importante que este informe contenga los detalles o descripción de cada acuerdo con un mandante extranjero y ha de estar firmado por cada miembro del órgano de gobierno de la confesión, que también realizará una declaración de que no existe ningún otro acuerdo que no haya sido manifestado. Este informe se debe presentar anualmente.

En segundo lugar, disponemos de medidas específicas a las personas que ocupan los comités u órganos decisorios de los grupos religiosos (artículo 16C). Estos puestos únicamente podrán ser ocupados por ciudadanos de Singapur o residentes permanentes. Además, la mayoría del órgano de gobierno debe estar compuesta por personas que sean ciudadanas de Singapur. Este requisito no es de aplicación para aquellos líderes o ministros de culto que no ocupen estos puestos de responsabilidad. Por tanto, nada se dice respecto al sacerdote, rabino, imán o cualquier otro líder religioso que tenga encomendadas labores que se centren más en la atención pastoral y liderazgo espiritual que a la asunción de responsabilidades institucionales dentro de la confesión. Como consecuencia, tanto la designación, como el cese o cambio debe ser comunicada a la autoridad competente. Huelga mencionar que existe una posibilidad de que la Administración acepte una mayoría distinta a la exigida por la ley. No obstante, queda a la discrecionalidad de la autoridad estatal y las solicitudes de exención habrán de estudiarse caso por caso.

Por último, nos encontraríamos las restricciones relativas a las donaciones procedentes del exterior (artículo 16C). La actuación del Estado consiste en exigir a las confesiones que declaren las donaciones monetarias de 10.000 o más dólares singapurenses procedentes de fuentes extranjeras. De esta forma, se trata de ofrecer mayor transparencia respecto a los intereses que podrían tener otros actores estatales y no estatales en el país asiático. Este hecho puede despertar interés en el Estado, que se muestra reticente a que potencias extranjeras decidan interferir en los procesos democráticos. Estas donaciones no deben declararse si proceden de las ceremonias religiosas, si son donaciones no monetarias o son fruto del azaque o la *fitrah* musulmana. Al igual que veíamos respecto a las afiliaciones extranjeras, aquí también se habrá de presentar un informe cada año. Y deberá contener también la declaración firmada de que no existe ninguna otra fuente de financiación no contemplada en el respectivo informe.

### *c) Los delitos derivados del incumplimiento de estas medidas para "contrarrestar la influencia extranjera"*

Es importante subrayar que el incumplimiento de alguna de estas obligaciones puede ser constitutivo de delito conforme a esta misma norma. Así, si un grupo religioso permite que una persona que no sea un ciudadano de Singapur ni residente permanente actúe como "directivo"[584] de la confesión, esta podrá ser condenada al pago de una multa que no exceda los 5.000 dólares de Singapur e incluso al pago de una multa adicional que no exceda los 500 SGD, en caso de delito continuado (artículo 17J.3). Misma consecuencia jurídica tendrá el hecho de que la confesión permita que la mitad o más de la mitad del número total de miembros en su órgano de gobierno sean ocupados por personas que no sean ciudadanos de Singapur.

Además, también se contemplan en la norma algunos delitos relativos a la falta de entrega a algún informe de donación, afiliaciones extranjeras o "informe de gestión clave"[585] (artículo 17H). Este último hace referencia a la información respecto a la identidad de la persona que ocupa un puesto en el órgano de gobierno, con especial incidencia de su nacionalidad o condición de residente permanente. En el mismo artículo también se recoge el supuesto en el que un miembro del órgano de gobierno de una confesión religiosa entregue alguno de estos informes con contenido falso o engañoso en algún aspecto contenido en el mismo. Como cabe imaginar, la multa de este segundo supuesto es mayor, ya que no estamos ante una falta de diligencia, sino más bien ante un caso de malicia.

Por otro lado, tenemos el delito relativo a las "donaciones declarables" (artículo 17I). El supuesto de hecho consiste en ocultar "con la intención de engañar" cualquier información material relacionada con la identidad de un donante de la donación religiosa o la cantidad de la donación religiosa a la confesión. También está contemplado en el mismo precepto otra figura delictiva basada en proporcionar "intencionalmente o con conocimiento" cualquier información relativa a la identidad del donante o al importe de la donación que sea "falsa o engañosa"

---

[584] El término en el idioma oficial es "responsible officer", que también podríamos traducir como "ejecutivo responsable" o "agente responsable".

[585] El concepto utilizado en inglés es "key management report".

en un particular material. También será responsable la persona que facilite la realización de una donación a una confesión por parte de una persona que haya sido objeto de una orden de restricción que establece la misma ley. Aquí, de nuevo, la respuesta jurídica será distinta en función de si estamos ante un supuesto de ocultación de algún dato relevante o si, por el contrario, la conducta reprochable consiste en la reproducción de un contenido falso. En el segundo supuesto, castigado con más severidad, la multa podrá alcanzar los 20.000 dólares singapurenses.

Por último, habrá multas pecuniarias para aquellos que aporten información falsa a la autoridad competente cuando esta se lo haya requerido (artículo 17K) o directamente no aporte dicho documento, información o material, pese a habérsele requerido desde la Administración (artículo 17L). La multa por este incumplimiento es más alta respecto a los delitos relacionados con los delitos genéricos de proporcional la información correspondiente y que esta sea veraz, ya en este caso parece deducirse que el Estado asiático contempla la situación en la que son las autoridades gubernativas quienes requieren a una confesión la entrega de un documento como una circunstancia agravante. Ello podría justificarse alegando que la confesión está incurriendo además, en este caso, en una suerte de obstrucción a la Justicia.

### *d) Algunas consideraciones*

Al llegar a estas líneas hemos de recordar que el modelo singapurense se caracteriza por su pragmatismo, de modo que consigue balancearse en más de una ocasión entre el liberalismo y el iliberalismo, con el fin de que, tratando de mantener el equilibrio entre los distintos intereses jurídicos en juego, logre mantener también el respaldo de las distintas confesiones y sensibilidades en el país asiático[586].

Tal y como hemos visto, el modo en que este país ha decidido luchar contra la influencia que pueden ejercer terceros Estados es otorgando un mayor control al fenómeno religioso. ¿Cómo? Sometiendo a escrutinio la actuación de las confesiones religiosas. En concreto, la filiación extranjera de la confesión; los ministros de culto extranjeros; y la financiación procedente del exterior. El Estado considera que de esta forma protegerá a las confesiones religiosas de la influencia que puedan recibir por parte del exterior. Cabe destacar que este país está en un lugar geopolítico delicado, rodeado de países que presentan importantes contrastes. Al mismo tiempo, el propio país singapurense es reflejo de diversidad religiosa entre su población local. Por todo ello, se considera que actuando de este modo se consigue obtener una serie de "garantías" nada despreciables. La situación de "armonía religiosa" – se dice – no puede darse por supuesta. Más bien, se debe luchar por ella cada día. Este es el propósito de la reforma de esta ley.

### *2.2. Francia*

Es de sobra conocido que Francia tiene una aproximación jurídica a la libertad religiosa que parte de premisas distintas a las nuestras. Evidentemente la *Ley de separación de la Iglesia y el Estado de 1905* (en adelante, Ley de Separación de 1905) ya nos permite percatarnos del sistema de relaciones entre el Es-

---

586 De este modo, "el modelo de laicidad en Singapur brinda al Estado la flexibilidad para cambiar fácilmente entre una versión suave de laicidad, que es amigable con la religión, y una versión más dura que el Estado emplea como herramienta para el control político y la gestión de la sociedad". MUSA, M.A., "Singapore's Secularism and Its Pragmatic Approach to Religion", *Religions*, vol. 14, núm. 2, 2023, p. 11.

tado y las confesiones religiosas[587]. Y es que la tradición jurídica es bien diferente a aquella norteamericana, en parte por el distinto contexto en el que se producen cada una de las revoluciones. A pesar de ello, es cierto que en un momento dado se apreció un cambio de tendencia hacia un modelo menos laicista y aperturista con las relaciones con las confesiones religiosas[588]. Parecía haber muestras suficientes que evidenciaban que podíamos estar ante un nuevo panorama[589].

Sea como fuere, lo cierto es que, ante algunos de los desafíos presentes en la realidad nacional, el Estado ha ido articulando de forma paralela algunos mecanismos legales con el objeto de dar respuesta a los mismos. A nadie se le escapa que el país galo adquirió una notable relevancia al prohibir el uso del velo integral islámico en los espacios públicos, prohibición

---

587 Para un estudio pormenorizado de esta norma con tanto impacto en el ordenamiento jurídico francés, recomendamos TORRES GUTIÉRREZ, A., *La Ley de separación de 1905 y la génesis de la idea de laicidad en Francia*, Madrid: Dykinson, 2014.

588 En la doctrina italiana, por ejemplo: ASTORRI, R., "I discorsi del Presidente Macron alle comunità religiose: verso una svolta nella laicità francese?", *Quaderni di diritto e politica ecclesiastica*, núm. 2, 2018, pp. 567-580; CONSORTI, P., "Dalla Francia una nuova idea di laicità per il nuovo anno", *Stato, Chiese e pluralismo confessionale*, núm. 1, 2018, pp. 1-15.

589 Uno de los tantos ejemplos, pero que sintetiza bien el cambio de paradigma que parecía existir se desprende de las declaraciones en las que el propio Jefe del Estado francés, Emmanuel Macron, reconocía: "compartimos un sentimiento confuso de que el vínculo entre la Iglesia y el Estado se ha deteriorado, y que es importante para nosotros y para mí repararlo". También incluso llegaba a enfatizar su compromiso: "Soy, como Jefe de Estado, el garante de la libertad de creer y no creer, pero no soy ni el inventor ni el promotor de una religión estatal que sustituya a la trascendencia divina por un credo republicano". Puede verse en MACRON, E., "La república laica y la religión", *Nueva revista de política, cultura y arte*, núm. 166, 2018, pp. 81-104.

que fue avalada por el Tribunal de Estrasburgo[590]. Y también ha tenido cierta notoriedad el uso de la prenda del *burkini* por las mujeres musulmanas en las playas y sobre todo piscinas municipales[591]. En todo caso, la norma que más nos afecta por nuestro objeto de estudio es la Ley 2021-1109 de 24 de agosto de 2021 del "refuerzo del respeto de los principios de la República" (en adelante, Ley CRPR, por sus siglas en francés).

### 2.2.1. La lucha contra el "separatismo islámico"

La norma surge en un contexto caracterizado por la presencia de lo que el Estado francés considera "comunitarismo" y "separatismo"[592]. La respuesta consiste, como su propio nombre indica, en el refuerzo o reafirmación de los propios principios republicanos. Por tanto, se pretende poner el énfasis en los valores de la República como solución a la amenaza que supone el fenómeno del separatismo. Esta Ley CRPR se compone de 103 artículos distribuidos en 4 títulos. No es momento de analizar con detenimiento el texto, sin embargo, cabe advertir que como puede imaginarse, contempla disposiciones importantes en algunas

---

590 Para una profundización, puede verse ROLLAND, P., "L'arrêt S.A.S. c/ France de la Cour européenne des droits de l'homme", *Revue du droit des religions*, núm. 2, 2016, pp. 47-60; RAMÍREZ NAVALÓN, R.M., "La prohibición del uso del burka en lugares públicos. El asunto S.A.S. contra Francia, Sentencia del TEDH de 1 de julio de 2014, rec. 43835/2011", *Actualidad Jurídica Iberoamericana*, núm. 2, 2015, pp. 445-452.

591 LEMAIRE, F., "Après avoir fait des vagues à la plage, le burkini refait surface à la piscine municipale, mais reste au vestiaire", *Revue du droit des religions*, núm. 15, 2023, pp. 187-201; VAN DER TOL, M. D. C., " Intolerance unveiled? Burkini bans across France", *Revue du droit des religions*, núm. 6, 2018, pp. 139-149.

592 Así se expresa en la Exposición de Motivos cuando todavía era un Proyecto de Ley (*Projet de Loi n.° 3649 confortant le respect des principes de la République)*. Puede consultarse en: https://www.assemblee-nationale.fr/dyn/15/textes/l15b3649_projet-loi (Última consulta: 21/06/2023).

áreas ajenas a nuestro ámbito de estudio[593]. No obstante, aquellas que nos resultan más relevantes a efectos de nuestra investigación son las medidas relativas a la lucha contra el denominado "separatismo islámico", que en palabras de Macron constituye:

> "un projet conscient, théorisé, politico-religieux, qui se concrétise par des écarts répétés avec les valeurs de la République, qui se traduit souvent par la constitution d'une contre-société et dont les manifestations sont la déscolarisation des enfants, le développement de pratiques sportives, culturelles communautarisées qui sont le prétexte pour l'enseignement de principes qui ne sont pas conformes aux lois de la République. C'est l'endoctrinement et par celui-ci, la négation de nos principes, l'égalité entre les femmes et les hommes, la dignité humaine.
>
> Le problème, c'est cette idéologie, qui affirme que ses lois propres sont supérieures à celles de la République"[594].

Estas palabras son muy importantes, ya que nos muestran el camino emprendido por el legislador ordinario francés. En efecto, la legislación adoptada parte de la premisa que existe todo un proyecto político-religioso consciente y teórico que se concretiza en un abandono reiterado de los valores de la República. Este fenómeno tiene múltiples manifestaciones y, de hecho, la Ley CRPR aborda todas las contenidas en esta declaración: desescolarización de los niños y el desarrollo de

---

593 Por ejemplo, trae efectos en el ámbito individual, como la lucha contra los certificados de virginidad que estaban practicando algunos médicos a petición de la mujer; contra la mutilación genital femenina; contra los matrimonios forzados o simulados; contra los efectos de la poligamia; y contra la desigualdad en el ámbito de las sucesiones. Para una aproximación a todos estos aspectos recomendamos RISSEL, A., "La loi du 24 août 2021 et le droit des personnes : un texte pavé de bonnes intentions…", *Revue du droit des religions*, núm. 13, 2022, pp. 93-113.

594 MACRON, E., *La République en actes: discours du Président de la République sur le thème de la lutte contre les séparatismes*, 2 de octubre 2020. Puede consultarse en: www.elysee.fr (Última consulta: 21/06/2023).

actividades deportivas y culturales comunitaristas que servirían – conforme al prisma francés – de pretexto para la enseñanza de principios que no son conformes a las leyes de la República.

Este separatismo, por tanto, perseguiría como fin "affaiblir voire à détruire la communauté nationale en vue de remplacer celle-ci par de nouvelles formes d'allégeance et d'identification, en rupture avec la tradition démocratique et républicaine»[595]. Por tanto, en palabras del Ministerio del Interior francés, este fenómeno tendría como aspiración debilitar o incluso destruir la comunidad nacional y acabar con la "tradición democrática y republicana".

Por tanto, esta norma trata de volver a las raíces republicanas con el objeto de dar respuesta a esta ideología perniciosa que pretendería socavar los valores más esenciales del país galo[596]. Ahora bien, esta ley ha recibido críticas porque pone en el foco al Islam en Francia, de forma que se argumenta que puede estigmatizar a este colectivo, en lugar de haber pretendido articular una legislación de carácter más amplia y que pudiese haber dado respuesta a otros desafíos también presentes en el país[597].

---

595 Así se desprende del Dosier de Prensa que realizó un año después de la aprobación de la Ley este Ministerio "Loi confortant le respect des principes de la République: premier bilan et perspectives, un an après sa promulgation". Puede consultarse en: https://www.interieur.gouv.fr/sites/minint/files/medias/documents/2022-10/06-10-2022-Dossier-de-presse-Loi-confortant-le-respect-des-principes-de-la-Republique-2022_0.pdf (Última consulta: 21/06/2023).

596 El mismo Macron cuando anticipó su aprobación la puso en relación con la Ley de Separación de 1905: "Le ministre de l'Intérieur et sa ministre déléguée présenteront le 9 décembre prochain en conseil des ministres un projet de loi qui, 115 ans après l'adoption définitive de la loi de 1905, visera à renforcer la laïcité, à consolider les principes républicains". Véase: *La République en actes,* op. cit.

597 MESSNER, F., "Conforter la «laïcité» et organiser les cultes. Un paradoxe français. La loi du 24 aout 2021", *Anuario de Derecho Eclesiástico del Estado,* núm. 38, 2022, pp. 587-608.

### 2.2.2. ¿Una norma acabada?

Con todo ello, podría parecer que la cuestión legislativa ha quedado resuelta con la aprobación de esta norma de carácter nacional. Nada más lejos de la realidad. Primero, porque el propio Ministerio del Interior francés ha reconocido que existen dos áreas en las que cabría ir más allá con el fin de: a) reforzar la movilización de todos los actores locales; b) asegurar un mejor uso de las herramientas disponibles, particularmente en lo que respecta a la financiación extranjera de los lugares de culto[598].

Respecto a la primera de las propuestas de mejora, es apreciable esa sensación de discrepancia entre poderes públicos locales y nacionales en algunos supuestos como el que tuvo lugar en Grenoble[599]. También la controversia que hubo después de que el Ayuntamiento de Estrasburgo iniciase el procedimiento para

---

598 Ambos propósitos fueron puestos de manifiesto por la Secretaria de Estado del Ministro del Interior y Territorios de Ultramar, encargada de la Ciudadanía, el 10 de mayo de 2023. Puede consultarse esta valoración y visualizarse la rueda de prensa en la que la Secretaria de Estado realiza este balance y perspectivas de futuro en: https://www.interieur.gouv.fr/actualites/dossiers-de-presse/loi-confortant-respect-des-principes-de-republique-2022 (Última consulta: 21/06/2023).

599 Esta localidad aprobó una normativa municipal que permitía el uso del burkini en las cuatro piscinas de la ciudad y que fue recurrida en los tribunales. Finalmente, llegó al Consejo de Estado francés, que falló en contra del municipio. En esta resolución puede apreciarse el conflicto competencial que puede haber, además de la aplicación de la propia Ley CRPR e incluso la Ley de Separación de 1905. Puede consultarse el pronunciamiento del Consejo de Estado en: https://www.legifrance.gouv.fr/ceta/id/CETATEXT000045959640?isSuggest=true (Última consulta: 21/06/2023).

Antes de que el Consejo de Estado se pronunciase, se realizó un sondeo para ver el grado de aceptación de la medida implementada y de este se extrajo que un 68% de franceses se oponían a la permisión, mientras que entre los franceses de confesión musulmana un 72% se mostraba a favor de la misma. Pueden consultarse los datos realizados por *Ifop pour Le Point*

conceder una subvención para la construcción de una mezquita que preveía albergar hasta 2.500 fieles convirtiéndose en uno de los lugares de culto musulmanes más grandes de Europa. El hecho de que los fondos municipales fuesen destinados a financiar una asociación considerada próxima a las autoridades turcas desató una polémica, también en el ámbito político[600].

Por lo que concierne a la segunda de ellas, identificamos de nuevo como trasfondo la creciente preocupación por la injerencia que podrían estar ejerciendo potencias extranjeras por medio de los lugares de culto y sus líderes religiosos. Segundo, porque la misma sociedad francesa parece albergar dudas respecto al posicionamiento que debe adoptar el Estado frente al laicismo y el terrorismo[601]; y frente al sistema de financiación de las confesiones religiosas y las injerencias extranjeras[602].

---

en: https://www.ifop.com/wp-content/uploads/2022/05/119190-Resultats.pdf (Última consulta: 21/06/2023).

600 Puede verse la repercusión también en los medios españoles. Así, dos ejemplos pueden verse: https://elpais.com/internacional/2021-03-27/la-futura-mezquita-de-estrasburgo-desata-una-tormenta-politica-en-francia.html; https://www.abc.es/internacional/abci-macron-intenta-evitar-construccion-mezquita-estrasburgo-202103241954_noticia.html (En ambos, última consulta: 21/06/2023).

601 De esta forma, un 77% de los encuestados percibía el islamismo como un peligro para la República. Y ello pese a que la regulación francesa adoptada en 2021 parecía tranquilizar, ya que un 51% afirmaba creer que esta ley probablemente reduciría la amenaza terrorista en Francia. Pero, lo más llamativo es que dos de cada tres franceses (68%) se mostraba favorable a la adopción de medidas adicionales por parte del Estado para garantizar sus principios republicanos. Entre algunas de las propuestas, la prohibición de asociaciones salafistas y de los Hermanos Musulmanes, aun incluso considerando que ello podría constituir una limitación de la libertad de expresión. Pueden consultarse los datos realizados por *Ifop pour Le Point* en: https://www.ifop.com/wp-content/uploads/2022/03/118866-Rapport.pdf (Última consulta: 21/06/2023).

602 En este caso, esta encuesta tuvo lugar en un momento posterior a que se generase controversia en torno a la votación en el Ayunta-

### 2.2.3. El "contrat d'engagement républicain"

La norma adoptada tiene, entre otras cuestiones, dos puntos relevantes relativos a nuestro ámbito de estudio. Por un lado, se prevé la designación - por parte de los poderes públicos - de un referente territorial (artículo 3) para garantizar la implementación de los compromisos. Por otro lado, se establece como requisito que las asociaciones y fundaciones suscriban un *contrat d'engagement républicain* para que puedan ser beneficiarias de subvenciones (artículo 12). Estas dos disposiciones conllevaron la aprobación de dos importantes decretos. El primero de ellos, concerniente al referente laicista, el Decreto 2021-1802 de 23 diciembre 2021 que establece las modalidades de designación de este referente y sus misiones. Sin embargo, es el segundo de ellos el que despierta más interés, ya que es precisamente este el que desarrolla el mencionado *contrat d'engagement républicain.* De esta forma, el Decreto 2021-1947 de 31 diciembre 2021 establece que el contenido de este "contrato" debe incluir siete compromisos relativos a: 1) Respeto a las leyes de la República; 2) Libertad de conciencia; 3) La libertad de los miembros de la asociación; 4) Igualdad y no discriminación; 5) Fraternidad

---

miento de Estrasburgo para decidir si se iniciaba el procedimiento para conceder una subvención para la construcción de una mezquita llevada a cabo por una asociación que se consideraba cercana a las autoridades turcas. Después de los acontecimientos acaecidos en la localidad de Estrasburgo pero que tuvieron una considerable repercusión mediática en todo el territorio nacional – e incluso escena internacional – se llevó a cabo una encuesta a los franceses. En ella un 85% desaprobaba tal concesión municipal. Cabe destacar que esta oposición no únicamente afectaba a los nacionales del país galo, más lejanos a la realidad local, sino que los estrasburgueses también mostraban mayoritariamente sus reticencias, con un 79% que afirmaba que no estaba de acuerdo con la decisión del alcalde. Pueden consultarse los datos realizados por *Ifop pour Le Point* en: https://www.ifop.com/wp-content/uploads/2021/04/117686_Rapport_Ifop_GOF_2020.04.02.pdf (Última consulta: 21/06/2023).

y prevención de la violencia; 6) Respeto a la dignidad humana; 7) Respeto a los símbolos de la República. En todo caso, quienes no cumplan con estas obligaciones se exponen a la denegación o la pérdida de esta ventaja, o incluso a la restitución de las cantidades pagadas si fuere necesario[603].

Cabe poner de manifiesto que, de forma previa, la Comisión Nacional Consultiva de los Derechos Humanos francesa, que es una autoridad administrativa independiente encargada de llevar a cabo valoraciones acerca del impacto de proyectos de ley sobre los derechos y las libertades fundamentales, mostró sus preocupaciones acercas de las "conséquences du projet de loi au regard des libertés fondamentales que sont la liberté d'association, la liberté d'expression, la liberté de l'enseignement et la liberté de culte"[604]. El problema que observaba esta Comisión era que el requisito de cumplir con las "exigences minimales de la vie en société" era demasiado vago y después se hacía referencia al "renvoie au pouvoir réglementaire la définition précise du contenu du contrat". Precisamente, el hecho de que este concepto jurídico indeterminado sea completado por la potestad reglamentaria conllevaría un cheque en blanco para las autoridades francesas, que podrían decidir libremente qué forma parte de estas "exigencias mínimas de la vida en sociedad". Además, algunos autores han afirmado que la literalidad de esta disposición resulta pleonástica[605].

---

603 FOREY, E., " Le contrat d'engagement républicain : quels changements pour les associations ?", *Revue du droit des religions*, núm. 13, 2022, pp. 41-57.

604 Comisión Nacional Consultiva de los Derechos Humanos francesa, *Second avis sur le projet de loi confortant les principes de la République*, 25 marzo 2021. Puede consultarse en: https://www.legifrance.gouv.fr/jorf/id/JORFTEXT000043329207 (Última consulta: 21/06/2023).

605 De este modo, TIRA mantiene que esta alusión de nuevo a los principios de libertad, igualdad y fraternidad y de dignidad humana, además de los símbolos de la República "suona peraltro pleonastico anche rispetto al quadro di una norma che, nella sua interezza, ha

También el *Conseil Constitutionnel* francés se posicionó al respecto. Sin embargo, en este caso, afirmó que esta cláusula sería conforme al derecho de asociación, argumentando: "l'obligation faite à une association de souscrire un contrat d'engagement républicain lorsqu'elle sollicite une subvention publique n'a pas pour objet d'encadrer les conditions dans lesquelles elle se constitue et exerce son activité"[606]. Por tanto, el Consejo estaría haciendo la distinción entre los derechos y la actividad de las confesiones, por un lado; y, por otro, la legítima aspiración de ser objeto de subvenciones públicas.

### 2.2.4. Los ministros de culto y la financiación extranjera

*a) Ministros de culto*

La norma también pone la cuestión de los ministros de culto. Eso sí, no parece ofrecer un contenido amplio respecto a cuestiones relativas a su formación o designación. Aquello que contiene el artículo 68 de la Ley CRPR – y que modifica el artículo 19 de la Ley de Separación de 1905 – es lo siguiente:

> "Les statuts de l'association prévoient l'existence d'un ou de plusieurs organes délibérants ayant notamment pour compétence de décider de l'adhésion de tout nouveau membre, de la modification des statuts, de la cession de tout bien immobilier appartenant à l'association et, lorsqu'elle y procède, du recrutement d'un ministre du culte".

¿Cuál es la repercusión de este artículo? En primer lugar, nos viene a decir que debe existir al menos un órgano deliberativo

---

una valenza chiaramente più simbolica che pratica". Puede verse en TIRA, A., "La legge francese n. 1109 del 24 agosto 2021 sul "rafforzamento del rispetto dei principi della Repubblica", *Stato, Chiese e pluralismo confessionale*, núm. 16, 2021, pp. 91-129.

606 Conseil Constitutionnel, Décision n. 2021-823 DC, 13 agosto 2021, § 23.

dentro de la confesión religiosa. Y este órgano tendrá la competencia de decidir sobre, entre otras cuestiones, la "contratación de un ministro de culto". Se ha de decir que el Consejo de Estado francés ha puesto de manifiesto que esta disposición constituye una injerencia del legislador en el funcionamiento de las confesiones religiosas. No obstante, considera el Consejo que obedece a un objetivo de interés general, que es el de proteger a las confesiones frente a posibles tomas de poder por parte de una minoría, además de lograr que los miembros de la confesión estén mejor informados. Por todo ello, se estima que protege la libertad de conciencia y no afecta desproporcionadamente a las libertades de culto y asociación[607].

Sin embargo, la doctrina francesa no parece estar excesivamente tranquila con la redacción de este articulado. Es el caso de GONZALEZ y GONI, que declaran que la cláusula no respondería al ordenamiento propio, ya que no existe siquiera un concepto de ministro de culto y tampoco la confesión religiosa está obligada a realizar esta contratación ella misma. Y, sobre todo, la intervención en este sentido podría caer fácilmente en injerencias por parte de las autoridades estatales en el seno de las comunidades religiosas, sin que los autores vean esta

607 Afirma el Consejo de Estado que: "ces dispositions constituent une immixtion du législateur dans le fonctionnement des associations cultuelles. Il considère cependant qu'elles obéissent à un objectif d'intérêt général qui est de protéger les associations contre d'éventuelles prises de contrôle par une minorité, et d'assurer une meilleure information de leurs membres sur la gestion de leur patrimoine immobilier et sur le recrutement de leurs officiants. Il estime qu'elles tendent à protéger la liberté de conscience et ne portent pas une atteinte disproportionnée aux libertés de culte et d'association". Puede consultarse la Opinión del Consejo de Estado francés, de 3 de diciembre 2020, en: https://www.legifrance.gouv.fr/contenu/Media/Files/autour-de-la-loi/legislatif-et-reglementaire/avis-du-ce/2020/avis_ce_intx2030083l_cm_9.12.2020.pdf (Última consulta: 21/06/2023).

restricción como compatible con las exigencias del pluralismo religioso en una sociedad democrática[608].

*b) Financiación extranjera*

Es importante destacar también otro pilar en esta norma, y es el relativo a las medidas de control de financiamiento externo previstas en los artículos 21, 22, 77 a 79 y algunas disposiciones del artículo 74 de la Ley CRPR. Y, precisamente para cumplir con lo establecido en esta norma se aprueba el *Décret n° 2022-619 du 22 avril 2022 relatif au contrôle du financement étranger des cultes et portant diverses dispositions relatives aux libéralités et à la transparence des associations et fonds de dotation*. En él, además de desarrollar el procedimiento de enajenación de lugares de culto a un enajenante extranjero y también añadir una cláusula aplicable a las sucesiones y donaciones, se dedica una gran parte del contenido a desgranar el procedimiento mediante el cual debe llevarse a cabo la financiación procedente del exterior. En concreto, esto último está comprendido entre los artículos 4-18 del Decreto, conteniendo este un total de 21 artículos.

La conclusión a la que llegamos es que los poderes públicos adquieren una mayor participación en este procedimiento, para impedir o minimizar la acción que podrían estar teniendo otros Estados extranjeros en suelo francés[609]. Este mayor intervencionismo, justificado por el rol de garante que asume el Estado con el fin de preservar los valores de la República, se tras-

---

608 GONZALEZ, G. y GONI, P., "Une garantie paradoxale du libre exercice du culte : la loi du 24 août 2021 et les associations à objet cultuel", *Revue du droit des religions*, núm. 13, 2022, pp. 59-74.

609 En la Exposición de Motivos de la norma se afirma que se tiene el propósito de: "réduire les capacités d'influence et de mainmise d'acteurs étrangers". Por ello, se deduce que se parte de la premisa de que efectivamente ya se está dando esa injerencia externa.

lada a una obligación de rendición de cuentas y transparencia por parte de las confesiones, que deben declarar estas donaciones al Ministerio del Interior, además de ofrecer una serie de datos relativos a la identidad del donante, dependiendo de la cuantía de la donación o donaciones en un mismo ejercicio. El Ministerio del Interior puede requerir que se subsane algún defecto de forma, solicitar más información e incluso impedir que tal donación tenga lugar, exigiéndole reembolsar la cuantía donada. En cualquier caso, la falta de observación de alguno de los preceptos puede derivar en la imposición de sanciones a las confesiones que las incumplan[610].

### *2.3. Letonia*

El caso de este país báltico no es del todo irrelevante. Y ello porque, de nuevo, nos encontramos ante el supuesto en el que existe una importante minoría nacional que comparte estrechos lazos con otro Estado. En concreto, hablamos de una minoría nacional de un cuarto de la población[611]. Si además le unimos a la ecuación el momento más difícil en lo que a las relaciones internacionales con este país se refiere, con Rusia en el foco de toda la atención por el conflicto bélico iniciado en febrero de 2022, es más sencillo poder comprender la realidad letona.

Es cierto que la reforma de la norma que comentamos en estas líneas no tuvo una gran repercusión mediática internacio-

---

610 Para una mayor profundización, véase ALIX, J., " La répression convoquée au soutien des principes de la République", *Revue du droit des religions,* núm. 13, 2022, pp. 131-151.

611 En concreto, este tercio de la población se identifica como de etnia rusa. Puede consultarse en: https://foreignpolicy.com/2023/03/21/latvia-is-going-on-offense-against-russian-culture/#:~:text=Thirty%2Dsix%20percent%20of%20people,of%20whom%20are%20Latvian%20citizens. (Última consulta: 26/06/2023).

nal, desconocemos si ello fue debido al hecho de que el contexto en que se llevaba a cabo era de guerra o bien porque el país en el que se llevó a cabo no es uno de los más significativos en términos de población, económicos o políticos. El caso es que el *Saeima* (Parlamento de Letonia), adoptó el pasado 9 de septiembre de 2022 la Ley de Enmiendas a la Ley Iglesia Ortodoxa Letona (en letón: *Latvijas Pareizticīgās Baznīcas likums*)[612].

### 2.3.1. Modificaciones más relevantes

Esta norma trae consigo una serie importante de modificaciones a la mencionada Ley. Así, en su primer artículo, apartado segundo, donde ofrece un elenco de definiciones, define el marco de la Iglesia como: “La Iglesia Ortodoxa Letona con todas sus diócesis, congregaciones e instituciones es completamente independiente e independiente de cualquier poder eclesiástico fuera de Letonia (iglesia autocéfala)”. Por tanto, se puede observar con nitidez el objetivo que persigue su reforma: conseguir la independencia de la Iglesia Ortodoxa sita en el país letón, removiendo cualquier vínculo con otro poder eclesiástico procedente del exterior. Además, encontramos otros dos preceptos que nos suscitan interés.

Por un lado, su artículo 3, que añade en su primer apartado: “La ley establece plenamente el estatus autocéfalo de la Iglesia”. En el apartado tercero del mencionado precepto, establece además: “La Iglesia está encabezada por el Jefe de la Iglesia,

---

612 De este modo, se modifica la Ley vigente hasta el momento y publicada en su Gaceta Oficial: Latvijas Vēstnesis, 175A, 09.09.2022. Las referencias explícitas que se realizan en todo el artículo a la normativa están publicadas en https://likumi.lv/ta/id/184626-latvijas-pareizticigas-baznicas-likums (Última consulta: 26/06/2023). El texto está disponible en letón e inglés, pese a que en el momento de escribir estas líneas la traducción al inglés todavía no contiene la última reforma.

que es independiente de cualquier autoridad eclesiástica fuera de Letonia". Quizá se observa mejor el propósito de la enmienda si se atiende al articulado anterior de dicho apartado, que establecía: "La iglesia realiza plenamente el derecho de autogobierno y autodeterminación estipulado en sus estatutos".

Por otro lado, añade tres apartados al artículo 4, que guardan relación con la máxima figura de la Iglesia Ortodoxa en Letonia. Con la aprobación de esta norma, la Iglesia debe informar por escrito a la Oficina del Presidente del Estado tanto el nombramiento como la destitución del jefe de la Iglesia, metropolitanos, arzobispos y obispos (apartado 4)[613]. La Cancillería del Presidente del Estado publicará en el Boletín Oficial letón tanto el nombramiento (apartado 5)[614] como la destitución (apartado 6)[615].

Conviene poner de manifiesto que la normativa añade dos disposiciones transitorias que no parecen ser irrelevantes. De hecho, de su lectura trascienden dos mandatos importantes a los que debe hacer frente la Iglesia.

---

613 El mencionado apartado establece: "La Iglesia informa por escrito a la Oficina del Presidente del Estado sobre el nombramiento del jefe de la Iglesia, metropolitanos, arzobispos y obispos. La Iglesia también informa por escrito sobre la destitución del jefe de la Iglesia, metropolitanos, arzobispos y obispos".

614 "Con base en la información proporcionada por la Iglesia y la solicitud de la persona nombrada para el cargo, la Cancillería del Presidente del Estado en la publicación oficial "Latvijas Vēstnesis" anuncia en consecuencia la asunción del cargo de cabeza de la Iglesia, metropolitano, arzobispo y obispo, así como también envía esta información a la institución autorizada por la ley para tramitar el registro de organizaciones religiosas y sus instituciones".

615 "Sobre la base de la información proporcionada por la Iglesia, la Oficina del Presidente del Estado en la publicación oficial "Latvijas Vēstnesis" en consecuencia anuncia la destitución del jefe de la Iglesia, metropolitano, arzobispo y obispo, y también envía esta información a la institución autorizada por la ley para organizar la organización religiosa y registro de instituciones".

El primero de ellos, "armoniza(r) sus estatutos con las modificaciones de esta ley sobre el estatuto de la Iglesia, efectuando las modificaciones pertinentes a los estatutos, aprobándolos en una nueva versión y sometiéndolos a registro de acuerdo con los procedimientos especificados en la Ley de Organizaciones Religiosas". Para ello, la confesión tenía hasta el 31 de octubre del mismo 2022. Nótese de que estamos hablando de un margen temporal de tan solo unas semanas. Sin embargo, el segundo todavía resulta más apremiante: "Para el 1 de octubre de 2022, la Iglesia notificará a la Oficina del Presidente del Estado sobre el actual jefe de la Iglesia, metropolitanos, arzobispos y obispos". Dicho de otro modo, la confesión religiosa tuvo menos de 3 semanas para realizar esta labor de comunicar todos los mencionados cargos eclesiásticos.

Hasta ese momento, la Iglesia era autónoma y, por tanto, gozaba de un estatus que le permitía autogobernarse, pero con unos límites en ciertas cuestiones – el más relevante, sin duda, el nombramiento de la jerarquía eclesiástica – al Patriarcado de Moscú. Desde su entrada en vigor, en cambio, observamos cómo mediante la aprobación de una norma adoptada en un Parlamento nacional se persigue borrar todo rastro de estos lazos eclesiásticos.

Tras la lectura de estas modificaciones, no parece imprudente advertir que nos hallamos ante una afectación evidente del derecho a la libertad religiosa. De hecho, esta norma podría ir en contra de lo dispuesto en la propia Constitución letona. En su artículo 99 establece: "Todos tienen el derecho a la libertad del pensamiento, de conciencia y religión". Aunque, como es de imaginar, este derecho no es ilimitado, y encuentra sus restricciones en el artículo 116, "para proteger los derechos de otros, la estructura democrática del Estado, y la seguridad, bienestar y moral públicos". Además, a continuación, establece que "también se pueden imponer restricciones a la expresión de las creencias religiosas".

También es importante remarcar que las relaciones entre poder civil y espiritual en el país báltico están caracterizadas por una clara distinción entre ambos, a tenor de lo dispuesto en el artículo 99 de la Carta Magna. De este modo, el mencionado precepto ratifica que "La Iglesia está separada del Estado". En cambio, las enmiendas aprobadas en la legislación parecerían poner en tela de juicio esta separación entre Estado e Iglesia. El Estado estaría tomando una parte activa en la esfera propia de la confesión religiosa. Estaría convirtiendo la religión en un asunto que le compete, delimitando un marco regulatorio que parece interferir de forma obvia en el seno de la confesión, concretamente en las normas de organización internas y la capacidad de autogobernarse derivadas de la autonomía de las confesiones religiosas.

### 2.3.2. Aprobación por vía unilateral y urgente

Es evidente que no nos compete en estas líneas realizar un examen pormenorizado del Derecho letón. No estamos tampoco en situación de hacerlo. Pero sí que cabe advertir que la adopción de esta normativa se llevó a cabo de modo unilateral y por la vía de urgencia. En este sentido, en las próximas líneas aportamos evidencia de ambos hechos.

La unilateralidad se observa con la ausencia de diálogo, siquiera consulta, que tuvieron los poderes públicos letones con la comunidad religiosa destinataria de la norma y cuyo ámbito de actuación se ve claramente restringido. Así se extrae del comunicado oficial del entonces presidente letón, Egils Levits, publicado en el portal oficial de la Presidencia: "La Iglesia Ortodoxa Letona también ha sido informada sobre el proyecto de ley elaborado"[616]. Esta declaración coincidía además con lo manifestado por la propia Iglesia, que en un comunicado del

---

616 https://www.president.lv/en/article/announcement-president-latvia-egils-levits-amendments-law-latvian-orthodox-church (Última consulta: 27/09/2023).

9 de septiembre – hasta esa fecha había guardado silencio – se limitó a reproducir el contenido de la reforma legal con aparente aceptación y respeto a las disposiciones: "El Sínodo de la Iglesia Ortodoxa de Letonia llama con amor al clero y a los laicos a mantener una disposición pacífica de espíritu, a mantener la unidad de nuestra Iglesia, observando estrictamente las leyes de nuestro Estado de Letonia"[617].

Por lo que respecta a la cuestión de la vía de urgencia, de nuevo basándonos en los datos públicos, el Presidente del país anunció que había iniciado los trámites oportunos el 5 de septiembre: "En colaboración con el Ministro de Justicia, he preparado y esta mañana he presentado para su examen en Saeima (el Parlamento) las enmiendas a la Ley de la Iglesia Ortodoxa de Letonia"[618]. Pues bien, tan solo tres días después el Parlamento las había aprobado; cuatro después, fueron publicadas en el Boletín letón; y entraron en vigor el día siguiente de su publicación en el mismo. Así, el 10 de septiembre ya gozaba de plena vigencia el texto jurídico. Diríamos que no está nada mal, convertir una propuesta del Gobierno en una ley en vigor, en un período de tiempo de cinco días. Todavía más, cuando la misma despliega importantes efectos jurídicos en el ejercicio de un derecho fundamental y una cuestión tan relevante como es el modelo de relaciones entre Estado y confesiones religiosas.

El modo abrupto en que se llevó a cabo el proceso legislativo, en cambio, no parece advertirse a tenor del amplio respaldo

---

617 Puede consultarse el contenido completo de la declaración de la Iglesia Ortodoxa Letona en su portal: http://www.pareizticiba.lv/index.php?newid=9660&id=6 (Última consulta: 27/09/2023).

618 Véase Comunicado oficial del entonces Pesidente letón, Egils Levits, publicado en el portal oficial de la Presidencia el 5 de septiembre de 2022: https://www.president.lv/en/article/announcement-president-latvia-egils-levits-amendments-law-latvian-orthodox-church (Última consulta: 27/09/2023).

parlamentario con el que se aprobó la norma. Y es que en la votación se contabilizaron 73 votos a favor, uno en contra y tan solo 3 en contra. Esta amplísima mayoría cosechada en el Parlamento parecería relativizar – cuando no hacer desaparecer – la falta de una mesa de diálogo con la confesión religiosa en cuestión y la notable celeridad puesta de manifiesto con anterioridad. Sin embargo, es precisamente este punto el que consideramos relevante a destacar. La naturaleza de la legislación y el modo de llevarlo a cabo no parece haber suscitado excesiva oposición – siquiera reticencia – por parte del resto de grupos parlamentarios. Quizá este acontecimiento tenga alguna relación con el hecho de que el sábado 1 de octubre, esto es, unas semanas más tarde, estaba también marcado en el calendario letón, pues se celebraban las elecciones parlamentarias en el país báltico.

### 2.3.3. ¿Posible efecto dominó?

Habrá voces que sostengan que este proceso de autocefalía no resultaba novedoso, aludiendo al camino recorrido en Ucrania. Y están en lo cierto, efectivamente, en 2019 tuvo lugar el establecimiento de la independencia (autocefalía) de la Iglesia Ortodoxa de Ucrania (IOU). No obstante, es importante destacar la diferencia que existe entre esta autocefalía y el supuesto que nos ocupa.

Desde el primer momento, el proceso fue aprobado por el Patriarca Ecuménico de Constantinopla, además en un contexto de la agresión rusa. Así se expresó en el Sínodo de 11 de octubre de 2018[619]. Más tarde, la IOU se formó después de un consejo de unificación. Posteriormente, el Patriarca Ecuménico, Bartolomé I, firmó el 5 de enero de 2019 el Tomos por el que se reconocía y establecía oficialmente la recién formada Iglesia ortodoxa de

---

619 Véase https://ec-patr.org/nakoinothen-gias-kai-er-s-synodoy-11-okt-2018/ (Última consulta: 27/09/2023).

Ucrania y a la que se otorgó la autocefalía[620]. En definitiva, esta decisión tuvo lugar en el seno de la Iglesia y por medio de los cauces internos (canónicos) establecidos en su propio ordenamiento. Al menos oficialmente, ni los poderes públicos ucranianos ni la Administración rusa estuvieron involucrados.

En cambio, el escenario derivado de estas novedades legislativas es bien distinto. Un parlamento nacional llevó a cabo la aprobación unilateral de una norma que establecía directamente la autocefalía de una Iglesia. La aludida se limitó a constatar: "El Estado ha determinado el estatus de autocefalía de nuestra Iglesia"[621]. En otras palabras, el poder civil ordenó – en un proceso de 5 días – y el poder religioso acató el imperativo.

Habría quien podría afirmar que, en realidad, no sería descartable un efecto dominó, ya que en el escenario en el que lamentablemente seguimos no es difícil conseguir consensos en asuntos relativos al establecimiento de medidas que luchen contra cualquier atisbo de elemento maligno procedente del Estado ruso. De hecho, en otras cuestiones como el suministro de material armamentístico a Ucrania puede verse la facilidad con la que los ejecutivos nacionales pueden cambiar su posicionamiento y adoptar este tipo de medidas con una notable rapidez.

Pues bien, este contexto de guerra podría traer también una oportunidad para explorar nuevas reformas en otros Estados en el ámbito en el que nos movemos, esto es, la autonomía organizativa

---

620 Este reconocimiento no resultó pacífico en las relaciones entre el Patriarca de Moscú y el Patriarca Ecuménico de Constantinopla. Finalmente, el primero rompió vínculos con el segundo y se presentó como la única y verdadera ortodoxia universal.
Puede consultarse el texto jurídico en el que se otorga la autocefalía en: https://ec-patr.org/patriarchikos-kai-synodikos-tomos-chorigiseos-aytokefaloy-ekklisiastikoy-kathestotos/ (Última consulta: 27/09/2023).

621 De nuevo puede verse la declaración de la Iglesia Ortodoxa Letona en su portal virtual mencionado *supra*.

de las confesiones religiosas y la injerencia de la Administración Pública en ella. De hecho, en este aspecto sucede como en tantos otros. Al inicio, puede resultar más complicado que un Estado decida acometer enmiendas en cuestiones relativas a la libertad religiosa y la configuración jurídica de la misma. Ahora bien, conforme aumenta el número de países que deciden recorrer tal camino, más se facilita la tarea de quienes se plantean la opción de seguir estos pasos. En este sentido, es cierto que cada país presenta un sistema jurídico distinto que responde a su propia tradición e idiosincrasia. No obstante, podemos hacer referencia al país vecino, Lituania. Y es que, también en el mes de septiembre del año 2022, el Patriarca Ecuménico y el Vicepresidente lituano de Asuntos Exteriores, tuvieron oportunidad de dialogar acerca del "Ministerio de la Madre Iglesia"[622]. Meses atrás, la Primera Ministra lituana ya había escrito a Bartolomé I para que apoyase el intento de algunos sacerdotes ortodoxos de romper vínculos con el Patriarcado de Moscú[623]. De esta forma, el ejecutivo nacional tomaba partido en el conflicto existente en el seno de la propia confesión, después de que la confesión decidiese retirar la condición de sacerdotes a algunos de ellos por cuestiones de discrepancias respecto a la guerra en Ucrania[624]. El Patriarcado de Constantinopla se mostró favorable e inició el proceso para llevar a cabo

---

622 Puede verse en: https://orthodoxtimes.com/the-ecumenical-patriarch-met-with-the-lithuanian-vice-minister-of-foreign-affairs/ (Última consulta: 26/06/2023).

623 Puede consultarse: https://www.baltictimes.com/lithuanian_pm_backs_orthodox_priests__bid_to_break_away_from_moscow/ (Última consulta: 26/06/2023).

624 En una entrevista la Primera Ministra no esconde sus pretensiones de ofrecer este acompañamiento y acción gubernativa frente al Patriarcado Ecuménico. Véase: https://www.ukrinform.net/rubric-polytics/3621540-ingrida-simonyte-prime-minister-of-lithuania.html (Última consulta: 26/06/2023).

tal pretensión[625]. Lo más destacable es que este proceso se llevó a cabo con un fuerte protagonismo de la Primera Ministra, que es quien llevaba a cabo la negociación con el Patriarcado Ecuménico en todo lo referente a esta cooperación para el establecimiento de un Exarcado del Patriarcado Ecuménico en el país[626].

Es cierto que la situación de este país báltico es diversa al Estado letón. En este caso, no hablamos de una minoría con tanta presencia. Es más, la confesión mayoritaria del país es la católica y la segunda minoría más grande es la polaca, que es también católica. Sin embargo, lo que más nos importa a efectos de nuestro estudio es el rol que desempeña el Estado. En esta ocasión, los poderes públicos no han promovido una legislación nacional que establezca la nueva afiliación de una confesión religiosa, como en el supuesto letón. Más bien, están ejerciendo con paternalismo una posición de tutela de aquellos ministros de culto que no desean seguir bajo las órdenes de Moscú. Con ello no negamos que estamos ante una situación delicada que conviene estudiarla con detenimiento. En efecto, el Estado también se involucra en el ámbito interno de las confesiones y la autonomía de estas también queda afectada[627]. Y, como consecuencia, podrían aparecer inte-

---

625 https://www.lrt.lt/en/news-in-english/19/1943528/patriarch-of-constantinople-visits-vilnius-in-appeal-to-lithuania-s-orthodox-christians (Última consulta: 26/06/2023).

626 https://orthodoxtimes.com/bartholomew-the-ecumenical-patriarchate-offers-itself-to-the-service-of-the-orthodox-faithful-in-lithuania/ (Última consulta: 26/06/2023).

627 Hay una imagen que resulta reveladora, de la Primera Ministra y el Patriarca de Constantinopla en la rueda de prensa posterior a la reunión llevada a cabo en la oficina del gabinete lituano en Vilnius y en la que la oficialidad del acto es evidenciada por ambas banderas institucionales, tanto del Patriarcado de Constantinopla como del Estado lituano. Puede verse: https://www.reuters.com/world/europe/ecumenical-orthodox-patriarch-plans-lithuanian-branch-blow-moscow-2023-03-21/ (Última consulta: 26/06/2023).

rrogantes respecto al eventual posicionamiento del Tribunal de Estrasburgo, a tenor de lo que ha manifestado en otras ocasiones en las que el Estado demandado adoptaba un posicionamiento favorable a una facción o liderazgo, con la justificación de que existía una necesidad social imperiosa. Faltaría por ver, en cualquier caso, la proporcionalidad de la medida adoptada.

Sería demasiado fácil poder afirmar categóricamente que estamos ante una vulneración sin tomar en cuenta algunos elementos de juicio que pueden facilitar la comprensión de la situación actual en estos países. De esta forma, podemos tomar como referencia el Estado letón, dado que es el que hemos podido analizar con mayor detenimiento. El país báltico tiene una minoría rusa y en más de un momento se ha hecho patente esta tensión entre el Estado y este colectivo ruso. Existen voces que opinan que el Kremlin ha podido tensar esta relación en alguna ocasión, faltaría en todo caso probar este hecho. Además, los 217 kilómetros de frontera con el Estado ex soviético tampoco parecen ofrecer garantías a nivel territorial. De hecho, en el país báltico existe la Misión denominada *Presencia Avanzada Reforzada-Letonia*, donde entre otros países, España presta efectivos militares con el fin de "garantizar la estabilidad de la seguridad euroatlántica, mantener una Europa en paz, unida y libre, así como prevenir conflictos mediante medidas de defensa y disuasión creíbles"[628]. El servicio militar obligatorio ha sido reimplantado hace apenas unos meses mediante la aprobación de la Ley del Servicio de Defensa del Estado (*Valsts aizsardzības dienesta likums*)[629], que establece la obligatoriedad de realizar este

628 Para más información acerca de la Misión: https://www.defensa.gob.es/misiones/en_exterior/actuales/listado/otan-efp-letonia.html (Última consulta: 26/06/2023).

629 Fue publicada en la Gaceta del Estado: Latvijas Vēstnesis, 75, 18.04.2023. Puede consultarse la norma: https://likumi.lv/ta/id/341210-valsts-aizsardzibas-dienesta-likums (Última consulta: 26/06/2023).

servicio estatal a todos los ciudadanos hombres dentro del año posterior a haber cumplido los 18 años. Por no hablar de otras decisiones que se han tomado en fechas cercanas a la aprobación de la norma, como demoler el emblemático monumento soviético[630] o la propia declaración de Estado de emergencia en la región transfronteriza con Rusia en septiembre de 2022[631] y posteriormente se incluyó la frontera con Bielorrusia[632].

Todo ello se enuncia con el ánimo de poder comprender un poco mejor cuál es la situación en el país, los retos que afronta y las medidas que se están implementando en otros ámbitos. Por supuesto, en ningún caso avala de forma automática las leyes que se adopten en este contexto. Pero sí que nos permite tener una imagen más representativa de la realidad nacional y obtener una imagen algo más dinámica que una simple legislación aprobada en el Parlamento nacional. En Derecho sabemos que se debe ponderar. Y para poder hacerlo se requiere un mayor grado de conocimiento de las circunstancias que envuelven a la adopción de la reforma legal.

## 3. LA REGULACIÓN EN EL ÁMBITO VIRTUAL

En el transcurso de esta monografía hemos hecho sobre todo referencias a la figura del ministro de culto, aunque también a la confesión religiosa y alguna al lugar de culto. Y es in-

---

630 Puede verse en: https://eng.lsm.lv/article/politics/saeima/saeima-decides-to-legally-allow-soviet-monument-demolition.a456417/ (Última consulta: 26/06/2023).

631 https://www.europapress.es/internacional/noticia-letonia-decreta-estado-emergencia-region-fronteriza-rusia-20220927205750.html (Última consulta: 26/06/2023).

632 Véase: https://www.europapress.es/internacional/noticia-letonia-prorroga-estado-emergencia-frontera-bielorrusia-20220510171916.html (Última consulta: 26/06/2023).

negable que estas menciones resultan necesarias considerando nuestro objeto de estudio. Ahora bien, no es menos cierto que el mundo en el que vivimos es bien distinto a aquel que estaba presente en el momento de adoptarse los grandes textos internacionales, las constituciones de los países e incluso las leyes de libertad religiosa promulgadas, si es el caso.

Es evidente, por tanto, que el escenario presente es diferente, y ello es debido en buena medida a la globalización, que ha configurado algunas notas comunes de la sociedad actual. Una de las manifestaciones de esta globalización es el extendido uso de las ya nada *nuevas* tecnologías. No es necesario aportar evidencia alguna que justifique la relevancia que adquiere el entorno virtual en nuestros días. Basta detenerse un instante y observar nuestro alrededor para percatarnos de la omnipresencia de estas en prácticamente todas las facetas de nuestra vida. Y, en ese momento, podemos comprender mejor que el ejercicio de muchos derechos se está desplazando hacia el espacio *online*. Hoy cada vez más personas recurren a estas tecnologías para adquirir productos, comunicarse con los demás o expresar sus opiniones, entre tantas otras finalidades.

Por ello, podríamos plantearnos: ¿se puede utilizar también la red para fines religiosos? Y la respuesta es clara y contundente: Internet se está utilizando también como instrumento que posibilita el ejercicio de la libertad religiosa. Es lógico que se haga uso también en este ámbito, pues la dimensión espiritual de las personas y las comunidades no supone un elemento que transcurra al margen de la vida diaria. Al contrario, es un aspecto que está unido al contexto en el que se mueven las personas. Por esta razón, al igual que hay personas que hoy deciden consumir material cinematográfico en las pantallas de estos dispositivos, aprender un nuevo idioma o hablar con un amigo, también hay personas que deciden asistir a actos de culto retransmitidos en directo o diferido por estos medios, formarse doctrinalmente en el ámbito virtual o estar en contacto con otras personas con las que comparten fe o incluso mantener relación o dirección espiritual por parte de un ministro de culto. Todo ello son simples oportunidades que se muestran gracias a los avances tecnológicos y que también pueden aprovecharlos los miembros de una confesión. Además, con la pandemia mundial que llegó a nuestras vidas y, sobre todo, las restricciones a la libertad derivadas de las medidas destinadas a minimizar la propagación del virus, algunas de estas actividades religiosas experimentaron un crecimiento exponencial. Podemos intuir que, pese a que mayoritariamente se haya recuperado la normalidad, desde entonces es probable que haya habido un crecimiento en el uso de estas tecnologías, pero no disponemos de datos que avalen o desmientan esta hipótesis.

En cualquier caso, es fácilmente apreciable el impacto que Internet tiene en la vida de las personas. Y, por ende, también lo tendrá en el mundo del Derecho. Esto es una consecuencia lógica. El Derecho regula las relaciones entre distintos individuos y comunidades para permitir una convivencia pacífica entre todos ellos. Por ello, debe intervenir en las situaciones en las que la acción de algún individuo o colectivo impida o dificulte el ejercicio de derechos de terceros. Dado que vemos cómo el ámbito virtual es un espacio en que se ejercitan derechos y libertades, será necesario un marco jurídico que regule las relaciones y los derechos y deberes de los usuarios. De otra forma, sería comparable al supuesto en que las personas saliesen a la calle sin que existiesen normas que regulasen el espacio público. Habría quien podría afirmar que no es necesaria la adopción de más normas, ya que pueden aplicarse aquellas existentes al espacio *offline* o presencial. Y ello puede que sea cierto en algunos supuestos; sin embargo, en otros muchos, las particularidades de este lugar conllevan la conveniencia – cuando no necesaria – adopción de nuevos instrumentos jurídicos capaces de hacer frente a los desafíos presentes. Y es que Internet no es una suerte de paraíso o lugar idílico donde únicamente disfrutamos de sus ventajas sin pagar ningún coste a cambio, sino que la popularización de este instrumento ha traído consigo el surgimiento y la multiplicación de algunas conductas delictivas que llevan a cabo unos sujetos y organizaciones criminales, sacando provecho de algunas de las vulnerabilidades que ofrece la red para perpetrar sus conductas reprochables. Un ejemplo podríamos hallarlo en el aumento de hechos delictivos de estafa y suplantación de identidad en los sistemas informáticos. Como consecuencia, se hace necesaria la acción del Estado para proteger a los ciudadanos ante estas conductas. Y contamos con varios ejemplos de intervenciones en supuestos concretos, aunque ello no siempre esté exento de problemas[633].

Llegados a este punto, cabría preguntarse: ¿cómo puede manifestarse este uso indebido en el ámbito de la libertad religiosa? Y la respuesta comprendería un listado de actuaciones que podrían colisionar con algunos de los derechos comprendidos en esta libertad. Ahora bien, centrándonos en el objeto de nuestro estudio podemos detectar uno que ha recibido la atención del legislador europeo en los últimos años. Y este tiene que ver con el hecho de que muchos grupos terroristas no permanecen indiferentes ante el mundo virtual, sino que exprimen el potencial para seguir avanzando en sus pretensiones[634]. De hecho, si atendemos a los informes anuales que

---

633 Para una mejor profundización de los efectos de la Ley 21/2014, de 4 de noviembre y la problemática que puede presentar, véase a LLOPIS NADAL, P., "Direcciones IP y presunto anonimato. Tras la identidad del usuario infractor de derechos de propiedad intelectual en Internet", *InDret*, núm. 4, 2018, pp. 1-41. También puede verse LLOPIS NADAL, P., "Intermediarios, proveedores de contenidos y anonimato en la red: cómo identificar a los prestadores de servicios que infringen derechos de propiedad intelectual en internet", *Revista Iberoamericana de Derecho Informático*, núm. 4, 2018, pp. 13-36.

634 Hace más de veinte años, el fundador de Al Qaeda, Osama Bin Laden, ya auguraba la relevancia que tendría Internet, en una carta enviada al Mullah Omar en Afganistán: "Es obvio que en este siglo la guerra mediática es uno de los métodos más fuertes; de hecho, puede alcanzar una ratio del 90% del total de la preparación para nuestras batallas". Véase:

realiza anualmente EUROPOL, Internet es, junto con los centros penitenciarios, el lugar donde se dan más procesos de radicalización violenta. De este modo, conforme al Informe TE-SAT 2023 se confirma que durante el último año "Internet y la tecnología siguieron siendo facilitadores fundamentales de propaganda, así como de la radicalización y del reclutamiento de personas vulnerables personas en el terrorismo y el extremismo violento" [635]. También se subraya el crecimiento que está experimentando esta actividad en plataformas de videojuegos, sin por ello desmerecer el protagonismo que tienen las redes sociales la mensajería instantánea y los foros virtuales[636]. Ello no contravendría las investigaciones de los expertos que parecen coincidir en que grupos terroristas como Daesh "ha(n) hecho un arte de que las voces de unos pocos suenen como la de millones"[637]. También REINARES, en este sentido, ha dejado reflejada la relevancia de Internet:

> "Como consecuencia de la llamada sociedad de la información, esa violencia transnacionalizada tiende a adoptar una estructura horizontal en redes, con un contingente de activistas más bien difuso; una configuración distinta de lo habitual entre las

---

AWAN A. N., "The virtual Jihad: An Increasingly Legitimate Form of Warfare", *Combating Terrorist Center*, vol. 3, núm. 5, 2010. Puede consultarse en: https://ctc.westpoint.edu/wp-content/uploads/2010/08/CTCSentinel-Vol3Iss5-art3.pdf (Última consulta: 08/02/2023).

635 EUROPOL, Informe "Terrorism Situation and Trend Report" (TE-SAT), 14 junio 2023. Pueden consultarse tanto el Informe en inglés como el resumen ejecutivo en distintos idiomas en: https://www.europol.europa.eu/publication-events/main-reports/european-union-terrorism-situation-and-trend-report-2023-te-sat (Última consulta: 27/06/2023).

636 *Ibidem*, p. 7.

637 LEJARZA ILLARO, E., "Terrorismo islamista en las redes. La yihad electrónica", *Documento de opinión del Instituto Español de Estudios Estratégicos*, núm. 100, 2015, pp. 1-18. Puede consultarse en: http://www.ieee.es/Galerias/fichero/docs_opinion/2015/DIEEEO100-2015_IslamismoenRed_EguskineLejarza.pdf (Última consulta: 08/02/2023).

> organizaciones verticales rígidamente jerarquizadas que hemos conocido desde la década de los sesenta – algunas de las cuales todavía persisten –, donde los criterios que distinguen a quienes están dentro o fuera del entramado clandestino se encuentran mucho más demarcados. Internet se convierte así, para el nuevo terrorismo internacional, en el medio que facilita tareas fundamentales como las de proselitismo y tratamiento de datos, o incluso la gestión de los recursos financieros disponibles"[638].

Esta estructura horizontal es derivada del hecho de que aparentemente todos los usuarios están en el mismo nivel. Ello trae como posible efecto el surgimiento de nuevos liderazgos no necesariamente derivados de su condición formal en una confesión religiosa. Estaríamos, por tanto, ante una figura que podríamos denominar ministro de culto *informal*. Y esto debido a que, pese a que formalmente no ostentasen un estatus especial en la comunidad religiosa, en la práctica sí que llevarían a cabo ese liderazgo. Ello supone una dificultad añadida para el Estado, ya que no puede entrometerse en la labor que un ciudadano quiera realizar en el ámbito del proselitismo, siempre que no persiga simular ser un ministro de culto de una confesión determinada o lleve a cabo conductas que extralimiten el ejercicio de la libertad religiosa y pasen a otro espacio.

Lo que sí que cabe advertir es que se afirma que el material consumido *en línea* por algunas personas resulta en ocasiones determinante a la hora de que un sujeto decida cometer una barbarie. Es cierto que hay múltiples factores, pero también que a menudo el ámbito virtual ocupa un lugar muy relevante[639]. Por ello, las instituciones europeas han decidido focalizar

---

[638] REINARES, F., *Terrorismo global*, Madrid: Taurus, 2003, pp. 46-47.

[639] A finales del año pasado, el Teniente Coronel de la Guardia Civil y miembro del Centro de Inteligencia contra el Terrorismo y el Crimen Organizado (en adelante, CITCO) advertía: "Detrás de un atentado hay toda una serie de actividades de planificación, financiación, abastecimiento y procesos de radicalización que, hoy en día,

su atención sobre el material que está publicado en las plataformas virtuales y que está al alcance de una gran cantidad de personas. Como consecuencia de ello, el interés se centraría por tanto en minimizar el contenido de esta naturaleza que está disponible, para evitar que más personas puedan consumirlo.

### *3.1. Antecedentes en la regulación de las plataformas virtuales*

El primer hito histórico tuvo lugar en diciembre de 2015, cuando la Comisión Europea tomó un paso hacia adelante para crear el Foro de Internet con el objetivo de atajar su uso indebido para propósitos terroristas a través de dos líneas de acción: reducir la accesibilidad de contenido terrorista en línea e incrementar el volumen de narrativa alternativa eficaz.

La creación de este Foro, en realidad, había sido anunciada unos meses atrás, en abril de 2015, en la Agenda Europea de Seguridad. Ella tenía como objetivo trazar una respuesta eficaz y coordinada a nivel europeo, para apoyar a los Estados Miembros en su misión de garantizar la seguridad. Para ello se distinguían tres prioridades esenciales: la lucha contra el terrorismo y prevención de la radicalización, el desmantelamiento de la delincuencia organizada y la lucha contra la ciberdelincuencia. Pues bien, dentro de la primera de ellas, se anunciaba que la Comisión pondría en marcha en ese mismo año "un Foro a escala de la UE con empresas del sector TI para unirlas con las autoridades con funciones coercitivas y la sociedad civil"[640].

---

en gran medida se llevan a cabo *online*". Véase: https://www.nebrija.com/medios/actualidadnebrija/2022/12/02/jose-duran-internet-juega-un-papel-clave-en-la-propaganda-del-terrorismo-se-conectan-terroristas-de-todo-el-mundo/ (Última consulta: 08/02/2023).

640 El Foro se centraría "en el despliegue de los mejores instrumentos para luchar con la propaganda terrorista en Internet y en los medios sociales". Agenda Europea de Seguridad. 28.4.2015 COM (2015) 185 final, pp. 15-

Este Foro ha resultado ser interesante, pues es cierto que el trabajo conjunto entre la Comisión Europea, los Estados Miembros y los prestadores de servicios de alojamientos de datos ha traído consigo un mejor enfoque, por la relevancia que tiene cada uno de estos actores en la consecución de los objetivos. Además, el mismo Foro ha servido de base para que se pudiera avanzar conjuntamente con otros instrumentos. El claro ejemplo lo encontramos en la aprobación de un Protocolo de Crisis, que tenía como fin garantizar una respuesta rápida para contener la propagación viral de contenido terrorista. Además, los atentados contra dos mezquitas en la ciudad de Christchurch, Nueva Zelanda, fueron determinantes para que la Unión diese este paso. Cabe recordar que el autor del atentado retransmitió en directo el tiroteo a través de las redes sociales[641].

En este protocolo se implicaron prestadores de servicios de alojamiento de datos tales como Facebook, Twitter, Google, Microsoft, Dropbox, JustPaste.it y Snap. De este modo, el Foro de Internet de la Unión aprobó el Protocolo de Crisis con los siguientes objetivos: 1) Proporcionar una reacción coordinada

---

16. Véase: https://eur-lex.europa.eu/legal-content/ES/TXT/PDF/?uri=CELEX:52015DC0185&from=EN (Última consulta: 08/02/2023).

641 El entonces Comisario responsable de la Unión de la Seguridad, Julian King, recordaba: "Los acontecimientos acaecidos a principios de este año en Nueva Zelanda vinieron a recordar con crudeza que los contenidos terroristas se propagan en línea a una velocidad enorme. Aunque nuestra respuesta pueda ser rápida, no lo es suficientemente. El Protocolo constituye una respuesta de la UE para contener el desorden causado por tales acontecimientos, de manera coordinada". Así se recoge en el Comunicado de prensa de la Comisión Europea "Combatir el terrorismo en línea: el Foro de la UE sobre Internet se compromete a aplicar un Protocolo de crisis a escala de la UE", de 7 de octubre de 2019. Véase: https://ec.europa.eu/commission/presscorner/api/files/document/print/es/ip_19_6009/IP_19_6009_ES.pdf (Última consulta: 08/02/2023).

y rápida; 2) Facilitar la cooperación entre los sectores público y privado; 3) Facilitar un acuerdo voluntario.

También conviene señalar que gracias al Foro de Internet se logró adoptar una herramienta importante, por la repercusión que tuvo en ese momento. Hablamos del Código de conducta para la lucha contra la incitación ilegal al odio en internet[642], que representaba el acuerdo alcanzado entre Estados Miembros, Comisión Europea y las principales empresas tecnológicas[643]. Cabe señalar que, de nuevo, la configuración de este instrumento fue condicionada por un atentado terrorista, en este caso, el Código de conducta fue aprobado en junio de 2016, tras los trágicos atentados de Bruselas. De hecho, fue en la Declaración Conjunta de los ministros de Justicia y de Asuntos de Interior de la UE y los representantes de las instituciones de la UE del 24 de marzo donde se estableció que la Comisión intensificaría la cooperación con empresas del sector informático con el fin de "desarrollar para junio de 2016 un código de conducta contra la incitación al odio en Internet"[644]. Este Código de conducta establece que las empresas tecnológicas "contarán con procedimientos claros y eficaces para examinar las notificaciones relativas a la incitación ilegal al odio" y también que "dispondrán de normas o directrices comunitarias en las que se aclare que prohíben la promoción de la incitación a la violencia y las conductas odiosas". Sin embargo, una de las cuestiones más relevantes es el plazo de 24 horas al que las compañías se comprometen para retirar o deshabilitar el acceso al contenido ilegal, desde la notificación válida.

---

642 Puede consultarse: https://commission.europa.eu/document/551c44da-baae-4692-9e7d-52d20c04e0e2_es (Última consulta: 08/02/2023).

643 En concreto, las empresas tecnológicas eran Facebook, Microsoft, Twitter y YouTube.

644 Puede verse en: https://www.consilium.europa.eu/es/press/press-releases/2016/03/24/statement-on-terrorist-attacks-in-brussels-on-22-march/ (Última consulta: 08/02/2023).

### *3.2. La Propuesta de Reglamento para la prevención de la difusión de contenidos terroristas en línea*[645]

Fruto del impulso que tuvo el Foro de Internet, pero también del reconocimiento de las limitaciones que tenía para el cumplimento efectivo de sus fines, se empezó a abordar la necesidad de adoptar un marco jurídico común a todos los EEMM con el fin de minimizar el contenido terrorista disponible en línea.

Cabe destacar que, tras la aprobación del Foro de Internet, la Unión Europea había seguido dando pasos hacia adelante en aras de una mayor protección de la seguridad en el territorio de la Unión. Como hemos visto en el capítulo anterior, uno de los instrumentos con más relevancia fue la *Directiva (UE) 2017/541 del Parlamento Europeo y del Consejo, de 15 de marzo de 2017, relativa a la lucha contra el terrorismo y por la que se sustituye la Decisión marco 2002/475/JAI del Consejo y se modifica la Decisión 2005/671/JAI del Consejo*[646]. Pues bien, esta Directiva también imponía un mandato a los Estados para que adoptasen "las medidas necesarias"[647] para eliminar con celeridad el contenido terrorista en línea, aunque estipulando también que estas medidas habrían de establecerse "por procedimientos transparentes y ofrecer garantías adecuadas"[648].

---

645 Propuesta de Reglamento del Parlamento Europeo y del Consejo para la prevención de la difusión de contenidos terroristas en línea. COM (2018) 640 final. 2018/0331 (COD). En adelante, la Propuesta.

646 OJ L 88, 31.3.2017, pp. 6–21.

647 El artículo 21.1: "Los Estados miembros adoptarán las medidas necesarias para garantizar la rápida eliminación de los contenidos en línea albergados en su territorio constitutivos de provocación pública a la comisión de un delito de terrorismo a tenor del artículo 5. Procurarán obtener asimismo la eliminación de tales contenidos cuando estén albergados fuera de su territorio".

648 El artículo 21.3: "Las medidas de eliminación y bloqueo deberán establecerse por procedimientos transparentes y ofrecer garantías

No obstante, la preocupación e interés de la Unión por el rol de las plataformas virtuales, así como la necesidad de que los Estados interviniesen para frenar sus efectos en el ámbito del terrorismo también se pudo plasmar en otros textos, con mayor o menor impacto, pero que en cualquier caso eran fiel reflejo del rumbo que habían tomado las instituciones europeas.

De esta forma, el Consejo Europeo reflejó en 2017 el ineludible papel que tenían las empresas tecnológicas en la labor de combatir el terrorismo en línea[649]. También la Comisión destinó esfuerzos en abordar la cuestión. Primero, con una Comunicación sobre la lucha contra el contenido ilícito en línea[650]. Más tarde, adoptando una Recomendación en la que detallaba con más precisión las medidas con las que se podría combatir de forma eficaz los contenidos terroristas en línea[651].

Además, cabe mencionar que, al igual que está sucediendo en estos momentos respecto a la lucha contra las injerencias extranjeras, también en el ámbito virtual algunos países europeos empezaron a impulsar de forma paralela legislaciones nacionales con el fin de aproximarse al desafío que parecía estar presente en todos los países, sin distinción alguna. Si tuviésemos que mencionar las

---

adecuadas, sobre todo para garantizar que se limiten a lo necesario y proporcionado y que los usuarios estén informados de su justificación. Las garantías relativas a la eliminación o al bloqueo incluirán asimismo la posibilidad de recurso judicial".

649 *Conclusiones del Consejo Europeo de 22 y 23 de junio de 2017.* EUCO 8/17. Véase: https://www.consilium.europa.eu/media/23985/22-23-euco-final-conclusions.pdf (Última consulta: 08/02/2023).

650 *Comunicación de la Comisión al Parlamento Europeo, al Consejo, al Comité Económico y Social Europeo y al Comité de las Regiones. Lucha contra el contenido ilícito en línea. Hacia una mayor responsabilización de las plataformas en línea,* COM (2017) 555 final.

651 *Comisión Europea, Recomendación (UE) 2018/334 de la Comisión de 1 de marzo de 2018 sobre medidas para combatir eficazmente los contenidos ilícitos en línea.* DOUE L 63/50 6-3-2018.

tres legislaciones más representativas, destacaríamos la norma alemana (*Netzwerkdurchsetzungsgesetz* o *NetzDG*), francesa (*Loi visant à lutter contre les contenus haineux sur internet* o *Loi Avia*) y austríaca (*Kommunikationsplattformen-Gesetz* o *KoPl-G*). Aunque cada una de ellas presentaba algunas particularidades que la hacían diferente al resto, todas parecían coincidir en el fin último y en los plazos estipulados. De este modo, se otorgaba a las plataformas un periodo de 24 horas para eliminar el contenido, en caso de que éste fuese manifiestamente ilegal. De lo contrario, la ley alemana y la propuesta austríaca concedían un plazo de 7 días. Ambos plazos empezaban a computarse desde la notificación a la plataforma[652]. Algunas de las normas impuestas a las compañías recordaban mucho al contenido del Código de conducta de 2016 abordado *supra*, aunque con la importante diferencia de que estas legislaciones nacionales sí que emanaban un carácter vinculante, considerado necesario para garantizar la eficacia de las reglas.

Nos resulta interesante destacar que la Unión, lejos de desalentar estas iniciativas nacionales, no se limitó a no mencionar nada al respecto, sino que incluso llegó a animar a los Estados a que desarrollasen regulaciones nacionales. Y de nuevo esto nos recuerda al tratamiento jurídico que está teniendo en este momento la respuesta frente a las injerencias extranjeras. De esta forma, respecto al entorno virtual, el Parlamento Europeo "pide a los Estados miembros que adopten medidas nacionales en caso de que se retrase la adopción de la legislación"[653].

---

[652] Para un estudio exhaustivo de estas iniciativas nacionales, recomendamos GASCÓN MARCÉN, A., "La responsabilidad de los intermediarios de Internet en la Unión Europea: iniciativas recientes y perspectivas de futuro", en CASTELLÓ PASTOR, J.J. (coord.), *Desafíos jurídicos ante la integración digital: aspectos europeos e internacionales,* Cizur Menor: Aranzadi, 2021, pp. 133-160.

[653] *Resolución del Parlamento Europeo, de 12 de diciembre de 2018, sobre las conclusiones y recomendaciones de la Comisión Especial sobre Terrorismo* (2018/2044(INI)), Recomendación 48.

Esta petición no deja de ser curiosa, ya que las propias instituciones europeas estaban trabajando en un texto jurídico en este ámbito, y el principal argumento que se esgrimía era precisamente el de la necesidad de abordar un desafío transnacional de modo conjunto, con el ánimo de sortear la existencia de distintas legislaciones nacionales que conllevasen menor eficacia en el objetivo.

En este contexto es en el que aparece la Propuesta de Reglamento para la prevención de la difusión de contenidos terroristas en línea. La Propuesta partía de la premisa de que Internet estaba siendo utilizado por terroristas para "reclutar a seguidores y prepararlos, para planear y facilitar actividades terroristas, para glorificar sus atrocidades y para animar a otros a seguir ese ejemplo e insuflar el miedo en la opinión pública", tal y como se rezaba su Exposición de Motivos. Además, consideraba que los contenidos terroristas en la red eran "esenciales para la radicalización" y que, además, incentivaban acciones por parte de los llamados "lobos solitarios".

Por tanto, el objetivo fue desde el primer momento proporcionar un marco jurídico armonizado capaz de prevenir el uso indebido de prestadores de servicios de alojamientos de datos como instrumento de difusión de contenidos terroristas en línea.

### *3.3. El nuevo Reglamento[654] y sus oportunidades*

La Propuesta de Reglamento fue aprobada el 12 de septiembre de 2018. Pues bien, esta Propuesta no se materializó hasta la aprobación del *Reglamento 2021/784 sobre la lucha contra la difusión de contenidos terroristas en línea* el 29 de abril de 2021. El tiempo transcurrido, aunque obviamente se deba en buena medida al contexto pandémico producido por la COVID-19,

---

654 *Reglamento 2021/784, de 29 de abril de 2021, sobre la lucha contra la difusión de contenidos terroristas en línea.*

ha facilitado que el texto pudiese reposar durante más tiempo y recibir el acomodo de algunas de las mejoras que podrían implementarse en su articulado[655].

Hemos de reconocer que algunos extremos de la Propuesta habían recibido fuertes críticas desde algunos sectores. Por lo que el Reglamento que se aprobó finalmente recoge algunas de las enmiendas que se proponían con el fin de poder garantizar una mejor protección de los derechos fundamentales[656]. En las próximas líneas destacamos algunas de las modificaciones más relevantes.

En primer lugar, consideramos que existe un acento distinto respecto al objeto y ámbito de aplicación desarrollado en

---

655 Debe señalarse que, aunque la aplicación del Reglamento es directa, este exigía que los EEMM incorporasen y notificasen a la Comisión, a más tardar el 7 de junio de 2022, el régimen de sanciones aplicable a las infracciones regulados en el mismo. Pues bien, entre otros Estados, España no cumplió y por eso se inició el correspondiente procedimiento de infracción por incumplimiento que la Unión Europea comunicó con carta de emplazamiento de 26 de enero de 2023. Como consecuencia, la transposición en el ordenamiento interno se llevó a cabo posteriormente por medio de un Real Decreto, en concreto, el Real Decreto-ley 5/2023, de 28 de junio, por el que se adoptan y prorrogan determinadas medidas de respuesta a las consecuencias económicas y sociales de la Guerra de Ucrania, de apoyo a la reconstrucción de la isla de La Palma y a otras situaciones de vulnerabilidad; de transposición de Directivas de la Unión Europea en materia de modificaciones estructurales de sociedades mercantiles y conciliación de la vida familiar y la vida profesional de los progenitores y los cuidadores; y de ejecución y cumplimiento del Derecho de la Unión Europea. «BOE» núm. 154, de 29/06/2023.

656 El reforzamiento de la protección de los derechos fundamentales no debe interpretarse como un objetivo contrario o incompatible al de la protección de la seguridad público. Al respecto, en el Considerando 10 del texto final se añade: “Las medidas efectivas en línea de lucha contra los contenidos terroristas en línea y la protección de la libertad de expresión y de información no son objetivos incompatibles, sino que son objetivos complementarios que se refuerzan mutuamente”.

el texto final. A nuestro juicio, en él encontramos un mayor garantismo y una mayor precisión en su delimitación.

La primera de estas notas – el garantismo – puede verse en la inclusión de algunas cláusulas que complementan el contenido original. Dos ejemplos claros los vemos en el artículo 1.1 que delimita el objeto del Reglamento. Como sabemos, el objeto del mismo es establecer un marco regulatorio uniforme con el fin de luchar contra el uso indebido de los servicios de alojamiento de datos en la difusión de contenido terrorista en línea. Ahora bien, las normas que establece referidas a los dos destinatarios del Reglamento (prestadores de servicios de alojamiento de datos y Estados Miembros) añaden alguna cuestión en su articulado. Respecto a las empresas, se enuncia que el mismo establece deberes "razonables y proporcionados" de diligencia que deben aplicar ellas para luchar contra la difusión entre el público de contenidos terroristas[657]. Esta cláusula de razonabilidad y proporcionalidad no se hallaba en el texto original. También resulta novedoso el matiz de que las medidas que deben tomar los EEMM serán "de conformidad al Derecho de la Unión y a reserva de las salvaguardias adecuadas para proteger los derechos fundamentales, en particular la libertad de expresión e información en una sociedad abierta y democrática"[658]. Por tanto, se puede apreciar una mayor sensi-

---

657 Artículo 1.1.a establece que las normas se aplicarán, en particular, "sobre los deberes razonables y proporcionados de diligencia que deben aplicar los prestadores de servicios de alojamiento de datos para luchar contra la difusión entre el público de contenidos terroristas a través de sus servicios y garantizar, cuando sea necesario, la retirada o el bloqueo de acceso rápidos a dichos contenidos".

658 Artículo 1.1.b establece que también se aplicarán "las medidas que deben tomar los Estados miembros, de conformidad al Derecho de la Unión y a reserva de las salvaguardias adecuadas para proteger los derechos fundamentales, en particular la libertad de expresión e información en una sociedad abierta y democrática, con el fin de:

bilidad hacia la protección de los derechos fundamentales, ya que así lo expresa en los deberes fijados a los Estados, y también introduce a las plataformas virtuales la justa ponderación en la aplicación de los deberes de diligencia que deben aplicar.

También puede apreciarse esta mayor protección en la inclusión del apartado 4º del artículo 1 del Reglamento, que recoge:

> "El presente Reglamento no tendrá el efecto de modificar la obligación de respetar los derechos, libertades y principios a que se refiere el artículo 6 del TUE y se aplicará sin perjuicio de los principios fundamentales relativos a la libertad de expresión e información, incluidos la libertad y el pluralismo de los medios de comunicación".

Claramente el deseo del legislador europeo es el de enfatizar que la adopción de este nuevo texto jurídico no supone la modificación – ni mucho menos derogación – de los derechos y libertades públicas. Por tanto, el régimen de derechos – y específicamente los "principios fundamentales relativos a la libertad de expresión e información, incluidos la libertad y el pluralismo de los medios de comunicación" – suponen una limitación a la aplicación del Reglamento, y no a la inversa.

Respecto a la segunda de ellas – la mayor precisión – consiste en una delimitación más detallada respecto al ámbito de aplicación. En este caso, lo que añade el articulado del texto final es excluir dos cuestiones por quedar fuera de la aplicación del Reglamento. De este modo, conviene traer a colación su artículo 1.3 que establece:

> "No se considerará contenido terrorista el material difundido entre el público con fines educativos, periodísticos, artísticos o

---

i) detectar y permitir la retirada rápida de los contenidos terroristas por parte de los prestadores de servicios de alojamiento, y

ii) facilitar la cooperación entre las autoridades competentes de los Estados miembros, los prestadores de servicios de alojamiento de datos y, cuando proceda, Europol".

> de investigación, o destinados a evitar el terrorismo o combatirlo, incluido el material que sea la expresión de opiniones polémicas o controvertidas en el transcurso del debate público. Una evaluación determinará la verdadera finalidad de dicha difusión y si el material se difunde entre el público para dichos fines".

Por un lado, explicita de forma clara que el contenido publicado con fines educativos, periodísticos, artísticos, de investigación o de contranarrativa no será considerado terrorista. Esta cuestión era, a decir verdad, una de las que preocupaban a algunas asociaciones, grupos de artistas, profesores y académicos, pues parecía que con la adopción del texto podían estar expuestos a ser objeto de eliminación de contenido. Cabe destacar que la Propuesta contenía en el final de su Considerando 9 que "los contenidos difundidos con fines educativos, periodísticos o de investigación deben ser adecuadamente protegidos". No obstante, esta "protección adecuada" no tenía ningún tipo de desarrollo normativo en su articulado, por lo que el texto actual refuerza esta exclusión del ámbito de aplicación.

Por otro lado, también quedan fuera del mismo los materiales que puedan resultar incómodos, o inquietar o perturbar a una parte de la sociedad por la controversia que puede generar en la opinión pública. De este modo, como vemos al final del mencionado apartado, ese material no será considerado contenido terrorista. Esta cuestión no resulta baladí, ya que cabe ser precisos y rigurosos con la naturaleza del material que sea objeto de ser retirado o bloqueado su acceso. Así, debemos permanecer atentos a la hora de distinguir un contenido terrorista del que no lo es. Y un mensaje, por polémico que pueda resultar, no tiene por qué ser terrorista, aunque se trate de ideas u opiniones que no cuenten con el respaldo del resto de la población. Olvidar esto, tanto en el plano teórico como en el práctico, sería perder el foco de lo que realmente debe atraer nuestra atención, que es la seguridad pública. Y la seguridad pública no puede lograrse si los individuos no pueden expresar sus pensamientos, ideas y opiniones en libertad, esto es, con inmunidad de coacción por parte del Estado y de cualesquiera grupos sociales[659]. Por tanto, consideramos oportunos los matices que se hicieron en este sentido, pues alumbra la dirección hacia la que debemos dirigirnos en la implementación de una regulación cuyos efectos podrían ser notables en el ejercicio de los derechos fundamentales. De nuevo, también aquí, el Considerando 9 de la Propuesta se limitaba a manifestar que "la expresión de puntos de vista radicales, polémicos o controvertidos en el debate público sobre cuestiones políticas sensibles no debe considerarse contenido terrorista". No obstante, tampoco tenía ningún desarrollo normativo en el articulado del texto inicial. Por tanto, también aquí vemos una delimitación más precisa de la naturaleza de lo que debe ser considerado contenido terrorista.

También existe una modificación sustancial relativa a quiénes estarán obligados por este Reglamento. Ello puede verse mejor en el artículo 2 relativo a las definiciones, que define como "prestador de servicios de alojamiento de datos": "un prestador de servicios a que se refiere el artículo 1, letra b), de la Directiva (UE) 2000/31/CE del Parlamento Europeo y del Consejo consistentes en el almacenamiento de información facilitada por el proveedor de contenidos a petición de este". ¿Qué sucede? Que, en la redacción anterior, además de la información facilitada por el proveedor de contenidos a petición de este, también se encontraba "la puesta a disposición de terceros de la información almacenada". Con la eliminación de esta posibilidad, tal y como se enuncia en el Considerando 13 del Reglamento, quedan fuera del ámbito de aplicación los prestadores de servicios de "mera transmisión" o "almacenamiento temporal", así como de otros servicios proporcionados en otros niveles de la infraestructura de internet, que no conllevan almacenamiento, como los registros y los registradores, los proveedores de sistemas de nombres de do-

---

659 Esta inmunidad de coacción ha sido puesta de manifiesta en la STC 24/1982, de 24 de febrero de 1982, FJ 1º (TOL 78.997).

minio, los servicios de pago o los servicios de protección contra ataques de denegación de servicio distribuido. También se introduce la exclusión del ámbito de aplicación prestadores de servicios de alojamientos de datos tales como el correo electrónico o los servicios de mensajería privada, en su Considerando 14. ¿Por qué? Básicamente porque el peligro está en la "difusión entre el público"[660] y, ciertamente, un espacio en el que se requiere un registro o admisión a un grupo de usuarios no parece que sea un instrumento mediante el cual se pueda alcanzar un número potencialmente ilimitado de personas. No obstante, encontramos en el mismo Considerando una excepción consistente en que la admisión de los usuarios que intenten acceder a la información se produzca "de modo automático, sin que un ser humano decida o seleccione a quién otorgar acceso".

También se ha podido definir algo más qué se entiende por contenido terrorista, gracias al artículo 2 referido a las definiciones[661]. La redacción anterior era un poco más imprecisa

---

660 Se entiende por esto "la puesta a disposición de información, a petición de un proveedor de contenidos, a un número potencialmente ilimitado de personas" (artículo 2.3 Reglamento). Cabe destacar que esta definición no estaba presente en la Propuesta, que en cambio tenía la fórmula "difusión de contenidos terroristas" que no hacía ninguna mención al nivel de difusión (o número de personas) del contenido publicado, sino simplemente "la puesta a disposición de terceros de contenidos terroristas en los servicios de los prestadores de servicios de alojamiento de datos".

661 En el articulado final se entiende por contenidos terroristas "uno o más de los siguientes tipos de material, en particular material que: a) incite a la comisión de uno de los delitos a que se refiere el artículo 3, apartado 1, letras a) a i), de la Directiva (UE) 2017/541, cuando tal material preconice directa o indirectamente a través por ejemplo de la apología de actos terroristas, la comisión de delitos de terrorismo, generando con ello un riesgo de que se puedan cometer uno o varios de dichos delitos;

que la actual[662]. Incluso con la actual redacción, hemos de reconocer que hay algunos elementos que son más sencillos de catalogar que otros. Por ejemplo, un material de vídeo o un manual en que se enseña a preparar artefactos explosivos con la finalidad de perpetrar un atentado entraña pocas dudas al respecto. Sin embargo, puede existir otro tipo de material que por su naturaleza comporte mayores dificultades a la hora de catalogar cuán de pernicioso resulta y si merece ser objeto de eliminación por parte del servidor web. Y ello es debido a que, en la *praxis*, pueden darse supuestos que requieran mucha más precisión en la definición de lo que forma parte de la categoría

---

b) induzca a una persona o grupo de personas a cometer o contribuir a la comisión de los delitos a que se refiere el artículo 3, apartado 1, letras a) a i), de la Directiva (UE) 2017/541;
c) induzca a una persona o grupo de personas a participar en las actividades de un grupo terrorista en el sentido del artículo 4, letra b) de la Directiva (UE) 2017/541;
d) proporcione instrucción sobre la fabricación o el uso de explosivos, armas de fuego u otras armas o sustancias nocivas o peligrosas, o sobre otros métodos o técnicas específicos cuyo fin sea la comisión o la contribución a la comisión de cualquiera de los delitos de terrorismo a que se refiere el artículo 3, apartado 1, letras a) a i), de la Directiva (UE) 2017/541;
e) constituya una amenaza de comisión de los delitos a que se refiere el artículo 3, apartado 1, letras a) a i), de la Directiva (UE) 2017/541".

662 En la Propuesta se establecía que por contenido terrorista se entendía "uno o más de los elementos de información siguientes:
(a)los que inciten a la comisión de delitos de terrorismo o los defiendan, incluidos los que hagan apología de ellos, provocando con ello un peligro de comisión de dichos actos;
(b)los que fomenten la contribución a delitos de terrorismo;
(c)los que promuevan las actividades de un grupo terrorista, en particular fomentando la participación en un grupo terrorista o el apoyo al mismo, en el sentido del artículo 2, apartado 3, de la Directiva (UE) 2017/541;
(d)los que instruyan sobre métodos o técnicas para la comisión de delitos de terrorismo".

de lo permitido y lo que, en cambio, excede de lo permitido. En el mundo del Derecho existe en ocasiones una extensa gama de grises y las repercusiones de que un contenido sea catalogado como terrorista no resulta una cuestión sin importancia.

### *3.4. El nuevo Reglamento y sus riesgos*

Es evidente que, tras el proceso de elaboración de esta normativa europea, se ha conseguido finalmente un texto jurídico que refleja una mejor ponderación entre los distintos intereses jurídicos en juego. Como se ha puesto de manifiesto, Internet no puede ser utilizado por terroristas que persiguen aprovecharse de las ventajas que les ofrece esta realidad para la consecución de sus fines ilícitos.

En este sentido, consideramos relevante manifestar que la adopción de un Reglamento de esta naturaleza supone la ventaja de que en toda la Unión se goza del mismo marco regulatorio. Y no es una cuestión baladí, ya que esto resulta beneficioso para todos los agentes implicados. En primer lugar, las plataformas se benefician, pues se evitan esfuerzos inmerecidos por tener que observar y atender a las particularidades de cada una de las 27 normativas nacionales. También los usuarios disfrutan de una mejor seguridad jurídica, pues en principio no debieran ver que el mismo contenido publicado recibe un tratamiento distinto en función del país de que se trate, y todos ellos disfrutarán de las mismas posibilidades. Por último, y mucho más importante, los Estados saldrían mucho más reforzados, pues ven mejorada su eficacia a la hora de implementar la normativa, ya que al estar tanto los usuarios como las plataformas mejor informadas, el grado de seguimiento de la normativa vigente puede ser superior. Además, en caso de que detecten contenido objeto de restricción, el procedimiento por el cual se lleva a cabo ofrece muchas más garantías en la consecución del objetivo de eliminar dicho contenido en el menor tiempo necesario.

No obstante, como no es difícil de imaginar, detrás de cualquier opción legislativa existen una serie de riesgos que no conviene obviar. De lo contrario, más tarde se pueden lamentar efectos no deseados de una norma que – aparentemente – no tenía en su inicio. Consideramos oportuno destacar dos de ellos que han recibido críticas desde algunos sectores. La primera, referida a la autoridad competente en cada Estado Miembro; la segunda, a la mayor responsabilidad atribuida a los prestadores de servicios de alojamiento de datos. En las siguientes líneas desarrollamos ambas cuestiones.

Por un lado, se plantea qué autoridad debe ser competente para dictar las órdenes de retirada al prestador de servicios de alojamiento de datos. El artículo 12 únicamente establece que "cada Estado miembro designará la autoridad o autoridades competentes". La cuestión es qué tipo de autoridades pueden ser las encargadas de dictar las órdenes de retirada, examinar órdenes de retirada, supervisar medidas específicas e imponer sanciones. La respuesta la hallamos en el Considerando 35, que estipula que "debe ser posible para todo Estado miembro decidir el número de autoridades competentes que debe designarse y si son administrativas, policiales o judiciales". Este extremo es el que llamaría la atención, ya que existen autores que consideran que no debe caber la posibilidad de que las autoridades administrativas y – mucho menos policiales – sean las competentes para llevar a cabo estas labores[663]. Lo cierto es que la juris-

---

663 De este modo, TERUEL LOZANO muestra sus reticencias a que el legislador español "pueda reconocer como autoridad competente para dictar tales órdenes de retirada a órganos administrativos, aunque se trate de autoridades independientes, y mucho menos a policiales". Véase: TERUEL LOZANO, G., "Una lectura garantista de las nuevas tendencias en la lucha europea contra la difusión de mensajes terroristas en internet", *Revista de derecho constitucional europeo,* núm. 34, 2020. Puede consultarse: https://www.ugr.es/~redce/REDCE34/articulos/05_TERUEL.htm#tres (Última consulta: 07/02/2023).

prudencia del Tribunal Constitucional parece haber rebajado la aparente reserva de jurisdicción que se aplicaría a la potestad de controlar y sancionar el ejercicio de la libertad de expresión. Aunque, cabe matizar, ello fue con ocasión de la protección constitucional en el ámbito audiovisual y en unas circunstancias concretas[664]. En cualquier caso, se llega a afirmar que "el peligro de que las autoridades administrativas controlen sesgada, desviada, arbitraria o abusivamente la libertad de expresión es, seguramente, mucho más elevado que el riesgo de que los jueces hagan lo propio"[665]. Consideramos oportuno resaltar que un órgano administrativo o policial podría ofrecer mayor celeridad e incluso nivel de especialización en la materia abordada. No obstante, no cabe descartar que el "mayor peligro de decisiones arbitrarias, sesgadas o abusivas genera un mayor efecto disuasorio sobre el ejercicio legítimo de la libertad de expresión"[666].

---

664 Se trata de la STC 86/2017, de 4 de julio, que consideró válida la atribución al Consejo Audiovisual de Cataluña de las potestades sancionadoras y de policía que afectaban a las libertades de expresión y de información del artículo 20 CE (TOL 6.207.843).

665 Así lo manifiesta DOMÉNECH PASCUAL, G., "La policía administrativa de la libertad de expresión (y su disconformidad con la Constitución), en RÍOS VEGA, L. E. y SPIGNO, I. (eds.), *La libertad de expresión en el siglo XXI. Cuestiones actuales y problemáticas*, México: Tirant Lo Blanch, 2021, p. 207.

666 DOMÉNECH PASCUAL (en la misma fuente) considera que las autoridades administrativas "suelen tener potentes incentivos para silenciar, reprimir, cercenar y disuadir las manifestaciones expresivas o informativas contrarias a sus preferencias o intereses, o a los de los individuos que les han elegido para desempeñar sus funciones, así como para tolerar, proteger y favorecer las manifestaciones de estos últimos". Los jueces – a juicio del autor – estarían más aislados de esos incentivos, pues "su puesto de trabajo, su salario y su futuro profesional no dependen –tanto– del contenido ideológico y político de sus decisiones". Y, además, estos procedimientos serían más garantistas, pues "tienden a reducir en mayor medida la probabilidad de que se adopten resoluciones desviadas: las exigencias de motivación alcanzan mayor intensidad;

Nos parece oportuno remarcar que en esta cuestión el texto definitivo ha incorporado una cláusula en el mismo artículo 13 que impone que las autoridades competentes "lleven a cabo sus funciones en virtud del presente Reglamento de forma objetiva y no discriminatoria, al tiempo que respetan plenamente los derechos fundamentales". Y también ha enfatizado más la independencia que deben tener, ya que "las autoridades competentes no solicitarán ni aceptarán instrucciones de ningún otro organismo en relación con la ejecución de sus funciones"[667]. Además, los Estados Miembros deben comunicar las autoridades competentes designadas a la Comisión (artículo 12.3), para publicar en línea un registro en el que figuren las autoridades competentes (artículo 12.4).

Consideramos que estas medidas implementadas no comportan la desaparición de los riesgos que se derivan de la atribución de esta labor a estas autoridades, no obstante, sí que refuerzan más el papel independiente, objetivo y garantista que resulta imprescindible en sus tareas.

Por otro lado, no puede pasar inadvertida la relevancia que adquieren los prestadores de servicios de alojamiento de datos con la adopción de este Reglamento. Y es que, es indudable la creciente responsabilidad que tienen a partir de este momento las compañías con respecto al contenido que está publicado en su plataforma. Esta mayor responsabilidad, por otro lado, sigue la tendencia

---

el margen que los jueces tienen para actuar de oficio es mucho más estrecho; las partes cuentan con mejores posibilidades de defenderse".

667 Estas dos premisas deben ser garantizadas por el Estado. Así se desprende del artículo 13.2 que afirma "Los Estados miembros garantizarán que sus autoridades competentes lleven a cabo sus funciones en virtud del presente Reglamento de forma objetiva y no discriminatoria, al tiempo que respetan plenamente los derechos fundamentales. Las autoridades competentes no solicitarán ni aceptarán instrucciones de ningún otro organismo en relación con la ejecución de sus funciones".

adoptada por la Unión también en otros ámbitos. Un ejemplo lo encontraríamos en la regulación que tiene el ámbito audiovisual, aunque indudablemente el más representativo, por la novedad y repercusiones que tiene, sería la Ley de Servicios Digitales[668]. La aprobación de este Reglamento ha traído consigo numerosas implicaciones para los prestadores de servicios intermediarios, imponiendo nuevas obligaciones a las compañías. Esta regulación, que se presenta mucho más estricta con las "plataformas en línea de muy gran tamaño", comprende también el desarrollo de las vías de impugnación que tienen los usuarios en los casos en los que la plataforma retire el contenido publicado por ellos[669].

En cualquier caso, lo cierto es que en el Reglamento 2021/784 se desarrollan también una serie de "medidas específicas" que son impuestas de forma indirecta a las plataformas[670]. En virtud de este mandato, el prestador de servicios de alojamiento de datos "incluirá en sus términos y condiciones disposiciones destinadas a luchar contra el uso indebido de sus servicios para la difusión de contenidos terroristas, y las aplicará" (artículo 5.1). Además

---

668 *Reglamento (UE) 2022/2065 del Parlamento Europeo y del Consejo de 19 de octubre de 2022 relativo a un mercado único de servicios digitales y por el que se modifica la Directiva 2000/31/CE (Reglamento de Servicios Digitales).*

669 Al respecto, véase: LLOPIS NADAL, P., "Plataformas en línea y decisiones sobre contenidos: el sistema interno de reclamación y la resolución extrajudicial de litigios como vías de impugnación reguladas en la Ley de Servicios Digitales", en HERNÁNDEZ SAINZ, E., MATE SATUÉ, L. C. y ALONSO PÉREZ, M.T. (coords.), *La responsabilidad civil por servicios de intermediación prestados por plataformas digitales*, A Coruña: Colex, 2023, pp. 139-173.

670 Decimos que se impone de forma indirecta, pues deberán llevarlas a cabo cuando – conforme al artículo 5.4 – se haya "adoptado una decisión basada en factores objetivos, como que el prestador de servicios de alojamiento de datos haya recibido dos o más órdenes firmes de retirada en los 12 meses anteriores, de que lo considera expuesto a contenidos terroristas" y "notificado al prestador de servicios de alojamiento de datos la decisión".

de esta inclusión y aplicación de sus términos y condiciones, las compañías deberán tomas medidas adicionales, cuya elección les corresponderá a ellas, a pesar de que el Reglamento contenga un elenco de posibilidades[671]. Y es precisamente la decisión de hacer recaer sobre las plataformas virtuales estas medidas de carácter obligatorio lo que se podría presentar como una atribución negativa – cuanto menos peligrosa – de competencias, por el impacto que tendría en el ejercicio de los derechos fundamentales. En efecto, habría quien podría plantear si estamos ante un supuesto de externalización de la Administración de Justicia. Así, GASCÓN MARCÉN ha puesto de manifiesto que "promover el filtrado de ciertos contenidos por los propios intermediarios puede parecer una medida efectiva y rápida, pero el problema es que las empresas no están sujetas a los mismos estándares de derechos humanos que los Estados"[672]. La misma autora pone en duda la capacidad que tiene un revisor de contenido de una plataforma a la hora

---

671 El artículo 5.2 establece en su segundo párrafo: "Corresponderá al prestador de servicios de alojamiento de datos la decisión sobre la elección de las medidas específicas. Dichas medidas podrán incluir una o varias de las siguientes:
a) medidas o capacidades técnicas y operativas adecuadas, tales como una dotación de personal o medios técnicos apropiados para identificar y retirar los contenidos terroristas o bloquear el acceso a ellos rápidamente;
b) mecanismos de fácil uso y acceso para que los usuarios informen o alerten al prestador de servicios de alojamiento de datos de presuntos contenidos terroristas;
c) cualquier otro mecanismo para aumentar la concienciación respecto de los contenidos terroristas en sus servicios, como los mecanismos de moderación de los usuarios;
d) cualquier otra medida que el prestador de servicios de alojamiento de datos considere apropiada para luchar contra la disponibilidad de contenidos terroristas en sus servicios".

672 GASCÓN MARCÉN, A., "Los intermediarios de Internet y la protección de los derechos humanos", en DÍAZ BARRADO, C. M., RODRÍGUEZ BARRIGÓN, J. M. y PEREIRA COUTINHO, F. (coords.),

de evaluar, en pocos segundos, una imagen o comentario que puede ir en contra de los términos de servicio de la empresa, en contraste con la decisión equilibrada que un juez legalmente capacitado puede llevar a cabo. Conviene no obviar que la libertad de expresión comprende el intercambio libre de información o ideas que puedan ofender, conmocionar o perturbar a una parte de la sociedad. Y ello no comporta la extralimitación del ejercicio del derecho, sino más bien el deber que conlleva para los demás de tolerar este mensaje que puede resultar molesto o incómodo.

En definitiva, el hecho de que las empresas privadas tengan otorgado un rol de garantes del ejercicio de los derechos fundamentales puede comportar una serie de riesgos que no son menores. Eso sí, lo que el texto definitivo pretende es ofrecer una regulación más garantista en el ejercicio de estas labores, ya que en su artículo 5.3 establece una serie de requisitos para guiar la actuación de las compañías con el fin de que puedan ser eficaces al mismo tiempo que proporcionadas y respetuosas con los derechos fundamentales[673]. Esta nueva configuración,

---

*Las empresas transnacionales en el derecho internacional contemporáneo*, Valencia: Tirant Lo Blanch, 2019, p. 407.

673 El mencionado precepto establece que "las medidas específicas cumplirán todos los requisitos siguientes:
a) serán eficaces para mitigar el nivel de exposición de los servicios del prestador de servicios de alojamiento de datos a los contenidos terroristas;
b) serán selectivas y proporcionadas, teniendo en cuenta, en particular, la gravedad del nivel de exposición de los servicios del prestador de servicios de alojamiento de datos a contenidos terroristas, así como las capacidades técnicas y operativas, la solidez financiera, el número de usuarios de los servicios del prestador de servicios de alojamiento de datos y el volumen de contenidos que facilitan;
c) se aplicarán teniendo plenamente en cuenta los derechos e intereses legítimos de los usuarios, en particular los derechos fundamentales de los usuarios relativos a la libertad de expresión e información, al respeto de la vida privada y a la protección de los datos de carácter personal;
d) se aplicarán de manera diligente y no discriminatoria.

sin duda alguna, fue influida por las demandas manifestadas por varias ONG especializadas en la defensa de la libertad de expresión y de los derechos de los usuarios de Internet, pero sobre todo de varios relatores de Naciones Unidas. Pese a que se introdujeron algunas medidas, algunas ONG, como *Access Now* o *Article 19*, pidieron sin éxito a los miembros del Parlamento Europeo que votasen en contra del Reglamento por fomentar el uso de herramientas automáticas de moderación de contenidos y la falta de control judicial independiente[674].

En cualquier caso, habremos de conceder un periodo de gracia con el fin de percatarnos si las oportunidades consiguen materializarse en éxitos, tanto a nivel de eficiencia en la detección como de garantías para todos los implicados.

### *3.5. El nuevo Reglamento y su oportunidad perdida*

Es cierto que en un futuro se habrá de proceder a tales exámenes con el objeto de valorar con detenimiento si los riesgos que se plantean no llegan a revestir suficiente entidad como para alterar las oportunidades; o si, por el contrario, trae efectos perniciosos para el ejercicio de los derechos fundamentales en el entorno virtual.

Ahora bien, lo que sí que consideramos sin realizar ningún examen que muestre el éxito o fracaso de la dirección empren-

---

Cuando las medidas específicas impliquen el recurso a medidas técnicas, se facilitarán garantías eficaces y adecuadas para velar por la precisión y evitar la supresión de material que no constituya contenidos terroristas, en particular mediante la supervisión y verificación humanas".

674 GASCÓN MARCÉN, A., "El nuevo Reglamento europeo para la prevención de contenidos terroristas en línea", en TIRADO ROBLES, C., CRUZ PADIAL, I., ÁLVAREZ MARTÍNEZ, J. y HINOJOSA TORRALVO, J. J. (coords.), *Retos de la sociedad digital. Regulación y fiscalidad en un contexto internacional*, Madrid: Reus, 2022, pp. 525-546.

dida es que con este proceso legislativo se ha perdido una oportunidad. Y es que, al igual que se hace en tantos otros procesos similares en el seno de la Unión, se podría haber tomado más en cuenta a la sociedad civil y haberla implicado más, especialmente en la implementación de la regulación. Concretamente hablamos de las comunidades religiosas. Y ello porque hacerlo hubiera supuesto un previsible mayor respaldo por parte de la sociedad, especialmente de aquellos colectivos que pueden resultar más afectados, bien sea por la realidad o por el sentimiento percibido. De esta forma, hubieran podido haber sido tenidos en consideración, tanto en la elaboración como, sobre todo, en su implementación. A menudo se argumenta que las normas gozan de una mayor eficacia cuando tienen un carácter más sólido y estable. Pues bien, el hecho de haber participado en el proceso y sentirse parte de él aumenta el grado de consecución de los fines, ya que estos grupos sociales tienden a sentirse más comprometidos con la norma y a respetarla en mayor medida.

Cierto es que para llevar a cabo la tarea con éxito se necesitan importantes dosis de labores de pedagogía y también de concienciación. Pero es una evidencia que la interacción con la sociedad civil suele obtener sus frutos. E, incluso, las propias comunidades religiosas pueden tener también interés en que su mensaje llegue correctamente a los feligreses de su confesión y no sea alterado o corresponda a otras interpretaciones. En un mundo paralelo al real, donde bajo el anonimato o identidad falsa puede esconderse cualquier persona, representaría una garantía para la confesión que se pudiera ofrecer certeza respecto a quién hay detrás de la pantalla en las redes sociales o plataformas virtuales.

En nuestra opinión, ello podría ser una medida positiva por una sencilla razón: no forzaría a nadie, no obligaría a ninguna confesión religiosa a tener perfiles autenticados. En cambio, sí que ofrecería tal posibilidad a las confesiones religiosas, para que pudiesen, igual que tienen ministros de culto convencionales habilitados e inscritos en el Registro, contar con el derecho de expedir un certificado para que aquello que la persona en cuestión publicase o participase en el entorno virtual pudiese ir respaldado por un sello o etiqueta de autenticidad. Se trataría de extrapolar otras herramientas, que actualmente ya se utilizan con otros fines, al ámbito de la religión. En otras palabras, traería beneficios a todos los agentes implicados y también un refortalecimiento del sistema de derechos y libertades. Sin embargo, no logramos identificar importantes consecuencias negativas o sacrificios o restricción de derechos fundamentales, ya que en ningún caso se obligaría a nadie a participar como tal. Y, en cualquier caso, los ciudadanos siempre podrían seguir consumiendo contenido procedente de otros canales dentro de la plataforma virtual.

Por ello, se reforzaría la autonomía de las confesiones religiosas, fortaleciendo así la dimensión colectiva e institucional de la libertad religiosa. También se ofrecería una mejor protección a la dimensión individual, ya que los miembros de dicha confesión podrían tener más elementos disponibles a su alcance para comprobar que efectivamente dicha cuenta responde a su confesión y, dentro de ella, a su específica escuela, corriente, Iglesia o interpretación. Por otro lado, no se renunciaría al modelo de relaciones entre el Estado y las confesiones religiosas, que exige a los poderes públicos un deber de preservar la neutralidad, ya que los poderes públicos no llevarían a cabo un control de la legitimidad de las creencias, ni tampoco un examen exhaustivo de la persona que la confesión desea inscribir como ministro. Al igual que no se hace en el entorno presencial, tampoco se haría en el virtual. Y, por último, se promoverían las condiciones para que la libertad y la igualdad del individuo y de los grupos en que se integra fuesen reales y efectivas (artículo 9.2 CE). ¿Por qué?

Primero, porque ello posibilitaría que los individuos encontrasen más posibilidades disponibles a su alcance. En efecto, el abanico de servicios al que podría acceder cualquier persona conectada a la línea, sería ligeramente – o, en algunos casos, considerablemente – superior. Por no hablar de las personas con movilidad reducida, por cualquier causa.

En segundo lugar, porque ello velaría también por los intereses de las confesiones religiosas. Y es que, no nos equivoquemos, en ocasiones tienen serias dificultades para que su mensaje pueda llegar a la población, ya que existen multitud de cuentas y todas ellas parecen tener una legitimidad muy similar.

En definitiva, aquella protección de la que la libertad religiosa es objeto en el ámbito presencial también podría tener su repercusión en el entorno *online*. Y ello sin ningún sacrificio o restricción de derechos significativa.

# *Conclusiones*

## CAPÍTULO I

1. La figura del ministro de culto no es del todo irrelevante en nuestro ordenamiento jurídico. De hecho, en la actualidad reviste un interés notable en distintas ramas del Derecho, ya que de su concepto y configuración legal dependerá el tratamiento jurídico que el Estado deba dispensar en cada una de las situaciones. De esta forma, las personas que forman parte de esta categoría disponen de un régimen especial en distintos ámbitos, tal y como hemos analizado. Cabe advertir que este régimen no resulta siempre aplicable de forma uniforme a las confesiones religiosas, sino más bien al contrario. A menudo, la pertenencia a una confesión u otra es la que determina el tratamiento específico en uno u otro supuesto.

2. Con anterioridad, no existía ninguna dificultad a la hora de conceptualizar la figura de ministro de culto en nuestro país. Primero, porque simplemente bastaba con acudir a la propia terminología de la Iglesia Católica para poder ofrecer una respuesta a la confesión católica. Segundo, porque carecía de relevancia definir esta categoría para aquellas confesiones acatólicas, por su escasa presencia en la realidad nacional. No obstante, el escenario actual está caracterizado por un creciente pluralismo religioso. A medida que aumenta esta diversidad religiosa, crece el interés por delimitar la figura de ministro de culto. Pues bien, paradójicamente, cuanto mayor es el interés, mayor es la dificultad para poder ofrecer respuestas que nos aproximen a un concepto capaz de atender a las distintas coordenadas que presentan las comunidades religiosas presentes en nuestro panorama nacional,

ya que la realidad de cada una de ellas presenta en ocasiones importantes diferencias con las demás.

3. A causa de la dispersión terminológica de las confesiones religiosas y de la relevancia que tiene su delimitación en el sistema legal, es necesario ofrecer un concepto jurídico-civil del término, con la intención de que a efectos públicos la persona que desempeñe tales labores religiosas pueda obtener un reconocimiento por parte del Estado. Ello es necesario para aumentar la seguridad jurídica y el ejercicio efectivo de los derechos, no únicamente de los ministros, sino también de las comunidades e incluso de los miembros de esta. No obstante, por la dificultad que hemos mencionado que existe para lograr un concepto global de esta figura, no se ofrece ninguna definición en la CE ni en la LOLR 7/1980, que es la norma que desarrolla el contenido de la libertad religiosa. Por ello, la doctrina ha realizado considerables esfuerzos en ofrecer unas notas básicas con la intención de esclarecer su significado.

4. Para minimizar el impacto que habría en la autonomía de las confesiones si la Administración Pública configurase de forma unilateral un concepto jurídico de ministro de culto, el Estado ha acudido a las fuentes pacticias, que surgen de la concurrencia de voluntades del Estado y las confesiones religiosas. Así, se ha realizado mediante la técnica del presupuesto, esto es, el Derecho estatal asume los institutos jurídicos que surgen en un campo externo a la esfera jurídica del Estado. Como resultado, tenemos tres definiciones, cada una de ellas contemplada en los tres Acuerdos de Cooperación que el Estado ha establecido con los protestantes (Federación de Entidades Religiosas Evangélicas de España), judíos (Federación de Comunidades Judías de España) y musulmanes (Comisión Islámica de España). Los tres Acuerdos, tras ser suscritos, fueron aprobados por medio de una Ley el 10 de noviembre de 1992. En este caso, las Leyes 24/1992; 25/1992 y 26/1992, respectivamente. Pues bien, los rasgos comunes que podemos extraer son: 1) una persona física; 2) que desempeña funcio-

nes religiosas (culto, asistencia y magisterio); 3) con carácter estable; 4) certificada por su Iglesia o Comunidad.

5. Tras dejar atrás el laicismo característico de la II República y el confesionalismo católico por parte del Régimen Franquista, la actual Constitución de 1978 trata de superar ambos extremos y aborda el fenómeno religioso desde un sistema laico que conlleva la no adhesión a ninguna confesión, al mismo tiempo que valora de forma positiva el hecho religioso e impone un principio de cooperación a los poderes públicos. Como podemos imaginar, hay importantes consecuencias que se derivan de este modelo, ya que el Estado deja de dispensar un trato privilegiado a una confesión y también cesa en su persecución a ninguna de ellas ni trata de restringirlas a su esfera estrictamente privada.

6. Estas nuevas coordenadas constitucionales tienen una notable repercusión en la configuración del derecho de libertad religiosa. Y esta libertad religiosa, como hemos visto, comprende también una dimensión comunitaria que está recogida en el artículo 2.2 LOLR. Pues bien, entre los derechos que forman parte de este ámbito colectivo encontramos el derecho a designar y formar a sus ministros de culto. Este derecho guarda relación con el modelo de relaciones Iglesia – Estado que opera en el ordenamiento jurídico español: ¿cómo va a ser el Estado quien designe a estos ministros si es radicalmente incompetente en materia religiosa?

7. Además, el derecho a designar y formar ministros de culto sirve también de instrumento para que los ciudadanos puedan ejercitar su derecho a la libertad religiosa. Como se ha podido observar, algunos de los derechos protegidos en el artículo 2.1 LOLR, como el derecho a practicar los actos de culto, recibir asistencia religiosa de su propia confesión, o recibir e impartir enseñanza, se caracterizan por tener un vínculo esencial con la autonomía de las confesiones, ya que de este modo los creyentes podrán ejercitar estos derechos

con ministros de culto de su propia confesión y, dentro de ella, conforme a la particular Iglesia, escuela, corriente e interpretación, y no conforme a otros líderes religiosos que hayan sido elegidos por el Estado u otras confesiones distintas. Un ejemplo lo encontraríamos en el derecho que tienen los padres a elegir la enseñanza religiosa o moral que esté de acuerdo con sus convicciones (27.3 CE). En este sentido, las comunidades religiosas son quienes resultan competentes para designar los profesores de religión y atender de este modo al derecho de recibir enseñanza religiosa (2.1.c LOLR), por lo que se aprecia la estrecha relación entre la dimensión individual y colectiva de la libertad religiosa.

8. En algunas situaciones la designación de ministros de culto llega a constituir una condición indispensable para que el ciudadano pueda ejercitar efectivamente un derecho. El ejemplo más evidente es la asistencia religiosa en centros públicos. Cuando una persona se halla interna en un centro caracterizado por un régimen de especial sujeción, esta no tiene posibilidad de recibir asistencia espiritual o practicar su culto, a menos que sea por la acción del Estado consistente en remover los obstáculos que impidan que el ejercicio de esta libertad pueda ser pleno y efectivo (artículo 9.2 CE). Pues bien, el Estado solo no puede proveer estos servicios religiosos, no tiene la capacidad de simular ser un ministro de culto con el objeto de satisfacer la demanda espiritual del interno. Por tanto, para poder dar respuesta a su carácter asistencial con el ciudadano interno el Estado debe contar con el apoyo de la confesión religiosa, que es la competente para poder llevar a cabo tales labores religiosas.

## CAPÍTULO II

9. En este capítulo hemos partido de la premisa de que la libertad religiosa tiene una dimensión comunitaria, que con-

lleva que las confesiones religiosas son titulares de un derecho propio e independiente de esta libertad (16.1 CE). Y, dentro de esta libertad, está comprendido el derecho a designar y formar a sus ministros de culto. Pues bien, nuestra atención se ha centrado en el ámbito de los límites.

a. El artículo 16.1 expresa que la libertad religiosa – también la de las comunidades – únicamente podrá ser limitada en sus manifestaciones. Ello trae como consecuencia que el derecho a designar y formar ministros de culto puede ser limitado, ya que es una manifestación del derecho de libertad religiosa.

b. Esta libertad – y por tanto también este derecho a designar – no podrá encontrar más limitación que "la necesaria para el mantenimiento del orden público protegido por la ley", como reza el mismo precepto.

c. Este concepto jurídico indeterminado de "orden público" es desgranado por el legislador ordinario en el artículo 3.1 LOLR. El mismo fija como elementos constitutivos del orden público: la seguridad, salud y moralidad pública, además del derecho de los demás al ejercicio de sus libertades públicas y derechos fundamentales.

d. Como se ha subrayado, la jurisprudencia española ha señalado que este orden público no puede interpretarse como una cláusula preventiva para evitar los posibles riesgos derivados del ejercicio de la libertad religiosa, ya que de lo contrario el propio límite actuaría como un peligro cierto para el ejercicio de esta libertad.

10. Además, hemos observado que en nuestro ordenamiento jurídico sigue en vigor una norma, el Acuerdo Básico de 1976, que afecta al nombramiento de Arzobispos y Obispos. Pues bien, antes de proceder a su nombramiento, la Santa Sede debe notificar el nombre del designado al Gobierno español, por si existiesen sobre él "posibles objeciones

concretas de índole política general" (artículo 1.1 Acuerdo Básico). Pese a que, como se ha expuesto, la valoración final correspondería a la Santa Sede, consideramos que esta normativa es llamativa en nuestro sistema legal, pues no se ajusta exactamente al contenido y espíritu constitucional desarrollado en el capítulo anterior.

11. También se ha desarrollado la intervención que el Estado lleva a cabo a través del Registro de Entidades Religiosas, que es un registro especial para el fenómeno religioso. No obstante, cabe recordar que tanto la inscripción de las confesiones religiosas como las anotaciones de sus ministros de culto son actos potestativos, por lo que queda a su mejor consideración decidir si hacerlo. Ahora bien, la inscripción permitirá que puedan ejercitar algunos derechos que en caso de no estar inscritas no podrían, como la adquisición de la personalidad jurídica (artículo 5 LOLR); la posibilidad de firmar acuerdos de cooperación con el Estado, si cuentan con la declaración de notorio arraigo (artículo 7.1 LOLR); la posibilidad de ser miembro de la Comisión Asesora de Libertad Religiosa (artículo 8 LOLR); o, más próximo a nuestro objeto de estudio, la libertad para establecer su propio régimen jurídico (artículo 6.1 LOLR). También la posibilidad de que el ministro de culto anotado en el RER pueda prestar asistencia religiosa en un centro público o celebrar matrimonios religiosos con efectos civiles.

12. En cualquier caso, la jurisprudencia ha remarcado que la articulación de un Registro de esta naturaleza no habilita al Estado para realizar una actividad de control de legitimidad de las creencias religiosas de las confesiones religiosas, sino que su tarea se basa en un acto de mera constatación de que la entidad solicitante no sea alguna de las excluidas por la norma y que las actividades que se desarrollan para su práctica no excedan los límites previamente mencionados: la seguridad, salud o moralidad públicas, y el derecho de los demás al ejercicio de sus libertades y derechos fundamenta-

les. Por tanto, la Administración no llevará a cabo un control exhaustivo respecto a la legitimidad de sus creencias.

13. En el ámbito educativo, las confesiones tienen el derecho a designar los profesores de religión (RD 696/2007). Esta asignatura es una materia doctrinal que constituye una garantía residual para que los padres puedan ejercitar el derecho a elegir la enseñanza religiosa o moral que esté de acuerdo con sus convicciones (27.3 CE). Por tanto, es la propia confesión – todas las que tienen Acuerdo de Cooperación con el Estado – la que decide tanto el contenido de la materia (currículos docentes) como el profesorado que la impartirá. En ambos casos podemos ver cómo la Administración se encarga de aprobar el currículo docente que la confesión ha adoptado previamente y cómo la autoridad educativa contrata al profesorado que la confesión ha designado (contratación laboral a tiempo indefinido). De este modelo pueden deducirse dos elementos importantes: la laicidad, que trae consigo la radical incompetencia de los poderes públicos en materia religiosa; y la autonomía de las confesiones religiosas para poder autogobernarse, regirse y decidir acerca de asuntos atribuidos a su competencia.

14. En la designación del profesorado no se han detectado conflictos por parte de la doctrina y jurisprudencia española. Ahora bien, aquello que sí que ha generado alguna controversia es la retirada de la "idoneidad confesional", que consiste en el juicio de valor acerca de una persona para desempeñar la labor como docente de religión. En este caso, nos situamos en un supuesto de tensión entre la autonomía confesional y la vida privada de los trabajadores de la enseñanza. Los casos que llegan a los tribunales suelen basarse en una conducta lícita del profesor de religión que tiene lugar en horario extralaboral y que sería contraria a la doctrina de la confesión. Por esta razón, la misma decide no renovarle el contrato de trabajo. Posteriormente, este acude a la Justicia alegando que tal decisión vulnera algún derecho fundamen-

tal. Pues bien, la respuesta jurisprudencial, tanto del Tribunal Supremo como del propio Tribunal Constitucional ha resultado contradictoria, ya que asuntos muy similares han recibido respuestas distintas. Aquí, eso sí, el conflicto acerca del derecho a designar no radica en la relación entre poderes públicos y confesión religiosa. Más bien, se sitúa en el plano de la autonomía confesional y de los límites de esta frente a su propio personal. No obstante, es evidente que el Estado no puede mirar hacia otro lado y ha de resolver acerca de la entidad que reviste la modulación del derecho del profesor y su relación con el ejercicio de sus derechos fundamentales.

15. Por último, nos hemos adentrado en el ámbito penitenciario, caracterizado por ser un espacio especialmente sensible en lo que respecta al surgimiento y evolución del extremismo violento entre algunos internos.

    a. En este contexto está justificada una mayor intervención por parte de los poderes públicos, ya que existe un interés evidente en preservar la convivencia pacífica dentro y fuera de este tipo de establecimientos.

    b. Es cierto que el modelo aplicable de esta asistencia religiosa es distinto en función de la confesión a la que pertenece el ministro. Para la Iglesia Católica hay previsto un modelo de concertación; en cambio, para las otras tres confesiones –judíos, musulmanes y protestantes– se trata de una libertad de entrada.

    c. Posteriormente, se han suscrito Convenios de colaboración del Estado con la Comisión Islámica de España y también con la Federación de Entidades Religiosas Evangélicas de España para la financiación de los gastos que ocasione el desarrollo de la asistencia religiosas en dichos centros.

    d. Lo que todas ellas comparten es el procedimiento: primero la confesión religiosa designa al ministro de culto;

posteriormente, la autoridad penitenciaria es quien decidirá si autoriza tal elección.

e. Aquello que las distingue es el desarrollo del proceso o requisitos para la concesión de la autorización. Para la Iglesia Católica no se ha desarrollado en ninguna norma; en cambio, las tres confesiones con Acuerdo de 1992 sí que cuentan con un mayor desarrollo (RD 710/2006).

## CAPÍTULO III

16. El sistema italiano y el español guardan importantes similitudes y a menudo se los trata de poner como expresión de un mismo modelo. Sin embargo, hemos detectado diferencias:

a. En la Constitución Española se impone el mandato a los poderes públicos de mantener las relaciones de cooperación con las confesiones religiosas (artículo 16.3 CE). Sin embargo, este imperativo no especifica el modo en que se habrá de llevar a cabo, sino que ello ha sido posteriormente resuelto por el legislador ordinario. En cambio, en el sistema italiano se establece que *le Intese* serán el instrumento mediante el cual el Estado italiano debe materializar esta colaboración con las confesiones.

b. En España existe una Ley Orgánica de Libertad Religiosa, que sirve como norma básica para todos los ciudadanos, creyentes o no; y todas las entidades religiosas, tengan o no tengan Acuerdo de Cooperación, hayan obtenido o no la declaración de notorio arraigo y estén o no inscritas en el correspondiente Registro. Es cierto que en mismo instrumento jurídico establece distintos niveles de protección legal, pero todos están incluidos en él. En cambio, en el caso de Italia no existe una normativa aplicable más allá de la Ley 1159/1929 de "culti ammessi" y del Real Decreto 289/1930 que desarrolla la aplicación de la Ley.

c. Como resultado de estos dos hechos – la *Intesa* como mandato constitucional y ausencia de normativa básica aplicable a las entidades religiosas – el número de acuerdos suscritos entre el Estado italiano y las comunidades religiosas es considerablemente superior: 13 *Intese*. Por tanto, se observa un mayor desarrollo de la normativa pacticia en Italia. Al mismo tiempo, este hecho positivo de que cada vez más confesiones consigan suscribir un acuerdo con el Estado trae consigo un efecto negativo y este consiste en que, cuanto mayor es el número de comunidades que cuentan con este instrumento, más disminuye el interés por adoptar un marco regulatorio común de la libertad religiosa.

d. En el sistema italiano el Estado no tiene la obligación de suscribir un acuerdo de cooperación con ninguna confesión, como ha subrayado la jurisprudencia nacional (Sentencia n. 52/2016 de la Corte Constitucional). Es más, ni siquiera tiene el deber de iniciar o llevar a cabo negociaciones destinadas a la consecución del mismo. Como consecuencia, esta facultad – y no imperativo – de la Administración forma parte de la discrecionalidad reservada al poder político y, por tanto, no revisable en los órganos judiciales. Esto no tiene una respuesta así de contundente en nuestro ordenamiento, tal y como hemos puesto de manifiesto en el capítulo. Ahora bien, en caso de que una confesión no cuente con acuerdo de cooperación no conlleva una falta de protección por parte de la normativa común.

17. Es cierto que ambos ordenamientos nacionales también comparten principios importantes aplicables a esta disciplina. De esta forma, ambos países operan en torno al modelo de laicidad. Por tanto, los poderes públicos se muestran neutrales ante el fenómeno religioso. En el caso italiano, se propugna la relevancia del factor religioso e incluso el deber de promoción de este. Por tanto, existe la misma valoración positiva hacia lo religioso. Y ello puede apreciarse en la protección que se garantiza en algunos ámbitos, tales como la

educación o la asistencia religiosa. De hecho, esta última se fundamenta sobre la base de la Constitución Italiana (artículo 3.2) que posteriormente se reproduciría prácticamente en su literalidad en la Constitución Española (artículo 9.2).

18. Este modelo tiene su impacto en la configuración de la dimensión colectiva de la libertad religiosa. De esta forma, las confesiones religiosas tienen el derecho a designar sus ministros de culto. Tras haber quedado parte del contenido normativo italiano declarado inconstitucional, el articulado que sigue operando establece que será necesaria la aprobación gubernativa para que puedan llevar a cabo actos que despliegan efectos civiles. De esta forma, aquellos ministros de culto que deseen celebrar matrimonios religiosos con efectos públicos habrán de recibir la autorización por parte de la Administración Pública italiana.

19. Sin duda, donde mejor puede apreciarse el desarrollo del derecho a designar los ministros de culto es en los respectivos acuerdos de cooperación. En ellos podemos encontrar la protección del derecho sin que exista ninguna injerencia estatal. También se establece la certificación como instrumento que posibilita identificar a los ministros de culto que pueden llevar a cabo actos que desplieguen efectos civiles. Y, en algunos de ellos, se desarrolla con más detalle las especificaciones de las labores encomendadas a los ministros y también se protegen aspectos específicos, como el secreto ministerial o la objeción de conciencia al servicio militar obligatorio.

20. Por lo que respecta al sistema penitenciario italiano, la religión constituye uno de los elementos que conforman el trato penitenciario con el objeto de lograr una reinserción social de los presos en el sistema italiano (artículo 15 Ley 354/1975). Por tanto, no es únicamente una cuestión relativa al ejercicio de los derechos fundamentales en el entorno carcelario, sino que, además, compone una parte importante de este trato.

21. Además, los internos tienen derecho a la libertad religiosa durante su estancia en este establecimiento (artículo 26.1 Ley 354/1975). El elenco de derechos es una traslación de lo contenido en el artículo 19 de la Constitución Italiana, a excepción de la omisión que realiza a la libertad de propaganda – nosotros diríamos proselitismo – y, por tanto, también queda protegido el derecho a la asistencia religiosa. De hecho, recibe un tratamiento jurídico específico. Ahora bien, el régimen jurídico de esta asistencia espiritual varía en función de la confesión de que se trate. De esta forma, existen tres tipos de configuraciones legales: la Iglesia Católica, que cuenta con una capilla y al menos un capellán. Por otro lado, estarían las confesiones con *Intesa*, cuyos miembros tendrían un sistema de libertad de acceso. Por último, estarían el resto de las confesiones, que habrían de superar mayores controles gubernativos para conseguir el acceso a estos centros.

22. Sin embargo, estos establecimientos también son espacios que, tal y como demostrarían los datos, se erigen como lugares de procesos de radicalización y extremismo violento por excelencia. Las reducidas dimensiones de los centros y la amplia variedad de culturas, lenguas y religiones, junto con la experiencia vital distinta de cada uno de los internos constituiría un caldo de cultivo idóneo para aumentar el sentimiento de agravio, consolidar un carácter identitario y formar una causa noble por la que luchar. Todo ello traería consigo la necesidad de abordar esta temática con enfoques adecuados y transversales que tengan como premisas la dignidad y libertad del interno y la religión como elemento del trato penitenciario. Al mismo tiempo, las soluciones ofrecidas deben garantizar la seguridad, tanto en el interior de las prisiones como en el exterior de las mismas, ya que en un futuro estos ciudadanos quedarán en libertad y debe velarse por su reeducación y reinserción social.

23. En este contexto, el Estado italiano ha logrado materializar un *Protocollo* (5 noviembre 2015) con la finalidad de poder

garantizar el acceso a la asistencia religiosa a los internos musulmanes, ya que esta confesión no dispone todavía de acuerdo en el país. En la articulación de este instrumento ha sido muy importante la colaboración de la *Unione delle Comunità e Organizzazioni Islamiche in Italia* (UCOII), ya que ha servido de interlocutor con el Estado. El objetivo es poner en relación la demanda existente – un número considerable de musulmanes internos en prisiones, especialmente en el norte – con la oferta disponible – tanto imanes como mediadores interculturales, designados por la confesión –. Por ello, la UCOII debe preparar un listado de estas personas que estarían interesadas en prestar su voluntariado en estos centros; y la Administración, en cambio, facilitará el listado de centros con mayor presencia de internos musulmanes.

24. El balance de este Protocolo no parece ser negativo, si se atiende al hecho de que lo que se trataba de un programa piloto de aplicación en ocho centros penitenciarios se ha renovado y, con ello, también se ha decidido extenderlo a todo el territorio nacional. Además, aparte de la renovación con UCOII (4 junio 2020), también se han firmado otros dos protocolos. Uno con el *Centro Islamico Culturale d'Italia* y otro con la *Confederazione Islamica Italiana* (ambos el 8 octubre de 2020). Por tanto, se amplía tanto el ámbito geográfico como el número de interlocutores con los que el Estado se compromete a trabajar conjuntamente en el ámbito de la asistencia a internos, tanto por parte de ministros de culto como de mediadores interlocutores.

## CAPÍTULO IV

25. El contenido y las conclusiones alcanzadas en este capítulo son importantes, ya que España debe respetar el contenido de los tratados y acuerdos internacionales ratificados por nuestro país. Pero, además, también es relevante porque una vez que

se han ratificado estos tratados, los derechos fundamentales y libertades públicas de la Constitución deben ser interpretados de conformidad con lo dispuesto en esta normativa internacional, en virtud del artículo 10.2 CE. Por tanto, goza de interés a efectos normativos y de interpretación.

26. Tal y como ha quedado reflejado, los textos internacionales de referencia no desarrollan excesivamente el contenido de la dimensión colectiva de la libertad religiosa en su articulado. Y, como puede imaginarse, mucho menos de la figura de ministro de culto. Sin embargo, no nos ha resultado que la mención explícita sea una condición ineludible. Y ello por dos motivos:

    a. Primero, porque tampoco está desarrollada en las distintas constituciones europeas, y no por ello significa que la dimensión colectiva queda fuera del ámbito de la protección comprendido en la libertad religiosa. Un ejemplo lo encontraríamos en nuestra propia regulación interna.

    b. Segundo, porque se debe atender al momento histórico en el que se aprobaron. Como hemos analizado, estos convenios se sitúan en el cambio de paradigma de una concepción institucional hacia otra más personalista. Por eso los textos hacen más énfasis en la dimensión individual de la libertad.

27. Existen una serie de instrumentos jurídicos internacionales que, aunque no gozan de la misma relevancia en la esfera pública, prestan mayor atención a esta dimensión colectiva de la libertad religiosa. En primer lugar, está *La Declaración sobre la eliminación de todas las formas de intolerancia y discriminación fundadas en la religión o las convicciones,* que establece en su artículo 6 algunas libertades que nos resultan de especial interés, como: la de solicitar y recibir contribuciones voluntarias financieras y de otro tipo de particulares e instituciones (artículo 6.f); la de capacitar, nombrar, elegir y designar por sucesión los dirigentes que correspondan según las necesidades y normas de cualquier religión o convicción (artículo 6.g); y la de establecer y mantener

comunicaciones con individuos y comunidades acerca de cuestiones de religión o convicciones en el ámbito nacional y en el internacional (artículo 6.i).

28. Por otro lado, también hemos visto el *Documento final de la Reunión de Viena de la Conferencia para la Seguridad y la Cooperación en Europa.* En él hay dos apartados del Principio 16 que son interesantes en el ámbito de la dimensión colectiva de la libertad religiosa. El 16.4 establece que se respetará el derecho de las confesiones a: 1) establecer y mantener lugares de culto o de reunión libremente accesibles; 2) organizarse de conformidad con su propia estructura jerárquica e institucional; 3) elegir, nombrar y sustituir a su personal de conformidad con sus necesidades y normas respectivas, así como con cualquier acuerdo libremente establecido entre tales comunidades y su Estado; y 4) solicitar y recibir contribuciones voluntarias financieras y de otra índole. El Principio 16.8 reconoce que el derecho a la formación de personal religioso en las instituciones apropiadas.

29. Un pilar fundamental de este capítulo ha sido el estudio de la jurisprudencia del TEDH, ya que este precisamente ha habido de pronunciarse respecto a las acciones de restricción pública llevadas a cabo por los Estados miembros del Consejo de Europa. En realidad, hemos podido apreciar cómo en muchos de los pronunciamientos se podía apreciar unos rasgos propios de un sistema cesaropapista bizantino. De esta forma, se puede identificar en esos casos una percepción de que aquello que se identifica con lo religioso no deja por ello de pertenecer al ámbito del poder civil. Y, por tanto, la conclusión que se derivaría de ello es la facultad que tiene el Estado para inmiscuirse en los asuntos internos de lo religioso, sin siquiera cuestionarse si estos forman parte de su ámbito competencial.

30. En el Caso Serif contra Grecia, apreciábamos que el Tribunal consideraba que la sentencia condenatoria por parte del

Estado a una persona por presuntamente haber ejercido de muftí no podía justificarse por "una necesidad social apremiante". Esta persona no había realizado ningún acto de relevancia, por ejemplo, a efectos civiles. Por tanto, el mero hecho de haber actuado como líder religioso y que un grupo le hubiese seguido voluntariamente no constituía causa suficiente para imponer una condena que resultase compatible con las exigencias de pluralismo religioso de una sociedad democrática. El hecho de que puedan surgir tensiones entre las comunidades religiosas – concluye el Tribunal – es una consecuencia inevitable del pluralismo. Por lo que la acción del Estado habría de centrarse en asegurar la tolerancia mutua entre los grupos enfrentados y no tanto en garantizar un liderazgo unificado dentro de la comunidad.

31. En el supuesto de Hasan y Claush contra Bulgaria observábamos la alternancia asidua que había habido en el liderazgo de los musulmanes en el país. Curiosamente, estos cambios en su cúpula coincidían con la formación de distintos ejecutivos nacionales de distinta sensibilidad u orientación ideológica. En este caso, las autoridades gubernativas expulsan con el uso de la fuerza al hasta entonces Gran Muftí de Sofía y también se le priva a él y el resto de la Junta Directiva del control y uso de las mezquitas, bloqueo de ingresos y privación del uso de documentos y propiedades de la comunidad. En la Sentencia se observa una distinción clara entre dos liderazgos dentro de la misma confesión, cada uno con un apoyo popular procedente de un sector de la misma comunidad. El Tribunal no ofrece ninguna duda a la hora de encuadrar los derechos afectados dentro de la protección del artículo 9 CEDH, ya que considera que las comunidades religiosas tradicionalmente y universalmente existen en la forma de estructuras organizadas. Y, además, afirma que ellas mismas están regidas por reglas que son normalmente vistas por sus seguidores como normas de origen de divino. Por eso – sigue argumentando – las ceremonias religiosas

tendrían su significado y valor sagrado para los creyentes en el caso en que estas estén desarrolladas por ministros facultados por estas mismas reglas. Comprobada la injerencia en el derecho, el Tribunal concluye que ha existido tal vulneración por "favorecer a una facción de la comunidad musulmana, concediéndola el estatus de un único liderazgo oficial y excluyendo completamente al reconocido liderazgo hasta entonces" ya que, todo ello, habría consistido en una práctica arbitraria fundamentándola en disposiciones legales que permitían una discrecionalidad ilimitada al ejecutivo, sin cumplir con los requisitos de claridad y previsibilidad.

32. Más tarde, hemos analizado otros supuestos que han llegado al Tribunal y, en todos ellos, ha habido condena al Estado por haber violado la libertad religiosa, en cada situación de una forma distinta, aunque en ocasiones presentando rasgos comunes. El punto que más se ha subrayado es el incumplimiento por parte del Estado en la observancia del deber de neutralidad e imparcialidad respecto al fenómeno religioso. En algunos supuestos el Estado forzaba a la comunidad para que únicamente hubiese un liderazgo unificado, en otras pretendía la ausencia de vínculos con el exterior, por cuestiones de seguridad nacional e integridad territorial. El Tribunal defiende que la respuesta de los Estados no puede consistir en eliminar la causa de la tensión suprimiendo el pluralismo religioso. Al contrario, consiste en garantizar que los grupos que compiten se toleren unos a otros. Ahora bien, la cuestión es si ello implica que cualquier injerencia en este derecho sea constitutiva de violación. Y nos negamos a responder afirmativamente a este interrogante, ya que de otro modo podríamos hallarnos ante una vulneración de otros derechos cuando esta venga provocada por el ejercicio de este derecho fundamental. Por todo ello, lo que se deben respetar son las coordenadas que el Tribunal de Estrasburgo impone, sin que ello suponga considerar que no cabe ningún tipo de injerencia. En

caso de respetarse las fronteras que hemos delimitado, el Tribunal estaría en condiciones de avalar tal injerencia.

## CAPÍTULO V

33. Por más que la terminología empleada en este capítulo pueda resultarnos familiar, hemos considerado esencial delimitar conceptualmente algunos conceptos con el fin de saber a qué nos referimos exactamente con el fenómeno que abordamos. Y es que, de la representación que se realice de estos conceptos, dependerá el enfoque y los instrumentos que se implementen en las políticas de prevención del extremismo violento. Además, hemos reconocido desde el inicio que no existe consenso respecto a la correcta utilización de la terminología. Por ello, las definiciones que hemos alcanzado no son un único modo de entender cada una de las categorías mentales, sino un medio para que nos faciliten el estudio de esta temática.

34. De este modo, de forma muy sucinta podríamos recordar algunas notas básicas de los dos conceptos más relevantes presentes en nuestra investigación:

    a. "Radical": idea o persona que acude a la raíz de un asunto; también puede ser la doctrina que propugna la reforma total del orden político, científico, moral y religioso. Hemos hecho una mención expresa al término *total*, que es lo que distinguiría a un radical de otro sujeto. Ahora bien, como hemos visto, no ha de existir necesariamente un vínculo con la violencia, ya que estas ideas podrían defenderse por medios pacíficos. Esto lo distinguiría del "radical violento" o "radicalización violenta", que es el proceso por el cual se asumen estas ideas, en este caso, con la defensa del uso de la violencia. Por tanto, el posicionamiento radical de unas ideas no necesariamente conlleva la justificación de la violencia para la consecución de tales objetivos políticos, científicos, morales o religiosos.

b. "Extremista": idea o persona que se presenta como excesiva, suma o exagerada; o que se halla a distancia del resto de la sociedad. En este concepto sí que hemos observado una pretensión de lograr una sociedad homogénea que se base en principios rígidos y dogmáticos. Por tanto, algunos autores destacan una falta de respeto por las minorías, anticonstitucionalismo, valores antidemocráticos, antipluralismo o autoritarismo. Aquí, pese a que no todos los autores lo afirman categóricamente, sí que existiría una mayor proximidad al recurso a la violencia para silenciar el pluralismo, discrepancia o posicionamiento alternativo.

35. La lucha contra el terrorismo se ha visto obligada a adaptarse a los constantes cambios que ha experimentado el fenómeno terrorista. Pues bien, progresivamente, ha ido ganando más fuerza la prevención del terrorismo; y, dentro de este pilar de prevención, ha ido adquiriendo mayor relevancia la lucha contra el extremismo y la radicalización violenta. Se argumenta que, de ese modo, la lucha contra esta amenaza puede ser más eficaz, ya que se adelanta la barrera punitiva y se actúa de forma previa al acto terrorista. Hoy, como ha quedado probado, hablar de lucha contra el terrorismo es abordar, entre otros, el extremismo violento. Y lo hemos podido comprobar recorriendo el camino hacia esta dirección que tanto Naciones Unidas como la Unión Europea decidieron emprender y que tanto impacto ha tenido sobre las legislaciones nacionales de los Estados.

36. En este tratamiento jurídico de la prevención de este fenómeno se ha planteado el modo en el que el factor religioso estaría presente. Y, de hecho, como puede imaginarse tampoco hay consenso en este sentido. Ante la evidencia de que el terrorismo de inspiración religiosa ataca la seguridad de nuestros países, la duda consiste en qué incluir

dentro del objetivo que se aborda. En el capítulo hemos desgranado el fantatismo religioso y hemos detectado las diferencias con el fundamentalismo religioso. Así, el primero consiste en una justificación teológica del uso de la violencia, argumentando que esta responde a la voluntad de un Dios o a la salvación de la humanidad, y este sacrificio personal es interpretado como un medio para acceder al paraíso u obtener la limpieza de todos los pecados que haya cometido. El segundo, sin embargo, consiste en la estricta observancia de los preceptos religiosos, promoviendo un conjunto de creencias dogmáticas y adhiriéndose de forma literal a un texto sagrado al que consideran infalible.

37. Como se ha podido apreciar, las diferencias entre fundamentalismo y fanatismo son notables. No obstante, esta distinción no siempre resulta excesivamente nítida en la práctica. Ahora bien, la dificultad que la implementación de esta supone no puede servir de desaliento para que efectivamente se tracen las líneas limítrofes en cada una de las situaciones. Lo contrario supondría renunciar a una parte importante del ejercicio de la libertad religiosa consistente en elegir cómo vivir conforme a una determinada religión. El tratamiento uniforme conllevaría una exclusión de la dimensión externa del derecho para aquellos que aspiran a cumplir fielmente sus obligaciones como creyentes. Evidentemente, la práctica de la fe no puede suponer una exoneración de responsabilidad frente al impacto que esta tenga en otros derechos fundamentales. Todos los derechos son limitables porque es el único modo en que otros derechos pueden ejercitarse. Pero, precisamente por esto, deben tasarse bien los parámetros y, consecuentemente, dos fenómenos distintos no pueden recibir una respuesta análoga.

38. Por último, hemos podido observar la tendencia que existe en las instituciones de la Unión Europea hacia un mayor intervencionismo en el seno de las confesiones religiosas. Así, se ha puesto el énfasis en los ministros de culto y se han señalado

cuestiones relativas a su formación, procedencia y también fuentes de financiación de las propias confesiones religiosas. Las medidas podrían llegar al cierre de lugares de culto y prohibición de comunidades, aplicables a las confesiones. Y también el establecimiento de denominadas "listas negras" de ministros de culto considerados "predicadores del odio".

39. Estas medidas, que se están aplicando ya en algunos Estados Miembros deben tomarse con cautela, puesto que se debe estudiar el impacto de cada una de ellas sobre los derechos fundamentales y su inconveniencia de implementarlas. En el capítulo hemos tenido ocasión de profundizar en alguna de ellas, subrayando puntos débiles que se observan en la configuración de estas, por observarse imprecisiones importantes que nos alejarían del propósito legítimo que perseguimos. No debemos olvidar que la acción desmesurada podría traer consigo una victimización de los radicales; y una menor criminalización de aquellas personas que sí pretenden ampararse en estos fines para la utilización de la violencia, ya que ambos grupos obtendrían la misma respuesta jurídica pese a las destacables diferencias existentes entre ellos. Y, además, la falta de precisión podría suponer el reconocimiento de nuestra derrota, asumiendo que no es posible obtener la convivencia pacífica en nuestros países sin renunciar por ello a nuestro régimen de libertades.

## CAPÍTULO VI

40. En los últimos años ha aumentado la preocupación en torno a la injerencia que algunas potencias extranjeras podrían estar ejerciendo en los países europeos. De hecho, la Unión Europea creó en 2020 la "Comisión Especial sobre Injerencias Extranjeras en Todos los Procesos Democráticos de la Unión Europea, en particular la Desinformación" (INGE) para hacer frente a las injerencias extranjeras que podrían

estar produciéndose en las instituciones de la Unión y sus Estados Miembros. Posteriormente se creó una segunda comisión que, durante el mandato, ha sufrido un cambio de nombre para pasar a denominarse "Comisión Especial sobre Injerencias Extranjeras en Todos los Procesos Democráticos de la Unión Europea, en particular la Desinformación, y sobre el Refuerzo de la Integridad, la Transparencia y la Rendición de Cuentas en el Parlamento Europeo" (ING2).

41. ¿Qué debemos entender por injerencia extranjera? Como hemos visto, la UE considera que se trata de cualquier injerencia ilegítima de potencias extranjeras en los procesos democráticos y políticos en las instituciones europeas y los Estados Miembros. De esta forma, se caracteriza por seguir un patrón de comportamiento que tendría el propósito de afectar negativamente a los valores, los procedimientos y los procesos políticos. Dentro de esta estrategia se hallarían tanto actores estatales como no estatales. Se persigue poder utilizar todas las herramientas disponibles al alcance con el fin de dominar la escena internacional conforme a los propios intereses nacionales.

42. Esta Comisión, pese a que está más centrada en cuestiones de índole política – procesos electorales, partidos políticos, financiación de estos o noticas falsas – también ha apuntado hacia la posible instrumentalización del factor religioso por parte de terceros Estados para la persecución de fines políticos. La Unión ha subrayado la injerencia que podría proceder de potencias como Turquía, Rusia o Arabia Saudí. En este caso, los institutos culturales y religiosos – también confesiones religiosas – estarían siendo instrumentalizados para potenciar su influencia y "desestabilizar la democracia europea y expandir su control". Se parte desde la consideración de las comunidades religiosas como víctimas, ya que serían ellas las que están expuestas a los peligros y desviaciones procedentes del exterior. Por tanto, es de suponer que las medidas persiguen como objetivo una mayor independencia de las confesiones respecto al exterior.

43. Todavía es pronto para poder emitir un juicio respecto al modo y alcance que tendrían las medidas que se aprobasen en este sentido. El mandato de la segunda Comisión ING2 finalizó justo antes de las últimas elecciones europeas y parece que próximamente se retomará este camino. No obstante, el estudio de este fenómeno nos permite sostener que hemos de ser prudentes en este ámbito. Consideramos oportuno subrayar que para que se tomen medidas que restrinjan las libertades – en este caso, la religiosa – se necesitan elementos que revistan de entidad suficiente como para sacrificar derechos fundamentales. Se deben trazar las líneas respecto a la influencia positiva e influencia negativa y, sobre todo, se debe probar el nexo causal en la temática de las injerencias. En otras palabras, es aconsejable poner en contexto los elementos objetivos (una nacionalidad, un vínculo, una procedencia de fondos) con el riesgo que supone para la paz y seguridad. De lo contrario, podrían quedar suprimidas *de facto* las libertades de movimiento y establecimiento, ya que no habría posibilidad a ejercitarlas.

44. De forma paralela, algunos Estados han decidido implementar medidas encaminadas a contrarrestar esta posible injerencia extranjera. De esta forma, hemos analizado los casos francés, singapurense y letón, por representar cada uno de ellos unas particularidades interesantes a afectos de nuestro objeto de estudio. En los dos primeros supuestos hemos observado una intervención en el ámbito de las confesiones religiosas y su conexión con el exterior, por medio de la afiliación y financiación; y también la intervención en la designación de los ministros de culto. En el tercero la intervención tiene lugar en el propio estatuto jurídico de la confesión religiosa.

    a. En el caso de Singapur, el hecho de que sea el país con más diversidad – también religiosa – del mundo nos permite aproximarnos a un paradigma que se sitúa unos años por delante de nosotros, ya que ese contexto de mayor diversidad es al que parece que nos dirigimos en los próximos años. Y ello sin tratar de trasplantar las medidas adoptadas en esa realidad a nuestro panorama nacional. Es evidente que nos separan notables diferencias y que este país asiático también siente una amenaza más fuerte derivada de su posición geopolítica. Quizá ello explica que ya en el año 1990 aprobasen una norma nacional cuyo título es "Ley de Mantenimiento de la Armonía Religiosa" y tenía como objetivo preservar la convivencia pacífica entre quienes profesan creencias distintas. La forma de llevarlo a cabo – con la reforma además llevada a cabo en 2019 – consiste en incidir en la filiación extranjera de la confesión; los ministros de culto extranjeros; y la financiación procedente del exterior. Todos están sometidos al escrutinio de los poderes públicos singapurenses, que podrán llegar a imponer penas en caso de incumplimiento.

b. En el caso de Francia, nos ha ayudado a profundizar en un país de nuestro entorno que, sin embargo, tiene un sistema jurídico en materia religiosa bien distinto al nuestro. En ese contexto se puede entender mejor el encaje de la Ley de "refuerzo del respeto de los principios de la República" que prevé incluso un *contrat d'engagement républicain* que deben suscribir las confesiones, ya que de otro modo no pueden ser objeto de ninguna subvención pública. Esta configuración jurídica, sin embargo, presenta notables diferencias con el sistema singapurense abordado anteriormente. En este caso, las autoridades francesas inciden más sobre el contenido que deben respetar las confesiones religiosas y los ministros de culto. Este *contrat* contiene una serie de compromisos que podría considerarse como una parte de la moral pública francesa. De esta forma, el modelo francés se centra en la religión musulmana, ya que considera que en el país está presente el "separatismo islámico", de forma que trata de luchar frente a él por medio de los propios valores republicanos.

c. Por último, encontraríamos la legislación adoptada por Letonia. Es evidente que el marco en el que se produce es bastante diferente a aquel presente en los otros dos países previamente analizados. En esta ocasión, se trata de una norma unilateral que modifica el estatuto jurídico de la Iglesia Ortodoxa presente en el país, que supone la declaración de una autocefalía del Patriarcado de Moscú, con la particularidad de que ello no ha sido como consecuencia de un procedimiento interno de la confesión, sino como una imposición aprobada en el Parlamento nacional. Sin duda, nos ha resultado realmente llamativo tanto el contenido de esta reforma como la forma en la que se llevó a cabo. En este caso, se intervino directamente en el seno de una confesión religiosa por medio de la reforma unilateral del estatuto jurídico de esta confesión en el Parlamento letón. La amplía mayoría lograda en la votación y la falta de discusión debería despertar alguna alarma, aunque ello se haya producido en un momento muy delicado fruto de la guerra en Ucrania.

45. En último lugar, se ha analizado la regulación del mundo virtual. Y es que, en la actualidad es difícil comprender el ejercicio de multitud de derechos fundamentales sin tener presente Internet. En nuestro campo, la red también se configura como un instrumento que posibilita el ejercicio de la libertad religiosa. Ahora bien, al mismo tiempo y como en muchos otros ámbitos, algunos individuos y grupos realizan un uso indebido para la consecución de otros fines. Por este motivo, los Estados deben articular marcos jurídicos también en el entorno virtual con el fin de poder dar respuesta a conflictos que se manifiestan en este espacio. En este sentido, el *Reglamento 2021/784 sobre la lucha contra la difusión de contenidos terroristas en línea* adoptado en la Unión Europea se presenta como herramienta para frenar los fines terroristas en esta esfera. Pese a que el propósito y mayor parte de su articulado es óptimo, en el estudio he-

mos apreciado algunos elementos a los que se debe prestar atención si no queremos que repercuta de forma negativa en algunos derechos fundamentales. Hubiese sido positivo, eso sí, implicar más a las confesiones religiosas. Ello hubiese traído beneficios para todos los agentes implicados. Es deseable que se trabaje hacia esa dirección en un futuro.

# *Reflexión final*

Con esta obra no estamos anunciando la defunción del derecho de las confesiones religiosas a designar sus ministros de culto, pero sí que observamos que hay indicios que apuntan hacia una reformulación de este derecho. Y ello porque la Unión Europa parece estar dando pasos cada vez más decididos, recomendando a los EEMM a que acometan reformas en este ámbito y proponiendo a otros órganos de la Unión que adopten medidas hacia un mayor control o restricción de las personas que tienen funciones religiosas dentro de una confesión. En este trabajo hemos podido identificar dos propósitos: la lucha contra el extremismo violento, que al inicio derivaba de la lucha contra el terrorismo pero que parece que con el paso del tiempo se ha ido consolidando como autónomo; y también la lucha contra las injerencias extranjeras. Ante estas corrientes que apuntan hacia la *securitización* o aproximación de la libertad religiosa desde el prisma de la preservación de la seguridad pública es necesario delimitar las fronteras, con la finalidad de no sobrepasar algunos límites de esta intervención pública y conllevar con ello la lesión de un derecho fundamental y la reformulación por la vía de los hechos del modelo de relaciones entre el Estado y las confesiones religiosas.

A nuestro juicio, ambos propósitos pueden resultar legítimos en una sociedad democrática, ya que esta debe protegerse de las amenazas internas y externas. La actuación del Estado no puede quedar excluida en este ámbito, como si cualquier restricción de este derecho fundamental fuese *per se* constitutiva de una automática violación del mismo. Nada más lejos de la realidad: en un régimen de derechos fundamentales y libertades públicas, todas ellas pueden ser objeto de limitación en su dimensión externa cuando se exceden los límites en este ejercicio por haber atentado contra el orden público protegido por la ley. Este orden público, como hemos desgranado, se compone de unos elementos constitutivos: la seguridad, de la salud y de la moralidad pública, así como el derecho de los demás al ejercicio de sus libertades públicas y derechos fundamentales.

Ahora bien, los poderes públicos deben ser extremadamente cautos a la hora de formular estas limitaciones. Como se ha subrayado, la implementación de estas no puede servir como una suerte de cláusula preventiva para evitar los posibles riesgos derivados del ejercicio de la libertad religiosa. De lo contrario – como ha señalado la jurisprudencia constitucional – este límite actuaría como un peligro cierto para el ejercicio de esta libertad. Así, es preciso realizar unas reflexiones finales respecto a la persecución de ambos intereses legítimos: la prevención del extremismo violento y la lucha contra las injerencias extranjeras.

En lo que concierne al primero de los pilares, la prevención del extremismo violento, el objetivo no puede desdibujarse en la prevención de otros fenómenos como la radicalización o incluso el fundamentalismo. Como se ha argumentado, ninguno de ellos tiene un componente violento o pernicioso para la preservación de la paz y seguridad en un país. Y, por tanto, en la adopción de medidas que luchen contra el extremismo religioso no puede incluirse la actitud de un ciudadano que pretende acudir a la raíz en un determinado asunto; o incluso la defensa de una doctrina que propugne la reforma total del orden político, científico, moral o religioso. Como tampoco puede pretenderse la acción del Estado contra los individuos por el mero hecho de aceptar y promover un conjunto de creencias dogmáticas o de adherirse de forma literal a un texto sagrado al que consideran infalible. Por tanto, deben distinguirse bien los planos para que las actuaciones públicas se centren verdaderamente en la lucha contra el extremismo violento, que supone la justificación implícita o explícita del uso de violencia para la consecución de fines políticos. Dentro de esta categoría encontraríamos el fanatismo religioso que, como hemos tenido oportunidad de analizar, se caracteriza por tener una justificación teológica del uso de la violencia. Esta lucha se argumenta que responde a la voluntad de un Dios o a la salvación de la humanidad, y este sacrificio personal es interpretado como un medio para acceder al paraíso u obtener la limpieza de todos los pecados que haya cometido.

Como se ha podido apreciar, este extremismo violento – y fanatismo religioso como parte de él – no puede confundirse con la cualidad de radical o fundamentalista, por mucho que tanto uno como otro defiendan ideas o posturas que puedan resultar incómodas o incluso perturbadoras para una parte de la sociedad, siempre que se defiendan utilizando medios pacíficos. En otras palabras, importa la forma y no tanto el contenido, salvo que el mismo ya defienda en sí el recurso a la fuerza. Así lo ha puesto de manifiesto nuestra jurisprudencia, que ha establecido que es necesario en estos supuestos probar que el sujeto haya decidido pasar a la acción.

De lo contrario, estas actuaciones correrían el riesgo de actuar como un factor de disuasión (o del "chilling effect", como enuncia el TEDH) del ejercicio de la libertad religiosa, ya que tanto individuos como comunidades habrían de asumir la renuncia a una parte de esta con el objeto de evitar que la estricta observancia de los preceptos religiosos les conllevase un perjuicio en la esfera de ciudadanos. Y ello porque nuestro sistema no gira en torno a una concepción de democracia militante, que supone la adhesión a unos valores o principios por encima de cualquier otro tipo de consideración, también religiosa. Esta configuración, en cambio, sí que podría tener más acomodo en un Estado en el que operase este modelo de democracia militante.

Si observamos supuestos en los que se limita la dimensión externa de la libertad religiosa, por ejemplo, en las manifestaciones públicas de los ministros en actos de culto o en la autonomía de las confesiones para decidir quienes ostentan tal condición, habría varios derechos que estarían siendo restringidos con estas medidas restrictivas. De esta forma, quedaría limitado el derecho del ciudadano que desea ejercer la figura de ministro de culto, ya que ello es una manifestación de la libertad religiosa; también el derecho de la confesión religiosa para autoorganizarse y decidir acerca de su propio personal; pero también el de los creyentes que deseasen practicar el culto, recibir asistencia religiosa o enseñanza respecto a una determinada escuela, corriente o interpretación que responda a sus convicciones religiosas. Y ello sin mencionar la afectación que tendría lugar también en los principios más fundamentales sobre los que se asienta nuestro Estado en materia eclesiasticista, basados en la neutralidad del Estado en asuntos religiosos, la autonomía e independencia de las confesiones religiosas y el propio principio de libertad religiosa. Por tanto, cualquier injerencia de los poderes públicos debería atender a esta configuración jurídica para responder proporcionalmente a los desafíos que justifican su intromisión en el ejercicio de este derecho.

No está de más recordar que, además de ser una cuestión jurídica, lo es también operativa. Y ello porque si los poderes públicos sobrepasan los límites de la intervención en el seno de las confesiones religiosas y no delimitan de forma clara la frontera entre los distintos fenómenos que existen, se reduciría la eficacia del fin perseguido, ya que se entrelazarían elementos que no revisten la misma entidad y se les trataría de forma análoga, saliendo reforzados los fanáticos violentos y debilitados los simples radicales o fundamentalistas. Además, no es difícil de imaginar que la actuación pública contra los estos últimos podría servir de caldo de cultivo idóneo para la adhesión a postulados más extremistas o fanáticos, ya que los grupos extremistas aprovecharían la oportunidad para afianzar su discurso victimista, frente a un Estado represor que les impide ser creyentes de una determinada confesión. Ante este sentimiento de agravio se situaría el grupo extremista como única salida posible, refugio de todos aquellos que no pueden mostrarse como son y que sienten la necesidad de pertenencia a un grupo con un fuerte carácter identitario que articule un discurso intransigente basado en “nosotros *versus* ellos”.

Por lo que respecta a la lucha contra las injerencias extranjeras, hemos considerado conveniente delimitar este concepto y subrayar el interés que puede suscitar la instrumentalización del factor religioso por parte de terceros Estados para la persecución de fines políticos. Como en el pilar del extremismo violento, aquí también reconocemos que puede tratarse de una finalidad legítima para todo Estado democrático el prevenir este fenómeno, ya que de lo contrario su propio sistema democrático, integridad territorial y régimen de derechos y libertades podría estar amenazado por potencias extranjeras que tuviesen como objetivo erosionar la cohesión social y socavar los principios más fundamentales sobre los que se asienta el Estado. No obstante, aquí también se debe trazar minuciosamente la línea que delimita aquello que reviste la naturaleza de poder ser perseguido de lo que está amparado por el ejercicio de los derechos fundamentales. No olvidemos que en el ámbito comunitario existe libertad de movimiento, de establecimiento y de comunicación. Por ello, un ministro de culto – como cualquier otra persona – podría desplazarse libremente por el territorio europeo. También podría establecer su confesión o asociación, en función del Estado en el que se encuentre. Y, por último, también tendría el derecho de comunicarse con el exterior. Todo ello se relaciona con la libertad de recibir financiación, también procedente del exterior.

En nuestro sistema las confesiones religiosas no son entidades de Derecho público, por lo que es más complicado establecer limitaciones en este sentido. Y, de nuevo, tampoco estamos ante un modelo de democracia militante, por lo que el hecho de acceder al territorio nacional no conlleva una obligación de adherirse a nuestro sistema político, ni jurar o prometer lealtad a la Constitución, sino que únicamente se imponen unos mínimos exigibles de convivencia. En la LOLR, además, está recogido que las confesiones tienen el derecho, además de a designar y formar a sus ministros de culto, también a establecer lugares de culto o reunión con fines religiosos, divulgar y propagar su propio credo y a mantener relaciones con sus propias organizaciones o con otras confesiones religiosas, también en el extranjero (2.2 LOLR). Por ello, la restricción de cualquiera de ellas supone limitar el ejercicio de un derecho fundamental.

No tenemos excesivas dudas respecto a la legitimidad del fin perseguido. Sin embargo, genera alguna que otra cuestión el tema de la adecuación, ya que la mera procedencia extranjera de fondos económicos no constituiría *per se* una injerencia extranjera en estos términos. Se debería probar el nexo causal, lo cual es más complejo, pero sí que resulta coherente con el propósito que se persigue, que es el de la prevención de la instrumentalización de los institutos religiosos, y no la mera acción de recibir fondos por parte del exterior. Lo mismo podría decirse de la procedencia extranjera de un ministro de culto. Por no mencionar los interrogantes que nos genera el juicio de proporcionalidad de la injerencia en el derecho fundamental respecto al fin legítimo perseguido, puesto ha de revestir suficiente entidad como para realizar tal restricción.

Hemos tenido ocasión de analizar algunos de los supuestos en los que se ha dado una intervención pública por parte de algunos Estados. Es cierto que cada uno de ellos tiene un sistema jurídico bien distinto y, por tanto, en algunos la adopción e implementación de estas medidas puede ser una tarea más sencilla por su distinto modelo de Estado o configuración de este derecho fundamental.

En cualquier caso, como ha quedado constatado, esta obra no niega la posibilidad de que el legislador ordinario pueda adoptar normas que tengan como finalidad prevenir o contrarrestar cualquiera de ambos fenómenos. Tampoco se posiciona respecto a la conveniencia, oportunidad o necesaria adopción de medidas específicas encaminadas a responder ante tales desafíos. Más bien, lo que hemos pretendido desde el inicio hasta el final es dibujar los límites que deben respetarse ante el eventual deseo del legislador de adoptar reformas en un sentido u otro. Vivimos en un entorno disruptivo caracterizado por una considerable volatilidad en la toma de decisiones. Y, además, parece evidente que existe una tendencia hacia una mayor regulación – y restricción – del factor religioso en esta dirección. Por todo ello, esperamos que esta investigación pueda facilitar la reflexión acerca de los retos que tarde o temprano afrontaremos, quizá también en nuestra realidad nacional.

# *Jurisprudencia, resoluciones e informes*

**Tribunal Europeo de Derechos Humanos**

STEDH (Sección 5ª), Caso Zemmour contra Francia, de 20 diciembre de 2022 (TOL 9.316.057).

STEDH (Sección 5ª), Caso Godenau contra Alemania, de 29 noviembre de 2022 (TOL 9.299.280).

STEDH (Sección 3ª), Caso Constantin-Lucian Spînu contra Rumanía, de 11 de octubre de 2022 (TOL 9.247.770).

STEDH (Sección 2ª), Caso Abdullah Yalçin contra Turquía, de 14 junio de 2022 (TOL 9.001.804).

STEDH (Sección 3ª), Caso Ecodefence y Otros contra Rusia, de 14 junio de 2022 (TOL 9.001.801).

STEDH (Gran Sala), Caso Molla Salli contra Grecia, de 19 de diciembre de 2018 (TOL 9. 936.331).

STEDH (Sección 1ª), Caso Archidiócesis Ortodoxa Ohrid contra Antigua República de Yugoslavia de Macedonia, de 16 noviembre de 2017 (TOL 6.426.904).

STEDH (Sección 2ª), Caso Iglesia Cristiana Menonita Húngara y Otros contra Hungría, de 8 abril de 2014 (TOL 9.057.037).

STEDH (Sección 5ª), Caso Santo Sínodo de la Iglesia Ortodoxa Búlgara y Otros contra Bulgaria, de 22 enero de 2009 (TOL 1.416.121).

STEDH (Sección 1ª), Caso Parroquia de San Miguel contra Ucrania, de 14 junio de 2007 (TOL 9.079.412).

STEDH (Sección 1ª), Caso Santo y Supremo Consejo de la Comunidad Islámica contra Bulgaria, de 16 diciembre de 2004 (TOL 756.272).

STEDH (Sección 1ª), Caso Iglesia Metropolitana de Besarabia y Otros contra Moldavia, de 13 diciembre de 2001 (TOL 9.092.771).

STEDH (Gran Sala), Caso Hasan y Otros contra Bulgaria, de 26 octubre de 2000.

STEDH (Sección 2ª), Caso Serif contra Grecia, de 14 diciembre de 1999.

## Tribunal Constitucional

STC 148/2023, de 6 de noviembre de 2023 (TOL 9.788.727).
STC 74/2023, de 19 de junio de 2023 (TOL 9.637.796).
STC 49/2023, de 10 de mayo de 2023 (TOL 9.582.029).
STC 38/2023, de 20 de abril de 2023 (TOL 9.543.590).
STC 34/2023, de 18 de abril de 2023 (TOL 9.542.972).
STC 148/2021, de 14 de julio de 2021 (TOL 8.518.747).
STC 31/2018, de 10 de abril de 2018 (TOL 8.485.296).
STC 86/2017, de 4 de julio de 2017 (TOL 6.207.843).
STC 207/2013, de 5 de diciembre de 2013 (TOL 4.052.799).
STC 38/2007, de 15 de febrero de 2007 (TOL 1.038.222).
STC 101/2004, de 2 de junio de 2004 (TOL 421.832).
STC 48/2003, de 12 de marzo de 2003 (TOL 241.992).
STC 154/2002, de 18 julio de 2002 (TOL 258.486).
STC 235/2001, de 13 de diciembre de 2001 (TOL 104.911).
STC 46/2001, de 15 de febrero de 2001 (TOL 104.639).
STC 177/1996, de 11 de noviembre de 1996 (TOL 83.104).
STC 166/1996, de 28 de octubre de 1996 (TOL 83.078).
STC 20/1990, de 15 febrero de 1990 (TOL 80.313).
STC 104/1989, de 8 de junio de 1989 (TOL 81.556).
STC 107/1988, de 8 de junio de 1988 (TOL 109.338).
STC 104/1986, de 17 de julio de 1986 (TOL 79.650).
ATC 180/1986, de 21 de febrero de 1986.
STC 77/1985, de 27 de junio de 1985 (TOL 79.492).
STC 53/1985, de 11 de abril de 1985 (TOL 79.468).
STC 33/1982, de 8 de junio, de 1982 (TOL 79.006).
STC 24/1982, de 13 de mayo de 1982 (TOL 78.997).
STC 5/1981, de 13 de febrero de 1981 (TOL 109.400).

## Tribunal Supremo y Audiencia Nacional

STS 68/2024, de 24 de enero de 2024 (TOL 9.863.966).
STS 353/2021, de 11 de febrero de 2021 (TOL 8.318.002).

SAN 4/2019, de 19 de marzo de 2019 (TOL 7.225.272).

STS 503/2008, de 17 de julio de 2008 (TOL 1.371.325).

STS 119/2007, de 16 de febrero de 2007 (TOL 1.059.074).

STS de 27 de junio de 1997 (TOL 408.514).

STS de 5 de abril de 1966 (TOL 4.305.371).

## Corte Constitucional italiana

Sentencia n. 24414 de 2021 de la Corte Constitucional italiana.

Sentencia n. 52 de 2016 de la Corte Constitucional italiana.

Sentencia n. 346 de 2002 de la Corte Constitucional italiana.

Sentencia n. 167 de 1999 de la Corte Constitucional italiana.

Sentencia n. 235 de 1997 de la Corte Constitucional italiana.

Sentencia n. 261 de 1995 de la Corte Constitucional italiana.

Sentencia n. 195 de 1993 de la Corte Constitucional italiana.

Sentencia n. 203 de 1989 de la Corte Constitucional italiana.

Sentencia n. 43 de 1988 de la Corte Constitucional italiana.

Sentencia n. 59 de 1958 de la Corte Constitucional italiana.

Órganos constitucionales de otros Estados

Conseil Constitutionnel, Décision n. 2021-823 DC, 13 agosto 2021.

Opinión del Consejo de Estado francés, de 3 de diciembre 2020

Consejo de Estado Italiano 2758/2009.

Comisión Nacional Consultiva de los Derechos Humanos francesa, *Second avis sur le projet de loi confortant les principes de la République*, 25 marzo 2021.

## Informes

BRADSHAW, S., BAILEY, H. y HOWARD, P. H., Informe "Industrialized Disinformation 2020 Global Inventory of Organized Social Media Manipulation", *Oxford Internet Institute & University of Oxford*, 2021.

CASTRO, R., Informe "Terrorismo de extrema derecha: tendencias y elementos", *Observatorio Internacional de Estudios sobre Terrorismo*, 2020.

EUROPOL, Informe "Terrorism Situation and Trend Report" (TE-SAT), 14 junio 2023.

PEW RESEARCH CENTER, Informe “Global Religious Diversity: Half of the Most Religiously Diverse Countries are in Asia-Pacific Region”, abril 2014.

PEW RESEARCH CENTER, Informe “Global Restrictions on Religion Rise Modestly in 2015, Reversing Downward Trend”, abril de 2017.

PEW RESEARCH CENTER, Informe “How COVID-19 Restrictions Affected Religious Groups Around the World in 2020”, noviembre de 2022.

PEW RESEARCH CENTER, Informe “In 2018, Government Restrictions on Religion Reach Highest Level Globally in More Than a Decade”, noviembre de 2020.

REINARES, F. y GARCÍA-CALVO, C., Informe “Estado Islámico en España”, Madrid: Real Instituto Elcano, 2016.

VIDINO, L., MARONE, F. y ENTENMANN, E., Informe “Fear thy neighbor. Radicalization and jihadist attacks in the West”.

# *Bibliografía*


ADELAJA, A., O., LABO, A. y PENAR, E., "Public Opinion on the Root Causes of Terrorism and Objectives of Terrorists: A Boko Haram Case Study", *Perspectives on Terrorism*, vol. 12, núm. 3, 2018, pp. 35–49.

ALENDA, M., "La inmerecida degradación de un Registro Jurídico: consecuencias de la doctrina jurisprudencial en la actividad del Registro de Entidades Religiosas", *Revista General de Derecho Canónico y Derecho Eclesiástico del Estado*, núm. 19, 2009, pp. 1-28.

ALIX, J., "La répression convoquée au soutien des principes de la République", *Revue du droit des religions*, núm. 13, 2022, pp. 131-151.

ÁLVAREZ CORTINA, A. C., "Ministros de culto", en AA. VV., *Tratado de Derecho eclesiástico*, Pamplona: EUNSA, 1994, pp. 865-894.

ANTÓN MELLÓN, J. y PARRA, I., "Concepto de radicalización", en ANTÓN MELLÓN, J. (ed.), *Islamismo yihadista: radicalización y contrarradicalización*, Valencia: Tirant lo Blanch, 2015, pp. 17-37.

ANTOUN, R. T., *Understanding Fundamentalism, Lanham: Rowman y Littlefield*, 2008.

APARICIO CHOFRÉ, L., "La amenaza del terrorismo internacional en la regulación restrictiva de la inmigración", en MASFERRER, A. (ed.), *Estado de Derecho y derechos fundamentales en la lucha contra el terrorismo*, Cizur Menor: Aranzadi, 2011, pp. 645-685.

APARICIO CHOFRÉ, L., "La penalización de la solidaridad en Italia y la necesidad de recuperar el principio francés de fraternidad en la política europea de inmigración", en LIROLA, I. y GARCÍA PÉREZ, R. (coords.), *Seguridad y fronteras en el mar*, Valencia: Tirant Lo Blanch, 2020, pp. 247-263.

ARMSTRONG, K., *El Islam* (traducción de F. J. Ramos), 2a ed., Barcelona: Random House Mondadori, 2002.

ARMSTRONG, K., *Los orígenes del fundamentalismo en el judaísmo, el cristianismo y el islam* (traducción de F. Villegas), Barcelona: Tusquets, 2004.

ASTORRI, R., "I discorsi del Presidente Macron alle comunità religiose: verso una svolta nella laicità francese?", *Quaderni di diritto e politica ecclesiastica*, núm. 2, 2018, pp. 567-580.

BALLESTEROS, M.A., *Yihadismo*, Madrid: La Huerta Grande, 2016.

BAZAGA FERNÁNDEZ, I. y TAMAYO SÁEZ, M., "Radicalización violenta", *Eunomía. Revista en Cultura de la Legalidad*, núm. 20, 2021, pp. 322-333.

BELEÑA LÓPEZ, Á., *Sociopolítica del hecho religioso: una introducción*, Madrid: Rialp, 2007.

BETTETINI, A., "Alla ricerca del "ministro di culto". Presente e futuro di una qualifica nella società multireligiosa", *Quaderni di diritto e politica ecclesiastica*, núm. 1, 2000, pp. 248-267.

BOBBIO, N., "Cultura Laica y Laicismo", *Iglesia Viva*, núm. 222, 2005, pp. 147-149.

BONET NAVARRO, J. y LANDETE CASAS, J., "Aportaciones desde el Derecho Eclesiástico al concepto constitucional de orden público", *Revista General de Derecho Canónico y Derecho Eclesiástico del Estado*, núm. 9, 2005, pp. 1-16.

BRUCE, S., *Fundamentalismo* (traducción de J. Cuéllar Menezo), Madrid: Alianza, 2003

BUIJS, F., DEMANT, F., y HANDY, A., *Strijders van eigen bodem: Radicale en democratische Moslims in Nederland. Home grown warriors: Radical and democratic Muslims in the Netherlands*, Amsterdam: Amsterdam University Press, 2006.

CALVO CHARRO, M., "Los colegios diferenciados por sexo en Estados Unidos: constitucionalidad y actualidad de una tendencia imparable", *Revista de Derecho Político*, núm. 86, 2013, pp. 159-194.

CAÑAMARES ARRIBAS, S., "Extremismo, radicalización violenta y libertad religiosa: límites del control estatal", *Revista General de Derecho Canónico y Derecho Eclesiástico del Estado*, núm. 46, 2018, pp. 1-27.

CAÑAMARES ARRIBAS, S., "La jurisprudencia de los tribunales españoles sobre la pensión de jubilación de los ministros de culto", *Foro, Nueva época*, vol. 23, núm. 2, 2023, pp. 359-372.

CAÑAMARES ARRIBAS, S., *Igualdad religiosa en las relaciones laborales*, Cizur Menor: Aranzadi, 2018, pp. 230-252.

CAÑAMARES ARRIBAS, S., *Libertad religiosa, simbología y laicidad del Estado*, Cizur Menor: Aranzadi, 2005.

CARNÌ, M., "I ministri di culto delle confessioni religiose di minoranza: problematiche attuali", *Stato, Chiese e pluralismo confessionale*, núm. 19, 2015.

COLOMER BEA, D., "Delitos de terrorismo, criminalización del yihadismo y desvinculación de la violencia", en ALONSO RIMO, A. y GIL GIL, A. (coords.), *Prevención de la radicalización violenta en prisión*, Madrid: Dykinson, 2021, pp. 85-101.

COMBALÍA SOLÍS, Z., "Los límites al derecho fundamental de libertad religiosa", en GARCÍA GARCÍA, R. y ROSSELL GRANADOS, J. (coords.), *Derecho y religión,* Madrid: Edisofer, 2020, pp. 233-250.

COMBALÍA SOLÍS, Z., "Principios informadores del Derecho Eclesiástico español", en GARCÍA HERVÁS, D. (coord.), *Manual de Derecho Eclesiástico del Estado,* A Coruña: COLEX, 1997, pp. 129-142.

COMBALÍA SOLÍS, Z., *La contratación del profesorado de religión en la escuela pública,* Valencia: Tirant Lo Blanch, 2013.

CONSORTI, P., "Dalla Francia una nuova idea di laicità per il nuovo anno", *Stato, Chiese e pluralismo confessionale,* núm. 1, 2018, pp. 1-15.

CONTRERAS MAZARÍO, M.ª, *Marco jurídico del factor religioso en España,* Madrid: Observatorio del Pluralismo Religioso en España, 2011.

DE ARÍSTEGUI, G., *El islamismo contra el islam: las claves para entender el terrorismo yihadista,* Barcelona: Ediciones B, 2004.

DE FUENMAYOR, A., *Derecho eclesiástico del Estado español,* Granada: Comares, 2007.

DE LA CORTE IBÁÑEZ, L. "Algunos malentendidos en torno a los procesos de radicalización violenta", en BERMEJO CASADO, R. y BAZAGA FERNÁNDEZ, I. (eds.), *Radicalización violenta en España,* Valencia: Tirant lo Blanch, 2019, pp. 75-88.

DE LA CORTE IBÁÑEZ, L., "¿Qué sabemos y qué ignoramos sobre la radicalización yihadista?", en ANTÓN MELLÓN, J. (ed.), *Islamismo Yihadista: Radicalización y Contrarradicalización. Inteligencia y Seguridad,* Valencia: Tirant lo Blanch, 2015, 39-67.

DE LA HERA, A., "La "Monarchia Catholica" española", *Anuario de historia del derecho español,* núm. 67, 1997, pp. 661-676.

DOMÉNECH PASCUAL, G., "La policía administrativa de la libertad de expresión (y su disconformidad con la Constitución), en RÍOS VEGA, L. E. y SPIGNO, I. (eds.), *La libertad de expresión en el siglo XXI. Cuestiones actuales y problemáticas,* México: Tirant Lo Blanch, 2021, pp. 193-215.

DOOSJE, B., LOSEMAN, A. y VAN DEN BOS, K., "Determinants of radicalization of Islamic youth in the Netherlands: Personal uncertainty, perceived injustice, and perceived group threat", *Journal of Social Issues,* vol. 69, 2013, pp. 586-604.

ELORZA, A., BALLESTER, M. y BORREGUERO, E., "Terrorismo y religión", en BLANCO, A., DEL ÁGUILA, R. y SABUCEDO, J.M. (eds.), *Madrid 11-M. Un análisis del mal y sus consecuencias,* Madrid: Trotta, 2005, pp. 43-78.

ESCOBAR MARÍN, J.A., "El derecho de libertad religiosa y sus límites jurídicos", *Anuario Jurídico y Económico Escurialense*, núm. 39, 2006, pp. 13-100.

ESCRIVÁ IVARS, J., "El sistema matrimonial español. Eficacia civil de los matrimonios confesionales", en GARCÍA HERVÁS, D. (ed.), *Manual de Derecho Eclesiástico del Estado*, A Coruña: Colex, 1997, pp. 327-360.

ESCRIVÁ IVARS, J., "Pluralismo, multiculturalismo y objeción de conciencia en una sociedad democrática avanzada", en AA.VV., *Multiculturalismo y movimientos migratorios*, Valencia: Tirant Lo Blanch, 2003, 296-314.

ESCRIVÁ IVARS, J., "Religión y convicciones en una sociedad multicultural", en AA.VV., *Derecho Eclesiástico del Estado, en Homenaje al Profesor Dr. Gustavo Suárez Pertierra*, Valencia: Tirant lo Blanch, 2021, p. 135-144.

ESPOSITO, J. L., *El islam: 94 preguntas básicas* (tr. Jorge Braga Riera) Madrid: Alianza, 2004.

FABBRI, A., "L'assistenza spirituale ai detenuti musulmani negli istituti di prevenzione e di pena e il modello del Protocollo d'Intesa: prime analisi", *Rassegna penitenziaria e criminologica*, núm. 3, 2015, pp. 71-96.

FERNÁNDEZ-CORONADO, A., "Reflexiones en torno a la función del Registro de Entidades Religiosas (A propósito de la SAN de 11 de octubre de 2007 sobre inscripción de la Iglesia de la Scientology)", *Laicidad y Libertades. Escritos Jurídicos*, núm. 7, 2007, pp. 389-403.

FERRARI, A., *La libertà religiosa in Italia. Un percorso incompiuto*, Roma: Carocci editore, 2012.

FERRARI, S., "È possibile misurare i diritti delle minoranze di religione e convinzione?", *Stato, Chiese e pluralismo confessionale*, núm. 10, 2023, pp. 79-87.

FERRER ORTIZ, J. y VILADRICH, P. J., "Los principios informadores del derecho eclesiástico español", en AA. VV, *Derecho Eclesiástico del Estado español*, 4ª ed., Pamplona: EUNSA, 1996, pp. 115-152.

FIORITA, N. y MILANI, D., "Il personale religioso (Ministri di culto)", en TOZZI, V., MACRÌ, G. y PARISI, M. (coords.), *Proposta di riflessione per l'emanazione di una legge generale sulle libertà religiose*, Torino: Giappichelli, 2010, pp. 226-254.

FOREY, E., "Le contrat d'engagement républicain: quels changements pour les associations ?", *Revue du droit des religions*, núm. 13, 2022, pp. 41-57.

GALÁN, C., *Amenazas híbridas: nuevas herramientas para viejas aspiraciones*, documento de trabajo 20/2018, de 13 de diciembre de 2018 del Real Instituto Elcano.

GANDÍA-BARBER, J.D., "La libertad religiosa en el ámbito internacional: Tratados internacionales y las confesiones religiosas en las relaciones internacionales", en GARCÍA GARCÍA, R. y ROSSELL GRANADOS, J. (coords.), *Derecho y religión*, Madrid: Edisofer, 2020, pp. 99-125.

GARCÍA-PARDO, D., *El sistema de acuerdos con las confesiones minoritarias en España e Italia*, Madrid: Centro de Estudios Políticos y Constitucionales y Boletín Oficial del Estado, 1999.

GASCÓN MARCÉN, A., "El nuevo Reglamento europeo para la prevención de contenidos terroristas en línea", en TIRADO ROBLES, C., CRUZ PADIAL, I., ÁLVAREZ MARTÍNEZ, J. y HINOJOSA TORRALVO, J. J. (coords.), *Retos de la sociedad digital. Regulación y fiscalidad en un contexto internacional*, Madrid: Reus, 2022, pp. 525-546.

GASCÓN MARCÉN, A., "La responsabilidad de los intermediarios de Internet en la Unión Europea: iniciativas recientes y perspectivas de futuro", en CASTELLÓ PASTOR, J. J. (coord.), *Desafíos jurídicos ante la integración digital: aspectos europeos e internacionales*, Cizur Menor: Aranzadi, 2021, pp. 133-160.

GASCÓN MARCÉN, A., "Los intermediarios de Internet y la protección de los derechos humanos", en DÍAZ BARRADO, C. M., RODRÍGUEZ BARRIGÓN, J. M. y PEREIRA COUTINHO, F. (coords.), *Las empresas transnacionales en el derecho internacional contemporáneo*, Valencia: Tirant Lo Blanch, 2019, pp. 399-412.

GONZÁLEZ AYESTA, J., "Los ministros de culto en los textos internacionales: análisis en relación con el tratamiento de la dimensión colectiva de la libertad religiosa", en RODRÍGUEZ BLANCO, M. (ed.), El derecho de las confesiones religiosas a designar sus ministros de culto, Granada: Comares, 2020, pp. 21-57.

GONZÁLEZ SÁNCHEZ, M., "Los Ministros de Culto encargados de la prestación de asistencia religiosa en las fuerzas armadas, prisiones, hospitales y en otros centros públicos similares", *Revista General de Derecho Canónico y Derecho Eclesiástico del Estado*, núm. 57, 2021, pp. 1-60.

GONZÁLEZ SÁNCHEZ, M., *Los Ministros de Culto en el ordenamiento jurídico español*, Madrid: Centro de Estudios Políticos y Constitucionales, 2003, pp. 37-88.

GONZALEZ, G. y GONI, P., " Une garantie paradoxale du libre exercice du culte : la loi du 24 août 2021 et les associations à objet cultuel", *Revue du droit des religions*, núm. 13, 2022, pp. 59-74.

GUTIÉRREZ-SANZ, V., "El terrorismo de los "lobos solitarios" en la literatura y la prensa española (2010-2015). Un análisis retórico-argumentativo de su construcción discursiva", *Historia y comunicación social*, vol. 23, núm. 2, 2018, pp. 529-545.

HERRERA CEBALLOS, E., "Dos proyectos de reforma del Registro de Entidades Religiosas. Aproximación crítica", *Anuario de Derecho Eclesiástico del Estado,* núm. 29, 2013, pp. 413-442.

HERRERA CEBALLOS, E., "¿Es conveniente que exista un concepto de ministro de culto en el Derecho español?", en FERRER ORTIZ, J. (ed.), *El régimen jurídico de los ministros de culto: Actas del X Simposio Internacional de Derecho Concordatario,* Granada: Comares, 2023, pp. 419-430.

JABARDO, R., "Sobre el concepto de extremismo político", *Revista de estudios políticos,* vol. 102, 1998, pp. 281-293.

KARAKATSANIS, L. y HERZOG, M., "Radicalisation as Form: Beyond the Security Paradigm", *Journal of Contemporary European Studies,* vol. 24, núm. 2, 2016.

LANDETE CASAS, J., "La libertad religiosa en el Derecho Comunitario", *Cuadernos de integración europea,* n.º 7, 2007, pp. 19-32.

LANDETE CASAS, J., "Mediación y religión: luces, sombras y oportunidades", en BARONA VILAR, S. (ed.), *Meditaciones sobre mediación (MED+),* Valencia: Tirant Lo Blanch, 2022, pp. 701-720.

LANDETE CASAS, J., "Objeción de conciencia y Tribunal de Jurado. (A propósito de la Sentencia del Tribunal Constitucional 216/1999, de 29 de noviembre)", *Anuario de derecho eclesiástico del Estado,* núm. 18, 2002, pp. 169-208.

LEAL-ADORNA, M., "El Registro de Entidades Religiosas", en GARCÍA GARCÍA, R. y ROSSELL GRANADOS, J. (coords.), *Derecho y religión,* Madrid: Edisofer, 2020, pp. 321-342.

LEJARZA ILLARO, E., "Terrorismo islamista en las redes. La yihad electrónica", *Documento de opinión del Instituto Español de Estudios Estratégicos,* núm. 100, 2015, pp. 1-18.

LEMAIRE, F., "Après avoir fait des vagues à la plage, le burkini refait surface à la piscine municipale, mais reste au vestiaire", *Revue du droit des religions,* núm. 15, 2023, pp. 187-201.

LI-ANN, T., "Between Eden And Armageddon: Navigating 'Religion' and 'Politics' in Singapore", *Singapore Journal of Legal Studies,* 2009, pp. 365-405.

LLAMAZARES FERNÁNDEZ, D., *Derecho de la Libertad de Conciencia, tomo I, Libertad de Conciencia y Laicidad,* Madrid: Civitas, 1997.

LLOPIS NADAL, P., "Direcciones IP y presunto anonimato. Tras la identidad del usuario infractor de derechos de propiedad intelectual en Internet", *InDret,* núm. 4, 2018, pp. 1-41.

LLOPIS NADAL, P., "Intermediarios, proveedores de contenidos y anonimato en la red: cómo identificar a los prestadores de servicios que infringen derechos de propiedad intelectual en internet", *Revista Iberoamericana de Derecho Informático,* núm. 4, 2018, pp. 13-36.

LLOPIS NADAL, P., "Plataformas en línea y decisiones sobre contenidos: el sistema interno de reclamación y la resolución extrajudicial de litigios como vías de impugnación reguladas en la Ley de Servicios Digitales", en HERNÁNDEZ SAINZ, E., MATE SATUÉ, L. C. y ALONSO PÉREZ, M.T. (coords.), *La responsabilidad civil por servicios de intermediación prestados por plataformas digitales,* A Coruña: Colex, 2023, pp. 139-173.

LOBATO, R.M., "En busca de los extremos: tres modelos para comprender la radicalización", *Revista de Estudios en Seguridad Internacional,* vol. 5, núm. 2, 2019, pp. 107-125.

LÓPEZ ALARCÓN, M., "Asistencia religiosa", en AA.VV., *Derecho eclesiástico español,* 6ª ed., Pamplona: EUNSA, 2010, pp. 305-326.

LÓPEZ-SIDRO LÓPEZ, Á., "Dimensión colectiva del derecho de libertad religiosa en los centros docentes públicos: la designación de los profesores de religión", *Revista General de Derecho Canónico y Derecho Eclesiástico del Estado,* núm. 14, 2007, pp. 1-33.

LÓPEZ-SIDRO LÓPEZ, A., "Idoneidad del profesorado de religión y autonomía confesional en el caso Pavez: la postura de la Corte Interamericana frente a la doctrina del Tribunal de Estrasburgo", *Revista de Estudios Jurídicos,* núm. 22, 2022, pp. 1-26.

LÓPEZ-SIDRO LÓPEZ, A., "Impacto de la doctrina del TEDH en la jurisprudencia española: la idoneidad y el vínculo de especial confianza del profesorado de religión", *Anuario de Derecho Eclesiástico del Estado,* núm. 34, 2018, pp. 469-527.

LÓPEZ-SIDRO LÓPEZ, Á., "La cuestión de la reforma del Registro de Entidades Religiosas: examen de las propuestas reglamentarias de 2003 y 2004", *Revista General de Derecho Canónico y Derecho Eclesiástico del Estado,* núm. 19, 2009, pp. 1-22.

LÓPEZ-SIDRO LÓPEZ, A., "Yihadismo y libertad religiosa. reflexiones desde la jurisprudencia española y del TEDH", *Revista General de Derecho Canónico y Derecho Eclesiástico del Estado,* núm. 45, 2017, pp. 1-66.

LÓPEZ-SIDRO LÓPEZ, Á., *El control estatal de las entidades religiosas a través de los registros. Estudio histórico-jurídico,* Universidad de Jaén, 2003, Jaén.

LÓPEZ-SIDRO LÓPEZ, A., *Las Sectas de la Yihad: Yihadismo terrorista, derecho y factor religioso,* Valencia: Tirant lo Blanch, 2021.

MACRON, E., "La república laica y la religión", *Nueva revista de política, cultura y arte,* núm. 166, 2018, pp. 81-104.

MANTECÓN SANCHO, J., *Pluralismo, Estado y Derecho. Curso de Derecho Eclesiástico del Estado*, Berlín: Dictus Publishing, 2018.

MARTÍ, J. M.ª., "La intervención de las autoridades estatales en el nombramiento de ministros de culto desde una perspectiva histórica", en RODRÍGUEZ BLANCO, M., (ed.) *El derecho de las confesiones religiosas a designar sus ministros de culto*, Granada: Comares, 2020, pp. 135-174.

MARTÍNEZ SISTACH, L., "Reflexiones sobre relaciones actuales Iglesia-Estado en el 1700 aniversario del Edicto de Milán", en CAMPO IBÁÑEZ, M. (ed.), *Problemáticas y respuestas. Realidad actual y Derecho Canónico*, Madrid: Dykinson, 2014, pp. 93-107.

MARTÍNEZ-TORRÓN, J., "La ley española del jurado y la objeción de conciencia de clérigos y religiosos", *Ius Canonicum*, vol. 37, núm. 73, 1997, pp. 295-310.

MARTÍNEZ-TORRÓN, J., "La protección internacional de la libertad religiosa", en AA.VV., *Tratado de Derecho Eclesiástico*, Pamplona: EUNSA, 1994, pp. 141-242.

MARTÍNEZ-TORRÓN, J., "Los límites a la libertad de religión y de creencia en el Convenio Europeo de Derechos Humanos", *Revista General de Derecho Canónico y Derecho Eclesiástico del Estado*, núm. 2, 2003, pp. 1-46.

MCCAULEY, C. y MOSKALENKO, S., "Mechanisms of political radicalization: Pathways toward terrorism", *Terrorism and Political Violence*, vol. 20, 2008, pp. 415-433.

MESEGUER VELASCO, S., "Neutralidad religiosa y enseñanza privada en España", *Anuario de Derecho Eclesiástico del Estado*, núm. 29, 2013, pp. 141-169.

MESEGUER VELASCO, S., "Prevenir la radicalización en la escuela", *Anuario de Derecho Eclesiástico del Estado*, núm. 36, 2020, pp. 397-420.

MESSNER, F., "Conforter la «laïcité» et organiser les cultes. Un paradoxe français. La loi du 24 aout 2021", *Anuario de Derecho Eclesiástico del Estado*, núm. 38, 2022, pp. 587-608.

MIDLARSKY, M.I., *Origins of Political Extremism: Mass Violence in the Twentieth Century and Beyond*, Cambridge: University Press, 2011.

MILANI, D. y NEGRI, A., "Il pluralismo religioso e culturale in carcere, terra di confine dei diritti, nell'età della sicurezza", en AA.VV., *Confini, migrazioni e diritti umani*, Milano: Milano University Press, 2022, pp. 123-148.

MILANI, D. y NEGRI, A., "Liberi di credere (?) tra proselitismo e fondamentalismo negli istituti di pena", *Quaderni di diritto e politica ecclesiastica*, núm. 2, 2019, pp. 251-263.

MILANI, D. y NEGRI, A., "Tra libertà di religione e istanze di sicurezza: la prevenzione della radicalizzazione jihadista in fase di esecuzione della pena", *Stato, Chiese e pluralismo confessionale*, núm. 23, 2018, pp. 1-23.

MILANI, D., "Gli abusi sui minori: elementi di responsabilità canonica", en MARCHEI, N., MILANI, D. y PASQUALI CERIOLI, J., *Davanti a Dio e davanti agli uomini. La responsabilità fra diritto della Chiesa e diritto dello Stato*, Bologna: Il Mulino, 2014, pp. 123-142.

MILANI, D., "Il progetto Simurgh e il Modulo Jean Monnet FUTURE dell'Università Statale di Milano" en FATTORI, G. (ed.), *Libertà religiosa e sicurezza*, Pisa: Pacini Giuridica, 2021, pp. 189-198.

MOGHADDAM, F., "The staircase to terrorism: A psychological exploration", *The American Psychologist*, vol. 60, 2005, pp. 161–169.

MONETA, P., "Rilevanza delle confessioni religiose nell'ordinamento giuridico italiano", *Quaderni di diritto e politica ecclesiastica*, núm.1, 2000, pp. 157-178.

MORENO SOLER, V., "Bienestar animal versus ritos religiosos. Comentario de la Sentencia del Tribunal de Justicia de la Unión Europea C-336/2019. ¿Un derecho fundamental vencido por un objetivo de interés general?", *Revista General de Derecho Canónico y Derecho Eclesiástico del Estado*, núm. 57, 2021, pp. 1-14.

MORENO SOLER, V., "El régimen jurídico de la vacuna contra la Covid-19 en la actualidad: de la imposición general a la resolución de conflictos entre progenitores", *Actualidad Jurídica Iberoamericana*, núm. 17 bis, 2022, pp. 980-1015.

MORENO SOLER, V., "La evolución de la libertad religiosa del menor de edad y su incidencia en el ámbito de la salud", *Actualidad jurídica iberoamericana*, núm. 13, 2020, pp. 142-161.

MOTILLA, A., "Ministros y lugares de culto", en IVÁN, I., PRIETO SANCHIS, L. y MOTILLA, A. (coords.), *Manual de Derecho Eclesiástico*, Madrid: Trotta, 2004, pp. 179-200.

MURGOITIO GARCÍA, J. M., "El estatuto jurídico de los ministros de culto en el reciente acervo concordatario consolidación y ampliación material", *Revista General de Derecho Canónico y Derecho Eclesiástico del Estado*, núm. 61, 2023, pp. 1-65.

MUSA, M.A., "Singapore's Secularism and Its Pragmatic Approach to Religion", *Religions*, vol. 14, núm. 2, 2023, pp. 1-13.

NAVARRO FLORIA, J.G., PADILLA, N. y LO PRETE, O., *Derecho y Religión. Derecho Eclesiástico Argentino*, Buenos Aires: Editorial de la Universidad Católica Argentina, 2014.

NEGRI, A., "The Concept of De-Radicalization as a Source of Confusion", *Religions*, núm. 14, 2023, pp. 1-14.

NEGRI, A., *Radicalizzazione religiosa e de-radicalizzazione laica*, Roma: Carocci Editore, 2022.

OLMOS ORTEGA, M. E., "El Registro de Entidades Religiosas", *Revista Española de Derecho Canónico*, vol. 45, núm. 124, 1988, pp. 97-121.

OLMOS ORTEGA, M. E., "Libertad religiosa y matrimonio", *Estudios Eclesiásticos*, vol. 94, núm. 371, 2019, pp. 883-923.

OLMOS ORTEGA, M. E., "Personalidad jurídica civil de las entidades religiosas y Registro de Entidades Religiosas", *Revista General de Derecho Canónico y Derecho Eclesiástico del Estado*, núm. 19, 2009.

PALOMINO LOZANO, R., *Manual Breve de Derecho Eclesiástico del Estado*, 8ª ed., Madrid: Facultad de Derecho de la Universidad Complutense, Autoeditado, 2020.

PALOMINO LOZANO, R., *Religión y Derecho comparado*, Madrid: Iustel, 2007.

PALOMINO LOZANO, R., "Sigilo de confesión y abuso de menores", *Ius canonicum*, vol.º 46, núm. 118, 2019, pp. 778-789.

PARDO PRIETO, P. C., *Laicidad y acuerdos del Estado con confesiones religiosas*, Valencia: Tirant lo Blanch, 2008.

PASQUALI CERIOLI, "I principi e gli strumenti del pluralismo confessionale (artt. 7 e 8)", en CASUSCELLI, G. (ed.), *Nozioni di Diritto Ecclesiastico*, 5ª ed., Torino: Giappichelli, 2015, pp. 99-116.

PAVESI, G., "Le frontiere europee della religious accommodation. Spunti di comparazione", *Stato, Chiese e pluralismo confessionale*, núm. 10, 2021, pp. 75-114.

PAVESI, G., "Simboli religiosi e accomodamento ragionevole 'all'italiana' nella recente giurisprudenza di legittimità", *Stato, Chiese e pluralismo confessionale*, núm. 6, 2022, pp. 1-28.

PÉREZ-MADRID, F., "Consideraciones sobre el hate preaching", en PÉREZ-MADRID, F. (coord.), *Discurso de odio y creencias*, Cizur Menor: Aranzadi, 2022, pp. 157-182.

POLO SABAU, J. R., *Derecho y factor religioso. Textos y materiales*, Madrid: Dykinson, 2012.

POLO SABAU, J.R., "El diálogo entre la Unión Europea y las confesiones religiosas tras el Tratado De Lisboa (a propósito de la Decisión Del Defensor del Pueblo Europeo de 25 de enero de 2013)", *Revista de Derecho Constitucional Europeo*, núm. 22, 2014, pp. 147-174.

PORRAS RAMÍREZ, J. M.ª, "La libertad religiosa como derecho fundamental, en perspectiva estatal, internacional y europea", en PORRAS RAMÍREZ, J. M.ª. (coord.), *Derecho a la libertad religiosa,* Madrid: Tecnos, 7ª Edición, 2020, pp. 21-79.

PRIEGO, A., "Fundamentalismo, extremismo, fanatismo y terrorismo religioso. Una clarificación de los conceptos", *Miscelánea Comillas,* vol. 76, núm. 148, 2018, pp. 261-272.

PRIETO ÁLVAREZ, T., *La dignidad de la persona, núcleo de la moralidad y del orden público, límites al ejercicio de las libertades públicas,* Navarra: Civitas, 2005.

PRIETO SANCHÍS, L., "El Derecho fundamental de la libertad religiosa", en IVÁN, I., PRIETO SANCHIS, L. y MOTILLA, A. (coords.), *Manual de Derecho Eclesiástico,* Madrid: Trotta, 2004, pp. 53-92.

RAMÍREZ NAVALÓN, R. M., "Los ministros de culto", en AA.VV., *Acuerdos del estado español con los judíos, musulmanes y protestantes,* Salamanca: Publicaciones Universidad Pontificia, 1994, 135-158.

RAMÍREZ NAVALÓN, R.M., "El RD 594/2015, de 3 de julio por el que se regula el Registro de Entidades Religiosas: una reforma necesaria", *Revista Boliviana de Derecho,* núm. 22, julio 2016, pp. 34-63.

RAMÍREZ NAVALÓN, R.M., "Estudio comparativo del artículo 7 de los Acuerdos con la FEREDE, FCI y CIE", *Revista Española de Derecho Canónico,* vol. 54, 1997, pp. 155-186.

RAMÍREZ NAVALÓN, R.M., "La prohibición del uso del burka en lugares públicos. El asunto S.A.S. contra Francia, Sentencia del TEDH de 1 de julio de 2014, rec. 43835/2011", *Actualidad Jurídica Iberoamericana,* núm. 2, 2015, pp. 445-452.

RAMIRO NIETO, A., *La posición jurídica del budismo en España,* Granada: Comares, 2022.

RANSTORP, M., "Terrorism in the Name of Religion", *Journal of International Affairs,* vol. 50, núm. 1, 1996, pp. 41-62.

RAPOPORT, D. y ALEZANDER, Y. (eds.), *The Morality of Terrorism: Religious and Secular Justifications,* Nueva York: Pergamon Press, 1982.

RAPOPORT, D., "Fear and Trembling: Terrorism in the Three Religious Traditions", *The American Political Science Review,* vol. 78, núm. 3, 1984, pp. 658-677.

REINARES, F., *Terrorismo global,* Madrid: Taurus, 2003.

RISSEL, A., "La loi du 24 août 2021 et le droit des personnes : un texte pavé de bonnes intentions...", *Revue du droit des religions,* núm. 13, 2022, pp. 93-113.

RIVERA BLANCO, A., y MATEO, E. (eds.), *Verdaderos creyentes: pensamiento sectario, radicalización y violencia*, Madrid: Catarata, 2018.

ROCA, M. J., "El derecho de autonomía de las confesiones religiosas en el derecho alemán", en MORÁN, G.M. (coord.), *Cuestiones actuales de derecho comparado*, 2003, A Coruña: Universidad de La Coruña, pp. 47-58.

RODRÍGUEZ BLANCO, M., "La condición jurídica de ministro de culto", en RODRÍGUEZ BLANCO, M. (ed.), *El derecho de las confesiones religiosas a designar sus ministros de culto*, Granada: Comares, 2020, pp. 1-20.

RODRIGUEZ BLANCO, M., "La relación entre el ministro de culto y su propia confesión. Paralelismos y diferencias entre la jurisprudencia española y la jurisprudencia inglesa", *Anuario de Derecho Eclesiástico del Estado*, núm. 19, 2003, pp. 347-390.

RODRÍGUEZ-SERRANO, A., "Narrativa audiovisual, ontología y terrorismo: paradojas comunicativas en los videos del Estado Islámico", *Palabra Clave*, vol. 20, núm. 1, 2017, pp. 96-115.

ROLLAND, P., "L'arrêt S.A.S. c/ France de la Cour européenne des droits de l'homme", *Revue du droit des religions*, núm. 2, 2016, pp. 47-60.

RONG, C., HUI, A. y WI, Y., "The Inter-Religious Organization of Singapore" en ENG, L. (ed.), *Religious Diversity in Singapore, Singapur: Institute of Southeast Asian Studies*, 2008, pp. 605-641.

SAGEMAN, M., *Misunderstanding Terrorism*, Philadelphia: University of Pennsylvania Press, 2017.

SÁNCHEZ GÓMEZ, J., *La Construcción de un perfil radical yihadista*, Valencia: Tirant lo Blanch, 2018.

SÁNCHEZ-GIL, L. M. y DE SANTIAGO HERRERO, F. J., "Los centros penitenciarios españoles como espacios de radicalización yihadista", *Revista de Derecho Penal y Criminología*, núm. 23, 2020, pp. 249-278.

SANTORO, R., "Libertà religiosa e riforma (incompiuta) dell'ordinamento penitenziario", *Stato, Chiese e pluralismo confessionale*, núm. 8, 2023, pp. 67-93.

SCHLEGEL, L., Formas, interrogantes, procesos: Las dificultades para definir la radicalización, en *European Eye on Radicalization*, 2020.

SCHMID, A. P., "Radicalisation, De-Radicalisation, Counter-Radicalisation: A Conceptual Discussion and Literature Review", *The Hague: The International Centre for Counter-Terrorism (ICCT)* – The Hague, 2013, pp. 1-97.

SCHUURMANN, B. W., y TAYLOR, M., "Reconsidering radicalization: fanaticism and the link between ideas and violence", *Perspectives on Terrorism*, vol. 12, núm. 1, 2018, pp. 3-22.

SEGLERS GÓMEZ-QUINTERO, À., "Autonomía confesional y designación de ministros de culto", *Anuario de Derecho Eclesiástico del Estado,* núm. 21, 2005, pp. 103-128.

SOUTO GALVÁN, E., *El reconocimiento de la Libertad Religiosa en Naciones Unidas,* Madrid: Marcial Pons, 2000.

SPAAIJ, R., *Understanding Lone Wolf Terrorism: Global Patterns, Motivations and Prevention,* Nueva York: Springer, 2012.

TAYLOR, M. y RYAN, H., "Fanatism, political suicide and terrorism", *Terrorism,* vol. 1, núm. 2, 1988, pp. 91-111.

TERUEL LOZANO, G., "Una lectura garantista de las nuevas tendencias en la lucha europea contra la difusión de mensajes terroristas en internet", *Revista de derecho constitucional europeo,* núm. 34, 2020.

TIRA, A., "La legge francese n. 1109 del 24 agosto 2021 sul "rafforzamento del rispetto dei principi della Repubblica", *Stato, Chiese e pluralismo confessionale,* núm. 16, 2021, pp. 91-129.

TORRES GUTIÉRREZ, A., *La Ley de separación de 1905 y la génesis de la idea de laicidad en Francia,* Madrid: Dykinson, 2014.

TORRES SOSPEDRA, D., *Notorio arraigo de las entidades religiosas en España,* Valencia: Tirant lo Blanch, 2023.

TOSCANO, M., "Il crocifisso 'accomodato'. Considerazioni a prima lettura di Corte cass., Sezioni Unite civili, n. 24414 del 2021", *Stato, Chiese e pluralismo confessionale,* núm. 18, 2021, pp. 45-68

TOSCANO, M., "Il sistema delle fonti di diritto ecclesiastico nella tensione tra diritto unilaterale e diritto pattizio. Brevi considerazioni a partire dalla sentenza n. 52/2016 della Corte costituzionale", en D'ALESSANDRO, G. y ZORZETTO, S. (coords.), *Percorsi in tema di fonti del diritto,* Torino: Giappichelli, 2018, pp. 155-181.

TOSCANO, M., "La decisione del Mediatore europeo del 25 gennaio 2013: un passo avanti verso un'applicazione efficace dell'art. 17 del Trattato sul funzionamento dell'Unione europea?", *Stato, Chiese e pluralismo confessionale,* núm. 10, 2014, pp. 1-49.

VANDALIJA CANDALIJA, R., *La implantación de educación para la ciudadanía en el Sistema Educativo Español,* Madrid: Dykinson, 2013.

VAN DER TOL, M. D. C., "Intolerance unveiled? Burkini bans across France", *Revue du droit des religions,* núm. 6, 2018, pp. 139-149.

VÁZQUEZ GARCÍA-PEÑUELA, "Los ministros de culto", en GARCÍA HERVÁS, D. (coord.), *Manual de Derecho Eclesiástico del Estado,* A Coruña: Colex, 1997, pp. 261-271.

VEGA GUTIÉRREZ, A. M., "La educación como herramienta de prevención del radicalismo violento: aportaciones del currículum de religión islámica desde un enfoque competencial", *Anuario de Derecho Eclesiástico del Estado,* núm. 39, 2023, pp. 371-460.

VERKUYTEN, M., "Religious fundamentalism and radicalization among Muslim minority youth in Europe", *European Psychologist,* vol. 23, núm. 1, 2018, pp. 21–31.

WAN A. N., "The virtual Jihad: An Increasingly Legitimate Form of Warfare", *Combating Terrorist Center,* núm. 3.

WOEHRLING, J.-M., "Statut des ministres du culte et droit français", *Revue du Droit des Religions,* núm. 8, 2019, pp. 75-91.

YÉPEZ CASTILLO, A., *Roma,* Caracas: Universidad Católica Andrés Bello, 1995, pp. 195-196.

ZACCARIA, R., FERRARI, A., DOMIANELLO, S., FLORIS, P. y MAZZOLA, R. (coords.), *La legge che non c'è. Proposta per una legge sulla libertà religiosa in Italia,* Bologna: Il Mulino, 2020.